四川地方音乐课程
资源课例开发与实践

主　编：王小军　李　萍

副主编：曾　勤　颜　克

编　委：李　嵘　廖秋洁　朱泽琳　王　舜　孙胜安
　　　　张运超　谭国庆　蒋　珂　石伟利　刘建军
　　　　张雪婷　梅　倩

西南大学出版社

图书在版编目(CIP)数据

四川地方音乐课程资源课例开发与实践/王小军，李萍主编．—重庆：西南大学出版社，2023.11
ISBN 978-7-5697-1969-7

Ⅰ.①四… Ⅱ.①王… ②李… Ⅲ.①音乐课－教学研究－中小学 Ⅳ.①G633.951.2

中国国家版本馆CIP数据核字(2023)第202664号

四川地方音乐课程资源课例开发与实践

王小军　李　萍　主编

责任编辑：	李　君
责任校对：	彭智烨
装帧设计：	殳十堂_未　氓
照　　排：	张　祥
出版发行：	西南大学出版社(原西南师范大学出版社)
	网　　址:http://www.xdcbs.com
	地　　址:重庆市北碚区天生路2号
	邮　　编:400715
	电　　话:023-68868624
印　　刷：	重庆天旭印务有限责任公司
幅面尺寸：	185 mm×260 mm
印　　张：	23.25
字　　数：	480千字
版　　次：	2023年11月　第1版
印　　次：	2023年11月　第1次印刷
书　　号：	ISBN 978-7-5697-1969-7
定　　价：	88.00元

前言

在我国新时期社会发展中,文化和教育日益受到全社会重视。教育体制改革、民族文化传承与创新发展,是每一个教育工作者肩负的时代使命。如何在学校教育中,培育和增强新一代中国公民的民族意识,完善民族文化教学体系构建,牢固树立中国人的文化自信,是中国特色社会主义教育体制革新进程中面临的重要任务。本书从教育体制改革创新的目标愿景出发,立足四川地方音乐文化根基,以四川省特别是成都市优秀中小学音乐教师为主力,围绕具有四川地域特色音乐文化母语教学体系建设的重大课题,组建研究团队,历时数年,潜心开展教学研究,编撰而成。

本书由五个板块组成:

第一板块是四川童谣。"四川童谣"是四川省中小学地方音乐课程资源《川腔蜀韵》中板块一的内容,是指广泛流传于四川地区,用当地方言传唱的儿童俚歌。它涵盖了四川人民群众生产生活的各个方面,记录和传承了四川的地方民俗风情,作为当地民族文化的重要组成部分,既反映了当地民族社会历史的变迁,也体现了四川人所特有的心理状态、精神特质、思维方式和价值取向。本板块所选编的四川童谣,是四川儿童间口耳相传、朗朗上口、短小轻快、寓教于乐,且具有一定韵律感和节奏感的歌谣或短诗。

第二板块是四川民歌。"四川民歌"是四川省中小学地方音乐课程资源《川腔蜀韵》中板块二的内容。四川因自身相对特殊的地理条件与多民族聚居的特点,产生了丰富多彩的民歌文化,歌曲种类繁多,风格各异,或高亢明亮,或优美抒情,加上受四川方言与衬词的影响,在发展过程中形成独特的艺术风格。在本板块中,我们精心挑选了《螃蟹歌》《打夯歌》《放牛山歌》《数蛤蟆》《船工号子》《苏木地伟》等十几首不同体裁、题材、形式的地方民歌,通过鉴赏、演唱等方式提升学生音乐感知与表现力,激发学生的歌唱兴趣,积累民歌演唱经验。

第三板块是四川舞蹈。"舞蹈"是四川省中小学地方音乐课程资源《川腔蜀韵》板块三中的内容。该板块立足于四川地方音乐课程资源，涉及四川民俗舞蹈、戏曲舞蹈、舞剧和民族民间舞蹈等方面，以原生态舞蹈为母本，邀请了舞蹈专家重新提炼适合走进中小学生音乐课堂的舞蹈内容，创编符合四川地方音乐课程资源标准的舞蹈，其代表作品有《快乐的诺苏》和《俏花旦》等。

第四板块是川剧、四川曲艺。"川剧、四川曲艺"是四川省中小学地方音乐课程资源《川腔蜀韵》板块四中的内容，包括川剧锣鼓、川剧灯戏、川剧弹戏、四川金钱板和四川清音等内容。川剧是中国戏曲剧种之一，形成于清朝中期乾隆年间，流行于四川东中部、重庆及贵州、云南部分地区，是中国西南部影响最大的地方剧种之一。四川曲艺是以四川民间说唱艺术为基础发展起来的，其起源可追溯到汉代以前。该板块立足中华优秀传统文化、探索学校艺术教育精神之基、挖掘传统文化地缘优势，推动了传统戏曲艺术教育创新发展、丰富了学生校园文化生活、弘扬了地方文化精华、传承了非物质文化遗产。

第五板块是四川器乐欣赏。"四川器乐欣赏"是四川省中小学地方音乐课程资源《川腔蜀韵》板块五中的内容。四川器乐深深根植于四川人民群众的实践生活中，它反映了四川本土人民的性格喜好和风土人情，部分作品源自地方人民群众节庆、歌舞、劳作和做仪式时的即兴发挥，部分作品为四川当代的知名作曲家所作，是兼具情感性与艺术性的乡土艺术素材。

在本书出版之际，应该特别鸣谢长期在一线辛勤耕耘而默默奉献的广大音乐教育工作者。你们对民族文化教学资源开发的丰富教学实践和多方面探索，为本课题提供了大量有价值的教学案例和优选资料。要特别感谢坚持参与本课题研究并率先将研究成果付诸教学实践的一线教师团队。这支阵容强大、勇于创新，又"特别能战斗"的高水平教学研究团队，每位成员除高质量完成繁重的日常教学任务外，深受国家"坚定文化自信"理念感召，多年来在四川地方音乐课程资源开发的课题研究中，做出了具有开创性价值的贡献。同时要感谢与这支团队融为一体、共同攻关的各级音乐教育研究员和各方面专家学者，感谢其为课题研究所作的学术引领。

本书的出版，只是在区域性音乐课程资源开发进程中迈出的一小步，定有不少尚需完善之处。愿全国各地不同岗位的音乐教育工作者，集合在弘扬中华优秀文化的时代大旗下，凝聚共识，形成合力，朝着推进"构建中国文化特色音乐教育体系"的宏伟目标，一步一步奋力向前！

本书使用说明

如何使四川地方音乐课程资源教材《川腔蜀韵》在中小学音乐课堂中生根并具体实施？针对这一问题，教研团队组织了成都市一大批音乐教研员及骨干教师充分挖掘《川腔蜀韵》中的四川地方音乐元素，对四川地方音乐课程的课例进行深度开发和实践，并编写了这本音乐教师们拿到手就能够使用的《四川地方音乐课程资源课例开发与实践》。本书立足于四川地方音乐课程，以课堂教学案例为主，每个课例均配有指导教师教学建议，使一线音乐教师不仅能知其然，还能知其所以然，为一线音乐教师在实际音乐课堂教学中进行四川地方音乐课程本土化教学提供了明确的指导，具有极高的可操作性。

一、指导思想

1. 以审美体验为核心，理解本民族多元文化，明确中小学音乐教育目标，以提高学生的审美能力、发展学生的创造性思维、形成良好的四川地方人文素养为主要目的，为学生学习、欣赏四川地方民族民间音乐奠定基础。

2. 突出四川地方本土音乐教育的基础性作用，体现基础音乐教育观念，打破过分强调专业性的学科体系，从面向全体学生与学生的实际需要出发，设立独立的四川地方音乐学习板块，拓展学生的音乐学习视野、增加学生的音乐学习兴趣。

3. 以四川地区学生的生活经验、兴趣、能力与需要为出发点，为学生提供感受音乐、表现音乐、创造音乐以及学习、积累四川本土音乐文化知识的广阔天地，从"让学生终身受益"的高度遴选教材内容，体现以学生为本的新型教育观念，遵循学生的认知规律与身心发展规律。改变过去音乐教学中普遍存在的以教师、课堂、书本为主体的方式。

二、基本原则

1. 实践性

音乐教育离不开教学实践。本书主要以四川地方音乐课程教学设计详案作为主体内容，包含了具体的教学步骤、设计意图，以音乐教师教学实际需要为出发点，从音乐教学基本要求入手，有针对性地帮助音乐教师解决关于四川地方音乐课程教学中所遇见的热点、难点，为音乐教师提高课堂教学有效性提供具体的方法指导，例如该如何自然地将四川地方音乐课程资源引入中小学音乐课堂，其具体实践操作以及教学方法是如何的，等等，都能在本书中找到相应的突破口。

2. 创新性

以学生为主体、以教师为引导的教学理念贯穿全书。本书各个板块的作品中，都存在一些创作音乐或者是在原有作品基础上进行改编以更适合中小学生音乐课堂学习的四川地方音乐课程内容，将四川地方音乐课程资源以学生更易接受的方式引入音乐课堂，具有显著的创新性。通过新颖、具有创新性的教学方式和手段，使学生乐于接受、易于学习四川地方音乐资源的相关内容，同时也拓宽了学生音乐学习的视野。

3. 指导性

理论联系实际是教学的基本原则之一。本书中的每一个课例都配有音乐教研员或专家的教学建议，这能够为广大音乐教师提供更深入的理论启示，帮助他们全方位地理解每一个教学环节背后的设计意图和具体操作方法，对一线音乐教师的教学实践有着明确的指导性，为音乐教师的课堂教学指明了方向。

三、突破点

1. 突出培养学生喜爱四川地方音乐的兴趣，重视学生对四川地方音乐课程实践活动的参与性，培养学生在四川地方音乐方面的感受与鉴赏能力、表现能力和创造能力，使其丰富情感体验，陶冶高尚情操，提高其音乐文化素养。

2. 除对基础音乐教育教学内容(唱歌、欣赏、器乐、识谱)进行整合外，还融合了音乐基础知识和基本技能与四川地方音乐元素。通过四川地方音乐课堂教学活动，培养学生创造性思维能力，提高其人文素养，使音乐教学从单纯地传授音乐知识和技能的框架中解脱出来，真正成为人文学科的一个重要领域和实施美育的重要途径之一。

3. 降低了音乐教师对四川地方音乐资源融入实际音乐教学课堂的操作难度，以大量典型且风格多样的四川地方音乐课例作为本书主要内容，避免了枯燥且缺乏操作性的大篇幅理论。与此同时，每个课例都配有指导教师教学建议，使本书的理论性也得到充分体现。本书为提高音乐教师实践的操作性以及提升方法的易理解性做了大量的内容优化工作，所阐述的内容具备一定的理论指导性。

四、教学建议

1.音乐教师要具备两个素质：教学素质和专业素质。教学素质包括教师的执教状态、教学语言、教学设计能力、与学生沟通能力以及独特的教学风格等。四川地方音乐课程资源进入中小学音乐课堂后，要实现其价值，教师的执教状态应是活泼生动，符合四川地域文化特色的，其教学语言要适当结合四川方言来增添课堂韵味。

2.教学语言是教学艺术的第一要素。教师的魅力首先就是通过教学语言体现的。活泼、幽默、充满激情的语言有利于调动学生学习的积极性；平淡、呆板、没有激情的语言则不利于学生的学习。四川地方音乐课程资源中包含了四川不同地域、不同民族的音乐特点，需要教师在教学语言方面尽可能做到"入乡随俗"，用幽默风趣的语言展现四川人民、四川歌曲的特点。

3.教师要努力形成自己的教学风格：自然朴实、严谨稳重、热情大方、幽默活泼、别具风格。教学风格的形成必须根据自己的特点，发挥自身的特长。不能盲目效仿，否则只会适得其反。在本书中，不同的板块对应了不同的教学侧重点，例如第三板块"四川舞蹈"，教师可以结合自己的专业优势对其中的舞蹈动作进行充分教学，又比如第二板块"四川民歌"，教师可以根据自己的嗓音特色对四川民歌进行充分演绎，尽可能展现出四川地方音乐课程资源的"原汁原味"。

4.教师的成长是通过实践—研究—反思—提升循环往复、螺旋上升的过程形成的。要重视教学反思，记录下每节课的成功经验与不足，制定改进措施，坚持数年一定能取得很大的进步。本书中指导教师的教学建议包含了对于课例的不足之处的分析，这对于音乐教师有重要启发作用，能够有针对性地优化课例中的部分教学设计，为把控教学现场做好铺垫。

五、教学设计

1.教学目标的制定要注意科学性、针对性、可操作性和可检测性。本教材总体教学目标是致力于使学生充分认识、喜欢四川地方音乐课程中的相关音乐文化知识，掌握一定的地方音乐文化知识与技能，传承四川优秀地方音乐文化。

2.教学内容设计要统一,避免两个内容两张皮的现象,教学内容安排要详略得当,不能太满,眉毛胡子一把抓,要突出重点。本书各板块的课例都具有一定的教学针对性,具有鲜明的四川地域特色。一线音乐教师在使用该书时,可有针对性地进行选择性学习。

3.教学过程设计要突出重点,注意逻辑性,循序渐进,由浅入深,层层深入,避免逻辑混乱,一会儿东,一会儿西,让人抓不住重点。突出重点就是一切内容和活动都要围绕重点展开,尽量不要有与重点无关的内容和活动。本书各板块课例都明确指出了课堂教学重难点,使音乐教师的课前备课环节具有针对性。

4.教师要注意导入的音乐性。虽然导入可以有多种形式,但导入的原则是简洁、有效,要避免同类重复的导入,直接导入不失为一种行之有效的形式。另外,导入时间不要过长,一般建议在3分钟之内要进入新课。本书各板块的侧重点有所不同,呈现出了形式多样的课堂导入方式,这对于激发学生学习四川地方音乐课程内容的兴趣和注意力有着先导作用。

5.教师要注意小结的音乐性,可采用多种方式,如谈话小结、概述小结、评价小结、聆听小结、表演小结等。本书各板块的小结都紧紧围绕着课例进行了四川地方音乐课堂知识的凝练总结,如用四川民间乐器为课堂的小结增添色彩及趣味性。

6.四川地方音乐课程资源的教学难点不仅体现在音乐本身的知识与技能层面,还体现在如何使学生易于并乐于接受四川地方音乐文化并尽可能以"原汁原味"的形式展示和弘扬。因此四川地方音乐课程的教学难点,必须根据学生的实际接受情况而定。当然教师根据多年的经验预设难点也是可以的,但许多时候教师确定的难点在教学过程中并不是难点,这就需要教师有灵活应变的能力,及时修正,发现真正的难点。

六、教学方法

1.问题教学法:针对四川地方音乐课程内容地域性强、切入点多、体裁形式丰富的特点,教师要合理使用问题教学法,培养学生质疑的习惯,这对提升学生的创造能力和问题解决能力有很重要的作用。问题教学法不是一问一答,而是要设计有深度的问题,引导学生探究学习。问题要提在音乐学习之前,让学生带着问题学习音乐。问题的指向性要明确,不要笼统地问有什么不同,应较明确地指出在哪些方面不同,如情绪、速度、力度、节奏等。

2.情景教学法:四川地方音乐离不开四川地方人民的生活以及民俗文化,因此教师在课堂实践中,应当善于运用情景教学法,为学生营造良好且生动自然的学习氛围,这对于学生理解音乐本体及其相关背景都有着重要的作用。教师在实操中应多方面设计音乐情景、问题情景、竞赛情景等。另外,情景创设要自然、朴实,不要显得刻意或者明显脱离实际生活。

3.欣赏教学法:本书中的课例多以欣赏活动为主,教师在教学过程中让学生聆听、联想、想象、模仿、分析、比较音乐作品等以激发其自觉学习四川地方音乐的兴趣,形成浓厚兴趣与求知欲望。四川地方音乐知识的学习不能只是文本式的学习,而要在音响中让学生切身体会到本土音乐文化的内涵和魅力。例如板块五"四川器乐欣赏"中,音乐的结构只有在音乐中去分辨才能对其有深入的了解,只有随音乐节拍走步或做动作才能真正懂得节拍。

4.选择教学法:此方法非常适合于小学阶段的音乐学习,可以降低学生判断的难度。例如教师在让学生判断四川某器乐欣赏曲目的主题乐器时,就可以选择该方法,降低学生的思考难度。

5.对比教学法:是音乐教学最有效的方法之一,可以运用在任何一项内容的学习之中。例如在"四川民歌"的教学中,可以通过歌曲旋律的对比、节奏的对比、力度的对比、音色的对比、情绪的对比等,增强学生的音乐感受判断力,并使其积累丰富的情绪情感体验。

6.示范教学法:教师的示范对于学生的学习起到直接的影响作用,教师通过良好的范唱、范奏能够很好地带动学生学习音乐的兴趣。对于四川地方音乐课程的课堂来说,良好的课堂氛围对于学习四川各民族的音乐有着至关重要的作用,同时由于学生平日上四川地方音乐课程的时间较少,因此教师更需要在课堂中加入生动、夸张的示范,以尽快引起学生的学习兴趣,使其在短时间内对四川地方音乐形成一定的认知。

7.音乐教学十字法:"听、说、动、唱、奏、编、演、创、写、画"基本上概括了音乐教学中常用的方法。

听:聆听四川地方音乐课程资源的相关音乐,加强对音乐主题的记忆,积累音乐素材,扩大音乐认知领域。

说:用语言,甚至是方言来表达对音乐的感受,包括对音乐本体的认识和对音乐的理解。

动:用动作或律动、体态表现四川地方音乐,可以提高学生对音乐的韵律感的体验和掌握。

唱:对于四川地方音乐课程中的民歌部分,可选哼唱主题或将主题填词演唱,既增加趣味性又有利于记忆。

奏:对于四川地方音乐课程中的器乐欣赏部分,可选用本土乐器演奏简单的主题,可以增强学生的音乐表现力。

编：要广义地认识编创,包括对音乐的不同理解、不同的表现方式等。

演：根据乐曲进行多种方式的表演,如小组表演、小音乐剧等。

创：为画面选择适合的音乐,为音乐选择适合的画面,即兴编创一段旋律等。

写：写音乐是表达自己对音乐的感受,是把内心的体验外化的一种形式。

画：主要是指用线条、图形表达对音乐的感受和理解,也可用以画配乐的方式。

七、本书使用建议

在使用本书时,应注意：

1.教学参考书是教师教学的参考,而不是教学的依据,更不是唯一的依据,教学时不能照搬,不能无选择地将全部内容灌输给学生,在使用本书时,应当根据四川不同地区、不同民族、不同学校的实际教学情况对教学内容做出适当调整。

2.应根据四川省不同地区、学校、班级的情况,从实际出发,安排教学进度,拟定课时,确定重点、难点,选择不同的教学方法。

3.本教材各板块内容具有一定的独立性。某些板块中的曲目可根据实际情况提前或移后教学。各板块中的音乐作品,可根据地域性等实际情况酌情更换。各板块内的音乐活动,也可从实际出发有所增减。

4.在本教材的使用过程中,教师应处理好教与学的关系。教师要指导学生学四川地方音乐文化相关知识与技能,更要指导学生掌握四川地方音乐文化的风格流派。明确教学的核心是带领学生领略四川地方音乐的特色,进而形成对本土音乐及家乡民间民俗的文化认同与归属感。

5.教师应始终把培养学生的四川地方音乐学习兴趣放在首位,使学生乐于接受、易于学习、敢于表达、勇于创新四川地方音乐文化的相关内容,充分挖掘学生的学习潜力。另外,教师应当充分挖掘《川腔蜀韵》以及本书中的教学亮点,并创新教学方法,灵活教学。

目录

第一板块　四川童谣

数星星
◎ 教学建议　李丽 ···4
◎ 教学设计思路及过程　文燕丽 ···7

茶俗歌
◎ 教学建议　陈斌　曾春燕 ··12
◎ 教学设计思路及过程　温皓月 ···15

推磨摇磨
◎ 教学建议　李嵘 ···20
◎ 教学设计思路及过程　温晓婷 ···23

推磨摇磨
◎ 教学建议　汤静 ···27
◎ 教学设计思路及过程　李莉 ··30

青羊宫
◎ 教学建议　张蓉　李嵘 ··35
◎ 教学设计思路及过程　王卓 ··37

青羊宫
◎ 教学建议　夏加强 ··42
◎ 教学设计思路及过程　张瀚艺 ···45

第二板块　四川民歌

螃蟹歌
◎ 教学建议　李萍　颜克 ···53
◎ 教学设计思路及过程　廖秋洁 ·····································56

打夯歌
◎ 教学建议　蒋英 ··60
◎ 教学设计思路及过程　刘娜 ··62

放牛山歌
◎ 教学建议　张志超 ···65
◎ 教学设计思路及过程　张琪 ··67

数蛤蟆
◎ 教学建议　王大东 ···70
◎ 教学设计思路及过程　田艺帆 ·····································72

数蛤蟆
◎ 教学建议　蒋英　伍曲 ···76
◎ 教学设计思路及过程　李子祎 ·····································78

船工号子
◎ 教学建议　谭国庆 ···84
◎ 教学设计思路及过程　夏栋梁 ·····································87

苏木地伟
◎ 教学建议　文汇 ··91
◎ 教学设计思路及过程　张觉爻 ·····································93

采　花
◎ 教学建议　孙胜安 ···98
◎ 教学设计思路及过程　王睿 ·······································100

敬茶歌
◎ 教学建议　王舜 ··104
◎ 教学设计思路及过程　黄颖 ·······································106

黄杨扁担
- ◎ 教学建议　杨静　王武曲 …………………………………………………… 109
- ◎ 教学设计思路及过程　罗贝莎 ………………………………………………… 111

槐花几时开
- ◎ 教学建议　孙胜安 ……………………………………………………………… 116
- ◎ 教学设计思路及过程　何妍倪 ………………………………………………… 118

太阳出来喜洋洋
- ◎ 教学建议　方芳 ………………………………………………………………… 125
- ◎ 教学设计思路及过程　刘贤佩 ………………………………………………… 127

太阳出来喜洋洋
- ◎ 教学建议　颜克 ………………………………………………………………… 133
- ◎ 教学设计思路及过程　王江 …………………………………………………… 136

放牛山歌
- ◎ 教学建议　颜克 ………………………………………………………………… 143
- ◎ 教学设计思路及过程　张蓉 …………………………………………………… 146

晾衣裳
- ◎ 教学建议　汤静 ………………………………………………………………… 154
- ◎ 教学设计思路及过程　袁晓 …………………………………………………… 156

摘葡萄
- ◎ 教学建议　汤静 ………………………………………………………………… 161
- ◎ 教学设计思路及过程　李寅 …………………………………………………… 164

第三板块　四川舞蹈

羌族萨朗
- ◎ 教学建议　张蓉 ………………………………………………………………… 174
- ◎ 教学设计思路及过程　赵薇 …………………………………………………… 177

民间艺术明珠——古蔺花灯
- ◎ 教学建议　陈双 ………………………………………………………………… 182
- ◎ 教学设计思路及过程　张馨月 ………………………………………………… 186

百花争妍
◎ 教学建议　颜克 ··· 192
◎ 教学设计思路及过程　朱云 ·· 195

快乐的诺苏
◎ 教学建议　李嵘 ··· 199
◎ 教学设计思路及过程　罗润菡 ··· 202

俏花旦
◎ 教学建议　李嵘 ··· 207
◎ 教学设计思路及过程　杨晓珺 ··· 210

第四板块　川剧、四川曲艺

川剧表演·台步、翎子功
◎ 教学建议　李嵘 ··· 219
◎ 教学设计思路及过程　屈梅 ·· 222

川剧表演艺术小集锦
◎ 教学建议　黄梅　李群 ·· 227
◎ 教学设计思路及过程　唐蜜 ·· 230

秀才过沟
◎ 教学建议　颜克 ··· 234
◎ 教学设计思路及过程　王鹏飞 ··· 237

川剧锣鼓
◎ 教学建议　王鹏飞 ··· 241
◎ 教学设计思路及过程　刘倩 ·· 244

多彩的川剧锣鼓
◎ 教学建议　蒋英 ··· 248
◎ 教学设计思路及过程　李鑫鑫 ··· 250

别洞观景
◎ 教学建议　吴蓉　吴娜 ·· 254
◎ 教学设计思路及过程　黄劲竹 ··· 256

赶花会
◎ 教学建议　程育新 ·· 261
◎ 教学设计思路及过程　陈秋蓓 ··· 263

川腔蜀韵，灵动激趣——川剧《秋江》的表演与唱腔
◎ 教学建议　李萍 ·· 268
◎ 教学设计思路及过程　罗茹文 ··· 271

月亮走，我不走
◎ 教学建议　李冬颖 ·· 274
◎ 教学设计思路及过程　潘小琳 ··· 276

小放风筝
◎ 教学建议　詹艳秋 ·· 279
◎ 教学设计思路及过程　余帆 ·· 281

布谷鸟儿咕咕叫
◎ 教学建议　李崂 ·· 286
◎ 教学设计思路及过程　周梦瑶　王珲 ···································· 289

第五板块　四川器乐欣赏

阿坝夜会
◎ 教学建议　黄梅　钟丹 ·· 296
◎ 教学设计思路及过程　李雨 ·· 298

快乐的诺苏
◎ 教学建议　吴娜 ·· 302
◎ 教学设计思路及过程　唐冶纯 ··· 305

熊猫卡通舞曲
◎ 教学建议　马玥 ·· 310
◎ 教学设计思路及过程　张盈盈 ··· 313

达勃河随想曲
◎ 教学建议　蒋珂 ·· 317
◎ 教学设计思路及过程　杜森 ·· 320

蜀宫夜宴
◎ 教学建议　方芳 ·· 324
◎ 教学设计思路及过程　任婕妤 ································ 327

峨眉山月歌
◎ 教学建议　李萍 ·· 332
◎ 教学设计思路及过程　李嵘 ···································· 335

心如莲
◎ 教学建议　方芳 ·· 341
◎ 教学设计思路及过程　任婕妤 ································ 344

阿坝夜会
◎ 教学建议　范敏 ·· 349
◎ 教学设计思路及过程　唐雯 ···································· 351

第一板块

四川童谣

四川童谣是广泛流传于四川地区，用当地方言传唱的儿童俚歌。它是由一代代人口耳相传，带有浓厚的地方特色，诙谐幽默、音节和谐、形式简短、读来朗朗上口的歌谣。鉴于四川童谣的这些特点，我们将它安排在了本书的第一个板块。因为童谣这种形式孩子们最容易理解和掌握，传唱童谣，既可以让他们得到快乐，又可以让他们学到知识，非常有助于他们形成良好的审美趣味。并且童谣对儿童开朗乐观的人格的塑造、积极向上的思想品德的形成、美好情感的培养、行为习惯的养成，乃至中华民族语言美感的熏陶都有着潜移默化、无可替代的作用。本板块所选作品主题涵盖了四川人民群众生产生活的各个方面，记录和传承了四川的民俗风情，作为当地文化的重要组成部分，反映了当地民族社会历史的变迁，也体现了四川人民所特有的心理状态、精神特质、思维方式和价值取向。我们希望通过教授童谣，让童谣进驻孩子们的心田，让孩子传承中华民族的美德，学会欣赏美、感受美、表现美……

本板块所选编的四川童谣有以下特点。第一，四川童谣的取材贴近生活和自然，内容浅显，形式简短，句子优美生动，读来朗朗上口，于简洁有趣的韵语中表明普通的事理，如《求雨歌》《瓜瓜乐》《洋娃娃》《喜鹊》等。第二，具有浓郁的老成都民俗风情和地方特色，诙谐幽默、生动活泼，充满童趣，让孩子们在愉快的氛围中学习知识，了解自己的家乡风情特点，如《胖娃歌》《青羊宫》《茶俗歌》《老成都地名童谣》等。第三，想象丰富、意境清新、富有情趣，且采取一问一答或连问连答的形式来叙述事物、反映生活，如《鹦鹉鹦鹉哪里来》《数星星》《月亮光光》等。第四，以四川人民的生活、劳动场景为创作题材，不但反映了四川地区的民俗民风，还表达了劳动人民的爱憎、理想等，如《推磨摇磨》《桃花树梨花树》《对歌》等。在本板块编写的过程中，编者还将每一首童谣都配上了和韵律相符的节奏，并按照节拍、节奏的难易程度来安排每首童谣的出现顺序，希望在诵读童谣的过程中帮助孩子们建立稳定的节奏感。另外，作品还包含着爱国家、爱生活、伸正义、尊孝道、守诚信等丰富的育人主题，起着教化与浸润后人的作用。教师在四川童谣教学中应发挥四川童谣中所蕴含的育人价值，以情激发人、以德教化人、以美陶冶人以期促进孩子们审美意识、道德情感水平及地方音乐文化素养的提升。

首先，在教学中，教师可参考以下设计思路：四川童谣是以四川方言为基础传唱的，方言语韵特点与童谣说唱高度结合，突出了地域性的人文风貌。四川方言调类总共有阴平、阳平、上声、去声、入声五类，音调回转悠扬、自带幽默。在四川童谣教学时，教师可带领孩子们从模仿四川各地的方言入手，在熟悉亲切的氛围中，感受家乡语言的幽默，培养儿童对母语的审美和热爱，并在教学过程中强化学生对歌唱过程中的节奏、重音、情绪等各种因素的感知，从而获得母语审美体验。

除此之外,四川童谣作品中能提取出大量的音乐要素,如节奏、节拍、速度、力度、音色等。四川童谣是儿童音乐启蒙教育的良好载体,本板块在选材上也遵循低学段孩子们的生理、心理特点,无论是歌唱式童谣,还是欣赏、表演式童谣都是从孩子们最容易理解和掌握的素材开始的,逐步提升孩子们对音乐元素的敏感度。作为一门以当地语言为主要载体的艺术形式,构成四川童谣的语言元素与其基本音乐元素是相通的,如四川方言中的语气、语音、语调、语速、语义等,其方言特点通常通过语言的句式、音韵、音节来体现,在旋律中以音的长短、高低、强弱等来体现,作品的节奏、节拍又主要通过四川方言的句式和音节来表现,方言声韵与音乐元素相互交融,相辅相成,形成了具有本地民族特色的音乐特质。教学活动中教师可从节奏入手使学生循序渐进地体验和理解作品所蕴含的音乐元素。

　　其次,在课堂中学习四川童谣,创设生活情景,也是一种常用的教学手段。在具体的情景中学习,孩子们会被情景中的人、事和物所吸引,产生学习童谣的兴趣,提高学习童谣的效果。通过建立亲切熟悉的情景,激发孩子们的学习兴趣,有助于其在表情达意中活化语言,能使孩子们较快地理解童谣、感受童谣、体验童谣,从而提高低学段学生学习掌握四川童谣的能力。在诙谐风趣的方言和情景故事中,感受四川人豁达开朗,幽默乐观的生活态度。如四川童谣《红萝卜》:"红萝卜,蜜(min)蜜甜,看到看到要过年,大人吃饱三顿饭,娃儿要拿挂挂钱(压岁钱)。"作品本身就塑造了要过年时欢快热闹的场景,还通过"红萝卜、三顿饭"等素材,延伸出过年时"拿挂挂钱"、贴春联、放鞭炮等习俗。因此,教师们应立足四川童谣作品本身,深入挖掘每首童谣背后的人文内涵,同时结合孩子们的日常生活,让他们联想自身过春节的情景,由浅入深地将他们从情绪体验引入到内容体验,使孩子们在音乐母语的学习中由感性的认识逐步过渡到理性的认识。

数星星

教学建议

指导教师：成都蒙彼利埃小学　李丽

　　《数星星》是一首四川童谣。童谣是指在儿童中流行的歌谣，是由一代代人口耳相传的，带有浓厚的地方特色，诙谐幽默、音节和谐、形式简短，读来朗朗上口的歌谣。本课执教者抓住三年级学生好奇心强、善于模仿、可塑性强、个性差别大等特点，以情景创设入手，以四川方言带入，并以家乡童谣体验、音乐创编、情景再现为主线，运用念读、唱、演奏、游戏等多种教学方法和策略，紧紧围绕教学目标开展教学活动，把童谣用不同的节奏、速度、力度等加以表现。学生在多种活动的体验中对四川方言、四川童谣产生了兴趣，激发了热爱家乡的情感，有效地达成了教学目标。

一、情景导入激发学习兴趣

　　开课之初，教师创设浩瀚夜空的场景，带领学生在夜空中充当一颗颗闪烁的小星星，站成散点位，进行恒拍行走。在行走中，让每个学生把童谣与节奏紧密结合在一起，并根据音的强弱和音的高低等音乐要素，做高、中、低三个维度的肢体律动，让学生在律动中身体得到放松。让学生在念读童谣和行走中体验音乐要素四分音符的时值。散点位训练，不仅有助于建立同学之间的合作和规则意识，还打破了传统的上课方式，从规规矩矩地坐着上课,变为自由自在地行走上课,强烈激发学生的学习兴趣。

二、方言带入激发学习热情

方言是流行于一定地域的语言,是地方文化的重要承载工具,是一方民俗的反映。四川方言的特点是生动、诙谐、风趣和幽默。随着普通话的普及和推广,学生对四川方言知之甚少,因此在教师的引领、启发下,学生从用普通话念读过渡到用四川方言念读,不仅节奏上发生了变化,音色、意境也随之发生变化。学生念读童谣也变得更加有韵味儿和生动有趣,激发了学生的学习热情。

三、打击乐助力 川味更浓郁

在用四川方言有韵味地念读童谣时,加入川小锣和梆子做伴奏,令童谣更具川味儿。二声部一快一慢的声部叠加、交织,让学生初步感受并建立多声部的概念。多声教学,是培养学生在与他人合作的过程中,自己的演唱和听力不受他人干扰的能力,是培养学生一脑多用的有效方法,是提升学生音乐素养的有效教学方式之一。

四、依字行腔 旋律创编

在此教学环节中,由于是用四川方言念读,因此选用了中国五声音阶中的2、3、5三个音进行编创,并根据四川方言依字行腔,感受念读声调的高低,平仄的长短变化,进行旋律编创并演唱歌曲《数星星》。在此教学环节中,教师作为引导者,引导学生积极主动地参与创作,让学生充分体会语言节奏和旋律之间的联系,同时,也让学生感知地方童谣的旋律编创是和方言的依字行腔紧密相连,密不可分的。由于是自己编创的旋律,因此学生在演唱时特别用心,特别投入。学生在演唱中认识到地方音乐的语言是根,韵味是魂,只有牢牢把握住这一原则,才能在演唱地方音乐作品时抓住其音乐风格。

五、情景再现 激情演绎

星星音乐会情景再现,将本堂课推向高潮。

普通话念读童谣《数星星》—四川方言念读童谣《数星星》—二声部叠加念读童谣《数星星》—加入川小锣、梆子伴奏—旋律创编—歌曲演唱。通过情景再现,学生更加用心和投入,共同营造一个数星星的美好夜晚的意境。在此过程中,学生运用了念读、唱、演奏、游戏等多种方式,把童谣用不同的节奏、速度、力度等加以表现,让其注入了新的灵魂,并将情景贯穿始终,在这过程中学生充分感受了四川童谣的魅力,检验了学习成果。

六、感受与建议

(一)感受

1. 以学生为主体的课堂

本课从一开始就为我们营造了一个自由的学习空间。在老师的引导下,学生按自己的音乐经验在营造的空间中,自由表达出四川童谣的韵味。学生通过体验音乐要素,把自己心中的所思所想,以及数星星的场景以音乐要素(节奏、力度、速度、二声部)的变化表达出来。

2. 自主学习式课堂

本课具有开放的表达方式。本课童谣的节奏,符合四川方言的韵味。学生根据四川方言依字行腔,结合该年龄段学生所学过的中国五声调式中的 **2**、**3**、**5** 进行歌曲自主创编。学生根据自己创编的旋律来演唱家乡的童谣,并加入川小锣和梆子伴奏,让其更具川味儿。这不仅激发了学生爱家乡的情感,也增强了学生的文化自信,并从旋律编创中感受到美的升华,为提升其音乐核心素养奠定了基础。

(二)建议

在唱歌教学中,教师应多关注学生咬字吐字的规范性,注意高位置演唱,把控好学生的声线和音色的统一,注意二声部之间力度的把控。

教学设计思路及过程

成都蒙彼利埃小学　文燕丽

【教学设计理念】

本课设计以审美为核心、以兴趣爱好为动力、强调音乐实践、鼓励音乐创造,以体验家乡童谣、音乐创编、情景再现为主线。尝试用念、唱、演奏、游戏等方式使学生对四川方言产生兴趣、对四川童谣产生兴趣,并鼓励学生传唱四川童谣,激发学生爱家乡的情感,增强文化自信。

【教材分析】

《数星星》选自四川地方音乐课程资源《川腔蜀韵》童谣板块。童谣朗朗上口,富有趣味性。童谣的节奏符合四川方言的韵味,依字行腔,和中国五声调式有着紧密联系,为童谣旋律的创编奠定了基础,深受四川儿童的喜爱,传唱度高。

【学情分析】

小学三年级学生存在好奇心强、善于模仿、可塑性强等特点,因此在教学中增加小组合作以及游戏等方式,培育其团队精神和集体荣誉感。通过念、唱、演奏、游戏等方式,让学生对四川童谣产生兴趣。随着时代的发展,普通话的普及,学生对自己家乡的方言了解、使用越来越少,因此传承家乡方言迫在眉睫。

【教学目标】

1.能够富有韵味地、有意境地用四川方言朗读童谣《数星星》。

2.能够用念、唱、演、奏、游戏等方式为童谣增加韵味和色彩,为童谣创编旋律,童谣新唱。

3.让学生通过学习《数星星》,体会川腔蜀韵的魅力,从而喜爱四川童谣,激发学生爱家乡、爱川韵的情感。

【教学重点】

1.能够有韵味、有意境地用四川方言念童谣《数星星》。
2.学习童谣的语言声调,为童谣创编旋律。

【教学难点】

能够用二声部演唱的形式表现出数星星的情景,童谣新唱。

【教学准备】

钢琴、多媒体、PPT、响板、梆子、川小锣等。

【教学过程】

一、情景导入

1.师生问好后,教师关灯营造满天繁星的氛围,并轻轻敲击响板,念童谣《满天星》:青石板,板石青,青石板上钉银钉,晚上银钉亮晶晶,数来数去数不清。
2.教师念童谣,学生在童谣中散点位走到教室中间。
【设计意图】学生在童谣的意境和氛围中脚踏恒拍,在童谣节奏中找到散点位,这不仅能训练学生的恒拍感,还是一个与课堂意境相符合的节奏训练,能自然地引出本课的主题《数星星》。

二、学习童谣

1.教师带领学生初步聆听并感受童谣《数星星》。
2.使用四川方言念童谣。
师:小朋友们,我们一起来数星星了。(出示课题)
3.有节奏地念童谣,感受意境和节奏的关系。(出示童谣)
4.学习童谣,动作表现。

第一板块　四川童谣　9

5.生完整念童谣。

6.生有韵味地念童谣。(师纠错)

7.生有韵味地完整念童谣。

8.加入伴奏乐器梆子,增加川味儿。

师:梆子是传统戏剧里面常用的伴奏乐器,它经常出现在川剧锣鼓里边。现在请同学们左手托住梆子,露出音孔,右手拿梆槌轻轻敲击它的边上。来,我们一起用梆子为《数星星》伴奏。(师带生无实物模拟敲击梆子。之后请学生加入伴奏乐器梆子念童谣,并在生循环第二遍时叠加伴奏乐器川小锣。)

9.加入伴奏乐器川小锣,增加川味儿。

师:川小锣也来凑热闹了,它的独特之处在于左手拿小锣,右手拿小锣片演奏,请我们演奏梆子的小乐师不要停下来哦。来,再请一位小朋友来演奏川小锣。

10.请数星星的小朋友、演奏梆子的小乐师、演奏川小锣的小乐师,一起表演《数星星》。

11.分声部一快一慢念童谣,展现夜晚数星星的氛围。

师:星星越来越多,不知不觉我们数星星的速度加快了,这一快一慢的声音交织在一起会有什么效果呢?

【设计意图】在情景中揭示课题四川童谣《数星星》,学习童谣,让学生初步感受情绪意境和四川童谣节奏的联系。分声部练习,让学生初步建立声部的概念,而具有四川特色的伴奏乐器的加入,让童谣川味儿更浓。

三、创编旋律

1.根据童谣声调创编旋律,贴出星星旋律线

师:根据童谣声调,为"天上星星亮晶晶、一闪一闪眨眼睛"创编旋律,贴出星星旋律线。

$\frac{4}{4}$ 53　55　35 5 | 23　23　23 5 ‖

2.师带生唱旋律,总结语言和旋律之间的联系,增添童谣意境。

【设计意图】根据四川方言特点,用2、3、5三个音为童谣创编旋律,让学生体会语言和旋律之间的联系。

四、星星音乐会

1.师带生回顾课堂学习内容。

师:既然同学们一起认识了伴奏乐器梆子、川小锣,那我们一起来一场星星音乐会吧!

2.完整展现童谣《数星星》。

师念《数星星》童谣营造氛围→用四川方言念童谣《数星星》→在《数星星》中加入梆子→在《数星星》中加入川小锣→一快一慢分声部念童谣《数星星》→唱《数星星》。

五、课堂小结

师：其实在我们四川还有很多好听、有趣的童谣，以后小朋友们可以去了解了解。夜已经深了，数星星的孩子们要回家了，让我们唱着《数星星》童谣说再见吧！

【板书设计】

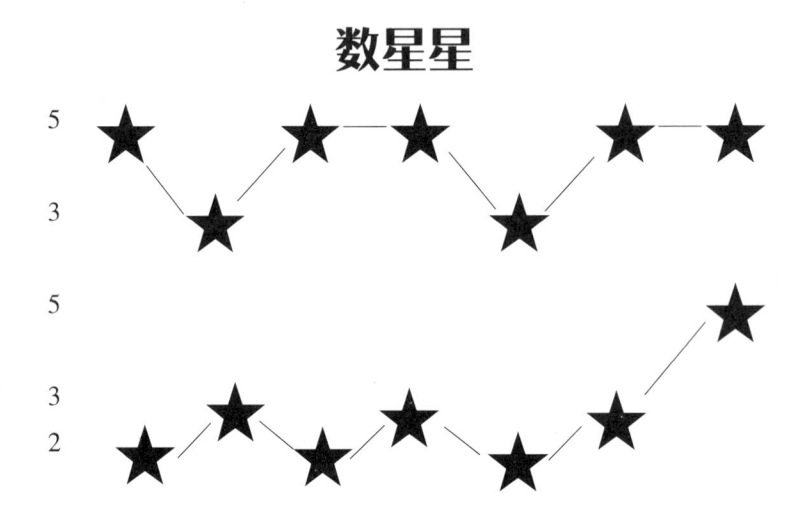

数星星

【思维导图】

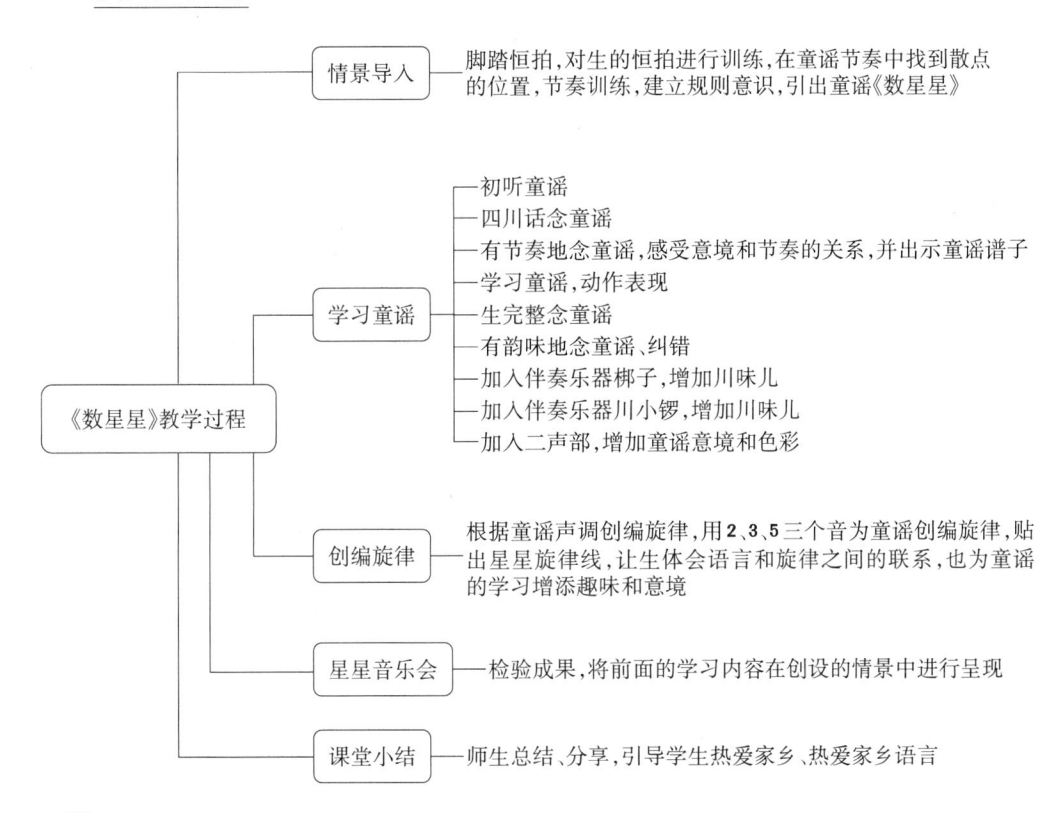

```
《数星星》教学过程
├─ 情景导入 —— 脚踏恒拍,对生的恒拍进行训练,在童谣节奏中找到散点的位置,节奏训练,建立规则意识,引出童谣《数星星》
├─ 学习童谣
│    ├─ 初听童谣
│    ├─ 四川话念童谣
│    ├─ 有节奏地念童谣,感受意境和节奏的关系,并出示童谣谱子
│    ├─ 学习童谣,动作表现
│    ├─ 生完整念童谣
│    ├─ 有韵味地念童谣、纠错
│    ├─ 加入伴奏乐器梆子,增加川味儿
│    ├─ 加入伴奏乐器川小锣,增加川味儿
│    └─ 加入二声部,增加童谣意境和色彩
├─ 创编旋律 —— 根据童谣声调创编旋律,用2、3、5三个音为童谣创编旋律,贴出星星旋律线,让生体会语言和旋律之间的联系,也为童谣的学习增添趣味和意境
├─ 星星音乐会 —— 检验成果,将前面的学习内容在创设的情景中进行呈现
└─ 课堂小结 —— 师生总结、分享,引导学生热爱家乡、热爱家乡语言
```

课后反思

1. 注意规范学生的发声。

2. 由于部分小朋友不会说四川方言,教授童谣时,一定要面对面口传心授。

3. 控制好音量,避免出现喊唱的情况。

4. 伴奏乐器的加入应当注意演奏出来的音色。

5. 每项教学活动前,务必将规则与要求讲清楚。

6. 检验学习成果环节,应当自然呈现,体现趣味性。

茶俗歌

教学建议

指导教师：成都市青白江区教育研究培训中心　陈斌　曾春燕

成都是一座休闲之都，茶馆文化历史悠久，据《成都通览》记载，在清末成都街巷计516条，而茶馆就有454家，茶馆遍布成都的大街小巷，数量众多社会属性复杂，文人雅士，南北往来皆汇聚于此。《茶俗歌》是围绕成都茶馆文化，以成都传诵的童谣为歌词由陈斌老师谱曲而成的原创歌曲。《茶俗歌》这节课，应紧紧围绕茶馆文化这个主题，以这首原创歌曲为载体通过层层递进的方式，在听、诵、戏、唱中完成对童谣的教学。

一、情景激趣

常言道：兴趣是最好的老师。因此，教师在教学过程中要注重情景的创设，激发学生的兴趣，调动其思维，提高学习效果。同时结合多种教学方法，开发课程资源，利用现有的条件创设教学情景。

本节课首先以教师的表演来激趣，进而过渡到以学生为主体的体验环节，通过教师着装、创设情景、演唱等独特的学习场景，让学生对音乐产生浓厚的兴趣。

老师独具匠心，铺上具有民俗风味的茶布，放上成都特有的盖碗茶杯，将教室布置成具有浓郁成都特色的"王婆婆茶馆"，让学生身临其境，已然感觉自己变成了喝茶的茶客。

音乐课以一句成都方言"幺姑,掺茶了"导入,老师一边吆喝"来咯",一边随音乐端茶进入茶馆(教室),场景、方言、歌声、表演亲切自然。

二、童谣诵读

童谣《茶俗歌》短小精悍、朗朗上口,具有音乐的节奏美、韵律美。学生在老师的指导下,用四川方言诵读《茶俗歌》,音乐的节奏、韵律于潜移默化中形成学生的音乐记忆,从而充分感受、体会童谣的音韵美以及四川人闲适、幽默、风趣、乐观的生活态度。

三、童谣游戏

老师根据小学四年级学生的生理、心理特点,设计了音乐游戏,并在教学中,带着孩子们一起玩。在童谣的诵读中,孩子们兴奋地玩着游戏,口、脑、手并用,轻松愉悦地练习童谣,很快就学会了诵读童谣。每一位学生在随着老师一起诵读、游戏的过程中,其参与性被极大地调动起来。

四、歌唱童谣

《王婆婆卖茶》这首歌,是曲作者根据四川童谣《茶俗歌》为四川地方音乐课程资源《川腔蜀韵》而创作的歌曲。在此曲中,曲作者使用了具有浓郁成都地方色彩的音乐元素,如使用"哟喂"等衬词,根据四川方言的语言特点进行旋律创作。歌曲节奏的疏、密运用,力度的强、弱对比等,特别是"隔壁子幺姑儿"连续四次的重复,力度由弱到强,两个四分休止符的使用,使音乐戛然而止,引出轻声的"说闲话",紧接着是爽朗的笑声,描绘出一幅成都茶馆热闹、闲适、幽默、风趣的场景。教师的童谣范唱,进一步激发了学生的学习热情。教师还从演唱的姿势、力度、唱腔、情感入手,引导孩子们歌唱。

本节课首先以场景设计和教师的表演来激趣,通过创设情景、诵读、游戏、演唱、协作等方式帮助学生深入体验、感受和理解,并以教师的着装、表演以及对《茶俗歌》的诵、唱等引领学生进入情景,通过师生协作、生生协作的方式将学生置于学习的中心,在音乐活动中走进民俗文化,再通过有趣的活动让学生去感受和体验、去了解童谣,从而引发学生对民族音乐发自内心的喜爱。整堂课音乐实践贯穿于音乐教学活动始终,同学们以诵读《茶俗歌》的方式感受童谣,以学习演唱的方式体验童谣,以游戏的方式表达自己对传统文化的感受和喜爱,并在此过程中获得审美感知、艺术表现和文化理解等多方面音乐核心素养的提升。

《茶俗歌》这节课,同学们表现出了浓厚的学习兴趣。教师以音乐审美为核心,围绕成都茶馆文化,为我们展现出了熟悉的生活场景。同时,教师扎实的专业基本功也是本课的亮点!在教学中我们可以看到教师的歌曲范唱、即兴伴奏、舞台表演、指挥手势等,都深深地吸引着学生的注意力,从而让学生充分参与教学体验,整节课的学习氛围非常活跃、轻松,最后出色地完成了教学任务,达成了既定教学目标。

教学设计思路及过程

成都市青白江区大同小学校　温皓月

【教材分析】

《茶俗歌》是一首四川童谣。儿童在学习的过程中,可以一边吟诵,一边做手指游戏,学习形式活泼。本课采用了根据童谣《茶俗歌》而创作的歌曲《王婆婆卖茶》来教学,歌曲融入了四川地方音乐元素,用四川方言来演唱更加亲切自然,地方色彩浓郁,趣味横生,体现出四川人民幽默、风趣、闲适、乐观的生活态度。

【学情分析】

四年级的学生已经掌握了一定的音乐基础知识,其体验感受与探索创造的活动能力较低段学龄有所增强,有较好的聆听和演唱习惯,善于听辨和模仿,在音高、音准、节奏、力度等音乐要素上普遍具有较好的把控能力,但所授班级中仍有少数学生在音准、节奏等方面有所欠缺,所以需要教师根据课堂实际情况及时指导并纠正。学生大多生活在成都地区,对成都茶文化较为了解,对四川方言也较为熟悉,这些都有助于方言童谣的教学,但在教学中,教师还需对方言在歌唱中的运用进行引导。

【教学目标】

1.通过本课学习,能够准确、自信地用方言演唱歌曲。

2.通过学习,体会童谣的趣味,加深对四川童谣的了解。

3.通过对童谣的学习和表演,进一步了解成都茶文化,加深对家乡的热爱。

【教学重点】

1.学唱童谣。

2.采用多种形式体会童谣趣味。

3.引导学生掌握四川方言在歌曲中的运用方式。

【教学难点】

1.在体验中明确《茶俗歌》音乐情绪的变化,并在演唱中恰当地表现。

2.引导学生了解休止符、前倚音、后倚音、强弱等方面的处理。

3.引导学生体会方言语气、腔调等与歌曲旋律的结合。

【教具准备】

多媒体、钢琴、双响筒、茶具。

【教学过程】

教学环节	教师活动	学生活动	设计意图
情景导入	1.教师随音乐唱四川茶类品种歌曲,边唱边跳,将学生引入茶客角色。 2.教师手托盖碗茶讲解成都茶文化。 3.教师邀请学生一同走进王婆婆的茶馆。	1.学生欣赏、感受并与教师互动。 2.聆听讲解。	创设情景,吸引注意力,激发学习兴趣,文化铺垫,引入新课。
听童谣	教师播放童谣音频,通过提问方言引出四川童谣,并出示课题"茶俗歌"。	学生仔细聆听、思考并回答。	揭示课题,初步感受童谣趣味。
诵童谣	1.PPT出示童谣,教师用双响筒敲打节奏,用四川方言逐句教读并强调诵读的腔调和语气。 2.教师再次用双响筒敲打节奏,带领学生诵读。	1.学生看歌词,随节奏跟读。 2.学生齐声有表情地诵读。	学读童谣,了解掌握童谣内容,通过语言的节奏、腔调、语气感受四川方言的魅力。
戏童谣	1.第一遍:教师分步骤示范讲解手指游戏。 2.第二遍:教师带领学生做手指游戏。 3.第三遍:教师提示引导学生把握童谣歌词中情绪的变化。	1.学生仔细观察并模仿。 2.学生跟做并诵读。 3.学生仔细聆听,体验感受并模仿。	以游戏的形式体会感受童谣趣味。

续表

教学环节	教师活动	学生活动	设计意图
唱童谣	1.聆听歌曲。 教师范唱童谣,介绍童谣歌曲的创作背景及曲作者。 2.重难点解决。 (1)教师出示最后一句歌词,范唱并在休止符处加入听的体态动作,并提问:什么动作?做了几次? (2)教师再次范唱。 (3)教师范唱,提示学生注意力度的变化,并用动作和表情引导学生思考歌曲所表达的情绪。 3.教师出示歌曲完整曲谱,引导学生找出具有方言特点的歌词,将四川方言带入歌曲教学。 4.教师逐句引导,并用对比法强调倚音及甩腔的唱法,提示学生用自然的声音,准确的节奏和音调,有表情地演唱。 5.拓展。教师强调反复记号,引导学生分组表演。	1.学生认真聆听,随教师的范唱做手指游戏。 (1)学生仔细聆听观察并思考回答。 (2)学生在休止符处跟做听的动作。 (3)学生聆听总结回答,齐声模唱再分组演唱。学生聆听并默唱旋律,在歌曲的最后一句用分组演唱的形式进行演唱。 2.学生用四川方言朗读歌词,总结后随教师的弹唱慢速小声跟唱,最后完整学唱。 3.学生创编动作,教师总结,分成四个小组跟伴奏表演唱。	通过反复聆听、思考、跟唱、表演等多种形式,层层递进,突破难点,掌握歌曲的演唱。
课堂小结	播放成都茶文化视频,教师随视频讲解,在茶文化氛围中与学生告别。	学生观看、聆听、回应。	感受成都茶文化。

【板书设计】

王婆婆在卖茶,	X X X | X X X |
三个观音来吃茶。	X· X X | X X X |
后花园,三匹马,	X X X | X X X |
两个童儿打一打。	X· X X | X X X |
王婆婆骂一骂。	X X X | X X X |
隔壁子幺姑儿说闲话。	X X X X | X X· | X — ‖

王婆婆卖茶

1=F 2/4
中速 稍快

作词：四川童谣
作曲：陈斌

（此处为简谱曲谱）

歌词：
王婆婆哟喂 在卖茶哟 三个观音哟喂 来吃茶哟
后花园 三匹马 两个童儿 打一打 后花园 三匹马 两个童儿 打一打
王婆婆 哟喂 骂 一 骂
隔壁子幺姑儿 隔壁子幺姑儿 隔壁子幺姑儿 隔壁子幺姑儿
说闲话！（笑声）哈哈哈哈 哈哈哈哈
隔壁子幺姑儿 隔壁子幺姑儿 隔壁子幺姑儿 隔壁子幺姑儿
说闲话！（笑声）哈哈哈哈 哈哈哈

【思维导图】

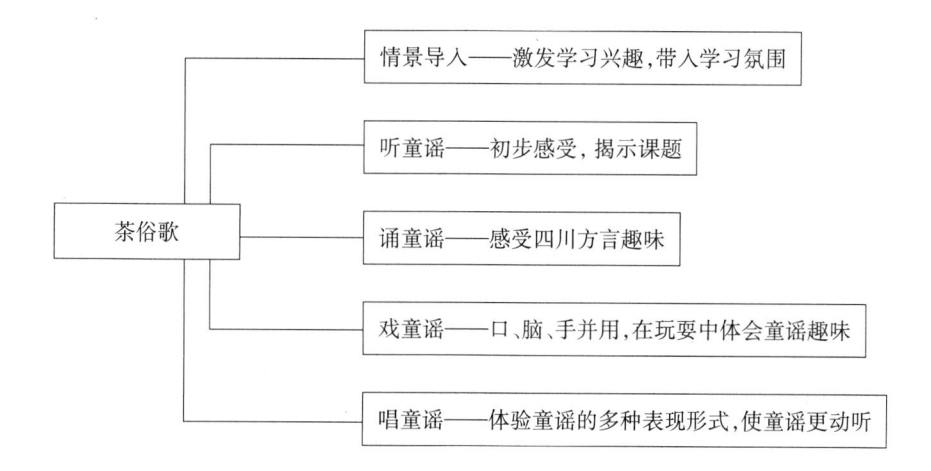

茶俗歌
- 情景导入——激发学习兴趣，带入学习氛围
- 听童谣——初步感受，揭示课题
- 诵童谣——感受四川方言趣味
- 戏童谣——口、脑、手并用，在玩耍中体会童谣趣味
- 唱童谣——体验童谣的多种表现形式，使童谣更动听

推磨摇磨

教学建议

指导教师：成都市成华区教育科学研究院　李嵘

《推磨摇磨》是四川儿童口口相传的童谣，根据四川当地的风土人情而创作，读起来朗朗上口、通俗易懂、有趣好玩。其内容取材于民间推磨做豆腐的生活情景，将主人公舅母、婆婆以及娃娃的形象刻画得生动立体。节奏规整有韵味，平仄相间且错落有致；语言活泼且押韵，强调格律和韵脚，读起来朗朗上口。因此，教学不仅充分结合了作品本身的特点、执教者的性格特点和人文气质，同时还引进了成华区研究的新型教学工具——教育戏剧，构建了师生学习共同体。

一、以审美为核心，参与为体验

在设计理念上，该课将以音乐审美为核心的基本理念贯穿教学全过程，潜移默化中培育了学生美好的情操和健全的人格。该课教学重点是通过让学生去模仿、表演不同人物的形象和情绪，体会音乐要素中的节奏、速度、力度，从而让学生感受四川童谣规整的节奏，活泼俏皮的情绪，通俗易懂的歌词特点和童谣别具一格的美感。

在目标设计上，该课充分考虑了对四川传统文化的审美，通过学习四川童谣，体会四川方言平平仄仄的独特语感，了解不同的语气和情绪、不同的节奏与人物的形象及情绪的变化有着紧密的联系,从而感受了解四川本土的母语音乐文化。

在教学方式上,该课运用了合作探究法,培养学生的音乐表现力和创造能力,并通过师生合作、生生合作增强学生的参与体验感。在学法设计上,让学生通过体验、模仿、合作的方法进行学习;通过模仿积累感性经验,培养合作意识与群体的协调能力。

二、以学生为本位,情景贯穿始终

整堂课,基于四年级学生学情研究,围绕着"演童谣""学童谣""创编童谣"的主线进行延续。例如四年级学生共性特点是有一定的课堂规范性,差异性特点是部分学生性格比较安静沉稳,不太擅长表演和创造。因此课堂中教师需要持续性地创设有趣的学习场景,不断地启发与鼓励学生,让其自主参与、自主探索、独立获取并运用知识。例如,从一开课教师就将学生带入了情景创设中,教师出示台词,学生两人一组用四川方言塑造人物的形象、性格进行角色对话,从而感受不同节奏所反映的人物性格,如四分音符带来的懒散、慵懒的人物性格,附点音符赋予的毛躁、急性子的人物性格以及十六分音符描绘的活泼俏皮的人物性格。随后又用《茶俗歌》带领学生跳起指尖舞,让学生沉浸在童谣的情景中。在《推磨摇磨》童谣学习中,学生为每一段童谣编配一段与情景相符合的声音,再通过学生的创意表演,实现沉浸式情景学习,其积极性和主动性得到充分发挥。

三、以节奏为主线,穿插教育戏剧

由于童谣的语言化和节奏化特性,该课一直以节奏为主线进行纵向贯穿,节奏中有音乐形象、人物形象、性格形象和场景形象。教师通过提供基本节奏,为学生搭建创编平台。学习小组在基础节奏上合作创编具有形象性的新节奏,并用小乐器演奏,同时利用节奏的多样性编排角色、台词、旁白等,进行合作表演。在此过程中,学生既能充分理解节奏的魅力,又能有效地编创和运用节奏。

近年来,成华区音乐学科在深化课堂改革中引进了"教育戏剧",该课的教学活动就充分融入了教育戏剧的理念。教育戏剧起源于欧美,它将戏剧元素应用在教学活动中,让学习对象在戏剧实践中达到学习目标和目的。教育戏剧的重点在于让学员参与,并从中领略知识的意蕴,从相互交流中发现可能性、创造性新意。童谣的场景性、故事性和角色性刚好符合教育戏剧的理念,所以,本课通过"角色扮演"让学生充分发挥想象力,轻松自如地表演;通过"情景配音"提高了声音织体的立体度,引导学生成立学习共同体,包括声音组、念白组、表演组、乐器组,通过合作学习把一段简短的节奏创编成一幅幅有声画面;通过"定格画面"让学生有现场拍摄的体验感,同时增强了课堂娱乐性和体验性;通过"动作传真机"让学生在这种不强调表演又轻松自如的环境中表达对四川的热爱,不拘泥形式的同时也给予学生充分的肯定,使其自始至终都沉浸在戏剧式的情景中。

四、不足之处

该课根据童谣的特征,抓住了节奏这一教学线索,但是在教学实施过程中还要进一步关注学习活动的反馈信息,同时要利用好教育戏剧这一教学方式,帮助学生把对童谣的感性认识提升到理性认识。

教学设计思路及过程

四川交响乐团附属小学　温晓婷

【教材分析】

本首童谣内容取材于民间推磨做豆腐的生活情景,篇幅短小精巧,将主人公舅母、婆婆以及娃娃的形象刻画得生动立体,易诵易记。本首童谣在节奏上,规整有韵味,平仄相间且错落有致,以四分音符和八分音符为主,其中八分休止符和后十六分音符使之变得更活泼俏皮;在语言上,活泼且押韵,强调格律和韵脚,读起来朗朗上口。

【学情分析】

四年级的学生有一定的课堂规范性,已经掌握的节奏型包括四分音符、八分音符以及四分休止符八分休止符,所以本课的节奏谱对学生来说不算太难。本班学生性格比较安静沉稳,不太擅长表演和创造,因此在教学时,老师应运用合适的方法,让学生自主参与、自主探索、独立获取并运用知识,同时充分利用生动形象的情景贯穿整个教学过程,以调动学生的积极性和主动性。

【教学目标】

1.学习四川童谣的韵味,感受四川本土的方言音乐文化。
2.感受并了解不同的节奏与人物的形象和情绪的变化之间的联系。

【教学重点】

感受四川本土的方言音乐文化,能够完整地表演此首童谣。

【教学难点】

感受并了解不同的节奏与人物的形象及情绪变化之间的联系。

【教学过程】

教学环节	教师活动	学生活动	设计意图
暖身游戏	(一)情景导入 出示台词,让生两人一组用四川话进行角色的对话,并引导学生自己创造人物的形象、性格、情绪等。 (二)角色对话 出示不同节奏台词。 1.通过四分音符感受懒散、慵懒的人物性格。 2.通过附点音符感受毛躁、急性子的人物性格。 3.通过十六分音符感受活泼俏皮的人物性格。	1.观看老师表演,与老师对话。 2.生通过模仿学习用开心、生气、活泼三种表演形式表现不同人物的不同性格和情绪。	1.在情景式的对话中,提起学生兴趣的同时,也让其感受了四川话的独特语感。 2.教师用不同情绪与学生对话,学生初步感受并创造不同的音乐情绪与音乐形象。
体验《茶俗歌》	(一)学习《茶俗歌》 1.师示范《茶俗歌》,同时邀请一位学生进行响板伴奏。 师:《茶俗歌》里很有趣的是,每一个手势都代表一个人物,现在老师做手势,请你们观看。这一根手指是王婆婆,这三根手指是三个观音,后面三根是三匹马,还有两根手指代表儿童,最后还有一根是隔壁的幺姑儿。 2.师带领生学习茶俗歌手势。 (二)表演读《茶俗歌》 1.出示《茶俗歌》内容,完整地表演童谣,感受不同节奏带来的不同性格和情绪特征。 师:你觉得"幺姑儿"应该用什么语气来朗读? 师:你觉得我们四川话具有什么样的特点? (三)总结 师:四川话活泼俏皮的特点以及四川妹子伶牙俐齿的性格。	1.生分组学习茶俗歌手势并参与表演。 2.生通过表演感受附点节奏强调的人数,以及四川话"三"俏皮的口音。 3.生朗读"幺姑儿"念白的节奏,感受幺姑儿牙尖嘴利的性格特点。	1.通过模仿与表演,让生初步感知四川童谣的节奏、语言、力度、情绪。 2.初步接触四川童谣,感受其中与手势结合玩起来的乐趣,感受童谣的趣味性。 3.通过分析童谣不同节奏带来的不同性格和情绪特征,让生认识节奏的魅力。 4.通过用川话朗读童谣,感受四川话俏皮的口音以及四川人活泼灵动的性格特点。

续表

教学环节	教师活动	学生活动	设计意图
体验《推磨摇磨》	(一)初步感受《推磨摇磨》画面情景 1.师生通过音量游戏熟悉童谣《推磨摇磨》。 师:大家看我手势,一为最小音量,二为中级音量,三为最大音量,你们朗读的每一段的音量要和我的手势提示一致哦! 2.师介绍"推磨摇磨"的文化背景。 师:整首童谣短小有趣,生动地描绘了一幅因做豆腐而引发出的一系列热闹的画面,其中也引出了很多的人物形象,你看出来了吗? (二)感知人物形象以及性格特点 1.师出示童谣谱例。 师:找一找,谱例中出现了哪些人物形象? 2.说说这些人物的性格特点。 师:你能用他们的性格语气读一读吗?	1.生看师手势提示进行趣味朗读。 2.从谱例中找出各种鲜活的人物形象,挖掘出他们的性格特点。	1.音量游戏的趣味朗读设计,提高了生的兴趣的同时,也能快速地让其入情入境。 2.通过挖掘人物形象和性格特点,让生感受不同的人物形象与童谣中的节奏、速度、力度之间密不可分的关系。
小组合作创编创意谱	(一)小组合作,改编谱例节奏 1.出示谱例。 师:现在老师给同学们分组,发挥自己的想象,通过改变节奏,改变这些人物性格。 2.师引导谱例第一段,启发生创编节奏来完整表演童谣里不同性格、不同情绪的人物。 (二)创编节奏,加入动作表演 1.出示空创意谱,学生分组合作创编节奏。 2.询问学生为什么要用这样的节奏。 3.选择两组优秀的节奏创编,让全班同学按照此节奏有感情地朗读。	1.分析出人物性格特点后,带着人物性格语气进行朗读。 2.生根据童谣内容分组创编动作,用不同的节奏来表现童谣各段内容里的人物形象和人物性格。	1.创意谱的创编可以启发学生的想象思维,结合他们已有的乐理知识进行音乐的实践。 2.情景配音从学生实际能力出发,加入了更具趣味性的表演方式,让每位学生都有参与和发挥的角色。
设计音响塑造"立体画面",小组表演	(一)为画面设计音响 师:刚才我们当了"神笔马良",为各种人物创设了不同的性格,现在我们要做"音响师"了,为每一段编创合适的声音。第一段表现推磨和母鸡的声音,第二段推磨和娃娃哭的声音,第三段赶集进街的声音,第四段罐罐摔碎的声音。 (二)分组展演,情景表演 师:老师手里拿了一个摄像机,我数到3,每个小组就进入表演状态,我们一遍过有信心吗?	1.情景配音,生为每一段童谣内容编配一段声音,先展示声音,再朗读念白。 2.生做定格画面动作,进入表演状态。	

续表

教学环节	教师活动	学生活动	设计意图
舒缓活动	(一)动作传真机 师:同学们,在下课前我们来玩一个叫作动作传真机的游戏。如: 成都成都好巴适, 成都成都我爱你! (二)总结 师:我们四川文化丰富多彩,今天大家领略了童谣魅力,学习并感受优秀的四川特色文化,希望大家能喜欢我们本地的传统文化。	1.生模范师的音量、情绪、动作。 2.用方言说出对家乡的赞美,感知川话的韵味和语言美。	1.通过台词接龙,锻炼学生自信表演的能力。 2.通过总结让学生感受优秀的四川特色文化并真正喜爱它。

【思维导图】

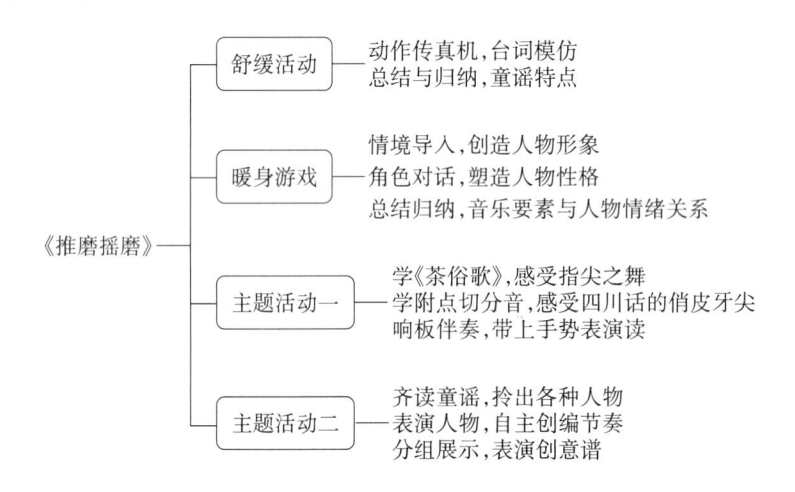

《推磨摇磨》
- 舒缓活动
  - 动作传真机,台词模仿
  - 总结与归纳,童谣特点
- 暖身游戏
  - 情境导入,创造人物形象
  - 角色对话,塑造人物性格
  - 总结归纳,音乐要素与人物情绪关系
- 主题活动一
  - 学《茶俗歌》,感受指尖之舞
  - 学附点切分音,感受四川话的俏皮牙尖
  - 响板伴奏,带上手势表演读
- 主题活动二
  - 齐读童谣,拎出各种人物
  - 表演人物,自主创编节奏
  - 分组展示,表演创意谱

推磨摇磨

教学建议

指导教师：成都市红牌楼小学　汤静

　　四川童谣产生于民间，是最简单、最艺术化的群众作品之一，是直接反映儿童的生活的艺术。四川童谣具有音乐性，也具备教化功能、娱乐功能和审美功能。《推磨摇磨》是一首传唱度很高的四川童谣，教师巧妙地以奥尔夫原本性思想为指导，将音乐、语言、动作三者结合统一，让四年级学生在"体验—互动"的教学模式中，走进独具地方特色的"川腔蜀韵"，在充分体验四川文化的同时又能完成"独唱—轮唱—二声部合唱"的教学目标。教学中教师从节奏入手、以声势为基础、以游戏为主导，注重音乐综合性和艺术创造性，引导学生主动参与音乐实践活动，让整堂课充满生命的活力。

一、从方言出发，创设贴近儿童生活的教学情景，培养学生审美感知

　　四川方言是地域语言的一种，是四川本土的语言。奥尔夫最大的贡献之一就是把语言融入了音乐教学，《推磨摇磨》一课遵循奥尔夫原本性教育理念，从学生的母语文化出发，在用四川方言塑造的教学情景中去了解四川民俗和方言文化，进而理解"依字行腔"的作曲手法，让课堂内容更加丰富，更加贴近学生的生活和文化背景。《推磨摇磨》一课教学伊始，教师便化身为热情的女主人，邀请全班同学去家里做客，以调动学生好奇心，引发学

习兴趣。接着教师展开推磨表演,让学生初步感受四川民俗、四川方言的特点。有意思的是,教师在表演中辅以富有川剧特点的动作,将学生进一步带入具有"四川味道"的教学情景中。同学们在欣赏教师的表演后,通过师生自然设问和回答互动,引出四川方言,初步了解其特点。师生在童谣的互动表演中,总结四川方言在本童谣里的具体特点,如:1.叠词增加了方言的韵律美和趣味性;2."家家、舅母"是富有四川味道的特殊称呼;等等。

汉语讲究声调和音调的高低走向,除节奏外,它本身就具有旋律感。四川话属于北方语系,有其独特的语言腔调、语音高低、语势的轻重缓急和声调的抑扬顿挫。根据这些特点,教师用"依字行腔"的作曲手法对童谣进行了旋律创作。在教学中,师生一起根据四川方言的语音语调起伏,利用图形谱直观形象的特点,一边画一边念,了解歌曲旋律特点,为下一步学唱打下基础。

二、从声势出发,用律动解决节奏难点,丰富学生审美体验

声势又名身势,即把身体当作乐器来演奏,通过身体动作发出声响的一种手段。声势包括拍手、跺脚、拍腿和捻指等基本形式。"让学生动起来学习音乐"是奥尔夫"原本性"音乐教学理念的集中体现,通过生活的语言、动作进行节奏学习,会使儿童自然、准确、深刻地领略多样化的节奏组合样式。

《推磨摇磨》这首童谣包含了 x,xx,x x x x x·x,0 这几种节奏型,如果只是单纯地讲解音符的时值和名称,将音响和运动、情感割裂开,这种"填鸭式"教学不可能让学生内心得到体验和满足。节奏加入语言,变成了诗;节奏加入声音,变成了歌;节奏加入形体,变成了舞。于是,结合声势的节奏体验和节奏练习贯穿整个童谣的学习。无论是刚开课时的节奏互动中,还是课中的用方言念童谣,或是表演童谣,声势活动始终伴随着师生的音乐律动。在声势的帮助下,学生们能够轻松掌握不同的节奏型;在表现童谣俏皮幽默的内容时,声势动作能够辅助孩子们表演,特别是卡农练习时,声势动作能够帮助他们稳定节奏,保持声部的稳定性。声势活动让师生最大限度地参与到音乐当中,极大地调动了儿童内心的活力和热情,通过对语言声调、语气的领会和理解,有助于对音乐情感意蕴的领悟,更让《推磨摇磨》一课的教学更加生动、富有创造性和生命力。

三、从游戏出发,建立多声概念,激发学生审美创造

四川童谣走进音乐教学课堂,必须从学习本民族音乐语言逐步过渡到学习世界性音

乐语言。因此,以童谣音乐素材为基础,从运用多声部的织体入手进行音乐教学,将有助于学生了解复调音乐的基本类型及其表现手法。在教学策略中,游戏成为此年龄段儿童最乐于接受、最有成效的方式。在奥尔夫原本性教育理念指导下的多声教学,让学生一脑多用,在学习与别人合作的过程中,培养和锻炼自己的控制与把握能力。这是一种有较高教学效益,培养学生具有较高素质音乐素养的教学方式。

在《推磨摇磨》一课的教学中,针对这首童谣看似简单,但是在结构上却不规整的音乐特点,教师通过表演建立一个"到四川人家做客—去赶集—回家去"的教学脉络,在充分体验四川文化的过程中,设置"去做客""赶场去""回家咯"三个不同的游戏教学场景,并在不同的教学场景里,由浅入深地完成"齐唱—轮唱(卡农)—合唱(二声部)"的教学任务,通过游戏不断刺激学生去探索不同的音乐表现形式,引导学生唱会歌曲、唱好歌曲,之后用更多的歌唱形式来丰富歌曲,由浅入深,由关注演唱形式慢慢递进到关注合唱的声音。师生在轻松愉悦的氛围里,完成歌曲教学。

教学设计思路及过程

成都市红牌楼小学校　李莉

【教材分析】

《推磨摇磨》一课选自四川省中小学地方音乐课程资源《川腔蜀韵》童谣板块。这是一首流传于四川很多地方的儿歌,在内容上各个地方会存在一些细微差异,但都是以"推磨摇磨"这两个词开篇,很多四川人都是念着这首儿歌长大的。教材中这首童谣综合了各个地方的版本,选取了最有代表性的歌词并汇编。童谣朗朗上口,贴近儿童生活且富有趣味。本课教学中,采用了教材中的童谣作为基本教学元素,综合运用了汤静老师用"依字行腔"的作曲手法进行谱曲的歌唱版本。

【教学设计思路】

本课以唱歌教学为主,针对这首童谣看似简单,但是在结构上却不规整的音乐特点,在教学设计中,教师应建立一个"到四川人家做客—去赶集—回家去"的教学脉络,在充分体验四川文化的过程中,设置"去做客""赶场去""回家咯"三个不同的教学场景,并在每个不同的教学场景里,由浅入深地完成"齐唱—轮唱(卡农)—合唱(二声部)"的教学任务,不断刺激学生去探索不同的音乐表现形式,引导学生唱会歌曲、唱好歌曲之后,用更多的歌唱形式来丰富歌曲,由浅入深,由关注演唱形式慢慢递进到关注合唱的声音,使师生在"体验—互动"中完成童谣的学习。

【学情分析】

本节课教学对象为四年级学生。从心理上来说,此年龄段的学生还保持着儿童爱表演的天性,如果课堂氛围营造得当,学生是乐于参与音乐活动,并乐意进行表演和展示的。从音乐能力上来说,四年级学生已经具备一定的音乐知识积累,并能够运用;在音乐知识方面,本首童谣里出现的八分音符、附点八分音符、十六分音符、切分等节奏型是在之前的学习中已经掌握了的,在本次教学活动中不会特意提出节奏,教师将用声势活动、情景表演唱的方式,将歌词节奏与四川话韵味相结合,帮助学生清晰快速地掌握;在歌唱方面,他们能够较为科学地用嗓,如会用自然、高位置的声音歌唱,同时还具备一定的合唱能力。

【教学目标】

情感、态度、价值观:
通过学习了解和体会四川童谣,初步激发学生对四川地方音乐文化的喜爱之情。
过程与方法:
采用"体验—互动"式教学方法,通过开展齐唱、轮唱(卡农)、合唱(二声部)的教学活动,引导学生唱会、唱好童谣。
知识与技能:
用方言和富有童趣的声音演唱歌曲《推磨摇磨》,并感受歌曲"依字行腔"的音乐风格。
在音乐实践活动中,掌握齐唱、轮唱(卡农)、合唱(二声部)的歌唱形式。

【教学重点】

用富有童趣的歌声演唱歌曲《推磨摇磨》。

【教学难点】

轮唱(卡农)、合唱(二声部)训练。

【教学准备】

课件、木琴。

【教学过程】

教学环节	教师活动	学生活动	设计意图
情境创设，感受方言之美	1.教师自我介绍，在"到四川人家做客"的邀请中引入新课。 2.幻灯片切换，转至农家背景，教师播放视频，一边用四川话念词，一边做动作：推磨、摇磨、推粑粑、请家家……创设"到农家"教学情景。 3.通过设问简要介绍四川方言特点。 4.PPT依次出示歌词，教师一边念一边解说四川方言的特点。 5.教师一边念童谣，一边画出旋律线，简介"依字行腔"的作曲手法。 6.引导学生利用图形谱，共同探索了解"依字行腔"在本乐段中的应用。 7.出示课题，简介童谣《推磨摇磨》的创作背景。	1.随着教师的自我介绍，进入教学情景。 2.在聆听和观看教师表演中，进入教学情景，初步感受童谣。 3.自由回答、交流，并聆听教师关于四川方言特点的介绍。 4.具体了解每一句里面的四川韵味。 5.观看教师表演。 6.和教师一起一边用手指画旋律线，一边齐读童谣。 7.了解童谣创作背景。	1.师生第一次见面，教师化身为主人，邀请全班同学"到四川人家做客"，调动学生好奇心，引发学习兴趣。 2.教师在农家推磨的民俗活动中展开表演，让学生初步感受四川方言的特点。在表演中辅以富有川剧特点的动作加以表现，将学生进一步带入"四川味道"的教学情景。 3.在欣赏教师的表演后，通过自然设问和回答互动，引出四川方言，初步了解其特点。 4.通过教师富有"四川味道"的表演和解说，了解四川方言的具体特点。如：(1)叠词增加了方言的韵律美和趣味性；(2)富有四川味道的特殊称呼；(3)平舌音。 5.本首童谣是汤静老师根据四川话语音语调特点，用"依字行腔"手法进行谱曲的一首儿歌。在教学中利用图形谱直观形象的特点，让师生通过一边画一边念、唱的教学活动，了解歌曲旋律特点，为下一步学唱打下基础。
探索发现，在"体验—互动"学习模式中学唱歌曲	(一)学唱第一段 1.PPT出示第一段歌谱，播放范唱。教师带领学生一边画旋律线一边听范唱，感受歌曲旋律走向。 2.教师扮演师傅，学生扮演徒弟，以"口耳相授""口耳相传"的方式，画旋律线模唱学习。 3.用舞蹈动作辅助模唱学习。 4.处理难点乐句"舅母不吃菜豆腐，要吃隔壁的肥鸡母"。 5.师生跟着范唱练习后，有表情地歌唱表演。	1.聆听范唱，感受歌曲旋律特点。 2.以"徒弟"的身份，跟着"师傅"用"口耳相授""口口相传"的方式学唱歌曲。	学生通过前面教学环节的铺垫，对歌曲的第一部分内容比较熟悉，在随着教师逐句学唱的过程中，对"依字行腔"有了进一步的感受和体验。在难点乐句的处理中，师生通过揣摩人物形象，模仿川剧中富有人物特点的动作来进一步巩固旋律、固化演唱情绪。

续表

教学环节	教师活动	学生活动	设计意图
探索发现，在"体验—互动"学习模式中学唱歌曲	(二)学唱第二段歌曲 学唱第二段单声部 1.PPT转到乡镇赶集画面，创设"去赶集"教学情景。 2.教师表演唱歌曲的第二段。 3.由"赶晌午"在四川话里的意思，引出本段学唱中的咬字吐字。 4.用奥尔夫教学理念，设计声势带着学生熟悉： x x x | x x x | 推豆腐，赶晌午， 推豆腐，赶乡场， x x x x | x x x | 娃 娃 不 吃 冷 豆 腐 娃 娃 不 吃 冷 糖 糖 5."口耳相授"的方式教授歌曲。 卡农练习 1.将学生分为两组，请他们分别演唱，巩固记忆歌曲。 2.教师指导学生进行卡农练习，根据学生现场反应出来的问题，调整其学习状态。 3.当学生掌握了卡农的歌唱形式后，着力调整卡农时聆听的状态以及歌唱的声音和状态，然后有表情地歌唱。	1.在观看教师表演中，进入新的教学情景中。 2.了解歌词里的"四川味道"。 3.跟着教师用动作辅助学习歌词。 4.随着教师指导学唱并掌握歌曲。 5.在教师指导下循序渐进地进行卡农练习。	歌曲的第二段有三个乐句，两段歌词，对于四年级的学生来说，学习起来比较简单。在训练四年级学生的歌唱能力上，必须结合声部学习，让学生体会声部合作带来的变化，掌握合唱技巧。学习是一个循序渐进的过程，从第一部分的"齐唱"过渡到二声部合唱，"卡农"是很适合学生们的合唱形式。在教学中，教师根据奥尔夫教学理念，设计身势动作帮助学生记忆节奏、固化速度，让两个声部的轮唱进行起来不显凌乱。当学生掌握了二声部的轮唱形式后，要教会他们学会聆听彼此的声音，学会控制自己的声音，建立声部意识。
	(三)学唱第三段歌曲 学唱第三段单声部 1.PPT出示家人做豆腐的场景，教师范唱第三段，创设"回家去"的教学情景。 2.难点突破"打烂罐罐牛屎补"。 3.PPT出示歌词，教师用声势辅助模唱教学。 4.和音乐表演唱。 二声部合唱练习 1.出示木琴，师敲击演奏 3 1 | 6 1 |，引导学生聆听并分辨出是哪句，并用手势指挥学生跟唱。(教师一边听一边用手势调整学生声音位置和呼吸) 2.请一位学生敲击木琴，教师带领学生进行固定音型的二声部合唱学习。	1.在教师的表演中转入新的教学情景中，在聆听中了解本段歌曲内容。 2.在回答教师问题中了解歌曲中的"四川味道"，并在声势动作帮助下解决节奏难点。 3.在教师引导下，学会单声部。 4.听教师敲击的旋律，随着琴声模唱，并随着教师的指挥，学会控制自己声音。 5.在木琴的伴奏下，和老师、同学合作进行探索学习。	歌曲的第三段诙谐幽默，富有童趣和表演性。本段的教学综合了听唱法、声势活动、戏剧表演等多种形式。在学生较好地掌握了单声部演唱后，教师出示木琴敲击演奏 3 1 | 6 1 |，为歌曲叠加一个固定音型的二声部，让学生体验声部合作产生的音响效果，了解合唱的多种形式。

续表

教学环节	教师活动	学生活动	设计意图
	3.将学生分为两个声部进行合唱训练。 4.根据学生演唱情况,调整合唱时的音准、音色、强弱和歌唱情绪,并指挥合唱表演。		
完整呈现, 表现歌曲	1.PPT出示完整乐谱,引导学生回忆本节课呈现的演唱形式。 2.完整聆听范唱。 3.引导学生完整表演全曲。	1.归纳出本首歌曲出现的三种演唱形式。 2.聆听范唱。 3.表演歌曲。	"热闹"之后的"静听",是必不可少的知识回溯过程,有了这个过程,才能有后面完整地表演。
课堂小结	小结本课内容,提出进一步学习要求。	聆听、思考。	总结本课,启发学生继续探索四川童谣。

【思维导图】

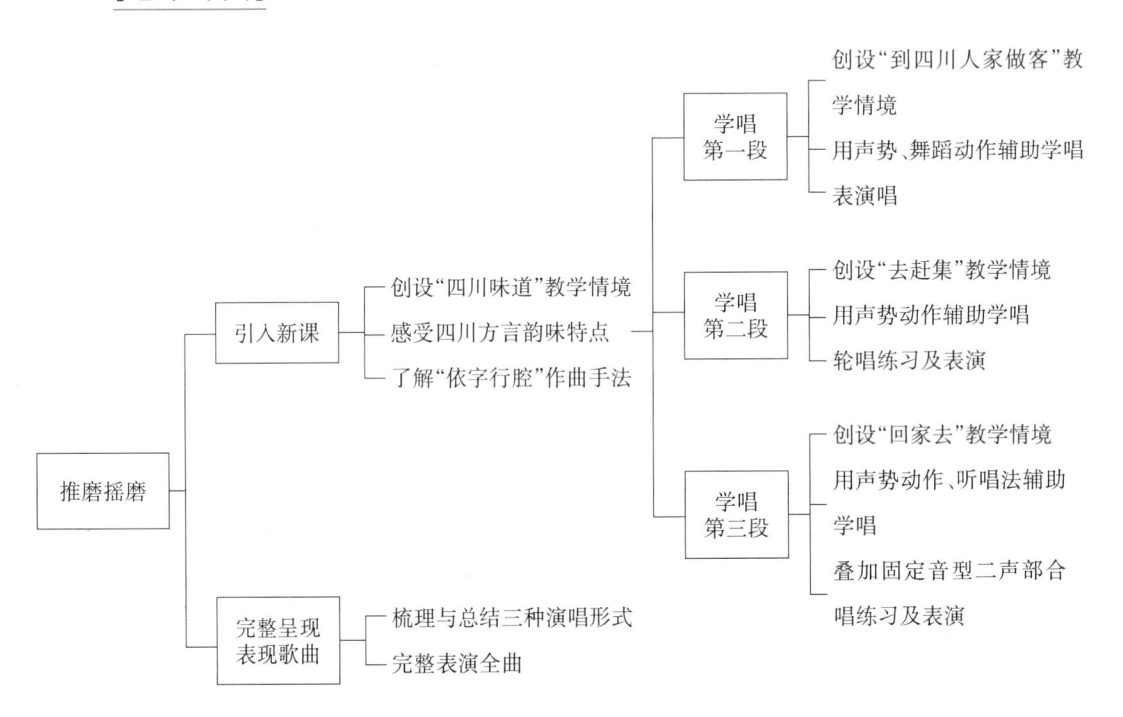

推磨摇磨
├─ 引入新课
│   ├─ 创设"四川味道"教学情境
│   ├─ 感受四川方言韵味特点
│   └─ 了解"依字行腔"作曲手法
├─ 学唱第一段
│   ├─ 创设"到四川人家做客"教学情境
│   ├─ 用声势、舞蹈动作辅助学唱
│   └─ 表演唱
├─ 学唱第二段
│   ├─ 创设"去赶集"教学情境
│   ├─ 用声势动作辅助学唱
│   └─ 轮唱练习及表演
├─ 学唱第三段
│   ├─ 创设"回家去"教学情境
│   ├─ 用声势动作、听唱法辅助学唱
│   └─ 叠加固定音型二声部合唱练习及表演
└─ 完整呈现表现歌曲
    ├─ 梳理与总结三种演唱形式
    └─ 完整表演全曲

青羊宫

教学建议

指导教师：成都市龙江路小学　张蓉
　　　　　成都市成华区教育科学研究院　李嵘

一、童谣三问

老师，你小时候玩过童谣吗？老师，你还记得你小时候诵过的童谣吗？老师，你在你的音乐课里教过童谣吗？回顾我们小的时候，也唱过一些童谣，比如《编花篮》《茶俗歌》等。作为一名音乐老师，在我们的音乐课里却很少涉及童谣这种类型的教学，虽然有一些童谣改编歌曲，但是真正的童谣教学几乎没有。站在这样一个角度，我们的音乐课能不能教童谣呢？可不可以教童谣呢？应不应该教童谣呢？这就是我们设计这节课和思考。

二、我们的思考

《义务教育音乐课程标准》(2011年版)中提出，要"系统地学习母语音乐文化"，"应将我国各民族优秀的传统音乐作为音乐教学的重要内容"，"要善于将本地区民族民间音乐(尤其是非物质文化遗产中的音乐项目)运用到音乐课程中来，使学生从小受到民族音乐文化熏陶，树立传统民族音乐文化的意识"。本课结合四川省中小学地方音乐课程资源《川腔蜀韵》，以四川童谣《青羊宫》为载体进行教学。我们将四川童谣与方言、四川童谣与节奏、四川童谣与文化、四川童谣与游戏、四川童谣与表演等相结合,通过一系列诵、奏、演、创等活动,来体验、感受和理解四川老成都童谣的特点。

三、我们的关注

通过教学设计、课堂展示,我们需要关注什么教学理念呢?根据教学目标和二年级学生活泼好动、注意力短暂、兴趣转移快等特点,教师有效地整合教学内容,紧扣音乐本体,有目的、合理地设计教学环节,思路清晰,动静结合。再融合儿童喜闻乐见的四川方言母语语境,以音乐游戏的形式,采用"诵童谣、演童谣、戏童谣"等综合手段,将童谣情景化、生活化、游戏化,让学生"玩"出氛围(文化),"玩"出童趣(表演),"玩"出花样(卡农)。

第一,通过童声诵读,以声音—节奏—方言,记住童年、记住乡音。第二,通过肢体律动,从场景—人物—故事,表达童真、童趣。第三,通过互动协作,从模仿—创编—合作,建立音乐经验与社群能力。第四,因为教学对象不同,从预设—机智—生成,活动每一次有所不同。第五,紧扣情景创设,从本土—民俗—民风,感知人文传统。第六,延伸与拓展。学生在活动过程中获得愉悦的本土传统音乐文化的熏陶、艺术审美的体验,享受童谣和音乐带来的快乐。通过这样的思路,我们决定用一节关于童谣的音乐课,来回应童谣三问。

四、我们的愿景

我们通过这样的音乐课堂让孩子们知道"我是谁、我从哪里来、我要到哪里去?"作为一名土生土长四川成都人,对于成都的这些童谣和文化又了解多少?我们透过这短短的一节音乐课,让学生体验青羊宫庙会的民间习俗,体验成都娃娃真实质朴的生活,感受四川童谣的语言美、节奏美、表演美、音乐美,并在潜移默化中,使学生从小受到四川本土音乐艺术文化的熏陶,树立传承民族音乐文化的意识。在孩子们稚嫩的心灵里,种下一粒喜爱童谣、热爱传统地方音乐文化的种子,让我们的孩子有根、有魂,走向世界,走向未来。

作为一堂音乐课,在教学过程中教师可以大胆地让学生参与体验,不要过多诠释童谣。德国奥尔夫教育专家沃尔夫·哈特曼教授曾提出:"教师在音乐课堂教学中应该尽量少地使用语言,而尽量多地运用音乐特有的方式去诠释音乐作品。"此观点正好揭示了音乐作为一门独立门类的学科的独特性,充分展示了音乐学科存在的必要性和重要意义。当然,教学永远是一门留有缺憾的艺术。在对课例不断的展现、设计、反思中,我们才能真正达到理论联系实际,逐步提高教学水平,深化教学改革的目的。

教学设计思路及过程

成都市龙成小学　王卓

【教材分析】

《青羊宫》选自四川省中小学地方音乐课程资源《川腔蜀韵》四川童谣板块。成都童谣发源于富有浓郁文化底蕴的川西坝子,音韵和谐、诙谐幽默、带着"哆"腔的四川方言赋予了成都童谣独特的魅力,透着的是老成都生活的风土人情,承载了无数成都人的童年记忆。

《青羊宫》以成都地方性民间节日——赶花会为创作背景,描绘了老成都人民其乐融融赶花会的热闹场景。这首童谣属于"三三七言"童谣,节奏上表现为:三三七,三三七七,和中文自身的语言节奏特点紧密相关,音韵和谐、节奏鲜明,是最朗朗上口的一种形式。整首童谣篇幅短小、内容浅显,却又包含了"庙会""美食""地方民俗""人文风情"等丰富的生活元素,极具表现力,展现了成都人幽默风趣的性格特点,反映了老成都人的生活情景、民俗风情,深受小朋友喜爱。

【学情分析】

《义务教育音乐课程标准》(2011年版)提出,要"系统地学习母语音乐文化","应将我国各民族优秀的传统音乐作为音乐教学的重要内容","要善于将本地区民族民间音乐(尤其是非物质文化遗产中的音乐项目)运用到音乐课程中来,使学生从小受到民族音乐文化熏陶,树立传统民族音乐文化的意识"。《义务教育音乐课程标准》(2011年版)课程内容中"表现"领域还提到,"[1—2年级]学唱儿歌、童谣及其他短小歌曲,参与演唱活动"。

由此,本课结合四川省中小学地方音乐课程资源《川腔蜀韵》,以四川童谣《青羊宫》为载体,以小学二年级学生为教学对象,以形象思维为主,尊重儿童好奇、好动、模仿力强的特点,融合儿童喜闻乐见的四川方言母语语境,以音乐游戏的形式,采用"诵童谣、演童谣、戏童谣"等综合手段,将童谣情景化、生活化、游戏化,让学生"玩"出氛围(文化),"玩"出童趣（表演），"玩"出花样（卡农）。再利用儿童的自然嗓音和灵巧形体，让其在学习中感受四川童谣的语言美、节奏美、表演美、音乐美，并在潜移默化中，使学生从小受到四川本土音乐艺术文化的熏陶，树立传承民族音乐文化的意识。教师在短短的35分钟教学时间内，模拟再现老成都风土人情，让学生体验青羊宫赶花会的民间习俗，感受成都娃娃真实质朴的生活，从而爱上家乡的风俗，爱上家乡的语言，爱上家乡的文化。

本课重视学生的音乐实践活动，力求让每一个学生都能轻松愉快地参与到童谣学习中，获得愉悦的本土传统音乐文化的熏陶、艺术审美的体验，享受童谣和音乐带给我们的快乐。

【教学目标】

1.能用儿童自然的嗓音、诙谐亲切的四川方言，灵巧的形体表演，有节奏地诵读童谣《青羊宫》，表达老成都人生活的民俗风情。

2.巩固学习 X、XX、XXXX、0 等节奏组合，并在童谣诵读中初步感受节奏型 X·X。

3.尝试在游戏中进行二声部卡农学习，体验协调与合作，初步建立声部感意识。

4.能在"诵童谣""演童谣""戏童谣"音乐实践活动中，采用听、诵、演、奏、创等方法感知四川童谣的传统文化魅力。

【教学重点】

能用儿童自然的嗓音、诙谐亲切的四川方言，灵巧的形体表演，有节奏地诵读童谣《青羊宫》，表达老成都人生活的民俗风情。

【教学难点】

1.在童谣中能读准 XXXX 的节奏。

2.二声部卡农。

【教具准备】

PPT、打击乐锣鼓、灯笼、风车、糖葫芦等。

【教学过程】

教学环节	教师活动	学生活动	设计意图
一、音乐表演导入	(一)创设情景,音乐表演导入 师:同学们,今天老师给大家带来一些特别的东西,瞧,这是什么? (二)教师示范表演——庙会逛街 师:拿道具的时候在做什么? 没有道具又在做什么呢? (三)生模仿表演	1.观看师表演,回答问题。 2.生分为两组:表演组、童谣组。	1.师生共同创设情景,让学生开课就进入浓浓的节日氛围。 2.在模仿表演中,初步感受庙会的节日氛围,利用弥漫性熟悉童谣,拉近学生与老成都文化之间的距离。
二、走近青羊宫	(一)表演采访 (二)走进青羊宫 师:今天我们就一起到历史悠久的青羊宫去了解一下。(播放视频,了解青羊宫历史文化背景) (三)出示课题 师:在民间就流传这么一首童谣,名字就叫《青羊宫》。	1.生接受采访。 2.生观看视频,了解青羊宫的历史文化背景,以及青羊宫赶花会的场景。 3.生用地道的成都话齐读课题。	1.师生从普通话转为四川话,利用强烈的代入感,从语境上拉近学生与民间童谣、民俗节日之间的距离。 2.本环节选用符合儿童心理的童趣卡通的视频,介绍青羊宫的来历及赶花会的习俗,让学生有亲切感,从而了解青羊宫历史文化由来。
三、诵童谣	(一)读准童谣——咬字吐字、掌握节奏 1.节奏纠正。 2.完整读。 (二)方言诵读——体会语言韵味 师:小朋友有没有发现哪些字最有四川方言的特色呢? (三)小鼓伴奏——突出童谣节奏感、烘托气氛 (四)师小结 师:用方言读,还要读得有节奏感,这也是四川童谣的特点之一。	1.生读童谣,读准字音,认识童谣中的字。 2.在老师的指导下,在童谣的诵读中掌握节奏型 X X X X X X。 3.找出最具四川方言特色的字。 4.用方言读出童谣的韵味,感知语言美。	1.慢速认识童谣的字,读准字音。 2.在童谣诵读中掌握节奏。 3.让学生明确语言特色方言。 4.师用小鼓丰富诵读的层次,烘托氛围,让童谣更具有节奏感。
四、演童谣	(一)童谣表演 感受童谣内容(PPT出示图片、视频)。 (二)完整表演童谣 (三)丰富童谣形式 1.加入打击乐——锣。 2.合乐完整表演。 (四)师生小结 师:原来啊,四川童谣要用方言、有节奏地读,而且它的表演还那么的有趣。	1.生在童谣中找出表达美食、场景、心情的语句。 2.一生尝试用鼓伴奏,其他生用动作感受童谣的童真、童趣。 3.生认识锣,探索其演奏方式,并用锣为童谣伴奏。	1.通过动作表演,准确掌握童谣的节奏,加深对童谣的印象,熟记童谣。 2.启发学生通过表演,从眼神、动作、造型、表情等肢体语言,感受童谣所描绘的热闹的赶花会场景。 3.以叠加的形式,通过鼓、锣丰富童谣层次,引发学生的创编意识。

续表

教学环节	教师活动	学生活动	设计意图
四、演童谣		4.小乐手伴奏、小老师带领其余生表演,感受童谣的童真童趣。	4.以综合表演的形式,锣鼓齐鸣让学生有趣味地沉浸在童谣表演中,感受老成都人民赶花会时的热闹场景。
五、戏童谣	(一)跳房子游戏 1.师示范。 师:其实啊,它还可以和游戏结合,请你看王老师跳一次。 2.生原地模仿。 3.生跳格子。 (二)卡农游戏 (三)师生小结 师:一边读童谣,一边做游戏,也是我们四川童谣的一大特色哦。	1.生观看老师示范。 2.生原地模仿,掌握游戏童谣的节奏。 3.一生尝试跳房子,其余生读童谣。 4.师生合作、生生合作,在游戏中进行卡农诵读。	1.将童谣游戏化,一边做游戏一边诵童谣凸显四川童谣特点。 2.通过游戏活动,自然而然地形成二声部卡农,丰富童谣的表现力。 3.通过不断重复练习,教师逐步放手,生由生到熟、由浅入深,逐步掌握二声部卡农,体会声部层次的美,体会民俗与生活的乐趣。
六、拓展小结与	(一)三三七童谣 师:你有没有发现这首童谣的字数有什么规律呢? (二)童谣拓展 (三)总结下课 师:今天的音乐课就到这里了,让我们一起跟着音乐,读着童谣一起下课吧!	1.生观察并回答。 2.生随师一起拍手读童谣。 3.生小结。 4.生随音乐一边拍手一边诵读童谣出教室。	1.总结出这首四川童谣的节奏特点,拓展出学生平时耳熟能详的其他四川童谣,引发学生进一步学习四川童谣。 2.在情趣盎然中,律动出教室,首尾呼应,在无穷的回味中结束本课童谣的教学。

思维导图

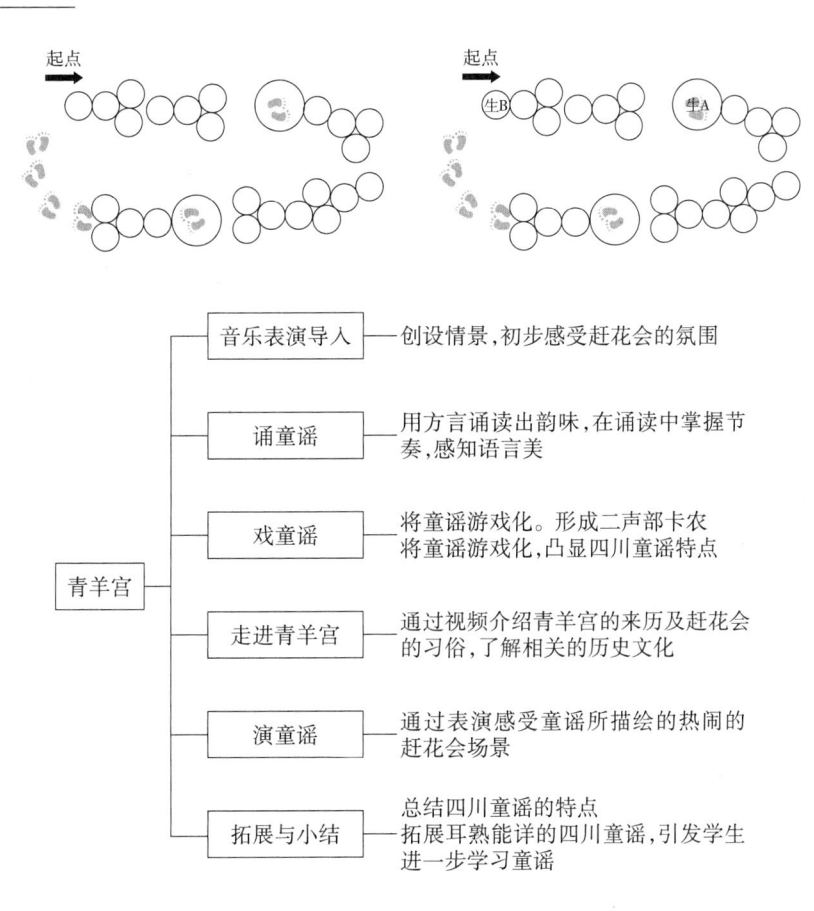

```
起点 →  ○○○○ ○ ○○○           起点 → ○○○ 生A ○○
      ○○○○○○○○○○                生B○○○ ○○○○○○
      ○○○○○○○○○                  ○○○ ○○○○○○○○
```

```
          ┌─ 音乐表演导入 ── 创设情景,初步感受赶花会的氛围
          │
          ├─ 诵童谣 ──────── 用方言诵读出韵味,在诵读中掌握节
          │                  奏,感知语言美
          │
          ├─ 戏童谣 ──────── 将童谣游戏化。形成二声部卡农
  青羊宫 ─┤                  将童谣游戏化,凸显四川童谣特点
          │
          ├─ 走进青羊宫 ──── 通过视频介绍青羊宫的来历及赶花会
          │                  的习俗,了解相关的历史文化
          │
          ├─ 演童谣 ──────── 通过表演感受童谣所描绘的热闹的
          │                  赶花会场景
          │
          └─ 拓展与小结 ──── 总结四川童谣的特点
                             拓展耳熟能详的四川童谣,引发学生
                             进一步学习童谣
```

青羊宫

教学建议

指导教师：成都市双流区教育科学研究院　夏加强

本节课执教者充分体现了"以音乐审美为核心，以兴趣爱好为动力，面向全体学生，注重个性发展，重视音乐实践，鼓励音乐创造，提倡学科综合"的教学理念。在教学过程中采用了有效的教学方法和教学手段，充分体现了执教者优秀的音乐素养和扎实的教学基本功，营造了和谐、互动、探究、创新的课堂情景和氛围。通过生动有趣的示范以及诙谐的语言动作、丰富的师生活动，很好地完成了制定的目标及重点内容学习。通过读、玩、唱的教学设计充分发挥了童谣童趣的特点，给学生搭建了一个自主、开放、充满活力的音乐课堂，给学生充分感受、体验、想象、表现音乐的机会，唤起了学生的情感共鸣。

一、教学目标符合教材内容特点以及学生实际，教学重点突出

本课的教学目标符合童谣特点和学情，具有可靠的实效性和完成性。童谣教唱的重点在于让学生释放出活泼、善于模仿的天性，让其用天真纯洁的声音，读唱出童谣的美感，本课的教学重点符合了以上的学习重点。

二、课堂构思新颖,教学环节清晰,衔接巧妙自如

本课抓住了音乐教学以"审美为核心"这一学科特点来设计教学环节和教学活动。围绕"赏童谣、玩童谣、唱童谣"三个主题,各教学环节之间过渡自如,保持了良好的课堂整体性。通过丰富多彩的音乐教学活动,循序渐进地带领学生感受、体会、表现四川童谣的风格和特点,在音乐活动的参与过程中让学生学会了四川童谣《青羊宫》,很好地达成了本课教学目标。

1.将"知识与技能""情感态度与价值观"的学习融入音乐体验活动中

教学过程中执教者采用了聆听、对比、乐器伴奏、节奏参与、模唱、表演、编创、探究与合作等多种方法让学生参与了音乐体验,充分发挥了学生主观能动性。演唱歌曲是中小学音乐教学的基本内容,也是学生最易于接受和乐于参与的表现形式。本节课的教学中,执教者非常重视学生的演唱姿势、呼吸方法、音准、节奏等歌唱技能技巧,并巧妙地将这些技能技巧融入音乐教学活动中。整个课堂,执教者通过正确优美的范唱、诙谐的肢体语言等培养了学生良好歌唱习惯,表现出了四川童谣的趣味性。在寓教于乐的活动中,学生玩得开心,学得愉快;不仅学习了音乐知识,还了解了自己家乡的童谣以及特色文化赶花会。培养了学生对自己家乡的热爱之情,也为非遗文化传承起到了积极的推动作用。

2.教师专业基本功扎实,音乐素养优秀

执教者的教学设计体现了其理念先进、教法出新的优点,编创示范和学生编创点评体现了教学应变能力强的优点,乐器伴奏、钢琴弹奏体现了自身扎实的专业基本功和优秀的音乐素养。在教学过程中教态自然大方、富有激情,儿童化的语言和肢体动作十分具有亲和力,声音位置规范示范娴熟具有感染力。

3.教学完成效果良好,学生学习兴趣浓厚

通过最后学生呈现的表演效果,可以看出本课很好地完成了既定的教学任务,达到了能用活泼童趣的声音读、玩、唱童谣教学目标。在学习过程中学生学习兴趣浓厚,保持了较高的专注力,提高了其的实践能力、创新意识,掌握了更多的学习策略和方法。

三、教学建议

1.教学过程中的提问设计

提问是课堂教学中重要的组成部分。音乐课堂的提问应注意三个方面:第一,照顾全面,体现主体。第二,激发兴趣,引导探究。第三,由浅入深,层层递进。本课在教学过程

中的提问环节设计基本合理,但有个别提问设置过于简单实际意义不大,个别问题提出的节点还可以改善。

2. 创编教学的设计

根据《义务教育音乐课程标准》(2011年版)指出音乐创造包括两类学习内容:一是以开发学生潜能为目的的即兴音乐编创活动;二是运用音乐材料进行音乐创作尝试与练习。音乐创作实践对于开发学生潜能和培养创新型人才有着重要的意义。

在本课的编创环节中,执教者给学生提供了丰富的创编素材,并示范了自己的创编成果,这在一定程度上束缚了学生的思维模式,限制了学生的创新效果。建议先让学生进行创作,老师指导修正,最后分享自己的创编成果,这样能更大限度的激发学生创作才能。

3. 教学过程中的评价语

《义务教育音乐课程标准》(2011年版)指出:"音乐课程评价应充分体现全面推进质教育的精神,贯彻本标准所阐述的课程理念,着眼于评价的诊断、激励与改善的功能。"巧妙的课堂语言能激发学生学习音乐的热情,从而让音乐课堂充满生机,让学生沉浸在音乐的海洋。

在本节课的教学过程中,执教者的评价语言较为丰富,导向性比较明确。但对于充满乐趣的童谣教学执教者的评价语比较常规,在激趣方面略显单薄。如果能使用更加具有童趣的评价妙语,不仅能拉近师生之间的距离,更能激活学生的思维,提升学生的学习兴趣,让学生在轻松活跃的氛围中感受到童谣赋予大家的快乐。

教学设计思路及过程

四川大学西航港实验小学　张瀚艺

【教材分析】

《青羊宫》是一首"三三七,三三七七"句式的童谣,简短、诙谐,充满了浓郁的四川地方色彩,填上符合四川方言特点的五声调式旋律,把青羊宫赶花会的热闹场景描写得生动有趣。

【学情分析】

三年级学生活泼好动,善于模仿,且积累了一定的音乐基础知识,对音高、节奏、力度、速度等音乐要素有了初步的认识和了解,具有一定的唱歌基础。但对四川童谣不是十分了解,教师需要通过节奏游戏、身体律动让学生去感受、体验、表现四川童谣,才能提高他们的音乐学习能力,培养他们对四川童谣的喜爱。

【教学目标】

1.通过读、玩、唱童谣《青羊宫》,用课堂乐器(串铃、响板)为其伴奏等,表现四川童谣的韵味。

2.通过聆听范唱、模唱、对比演唱、课堂乐器伴奏、表演、编创等音乐体验活动,感受并表现四川童谣《青羊宫》赶花会的盛景。

3.体会四川方言文化特点,激发学生对地方童谣的兴趣,培养其对家乡的热爱之情。

【教学重点】

用活泼童趣的声音读童谣。

【教学难点】

用准确的节奏及幽默的情绪表现《青羊宫》童趣诙谐的特点。

【教具准备】

多媒体、钢琴、串铃、响板。

【教学过程】

教学环节	教师活动	学生活动	设计意图
一、情景导入	（一）创设情景 师引领生做拍手游戏，读童谣《小老鼠上灯台》。 （二）点评引入 师点评生的拍读，引入身边的童谣，进入童谣学习氛围。	边做拍手游戏，边读童谣《小老鼠上灯台》。	引"童谣"入戏，通过读、玩的活动，让学生进入童谣学习氛围。
二、新课教学	（一）揭示课题 1.师简介青羊宫及赶花会，提问：今天我们要去的地方是？这里在举办什么活动？ 2.师简介童谣创作背景，出示童谣《青羊宫》图谱。 3.初听童谣，感受四川方言的趣味。 （二）教读童谣 青羊宫，真热闹。（师要求生轻声微笑带有趣味地朗读，若不能达到再次重复，听师用不同的声音对比来引导学习） 师：糖油果子三大炮。（师引导：糖油果子这么甜，引导生读出对美食的渴望的语气） 师：不要钱，不要票。（师引导：这么多好吃的好玩的居然开票不收钱，引导生悄悄地告诉朋友） 师：就是害怕包包掉。（师引导：赶花会人太多太热闹了，请你看好自己的包不要被挤掉了，力度与上一句形成对比） 师：气得妈妈双脚跳。（用动作和语气引导生做出焦急的状态和语气，达到诙谐的效果） （三）童谣伴奏 1.引导生读《青羊宫》，用课堂乐器（串铃、响板）。 2.认识课堂乐器，教授演奏方法。 3.分组分乐句学习伴奏节奏型。 4.指挥合奏朗读《青羊宫》。（调整生伴奏与朗读声音协调性，保持情绪）	1.生聆听，回答。 2.生用普通话初读童谣。 3.生模仿师声音状态、动作、情绪学读。 4.生读《青羊宫》。 5.生学习演奏方式。 6.生按分组学习相对应乐句伴奏型。 7.在师的指挥下，用课堂乐器伴奏，完整地表演《青羊宫》。	通过读、演的音乐活动，循序渐进地带领学生关注四川童谣特点，体验读、演四川童谣的快乐。

续表

教学环节	教师活动	学生活动	设计意图
三、编创学习	1.带生归纳总结《青羊宫》的节奏型。 2.运用以上节奏型创编展示新的《青羊宫》。 3.让生小组合作创编展示,并点评。	1.按师的指引归纳总结出《青羊宫》的节奏型。 2.听师示范创编,分小组进行创编并展示创编成果。	运用音乐创编活动激发学生创作潜能。
四、课堂拓展	1.初听歌曲,让生感受演唱情绪听辨演唱的顺序(唱—读—唱)。 2.和生带动作复听童谣,感受赶花会热闹场景。 3.逐句教唱,在学唱的过程中纠正生的情绪、声音位置、音高音色等问题。 4.带生完整表演童谣《青羊宫》。	1.听歌曲,感受情绪,记演唱顺序。 2.带动作复听。 3.学唱声音位置、发声技巧等。 4.完整演唱展示学习成果。	童谣不仅可以读还可以唱,在唱童谣的活动中,进一步感受四川童谣的风格特点.

【板书设计】

小老鼠上灯台

小老鼠,上灯台。
偷油吃,下不来。
喵喵喵,猫来了。
叽里咕噜滚下来。

青羊宫

X X X	X X X	X X X X
青 羊 宫	真 热 闹,	糖 油 果 子

X X X	X X X	X X X
三 大 炮,	不 要 钱,	不 要 票,

X X X X	X X X	X X X X X X	X 0 ‖
就是 害怕	包包掉,	气得妈妈 双脚	跳。

青羊宫

X 0	X 0	X X
青羊宫	真热闹,	糖油果子

X X	X 0	X 0
三大炮,	不要钱,	不要票,

X X	X X	X X	X 0 ‖
就是害怕	包包掉,	气得妈妈	双脚跳。

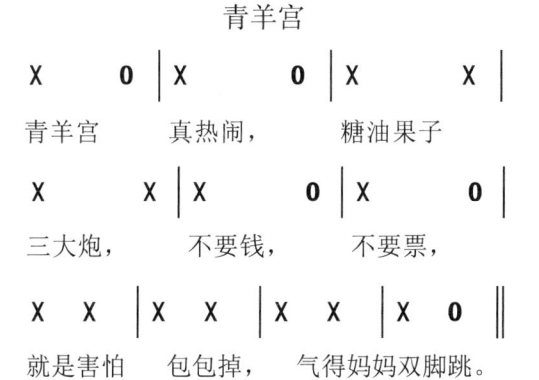

X:走
X X:跑 跑
X. X:跑 跑
X X X X:快跑快跑
0:休止符

青羊宫

1=F 4/4

5 3 5 - | 6 1 3 5 - | 2. 3 5 5 | 5 3 2 1 - |

‖: 5 3 5 0 | 6 3 5 0 | 3. 3 6 5 | 5 2 3 1 2. |
青羊宫， 真热闹， 糖 油 果 子 三 大 炮，

3 2 5 3 0 | 2 2 5 1 0 | 5. 3 5 2 3 6 6 5 - |
不要 钱， 不要 票， 就 是 害 怕 包 包 掉，

3. 2 3 3 | 5 3 2 1 2 3 | [1. 0 5 3 5 5 | 5 3 2 1 - :‖
气 得妈妈 双 脚 跳， 气 得 妈 妈 双 脚 跳，

[2. 0 5 3 1 1 | 1 6. 6 - | 5 3 2 1 0 | 1 0 0 0 ‖
气 得 妈 妈 噻 双 脚 跳。

第二板块

四川民歌

本板块选自四川省中小学地方音乐课程资源《川腔蜀韵》中的板块二——四川民歌。民歌作为民俗文化的重要组成部分,立足于音乐本真,蕴含独特的教育价值和文化价值。四川民歌是中国民族音乐百花园中的一朵鲜花,它因巴山而增色,因蜀水而灵秀,更因那里的人民而充满生命力。四川因自身相对特殊的地理条件与多民族聚居的特点,产生了丰富多彩的民歌文化,歌曲种类繁多,风格各异,或高亢明亮、或优美抒情,加上受四川方言与衬词的影响,在发展过程中逐渐形成独有的艺术风格。深厚的本土文化积淀与大量移民迁徙带来的多元因素,使得四川民歌在众多民歌中独树一帜,形成了独特的区域色彩。将民歌用于课堂教学,贴近学生日常生活,学生易于接受,也适宜培养学生的审美,建构其本土文化意识。

　　四川民歌分为山歌、薅秧歌、盘歌、翻枷号子、风俗歌、川江号子等。

　　山歌:是人们在山野里劳动时歌唱的曲子。歌词一般为即兴创作,质朴、率直,内容多以反映劳动的欢悦、青年男女纯真的爱情为主,题材极为广泛,看山唱山,见水唱水。山歌的音乐曲调一般具有高亢、嘹亮、简洁、爽朗、悠长、奔放、节奏自由等特点,如本板块中的《太阳出来喜洋洋》,音调十分高亢明亮,极具四川特色。四川特殊的地理环境,造成山里人豪爽、粗犷的特点,以川东为例,川东地区语言语调直白,高亢有力,唱歌时也是真挚炽烈,欢快热情。四川人称声音要"到堂",意为一开始不管从声音到情绪都要全部到位,每句都要有迸发力,节奏可以自由,但音调要高亢明亮,歌词密集,衬词松散,高音区真假混合时真声成分多。四川气候变化不太大,因此山歌不像秦腔那样悲壮、苍凉,也不像"花儿"那样跌宕起伏,荡气回肠,如本板块中的《槐花几时开》,曲调既悠远绵长又慷慨阳刚,有很强的自娱性,但也很富有激情,节奏抑扬顿挫,要求声音放松,如此才能表现歌曲的内涵情绪。

　　薅秧歌:农耕文化下产生的田间劳动歌。其演唱形式有对唱、领唱与合唱等。因有统一劳动节奏的功能,所以它的节奏性强,又因是繁重劳动中的一种娱乐,所以歌词多与劳动和生活有关。演唱时大多节奏明快,腔少词多,吐字简单明了,上下句式结构较多。最具特色的是每句收尾处大都为下一句留一个"肩膀"(一种倾向音或气口)。

　　盘歌:一问一答的演唱形式,有点像盘问的句式,叙事性强。在缺少文化和传媒的农村地区,"盘歌"无疑成了一种口头文化的传播形式,它的歌词大多以一些人生经验、生活经历为主,主要是向后人和大众传授知识与智慧等。演唱时每句的句首都有几个相同的衬词,句尾也有衬词,高音区假声成分较大(四川民歌中假声用得并不多)。

　　翻枷号子:四川地区晾晒谷物时,用竹枷翻打谷物脱粒时演唱的劳动歌曲。大多为领唱与合唱。由上下句式结构组成。合唱部分有和音,这是一般民歌中少有的。

风俗歌:山地民歌中也有许多种类,婚丧嫁娶中,玩火耍灯时,逢年过节时都有许多生动的歌曲,因长久传承而形成风俗。在许多宗教仪式中,"神歌"作为一种法事音乐较为普遍,开始的内容与神无关,后来随着演唱者的增多,融入了较多的民俗内容,成为山歌的一部分。

川江号子:分成平水号子、下水号子、过滩、见滩、下滩、龙船等,都是根据水势情形、劳动方式而约定俗成的一种口传心授的口头音乐。歌词随心、随景而成,信手拈来,生动有趣。号子的演唱富有激情,发音硬挺洪亮,音色坚实,吐字清晰有力,强调字头喷口,节奏自由又在板式里。似唱似说、似说非说是其特色之一,每句领唱都要"挑"起来,而且每句落腔都要给和唱一个"肩膀"。如本板块中的《船工号子》就是"川江号子"代表作品之一。

在本板块中,我们选取了山歌、川江号子、风俗歌等具有代表性的四川民歌歌曲。如旋律幽默诙谐的《螃蟹歌》、劳动号子体裁的《打夯歌》、农村题材的《放牛山歌》、表现四川人乐观性格的《太阳出来喜洋洋》等不同体裁、题材、形式的四川民歌,通过鉴赏、演唱等方式提升学生音乐感知与表现力,激发学生的歌唱兴趣,积累民歌演唱经验。本板块中的地方民歌凸显浓郁的四川民族民间音乐元素,蕴含了四川本地丰富的人文内涵,教学方法灵活多样,亮点纷呈。教师在进行四川民歌教学时可按照以下三个基本思路进行教学:

1.立足音乐体验,注重文化理解

四川民歌源于生活,形式多样,在教学时要充分调动学生的表演潜能及创造潜能,擅于利用四川民间乐器帮助学生深入感受四川民歌音乐特点,如四川盘子、锣、莲萧、川梆子等,让学生在"趣"中学习民歌音乐知识。在层层深入中,使学生了解四川地方音乐文化,热爱民歌,传承民歌。

2.延用方言,体会四川民歌语言特色

如何唱好四川民歌,其咬字、吐字及其腔调非常重要,教师在授课时可以通过读歌词、改歌词、加入说唱等方式让学生感受四川民歌的歌词特点,再结合创编、拓展等形式让学生体会民歌的语言特色。

3.挖掘民歌音乐特点,感受民歌歌唱魅力

欣赏四川民歌最直接的方式就是尝试聆听与演唱,而"歌唱"是实践性很强的学习内容,也是培养学生音乐表现能力和审美能力的有效途径,加上四川民歌的语言"川味"十足,因此在学唱民歌时要注意培养、发展学生演唱民歌的兴趣与爱好,增强其自信心,使其能够运用歌唱的形式表达个人的情感。而且,民歌具有浓厚的地域色彩,教师在教学时要引导学生用健康的审美意识规范自己的歌唱实践,并在其中享受到美的愉悦,得到情感的陶冶与升华。

总之,在本土化语境内开展四川民歌音乐教学,既能突出地域文化的独特性,又能更好地弘扬民歌文化。作为音乐教师,要加强自身对于四川民歌的文化理解,充分挖掘民歌本身的音乐特点和其蕴含的民族文化精髓,才能使学生在学习民歌的同时既开阔视野,提升文化素养与审美,又了解到四川传统音乐文化,培养民族情怀,传承这份民族文化瑰宝!

螃蟹歌

指导教师：成都市教育科学研究院　李萍
　　　　　成都市武侯区教育科学发展研究院　颜克

　　本节课是一堂以唱歌为主的综合课，从整体教学看，廖老师从多个维度体现了音乐教育改革的精神和导向，其目标明确，教学思路清晰、方法多样，朴实无华，简洁高效，同时其语言生动有趣，师生之间的交流与互动自然流畅。在教学中，廖老师关注到了地方音乐文化中的音乐情感教育，关注到了音乐本体中音乐要素的把握，关注到了唱歌教学中持续培养孩子们良好的歌唱习惯和正确的歌唱方法，关注到了学生对音乐的多种感知与体验。这种从音乐内容出发，强化音乐风格体验，让学生在歌唱中获得文化认同的教学方法获得了很好的实效。可见，这节课的构思与创意，可圈可点。

一、在"趣"中初步感知四川民歌特点

　　本节课从导入开始，就运用声势律动和情景练声的方式，快速调动起学生对歌曲学习的浓厚兴趣；在故事情节发展的过程中，通过有表情地用四川话和普通话对比朗读歌词，让学生初步感知四川方言。在实现本节课主要教学目标唱好儿歌的过程中，要求学生找出最具四川味道的字和词这一环节，让孩子们发现家乡话竟然是这么的诙谐、有趣和俏

皮,更是持续激发了孩子们想要唱会家乡的歌的强烈愿望和唱好家乡的歌的信心。在整体学唱中,廖老师遵循了学生的认知规律,做到了由浅入深、循序渐进,教学方式多样,如:引领学生有趣味地朗读和理解歌词,进行乐句对比、模唱、接龙唱等多种方式把知识与技能的学习有机地融于丰富的实践活动之中,并时刻关注培养孩子们良好的歌唱习惯和方法,让学生不仅学会了歌曲,还加深了对四川民歌的了解和体验。

二、在"唱"中进一步体验四川民歌的韵味

歌唱教学是我们中小学音乐课堂教学的重点和基础,而唱歌是一种最自然地表达情感的艺术形式之一,通过歌唱,可以培养学生节奏感、识读乐谱、准确歌唱、多声部配合、音乐分析等多方面的音乐能力,还可以培养学生的想象力、创造力、记忆能力、控制力、情感、审美意识等,因此我们面向全体学生的歌唱教学需要更深入、全面地理解和落实它的育人价值。而本节课精心设计了学生聆听辨析—熟悉旋律—学唱儿歌—歌曲处理—二声部练习—完整表演,环环相扣、由浅入深、循序渐进地呈现了孩子们从不会唱到会唱再到唱好童谣的全过程,有效提升了学生的歌唱能力。

在完成本节课主要教学目标的同时,廖老师还巧妙地加入了四川特有的民间打击乐器川梆子的音效,让学生进行简单二声部的感知和体验。《义务教育音乐课程标准》(2011年版)明确提出要更加重视并着力加强合唱教学,使学生感受多声部音乐的丰富表现力,尽早积累与他人合作演唱的经验。三年级学生听觉敏锐,模仿力强,音色可塑性高,正是开始合唱训练的最佳时机。廖老师在情景创设中不着痕迹地带入二声部训练,不仅让学生初步感知了美妙的和声效果,还使音乐形象更加有趣、可爱,歌曲表演效果也更加丰满,独具川味儿。

三、在"学"中感悟四川地方文化

音乐是人类文化的重要载体,蕴含着丰富的历史和人文内涵,它既不同于文学语言的精准描述,也不同于数学的精密计算,有其独特的表达体系。音乐的非语义性使人们在清晰、明确的音乐语言基础上能够找寻到超越本体的情感色彩、文化意义和心灵体验。因此,通过音乐教育实施美育不仅是落实立德树人根本任务,也是培养学生坚守中华文化立场、增强民族音乐文化自信的重要方式。四川民歌是我国文化艺术宝库中的珍品,而《螃蟹歌》更是以旋律优美、充满童趣、朗朗上口、易唱易记的特点获得了孩子们的喜爱。廖老

师在孩子们的学习过程中,不断渗透地方音乐文化,如:在寻找音乐特色的环节中,强调了方言对于民歌风格的形成有着重要作用;在朗读歌词的过程中,让学生了解押韵和衬词是民歌歌词创作的基本特点等。让学生在审美体验、艺术表现的过程中,理解、喜爱、认同四川地方文化,并怀揣着这份文化情愫,自信地唱响未来。

　　目前,我国艺术教育受到了空前重视,一线音乐教师更需要在音乐课上有行动,课后有反思。不仅需要提升自我音乐文化素养和专业能力,还需要在教学中不断关注学生的成长。就如同廖老师带给我们的《螃蟹歌》一样,为孩子们打开一扇了解中国民歌的窗户,并透过这扇窗户去挖掘自己脚下这片土地上的民歌,树立文化自信,传承这份文化瑰宝。

教学设计思路及过程

成都市龙江路小学高翔分校　廖秋洁

教材分析

《螃蟹歌》是一首流传于四川宜宾地区的民歌。歌曲为四二拍,徵调式。ab的上下乐句构成了单一部曲式,a乐句中两个乐节的音域做了高八度的对比,体现了旋律幽默诙谐的特点,而b乐句中的两个乐节的音域又做了低八度的对比,回到了旋律最开始的音高,前后的情绪也同时得到了呼应。此外,本首民歌中应用了很多前十六、后十六、附点的节奏型,让旋律显得更加活泼、诙谐、充满生活情趣。歌曲内容反映了一群孩子去江边玩耍遇上螃蟹的情景。歌词形象生动,栩栩如生地描绘了螃蟹夹人的全部过程。

【学情分析】

随着生活范围和认知领域进一步扩展,三年级的孩子们在体验感受与探索创造的活动能力逐步增强的同时,依然保持好奇、好动的天性,这就为进一步学习这首幽默、好听的歌曲打下了良好的基础。本首歌曲旋律跳动较大,节奏相对复杂,导致学习难度较大,学生无法一下子达到识谱要求。因此,在设计练声中用"lu"音哼唱主旋律,帮助学生体验音高,并通过拍手律动感知歌曲的音高变化。通过对比,找到四川方言发音与普通话发音的区别,调动学生参与歌曲演唱的积极性,提高音乐学习能力。

【教学目标】

1.能用轻松自然的声音准确地演唱歌曲,培养学生良好的歌唱习惯和方法。

2.体验歌曲欢快、诙谐的情绪,感知四川民歌的韵味和特点;用四川方言完整地表演歌曲,激发学生对四川民歌的喜爱和传承。

3.尝试用伴唱的方式进行趣味合作,初步感知二声部。

【教学重点】

1. 学会用四川方言完整地表演歌曲。
2. 通过力度、速度、情绪的变化,用歌声再现生动有趣的故事情景。

【教学难点】

顺利完成二声部伴唱。

【教具准备】

多媒体课件、钢琴、川梆子。

【教学过程】

教学环节	教师活动	学生活动	设计意图
律动导入	1.师带领学生律动进入教室,生模仿边走边表演。 2.节奏问好: X X 0 X | X 0 ‖ 同学　你好 老师　你好 左右拍腿　拍手(推) X X X　X X X | X X X　X 0 ‖ 美妙的音乐课　开始啦 美妙的音乐课　开始啦 X X X　X X X | X X X　X 0 ‖ 见到了同学们　真开心　呀 见到了老师们　真开心　呀 3.情景练声: $\frac{2}{4}$　1=D-♭E 5　5 6　5　5 6 | 5 2 3　5 —| lu	1.学生模仿老师的动作并表演。 2.配合老师的节奏问好。 3.跟随旋律练习高位置发声,唱好后十六节奏。	1.熟悉歌曲,完整感知旋律与节奏,激发学生的表演欲望和学习兴趣。用声势训练巩固八分音符节奏并感知和熟悉本课难点后十六分节奏,为突破难点教学做好铺垫。 2.引导学生高位置发声,养成良好的歌唱状态;帮助学生体验并唱好后十六节奏,感知旋律的音高变化。

续表

教学环节	教师活动	学生活动	设计意图
新歌教学	(一)旋律学唱 1.老师范唱,并提问:歌曲描绘了怎样的一个故事。 2.出示课题《螃蟹歌》。 3.老师引导生旋律接龙,跟着钢琴旋律用"lu"轻声哼唱。 4.完整用"lu"演唱。 (二)读歌词 1.请学生按自己对歌曲的理解读一次。 2.有节奏、有情绪地用四川方言读一次。 3.请学生对比两种读法有什么不一样,并找到不一样的原因。 4.出示歌谱。 5.进行力度、情绪处理,引导学生完整朗读。 (三)演唱歌曲 1.带领学生用四川方言慢速跟琴轻声唱歌词。 2.原速跟琴用四川方言演唱,引导学生用轻巧有弹性的声音来演唱全曲。 3.跟伴奏完整用四川方言表演歌曲并初步感知四川打击乐器梆子。	1.学生听老师范唱后回答歌曲描绘了怎样的一个故事。 2.听老师读节奏,生按自己对歌曲的理解读一次,并对比两种读法有什么不一样,找到不一样的原因。最后按要求完整朗读。 3.按老师要求演唱歌曲。	1.通过旋律接龙,为唱准歌曲十六节奏打下坚实基础。 2.在故事情节发展中,让学生通过力度、速度的变化表现不同的情绪。充分体验歌曲的音乐要素,为有表情地用四川方言演唱歌曲做铺垫。 3.在教学过程中,体现循序渐进、由易到难的教学认知规律,逐一解决本节课的知识点,并随时关注学生的歌唱状态,让学生最终能唱准唱好四川方言歌曲。
拓展表演	1.加入打击乐川梆子,并模仿梆子的声音创设二声部演唱 1=E 2/4 1 5　5 5 ｜1 5　5 5 ｜1 5　5 5 ｜5 0 0 ‖ 空得儿 空得儿 空得儿 空得儿 空得儿 得儿 X　X ｜X　X ｜X　X ｜X　X ‖ (拍手) (拍手) (拍手) (弹舌) 2.引导学生用四川方言中的感叹词,进行说唱编创。	1.模仿梆子的声音创设二声部演唱。 2.学生用四川方言中的感叹词,进行说唱编创。	《义务教育音乐课程标准》(2011年版)明确提出要更加重视并加强合唱教学,使学生感受多声部音乐的丰富表现力,尽早积累与他人合作演唱的经验。本首歌曲通过利用四川民间打击乐"川梆子"的音效,进行了简单创编二声部效果,让低段学生初步感知二声部和声效果,丰富歌曲的表现力,激发了学生们的挑战合作精神。
小结	师:今天,我们学习了《螃蟹歌》这首诙谐有趣的四川民歌。感受到了四川音乐的多姿多彩和地域特点,作为一名四川人,我们要唱四川的歌,看四川的戏,哼四川的调,让我们家乡独树一帜的音乐文化走向世界,走向未来!今天的音乐课到此结束,请同学们随着音乐离开教室!	听老师总结,随着音乐离开教室。	

【板书设计】

《螃蟹歌》

四川民歌

耶耶耶耶

_____夹住了我的脚_____

甩呀么甩不脱_____

【思维导图】

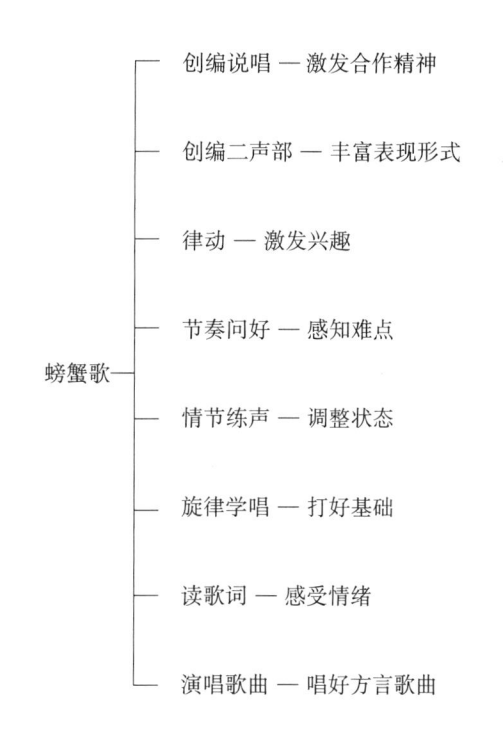

螃蟹歌
- 创编说唱 — 激发合作精神
- 创编二声部 — 丰富表现形式
- 律动 — 激发兴趣
- 节奏问好 — 感知难点
- 情节练声 — 调整状态
- 旋律学唱 — 打好基础
- 读歌词 — 感受情绪
- 演唱歌曲 — 唱好方言歌曲

打夯歌

教学建议

指导教师：成都市青羊区教育科学研究院　蒋英

　　《打夯歌》选自四川省中小学地方音乐课程资源《川腔蜀韵》。《打夯歌》是一首四川民歌，也是一首劳动号子体裁的作品。歌曲为四二拍，F调，旋律短小精炼，坚定有力，它产生于劳动之中，源于劳动人民的口头即兴创作，没有固定的歌词，一般是采用"一领众和"的形式表现，生动地描绘了劳动人民齐心协力、团结一致打夯的场面。

　　本节课是根据《义务教育音乐课程标准（2011年版）》精神，采用"现代课堂"的理念来进行设计的。什么是现代课堂？现代课堂是现代化的设施、现代化的教师、现代化的理念、现代化的学习形式之和。但是，我们更多看到的是现代化教学设备和教学手段的更新升级，注重表演式的"热闹气氛"而不是教学理念、课堂结构的改变。随着新课程改革不断深入，现代课堂更应该注重教学理念的更新，坚持以学生为本，注重教学过程中学生主体地位的体现，尊重学生的人格和个性，培养学生的创新精神和实践能力。发挥学生的主动性和积极性，让课堂由"师本"课堂变为"生本"课堂。现代课堂"以人为本"的基本原则与课程标准指出的"音乐课的全部教学活动以学生为主体，师生互动，将学生对音乐的感受和音乐活动的参与放在重要的位置"相符，针对这一特性，本节课在设计上有以下亮点：

一、注重学生的体验与感知,师生共同构建快乐课堂

本节课的第一个环节,首先,教师从欣赏《搬运号子》音乐入手,让学生初步感受劳动号子这一音乐体裁,同时激发起学生的学习兴趣。其次,学生继续欣赏聆听,感受劳动号子的特点以及作用。最后,学生在充分了解劳动号子后,集体参与模仿表演"打夯"。学生通过音乐活动亲身感受劳动号子的功用,同时感受音乐所带来的快乐。根据"现代课堂"把"重教"转向"重学"的原则,教师联系生活实际,在初步掌握了劳动号子特点的基础上,适时拓宽,强化实践,引导学生进行一系列的"喊号子"活动,使学生充分感受,体验劳动号子。

二、注重课堂中学生的全面参与和互动合作的——自主课堂

全面参与和互动合作是师生在课堂教学中实现共同发展的重要途径。在现代课堂教学中,师生发展的必要前提是广泛参与,在此过程中,学生有机会通过亲身实践与感知进行学习,从而引发创新思维的火花,促进素质发展。师生发展的重要方式是互动合作——师生之间、生生之间就知识探究、问题解决等活动开展互动交流与积极合作。只有通过互动合作,"教"与"学"才会生动活泼,实现教学相长。

本节课的第二个环节为"唱号子"。在这一环节中,学生首先学习歌曲《打夯歌》,并进行"唱号子"实践活动。在学会歌曲后,学生进行拓展表演,并分组自行设计"吆喝""喊号子""创编号子"等音乐活动。在此教学过程中,不仅增长了学生的知识与能力,也让教师在"教"与"学"双边活动中得到发展,成为具有教学生成能力的创新型教师。

三、顺应学生的需要而生成教学过程的——有效课堂

在本节课最后一环节,学生结合所学充分动手、动脑、分组探究、创编不同形式的劳动号子,并进行即兴表演。顺应学生的需要而生成的教学过程是课堂的重要环节,动态生成能有效促进学生的学习,学生既获得了知识与技能,又提升了音乐素养。

本节课教学设计充分体现了素质教育和与课程改革相吻合的学生观,教师通过最优的课堂教学设计和有效的课堂教学活动,使每个学生的各种潜能都得到充分开发,实现教学与发展的真正统一。

教学设计思路及过程

成都市胜西小学　刘娜

【教材分析】

《打夯歌》是选自四川省中小学地方音乐课程资源《川腔蜀韵》。它是一首四川民歌，也是一首劳动号子体裁的作品。歌曲为四二拍，F调，旋律短小精炼，坚定有力。劳动号子是应用于劳动的民间歌曲，源于劳动人民的口头即兴创作，具有协调与指挥劳动的实际功用。一般没有固定的歌词，采用"一领众和"的形式表现，歌曲生动地描绘了劳动人民齐心协力、团结一致的打夯场面。

【学情分析】

由于生活范围和认知领域的进一步扩展，五年级学生体验、感受与探索创造的活动能力也进一步增强。学生在心理与生理上逐渐成熟，参与的意识和交流愿望较强，所以在音乐教学中适时扩大音乐欣赏范围，有意识地将音乐的人文内涵融入教学中。由于受社会环境等综合因素的影响，高年级段学生大多较热衷流行音乐，"追星"更是屡见不鲜，对于有悠久历史的传统音乐文化知识却知之甚少，作为音乐教育工作者的我们，有义务、有责任引发学生的学习兴趣，让他们主动去探究，亲身去体验和感受"劳动号子"的音乐魅力，去传承中华经典民族音乐文化。

【教学目标】

1.能在生活的体验和课堂的欣赏、演唱、创编等音乐活动中，认识和理解劳动号子"统一动作、凝聚力量"等作用，感知劳动号子"一领众和""节奏固定"等音乐特点。

2.能用饱满的情绪，整齐有力地演唱《打夯歌》，并能准确地表现出"打夯"所特有的生产动作的韵律。

3.能根据劳动号子的特点，创编出与之相适应的劳动场面的声响。

【教学重、难点】

重点：能用整齐、有力的声音及饱满的情绪唱好歌曲，表现出歌曲独特的韵律感。

难点：在充分掌握了劳动号子的特点与作用后，进行劳动号子和劳动场景的创编表演。

【教学准备】

电脑、课件、黑板、任务卡片、木桌、绳子、重物等。

【教学过程】

教学环节		教师活动	学生活动	设计意图
一、导入课题，欣赏《搬运号子》		提问引入新课。	学生聆听，谈感受。	从听觉感受，激发学生的学习兴趣。
二、新课	（一）欣赏《锦上添花》A、B两段视频片段	提问、引导学生思考。	感受、思考、讨论劳动号子的作用。	对比欣赏，感受劳动号子在劳动中协调、统一动作的作用。
	（二）欣赏中国西北地区劳动人民"打夯"视频片段，并模仿"打夯"	提问，总结什么叫作劳动号子并引导和鼓励学生表演"打夯"劳动场景。	讨论、总结劳动号子的作用与特点，并模仿"打夯"的场景。	学生通过欣赏、表演感受劳动号子具有"鼓舞士气、调动情绪"的作用以及"一领众和"的音乐特点，同时为学唱歌曲做铺垫。
	（三）学唱《打夯歌》	1. 引导学生用动作感受歌曲特有的韵律感。 2. 弹琴，为学生伴奏。	1. 聆听、感受歌曲特有的韵律与固定的节奏，并随音乐表现"打夯"场景。 2. 随琴声学唱歌曲。	学唱歌曲，体验"打夯"这一劳动种类独有的韵律感，初步了解四二拍在不同体裁的歌曲里强弱规律的不同。
	（四）了解劳动号子的种类	出示图片讲解。	学习了解。	加强对劳动号子的认识与了解。
三、拓展部分	（一）对比欣赏《搬运号子》与《川江船工号子》	播放音乐，提欣赏要求。	欣赏思考总结：两段音乐的速度与歌唱者的音色有什么不同？为什么？	视听感受不同种类的劳动号子在音乐要素上的不同，为创编环节打下基础。
	（二）学生分组进行劳动号子的情景创编	提创编要求，发放任务卡，并指导。	1. 抽取任务卡，分组进行劳动场景的创编。 2. 上台进行展示，其余同学欣赏并评价。	学生参与音乐编创、表演，亲身体验劳动号子的作用与特点，提高编创能力、合作力与表现力。
四、课后小结		结束语。		鼓励学生在生活中体验劳动之美，感受音乐之乐。

【教学板书】

打 夯 歌

作用：	音乐特点：	对比欣赏：
统一动作、凝聚力量	有力的衬词	劳动强度大，音色低沉
鼓舞士气、调节情绪	一领众和	演唱速度慢
固定的节奏	劳动强度稍小，音色明亮高亢	演唱速度中速稍快

【思维导图】

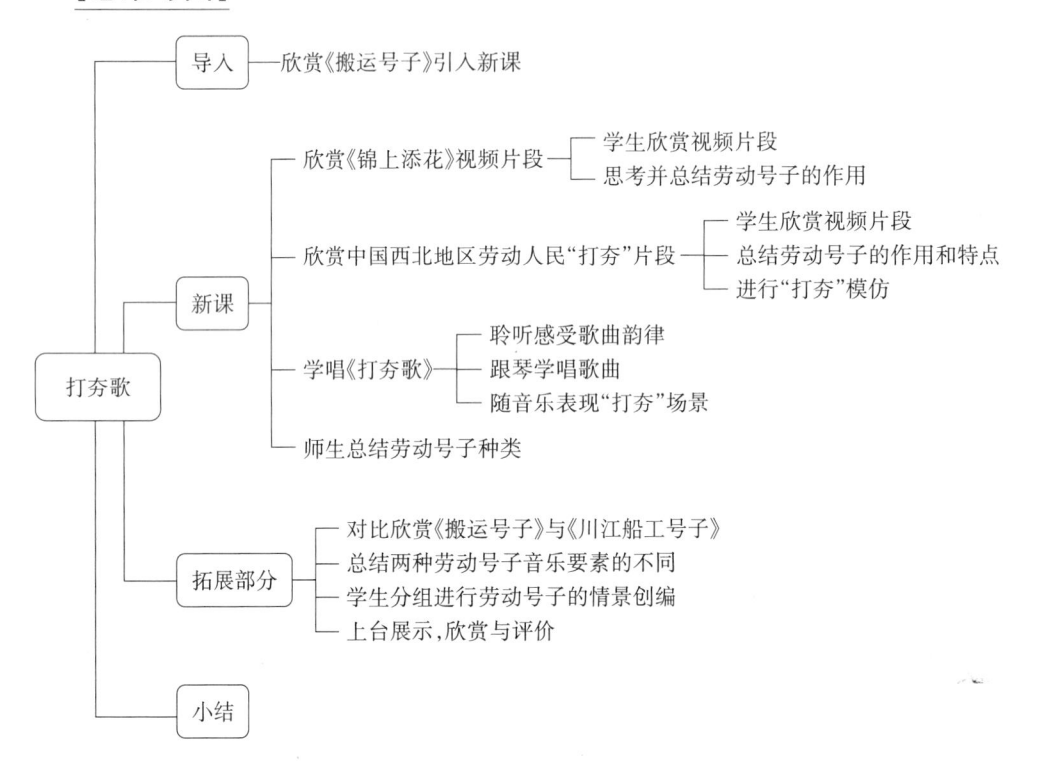

打夯歌
- 导入 —— 欣赏《搬运号子》引入新课
- 新课
  - 欣赏《锦上添花》视频片段
    - 学生欣赏视频片段
    - 思考并总结劳动号子的作用
  - 欣赏中国西北地区劳动人民"打夯"片段
    - 学生欣赏视频片段
    - 总结劳动号子的作用和特点
    - 进行"打夯"模仿
  - 学唱《打夯歌》
    - 聆听感受歌曲韵律
    - 跟琴学唱歌曲
    - 随音乐表现"打夯"场景
  - 师生总结劳动号子种类
- 拓展部分
  - 对比欣赏《搬运号子》与《川江船工号子》
  - 总结两种劳动号子音乐要素的不同
  - 学生分组进行劳动号子的情景创编
  - 上台展示，欣赏与评价
- 小结

放牛山歌

教学建议

指导教师：成都市锦江区教育科学研究院　张志超

　　张琪老师执教的《放牛山歌》一课，选自成都市教科院组织编写的地方音乐教材《川腔蜀韵》上册第二板块，整体来看，有以下几个突出特点。

一、准备充分

　　功夫在课外，张琪老师在课前对教材进行了深入分析，明确了编写者的编写意图，抓住了这个作品最主要的艺术特点：

　　1. 体裁——山歌。

　　2. 曲式结构——六个乐句构成的一段体。

　　3. 歌词中地方方言的衬词。

　　并把这些音乐要素作为教学设计的切入点。

二、教学目标明确、具体，具有很强的操作性

　　教学目标是一节课的灵魂，如果目标错了，那么方向也就错了。这节课设定了四个教学目标：

1.感受并体验牧童在野外放牛、劳动时的喜悦心情。
2.能够用四川方言唱出山歌风格,表现山歌韵味。
3.学习莲箫的敲击方法,处理节奏重难点。
4.创设情景表演,表现放牛时欢快的情绪。

比较准确地体现唱歌课结构特点,符合唱歌课要求,符合课程标准的要求和学生实际。

三、采用多种教学手段达成教学目标

在本节课中,张琪老师采用了创设情景、充分聆听、教师范唱、打击乐器伴奏、综合表演等多种方式让学生多渠道、全方位地体验音乐、表现音乐,针对性强,效率较高;除此之外,张琪老师还将四川民间乐器"莲箫"引入课堂,并巧妙运用"莲箫"引入课题、加强节奏练习、突破歌曲节奏难点、参与音乐表演等,既提高了学习兴趣,又加深了学生参与音乐的体验,为本节课增添了亮点。

四、目标达成度高

本节课师生配合默契,课堂气氛热烈,学生学习兴趣高涨,圆满地达成了这节课的各项教学目标。当然,任何课都不可能做到尽善尽美,这节课也有一些环节需要进一步优化,比如需要进一步强调歌唱的状态,由于时间关系(本次规定只上35分钟),有些环节显得不够深入、充分,对教学效果有一定影响,但瑕不掩瑜,总体看来,本节课是一节质量较高的唱歌课。

教学设计思路及过程

成都市天涯石小学　张琪

【教材分析】

《放牛山歌》是一首以农村题材为内容的歌曲。四二拍,五声徵调式,歌曲为六个乐句构成的一段体。音乐素材简练、朴实,富有浓郁的生活气息。曲调欢乐、活泼,表现了牧童娃娃愉快劳动的欢乐情绪。歌词中"哟喂""啥""哥儿啰喂"等衬词的运用,具有浓郁的地方特色。

【学情分析】

三年级学生大都活泼可爱,并且喜爱音乐,喜欢唱歌与游戏相结合的形式,大部分学生能掌握正确的唱歌姿势、自然的发声方法,能独立、自信、有表情地进行律动和即兴表演。他们在别人的评价中能发现自身的价值,产生兴奋感、自豪感。

【教学目标】

1. 感受并表现牧童在野外放牛,劳动时的喜悦心情。
2. 能够用四川方言唱出山歌风格,表现山歌韵味。
3. 学习莲箫的敲击方法,处理节奏重难点。
4. 能够创设情景,表现放牛时的欢快情绪。

【教学重、难点】

表现《放牛山歌》的四川山歌风格,并用豪放明亮的声音演唱歌曲。

【教学准备】

《川腔蜀韵》教材、莲箫、多媒体、双响筒等。

【教学过程】

一、师生问好(设计意图:用孩子们熟悉的四川方言问好,为学习这首具有山歌风味的四川儿歌以及用四川方言表现歌曲做铺垫)

四川方言问好。

二、导入新课(设计意图:在学习歌曲的同时让孩子们感受四川民俗文化。在学习中,教师用莲箫引出歌曲难点,让学生有节奏地跟读歌词,在加深这一句歌词的印象的同时提前解决学生歌词唱不清晰、节奏易错的问题并为后面用莲箫表现歌曲做铺垫)

1.介绍莲箫,学打莲箫。

2.播放打莲箫视频,并带着学生学打莲箫。

3.了解莲箫是四川民间乐器,又名"花棍",被列入了四川省非物质文化遗产名录。

4.读歌词,处理难点句节奏。

| X X X X | X X· | X· X X X | X X· |
| 背上那 背个(哟 啥)大 背 篼 啰

三、新歌教学(设计意图:这首《放牛山歌》歌词量较大,一课时的教学设计中,教师让孩子们只学一段歌词,充分运用唱歌课的基本要素:听—想—唱—演进行教学设计,从围绕如何唱好歌,唱好山歌进行设计;用莲箫感受歌曲的乐句,熟悉歌曲的同时也能用莲箫表现歌曲;为了充分让孩子们感受地方特色的歌曲,尝试用四川方言演唱这首具有山歌风味的四川儿歌,让孩子们能够以更加饱满的情绪和贴近生活的方式演唱歌曲)

1.初听,感受歌曲基本情绪和歌词内容。

2.简要介绍四川山歌:山间、野外劳动时演唱的短小民歌。

3.再次聆听歌曲,感受歌曲节拍和乐句。

4.用莲箫感受乐句。

5.师用方言演唱歌曲,理解歌曲中的衬词。

6.方言读歌词,熟悉歌曲歌词内容和歌曲节奏。

7.师代入情景范唱歌曲,生跟琴声默唱对口型。

8.生完整演唱歌曲。

9.引导学生扮演放牛娃吆喝上山的情景。

10.加上吆喝声用四川方言领唱加齐唱的形式演唱歌曲。

四、歌曲表现(设计意图:莲箫运用在歌曲的表现中,把四川文化元素在教学中一以贯之)

将学生带入放牛娃吆喝着上山,背背篼捡柴、放牛的情景,并加入莲箫完整表现歌曲。

五、拓展(设计意图:通过观看老师自己编排的莲箫舞蹈视频,升华学生的情感体验,提升学生对四川民俗文化、四川民歌的兴趣)

师:孩子们,四川民歌和四川民间艺术需要你们来传承,希望在今后的学习中,你们能够学会更多的民歌,将民俗文化发扬光大!孩子们,再见。

数蛤蟆

教学建议

指导教师：成都市龙泉驿区教育科学研究院　王大东

《数蛤蟆》是一首流传很广的四川民歌，其曲调生动、活泼、可爱、富有趣味性；歌词能帮助儿童熟悉量词的用法，如蛤蟆是用"只"，嘴用"张"，腿用"条"等。歌词形象生动，具备了看得见、摸得着、有形象、能歌唱的特点。歌曲中衬词的运用，带来了浓郁的民族风格。田老师以猜谜导入本课内容，形式活泼、用词简练、韵律响亮，紧紧抓住了学生的心理。本节课田老师根据学生的年龄特点，设计了大量活动来渗透教学，如通过打花巴掌游戏来掌握节奏、通过画旋律线熟记旋律、通过听歌填词游戏熟记歌词，为演唱歌曲做了铺垫，让学生通过参与活动，在玩中学。再通过用方言读歌词、歌词改编活动让学生感受四川民歌的特点，说唱的加入让趣味性增强，学生乐于学习，提高了学习效果，最后再通过打击乐的加入拓展创新，提高学生自主创编的能力。

蛤蟆是生活中的一种常见动物，而《数蛤蟆》这首四川民歌，表现了它们活蹦乱跳的形象。歌曲具有一定的"启智性"，能帮助学生熟悉量词的用法。田老师设计思路清晰，创设情景，谆谆善诱，引发学生思维碰撞。本节课的一大亮点是活动多，从聆听歌曲到掌握节奏记忆歌词再到了解结构演唱歌曲，每个教学都以活动的形式来辅助，课堂氛围活跃，学生学习轻松愉快。此外由老师扮演的蛤蟆使学生加深了对蛤蟆跳水时扑通扑通的活泼形象的印象，进而轻松掌握附点节奏。田老师能够用儿童的语言、学生的视角来巧妙地设计活动,抓住学生的心理,通过多种形式的艺术实践活动来体现以学生为本的新型教育观念,巩固和提高音乐表现力,拓宽视野,加强多元化教育。通过教师精心的设计,让学生在创作实践中感受音乐的无穷魅力,认识生活给音乐创作提供的广阔空间,从而使学生的感受、实践、创造能力同时得到发展。而且它的歌词和曲调具有一定的民族特色,学生听起来风趣幽默,但学习起来却有一定难度。二年级学生以形象思维为主,对音乐认知还不够,所以教师利用多媒体的直观性,来辅助学生对音乐进行认知。本堂课的教学难点是创编歌词环节,把培养表现能力和创造能力作为音乐教学的总目标,通过学生互助解决疑难及共同演唱。从一只蛤蟆、两只蛤蟆到三只蛤蟆不同歌词的创编,让孩子们说说,算算,增强孩子们的速算能力。遵循儿童认知发展的规律,学生既复习了歌曲,又充分展开了想象。开动脑筋,极大调动了学生的积极性。歌曲本身具有生动的图像特征,衬词的使用非常独特,这里教的节奏,因为它是十六分音符,并且十六分音符速度更快,然后添加节奏词的声音歌词,对二年级的孩子而言有一些困难,如"荷儿梅子兮,花儿梅子兮",需要强化完成。

在课堂的最后全班同学根据音乐节奏进行表演,这样既调动了孩子们的积极性,也提高了孩子们的表演能力。但是整堂课还有很多不足,比如:歌曲中对衬词部分节奏的掌握没有仔细处理,可以借用读节奏歌词游戏的方式来让学生掌握十六分音符的准确性。老师的激情还不够,语言评价不够丰富,语言组织能力也不是很好。每个环节的进入有些生硬,对学生的反馈有点少,缺少评价,需要在今后的教学中积累经验,教学基本功上再下点功夫,教学相长。而且在设计教学活动的时候应根据学生的掌握程度灵活课堂,适当增加一些难度,只有让学生有挑战性才能更好地训练思维。可以给学生更充分的时间讨论,适当控制下教学节奏。在今后的教学中,会勤于思考,勇于探索,努力成为具有渊博的学识、丰富的想象力、活跃的思维,富有创新意识的人。

教学设计思路及过程

成都市龙泉驿区第五小学校　田艺帆

【教材分析】

《数蛤蟆》是一首四川民歌,歌曲为商调式,旋律结构规整,歌词浅显易懂。本节课通过感受音乐、学唱歌曲、创编歌词和乐器伴奏活动,让学生了解蛤蟆的生活习性及基本特征,体会四川民歌的特点(衬词),表现小朋友们在玩数蛤蟆游戏时的欢乐心情,饱含着浓郁的童趣。

【学情分析】

我校生源除了学籍分配以外还有三分之一随迁子女、务工子弟,学生基础较为薄弱。在音乐学习中,对于音高、节奏、力度、速度等音乐要素,虽在一年级的学习中已有了初步的认识,但还不够到位,听辨和表演还需要在教师的引导下进行,不过在聆听、演唱方面已经养成了较为良好的学习习惯。此外注意力集中时间不长是低年龄段学生的共性,所以要利用多媒体的直观性,形象思维为主,以故事、游戏等活动调动学生的学习兴趣,辅助教学,寓教于乐。

【教学目标】

1.通过活动激发学生学习兴趣,并能用轻松愉快的声音演唱歌曲。

2.在演唱歌曲、画蛤蟆、用四川方言朗读歌词、创编歌词等各项音乐活动中为学生提供多方面的帮助,进一步激发学生学习兴趣,增强学生的想象力和创编能力。

3.通过歌词创编、打击乐器节奏创编,培养学生创新精神。

【教学重点】

在熟悉旋律的同时为歌曲创编歌词以及创编乐器节奏。

【教学难点】

通过学习演唱歌曲体会四川民歌的特点。

【教具准备】

钢琴、多媒体、蛙鸣器、头饰。

【教学过程】

教学环节	师生活动
一、律动导入（设计意图：播放和表演歌曲《小跳蛙》，通过律动调动学生学习积极性，活跃课堂气氛）	教师通过展现一张精美的池塘背景图，以灵动的舞姿作为开场，活跃课堂气氛，营造在清凉夏日师生池塘边玩耍的轻松氛围。
二、揭示课题（设计意图：通过聆听歌曲，引出歌曲主人翁，简单介绍蛤蟆揭示课题）	1.聆听蛤蟆叫声 教师通过播放图片，引发学生的学习兴趣 2.初听歌曲情绪，揭示课题 教师通过播放歌曲，让学生感受、分析音乐的情绪以及音乐所表现的情景，进而揭示课题。
三、歌曲学习（设计意图：通过做打花巴掌游戏、画旋律线、听歌填词等活动来辅助学习，目的是让学生熟悉歌曲旋律、记忆歌词，让其在玩中学，学中玩）	1.师生做游戏 教师通过邀请小朋友配合歌曲《数蛤蟆》做打花巴掌游戏，让学生在游戏中感受2/4强弱拍，掌握节奏。 2.学生游戏 生生两两一组，配合游戏，巩固音乐节奏以及熟悉歌曲旋律。 3.聆听歌曲 师画图 教师根据音乐的结构在黑板上画蛤蟆，学生通过教师的简笔画直观感受蛤蟆的外形特征，同时也了解了歌曲的结构，进一步记忆歌词，为后面创编歌词做铺垫。 4.随音乐画旋律线 教师播放制作好的旋律图形谱，让学生跟着动画视频画旋律线，了解旋律走向，记忆音高。 5.填词游戏 ①聆听音乐 熟记歌词 教师设计听歌填词游戏，并参与其中与学生互动，目的是调动学生的学习积极性，记忆歌词，掌握歌词的节奏。

续表

教学环节	师生活动
三、歌曲学习(设计意图:通过做打花巴掌游戏、画旋律线、听歌填词等活动来辅助学习,目的是让学生熟悉歌曲旋律、记忆歌词,让其在玩中学,学中玩)	②处理附点节奏 师生通过歌词接龙游戏,教师用肢体语言表现出蛤蟆扑通扑通跳水时的形象,进而巧妙地处理附点八分节奏,学生在轻松有趣的氛围下掌握附点节奏。 ③完整接龙读歌词 学生在掌握了音乐节奏的情况下再次接龙读歌词,巩固附点节奏与歌词。 6.学唱歌曲 ①跟琴唱 教师通过弹伴奏旋律,让学生跟琴学唱歌曲。 ②师生接龙唱 ③加入游戏完整唱 通过学生两两之间边演唱边互动拍手,培养学生的协调能力,用学生喜欢的方式再次演唱歌曲,加强对歌词的记忆。
四、加入方言,分析歌曲,体会四川民歌特点(设计意图通过四川方言的加入,进而感受民歌的语言文化特点)	1.师方言读歌词 教师通过用四川方言读歌词,让学生感受《数蛤蟆》这首四川民歌的语言文化特点。 2.分析民歌特点 ①歌词特点 教师通过提问,调动学生自主探究的能力,让其了解衬词在歌曲中的作用。 ②旋律特点 学生通过教师的引导,听辨、观察并掌握乐句相同的特点。教师通过让学生用不同力度来读相同的乐句,进而让学生体会歌曲诙谐的情趣。 3.加动作,生随音乐用方言有感情地读歌词 教师充分利用低年龄段学生善于表现的个性特点,引导学生用方言读歌词,并根据歌词加动作,激发学生学习兴趣,感受地方特色。
五、创编、升华歌曲(设计意图:通过说唱表演、创编歌词、乐器伴奏三种不同的活动来表现歌曲,进一步激发学生学习兴趣,发挥学生的想象力和创编能力。)	1.加入歌曲说唱 通过加入二声部说唱组合,让学生体会不同的演唱形式所带来的不同风格,培养学生多声思维能力。 2.为歌曲创编歌词 通过学生创编歌词,体会"数"蛤蟆的乐趣,引导学生有感情地演唱歌曲,用可爱的蛤蟆头饰作为奖励,调动学生的学习兴趣以及课堂趣味性。 3.乐器伴奏,创编节奏,丰富歌曲 教师通过播放伴奏音乐,营造小蛤蟆演奏家出现的神秘氛围,以调动学生的好奇心,充分发挥学生的想象力和小组合作能力,激发其创编节奏的灵感,进而设计不同的演奏形式和节奏编配。 4.展示创编成果 学生分组表演,互相欣赏学习。 5.完整表演结束 学生通过配乐器唱歌、跳舞、二声部演唱等一系列形式共同来演绎这首歌曲,结束课程。

【教学板书】

数蛤蟆

四川民歌

两只蛤蟆	两张嘴
四	四
四只眼睛	八条腿
八	十六

【思维导图】

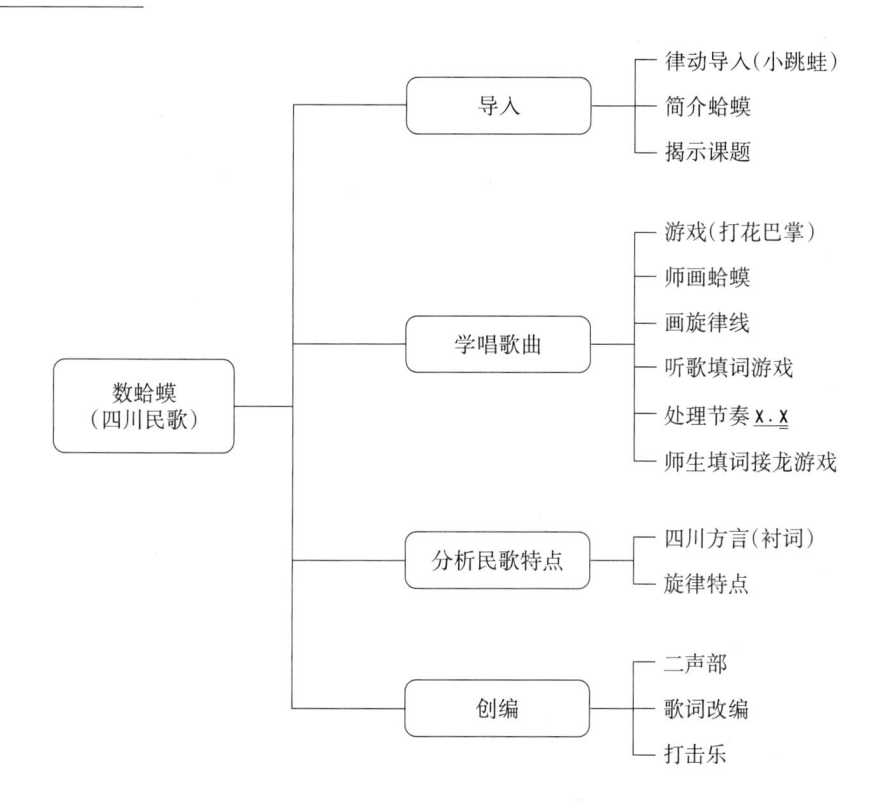

数蛤蟆（四川民歌）
- 导入
  - 律动导入（小跳蛙）
  - 简介蛤蟆
  - 揭示课题
- 学唱歌曲
  - 游戏（打花巴掌）
  - 师画蛤蟆
  - 画旋律线
  - 听歌填词游戏
  - 处理节奏 x.x
  - 师生填词接龙游戏
- 分析民歌特点
  - 四川方言（衬词）
  - 旋律特点
- 创编
  - 二声部
  - 歌词改编
  - 打击乐

数蛤蟆

教学建议

指导教师：成都市青羊区教育科学研究院　蒋英
成都市实验小学西区　伍曲

《数蛤蟆》选自四川省中小学地方音乐课程资源《川腔蜀韵》。《数蛤蟆》是一首四川民歌，歌曲为四二拍，五声商调式，歌曲形象生动，旋律清新活泼，音域八度，特别是"荷儿梅子兮"等衬词的运用，不仅改变、扩充了歌曲结构，还增添了歌曲的川味儿、川韵，使其富有浓郁的四川地方风格，充分表达了儿童游戏时的喜悦心情。在教学设计上，本课有以下特点：

1.围绕四川民歌特点，感受韵味

歌曲《数蛤蟆》具有浓郁的四川民歌风格，而学生在演唱中往往难以把握歌曲的风格和韵味，因此在教学中，李老师不仅仅是教学生唱会歌曲，而是在唱会歌曲后，引导学生用方言演唱，感受四川民歌的韵味。同时，李老师还巧妙地结合教材内容，在让学生在唱好歌曲的基础上用"四川盘子"为歌曲伴奏。孩子们在了解四川盘子"打、点、颤、扣"等基本敲击方法的基础上，能一边演唱一边为歌曲伴奏，还能在有效的音乐活动中感受歌曲的四川韵味，感受四川音乐文化独有的特色和魅力。

2.紧扣教学目标，丰富教学手段

在本课教学中，李老师设计的每项活动都紧扣教学目标，并用丰富的教学手段为目标的达成服务。如:歌曲的学唱环节,李老师采用了多种形式让学生学习歌曲;在歌曲旋律的学习中,李老师师采用接龙模唱的形式,既降低了学习难度,也让孩子们也体验到了学习的成就感,在新歌的学习中,李老师从方言、衬词等特点入手,引导孩子们用歌声表现歌曲,使其体验到语言风格对民族音乐风格所起到的重要作用;在丰富歌曲演唱部分,李老师加入四川盘子作伴奏和二声部演唱等,都能看出李老师既对本土音乐文化的重视,更能看到老师教学过程中教学方法、教学手段的丰富性。

3.情景激趣,培养合唱能力

在拓展部分的二声部演唱中,李老师创设情景,引导学生用能表现其音乐形象的声音来表现歌曲,如用蛤蟆跳跃的形象、蛤蟆歌唱的形象等来引导学生掌握富有弹性的演唱方法。从师生合作到生生合作,由易到难,循序渐进,既降低了教学的难度,又增加了学生二声部学唱的趣味性,同时培养了孩子的合唱能力。

总之,只有教师在课前对教学材料进行细致地分析,才能精确把握音乐风格。李老师的教学设计,首先便是建立在对歌曲细致分析的基础上,通过细致分析,巧妙设计,再将各种因素相互融合,使孩子们在本课上得到了良好的音乐体验。

教学设计思路及过程

成都市泡桐树小学西区分校　李子祎

【教材分析】

《数蛤蟆》选自四川省中小学生地方音乐课程教程资源《川腔蜀韵》。这是一首四川民歌,歌曲为四二拍,五声商调式,由三个乐句组成。前4个小节为第一句,中间6小节为第二乐句,且转入徵调式,后4小节为第三乐句,回到商调式,歌曲形象、生动,旋律清新活泼,音域八度,特别是"荷儿梅子兮"等衬词的运用,不仅改变、扩充了歌曲结构,还增添了歌曲的韵味,使其富有浓郁的四川地方风格。

【学情分析】

三年级的学生已经具有一定的音乐素养,有较强的识谱、视唱能力,在音乐课上能积极参与音乐活动,并且能逐步开始进行合唱训练。在本课设计中,教师为歌曲编写适合学生演唱的二声部,并从发声练习开始就融入合唱训练,重在激发学生兴趣,进一步感知合唱的魅力。作为一名四川人,学生能说地道的四川方言,对家乡的歌也有一定的了解,能够初步感知四川民歌的风格韵味,但是对"四川盘子"并不了解,所以在本课中加入了非物质文化遗产"四川盘子"的学习。教师通过播放视频、示范、讲解等一系列教学活动后,带领学生尝试敲击四川盘子,从而了解和体验四川民间艺术,激发学生创造力。因此,本课采用多种形式进行艺术实践来体现以学生为主的教学理念,让学生在玩耍、创新、实践中感知音乐,体验四川民间艺术。

【教学目标】

1.能积极参与听、唱、奏、演等一系列音乐实践活动,感受歌曲的四川韵味。

2.能够用自然轻巧、富有弹性的声音演唱歌曲《数蛤蟆》,并在唱会歌曲的基础上进行二声部合唱,感受合唱的魅力。

3.初步了解四川传统曲艺"四川盘子"的基本敲击方法——打、点、颤、扣,并能用四川盘子为歌曲简单伴奏。

【教学重点】

学生能用自然轻巧、富有弹性的声音演唱歌曲。

【教学难点】

1.学生能够用自然和谐的声音进行二声部合唱。
2.学生能够自主创编节奏,用四川盘子为歌曲伴奏,并能有表情地完整展示。

【教具准备】

钢琴、多媒体设备、四川盘子。

【教学过程】

教学环节	教师活动	学生活动	设计意图
新课导入	1.播放歌曲《数蛤蟆》,律动。 2.运用声势进行师生问好。 师:$\frac{2}{4}$ X X X X | X X X ‖ 　　同学　同学　上午好。 生:$\frac{2}{4}$ X X X X | X X X ‖ 　　老　师　老师　上午好。 师:$\frac{2}{4}$ XXXX X | X X X ‖ 　　同学同学来,　　做游戏。 生:$\frac{2}{4}$ XXXX X | X X X ‖ 　　老师老师来,　　做游戏。 教师进行范唱,启发和引导学生自然地哼唱旋律。	1.跟随老师律动,用自然的声音、准确的声势模仿老师的节奏,进行问好。 2.跟随教师钢琴伴奏,进行学习和模仿,体验歌唱的状态和方法。	1.学生乐于参与音乐活动,自信地表现自我,在愉悦的心情中开始学习。 2.激发学生兴趣。初步感受歌曲中典型的节奏型: XXXX|XXX 3.通过形象化的发声练习,引导学生掌握积极的演唱状态和正确的演唱方法。并通过合作演唱,让学生初步感受二声部合唱效果。

续表

教学环节	教师活动	学生活动	设计意图
新课教学	1=D-F 2/4 5 3 | 3 2 3 1 2 | 5 5 3 3 | 3 2 3 1 2 ‖ gaga ga ga ga gaga gaga ga ga ga 1=D-F 2/4 ┌ 5 3 | 0 0 | 5 5 3 3 | 0 0 │ ga ga gaga gaga └ 0 0 | 3 2 3 1 2 | 0 0 | 3 2 3 1 2 ‖ ga ga ga ga ga ga 1.教师完整范唱《数蛤蟆》。简单讲解关于蛤蟆的小知识。 2.教师出示标有不同颜色的歌谱，通过接龙游戏辅助，用"lu"模唱旋律。 师：孩子们你们看，我们现在把这条旋律分成了两个颜色。分别是？ 师：好，现在我们来玩一个游戏，老师来唱红色的部分，你们来唱黑色的部分。 3.展示《数蛤蟆》歌谱，引导学生用正确的声音和准确的节奏朗读歌词，并讲解歌词中具有四川民歌特点的衬词"荷儿梅子兮，花儿梅子兮"。 师：来，这首歌的歌词也很有意思。大家请看。那我们来读读它的歌词吧。 4.播放童声范唱《数蛤蟆》音频。 5.教师钢琴伴奏，引导学生完整演唱歌曲。纠正学生演唱过程中出现的音准和节奏问题。	1.认真聆听观看。感受歌曲的速度、力度、情绪。 2.学生用自然的声音跟随钢琴模唱旋律。 3.学生用正确的声音，有感情地准确朗读歌词。 4.学生再次完整聆听歌曲，重点感受歌曲的情绪处理。 5.学生跟随伴奏，加入歌词，用自然的声音，良好的歌唱状态完整演唱歌曲。	1.通过聆听，初步感受歌曲的情绪、力度、速度。 2.通过师生合作，熟悉歌曲旋律。 3.通过朗读歌词，学生熟悉歌词，感受强弱对比，了解衬词在民歌中的作用。 4.学生聆听不同版本范唱，进一步感受歌曲的情绪、速度、为接下来的完整演唱做铺垫。 5.体现循序渐进的教学认知规律，引导学生自主歌唱，并体验歌曲的音乐要素。
四川方言教学	1.教师提问，引导学生用四川话读歌词，注意歌词中方言的读音。 师：这次数蛤蟆就是用四川话来数，来我们用四川话读歌词。读到"乒乓"的时候要注意，我们四川话说的乒乓是什么？ 师："乒乓乒乓跳下水呀"，来我们来读一遍。 2.教师引导学生思考怎样让演唱变得更丰富。	1.学生跟随老师，尝试用四川方言读歌词。感受方言韵味。 2.学生思考回答。 3.学生观看四川盘子表演视频，听老师介绍。	1.通过用四川方言朗读歌词，感受方言韵味。 2.鼓励学生积极思考，引出四川盘子。

续表

教学环节	教师活动	学生活动	设计意图
四川方言教学	3.展示四川盘子图片,播放四川盘子表演视频,介绍四川盘子。 师:我们怎么样可以表现得更丰富呢？对了,我们可以拍手,可以加乐器。 师:今天老师就给你们带来了一个四川民间艺术——四川盘子。(观看视频),它是我们四川曲艺的一种,多由打花鼓的艺人兼唱,演唱时无伴奏,以两文竹筷敲击瓷盘而得名。 4.教师示范演奏四川盘子,讲解四川盘子基本敲击方法——"打、点、颤、扣"。并引导和指导学生进行创编。 5.教师弹伴奏,引导学生一边用方言演唱歌曲,一边敲击四川盘子伴奏。	4.仔细观察老师演奏时的体态、表情,进行模仿学习,并尝试用不同的演奏方式创编节奏为歌曲伴奏。 5.用地道的四川方言演唱歌曲,并用自己创编的节奏敲击四川盘子为歌曲伴奏。	3.通过观看视频,激发学生的好奇心,初步了解四川盘子这一曲式曲种。 4.通过学习敲击四川盘子感受四川曲艺的魅力,让学生充分发挥主观能动性,激发创造力。 5.通过奏、演、唱等多种音乐活动,完整体验四川民歌与四川曲艺相结合的表演形式。
拓展学生	1.教师设置情景,引出二声部学习。出示前四小节总谱旋律,带领学生进行二声部学习。 师:老师现在有一个问题,请问大家觉得哈蟆跳进地塘,是整整齐齐一起跳过去,还是前前后后跳进水呢。那我们看这条谱子。 $1=F \ \frac{2}{4}$ ‖: 5 3 | 0　　0 | 5 5　3 3 | 0　　0 :‖ ‖: 0　0 | 3 2 3 1 2 | 0　0 | 3 2 3 1 2 :‖ 2.教师出示二声部歌谱,弹钢琴引导学生用轻巧的声音进行演唱,并用声势准确地表现节奏。 师:为了让这首歌曲更加风趣好听,我们给它加了一个简单的二声部。大家请看,现在我们左边的孩子们唱一声部,右边的孩子们唱二声部。来,我们一声部的孩子们先来演唱。注意哦,一声部在演唱的时候,请二声部的孩子们休息。接下来我们交换,二声部孩子们演唱,一声部孩子们请休息。之后每个声部都可以合起来完整地演唱,我们来试试!	1.学生分组进行旋律学唱,并尝试两个声部合作。 2.学生跟随钢琴伴奏学唱歌曲二声部。	1.通过情景设置,让学生初步体验二声部合作。 2.解决演唱难点,能够用唱、读、声势等完整表现歌曲二声部,为后面两个声部的合唱做铺垫。

续表

教学环节	教师活动	学生活动	设计意图
拓展学习	数蛤蟆 1=F 2/4　　　　四川民歌 中速 5 3 | 3 2 3 1 2 | 5 5　3 3 | 3 2 3 1 2 | 乒乒　乒乒乒　乒乒　乒乒　乒乒乒 X X | X X X | X　X | X 呱　呱　呱呱呱　（弹舌） X X X | X X | X X | X ‖ （拍手）（弹舌）（拍手） 3.教师钢琴伴奏,引导学生尝试合唱,纠错。 师:在孩子们美妙的歌声中,这节音乐课即将结束。孩子们能不能把今天学的内容完整地展示给大家?首先我们用普通话唱《数蛤蟆》,接下来用四川话演唱《数蛤蟆》,并用四川盘子来伴奏。最后用四川话演唱《数蛤蟆》,大家明白了吗?	3.学生分成两个声部,跟随教师伴奏,用和谐自然的声音,进行合唱体验。 4.学生跟随音频伴奏,在教师的引导下完整展示。	3.学生进行合唱体验,并能完成二声部合唱,通过不同的演唱形式感受歌曲的美。 4.在唱会、唱好的基础上,通过奏、演多种方式相结合,让学生体会到成功的快乐,提高学生音乐感受力和表现力。
课堂小结	师:孩子们,今天我们数了蛤蟆。数着数着就学会了好听的歌曲,有趣的童谣,就像我们美好的童年总是在不知不觉中数过了四季寒暑,星辰大海,数来了欢乐幸福,数来了未来希望。老师愿意继续陪伴着大家,数着一年年的时光,见证你们的进步和成长。	认真聆听。	提炼、升华本节课所学知识。

【板书设计】

数蛤蟆

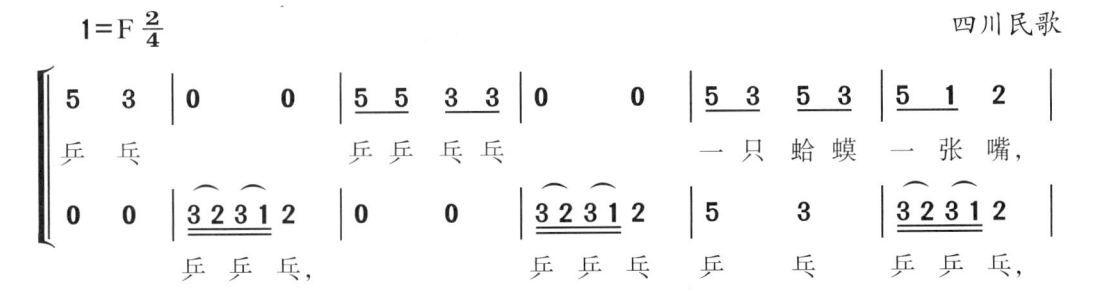

1=F 2/4　　　　　　　　　　　　　　　四川民歌

‖ 5 3 \| 0　0 \| 5 5　3 3 \| 0　0 \| 5 3　5 3 \| 5 1　2 \|
　乒 乒　　　　　　乒乒 乒乒　　　　　一只 蛤蟆 一张 嘴,
　0　0 \| 3 2 3 1 2 \| 0　0 \| 3 2 3 1 2 \| 5　3 \| 3 2 3 1 2 \|
　　　　 乒乒乒,　　　　　　 乒乒乒　　　　　　　乒乒乒,

第二板块 四川民歌

```
5 3 5 3 | 5 1 2 | 5 3 5 3 | 1 2 3 2 1 | 6 1 6 1 2 | 1 1 6 5 |
两只 眼睛 四条 腿，乒乓 乒乓 跳下  水呀。蛤蟆不吃水 （太平 年）
5 5 3 3 | 3 2 3 1 2 | X  X | X X X | X | X X X |
乒乓 乒乓 乒乓 乒乓，呱 呱  呱呱呱 （弹舌）    （拍手）

6 1 6 1 2 | 1 1 6 5 | 3 5 2 3 5 | 3 1 2 | 3 5 2 3 5 | 3 1 2 ‖
蛤蟆不吃水，（太 平年）（荷 儿梅子兮）水上漂，（花 儿梅子兮）水上漂。
X  X | X X | 3 5 2 3 5 | 3 1 2 | 3 5 2 3 5 | 3 1 2 ‖
（弹舌）  （拍手） （荷 儿梅子兮）水上漂，（花 儿梅子兮）水上漂。
```

【思维导图】

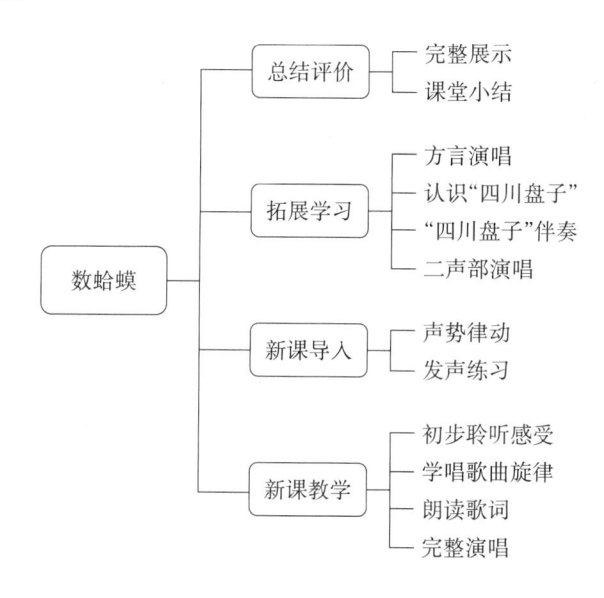

数蛤蟆
- 总结评价
  - 完整展示
  - 课堂小结
- 拓展学习
  - 方言演唱
  - 认识"四川盘子"
  - "四川盘子"伴奏
  - 二声部演唱
- 新课导入
  - 声势律动
  - 发声练习
- 新课教学
  - 初步聆听感受
  - 学唱歌曲旋律
  - 朗读歌词
  - 完整演唱

船工号子

教学建议

指导教师：成都市双流区教育科学研究院　谭国庆

作为一名青年音乐教师，执教者有着鲜明的个人教学主张和执教风格。诸如抑扬顿挫的语音语调、丰富多变的面部表情、百般得体的肢体动作、标准的范唱范奏，都只为在教学中能够有效地调动学生主动参与音乐学习的积极性。近几年，夏老师通过自身不断努力学习，在国家、省、市级各类赛课、技能比赛和展示课活动中有幸得到各级专家的指导，也有不错的表现。就执教《船工号子》整体效果上看，本堂课的设计规范，结构清晰，学习内容适量，学习目标设置比较准确，亮点突出，是一节值得推广的高品质课例，具体表现在以下方面。

1.立足音乐体验，注重文化理解

课堂学习中紧紧围绕"劳动中的歌"——劳动号子展开。本课通过引导学生参与一领众和的演唱和劳动实践，充分体验劳动号子在劳动中的作用，知晓劳动场景和劳动号子的密切关系，了解川江号子的音乐特点。川江号子是长江水路运输史上的文化瑰宝，执教者引导学生立足音乐本真，从音乐形式和内容上去认识川江号子的文化历史价值，提升学生学科素养、拓宽学生音乐视野的目的。

2.强调艺术表现,注重形成认知

本节课通过分析《船工号子》川江不同乐段所表现出来的节奏、节拍、速度、情绪等诸多音乐要素,借助生生合作、师生配合等活动,加深对音乐的理解和感知,让学生积累了审美经验。如在学习上滩号子环节,由领到合,由唱到奏,由奏到演,同学们身临其境,一个个积极合作、主动探究学习,逐渐领会船工号子在川江地区成为"文化符号"和"音乐符号"的缘由,懂得川江号子的音乐特点和作为优秀音乐文化的传承价值。本节课的学习丰富了学生对民族音乐的认识和了解,帮助学生建立一种愿意去"唱家乡的歌"的主动意识。

3.教态大方得体,培养审美感知

执教者运用多种教学策略充分调动学生参与活动的积极性,如夸张的演唱示范、劳动工具的使用、劳动画面的再现等,给学生一种身临其境的体验,增强了主动学习的欲望。整堂课氛围浓郁,由浅入深,精彩纷呈。当然这也离不开执教者本人过硬的专业功底,如声乐的演唱、钢琴的演奏、合唱指挥的运用,甚至"手眼身法步"的辅助表演运用等。主要目的还是提高学生感受美、表现美、鉴赏美、创造美能力,陶冶情操,发展个性,启迪智慧,丰富和发展形象思维,记法创新意识和创造能力,全面提升学生的素质。

4.模式合理鲜明,利于复制推广

依据《义务教育音乐课程标准》(2011年版)、学情与教材等资源,整堂课以"教学评一致性"为主线,实施目标导向的教学、学习、评价的一致性。在教师不断激发和保持学生学习兴趣的基础上,围绕学习目标设计丰富的教学活动,形成了明晰有效的课堂结构框架:激趣导入→学生活动→了解相关文化→审美感知→小组活动→总结提炼。执教者在学生学习环节中收集学生的表现信息,在与学习目标的比对中积极反馈,及时调整教学节奏,让评价任务镶嵌在整个学习过程中。从导入到新课学习,再到拓展延伸,整堂课学生们都被浓厚的音乐氛围笼罩,学在其中,乐在其中。

从教学效果来看,教与学联系紧密,知识点层层递进,虽然优点可圈可点,但是,当我们认真解析本堂课时依然发现有诸多值得思考的方面,比如:

第一,要立足于通过音乐本真来挖掘音乐的文化内涵。

教师对于非遗文化"川江号子"了解得不够深入,导致在具体教学中教师的文化站位不够高,造成教学中对川江号子相关音乐要素分析还不够透彻,川江号子有别于其他劳动号子的显著之处学生也还缺乏一定认知。

第二,要思考引导学生体验和认知音乐的途径、丰富课程资源。

虽然本堂课预设的重难点较为准确,但是落实和解决重难点的方式过于单一,留给学生思考和探究的时间明显不足,导致多数情况下学生们参与并体验了劳动,而没能很快形成认知。在这种情况下,执教者适当拓展课程资源将会带来立竿见影的效果。如PPT背景上可以多加入一些凸显川江号子浓郁文化的图片,播放船工劳动的视频等。

第三,要注意把控教学节奏、突出重点。

一堂好的音乐课反映了教师如何对40分钟教学的高效设计,层层递进的同时又能详略得当,本堂课从这个角度来说还略显粗糙。执教育在课堂上"说"得多了些,解决难点的过程还可以再细化。做到在教师的引领下,让我们的音乐课堂真正成为学生深度学习的场所,彰显音乐学科核心素养,实现学科的育人价值。

教学设计思路及过程

成都双流中学实验学校　夏栋梁

【教材分析】

川江号子是川江船工们为统一动作和节奏，由号工领唱，众船工帮腔的一种一领众和式的民间歌唱形式，具有传承历史悠久、品类曲目丰富、曲调高亢激越等特征。川江号子节奏自由多变、旋律优美、跌宕起伏，没有固定歌词，常常以抒发爱情、生活为题材即兴创编，较多用"嗨、呀、喽"等衬词，是国家级非物质文化遗产，具有很高的育人与传承价值。

《船工号子》是电影《漩涡里的歌》中的一首插曲。曲作者充分运用四川民歌《川江船夫号子》中"平水号子、见滩号子、上滩号子、拼命号子、下滩号子"多段连缀的手法，创作了这首经典的歌曲，使音乐振奋人心，同时又让劳动号子的艺术性得到升华。全曲运用速度、力度、调式及节拍的变化，形象地表现了船工们齐心协力、勇往直前的无畏精神，是船工们与险滩恶水搏斗时用热血和汗水凝铸而成的生命之歌。

【学情分析】

七年级学段的学生在音乐课堂学习中积极性较高，对未知的音乐知识充满了好奇。因此，教师引导的方式、教学方法的选择、教学策略的制定就显得尤为重要。川江船夫号子有着极强的地域音乐特点，作品种类丰富很容易让学生们对音乐产生兴趣，乐于主动思考、主动参与音乐实践。所以，本堂课立足体验感知川江船夫号子的音乐特点，从解析劳动和音乐的关系出发，通过引导学生立足音乐本真去感受音乐、体验音乐，从而实现培养学生审美感知、艺术表现、文化理解的学科素养。

【教学目标】

1.能够理解川江号子在川江地区成为"文化符号"和"音乐符号"的缘由，懂得川江号子的音乐特点和作为优秀音乐文化的传承价值。

2.积极参与互动表演,感受和体验川江号子的艺术风格与音乐特点,实现审美、艺术创新与表现能力得到提升。

3.能够分析川江号子演唱中所表现出来的节奏、节拍、速度、情绪等诸多音乐要素,通过生生合作、师生配合等活动加深对川江号子"一领众和"演唱形式的认识。

4.自信地参与《船工号子》中见滩号子、上滩号子、拼命号子的互动演唱,有感情地演唱平水号子。

【教学重点】

加深对劳动号子的认识,在感受、体验的学习过程中,懂得川江号子的音乐特征,理解川江号子的人文特性和艺术价值。

【教学难点】

如何调动学生充分参与体验,主动分析音乐要素,懂得川江号子作为优秀音乐文化的传承价值。

【教具准备】

多媒体设备、钢琴、麻绳、纤夫服。

【教学过程】

教学环节	教师教学活动	学生学习活动	设计意图
营造氛围	1.引导学生对劳动号子相关知识点进行回顾(演唱形式、作用、分类等)。 2.带领学生演唱《军民大生产》片段。 3.组织音乐互动游戏(听辨连线)。 　　工程号子　　　　《哈腰挂》 　　搬运号子　　　　《打路基》 　　农事号子　　　　《催咚催》	1.回顾劳动号子知识点(劳动号子的种类、演唱形式、在劳动中的作用等),在教师引导下完成演唱。 2.参与游戏,检测认知。 3.小组讨论,分享审美感受。	1.创设情境。 2.营造氛围。 3.及时检测。

续表

教学环节		教师教学活动	学生学习活动	设计意图
导入新课		1.播放艺术歌曲《船工号子》(全曲)。 2.提问:聆听感受? 3.介绍音乐作品。	1.聆听音乐。 2.交流分享。 3.初步了解作品创作特点(上滩号子、拼命号子、平水号子)。	揭示课题,初步认知川江号子。
新课学习	教师引导下学习	1.播放视频资料(川江船夫号子简介)。 2.提问:视听感受?音乐和劳动的关系?	1.欣赏视频。 2.交流分享。	通过欣赏视频加深对川江号子的认知,为后面的学习做铺垫。
	体验探究	1.播放1-6小节。 2.提问:视听感受?音乐特点? 3.引导学生体验号头唱腔,介绍"纤夫三宝"。	1.聆听音乐、探究交流。 2.分享聆听感受,分析音乐要素(音调、旋律、节奏)。 3.参与演唱,了解"纤夫三宝"。	以劳动者的身份体验行船过程中号子的特征,感受音乐和劳动的关系,掌握川江号子的音乐特点。
	主动学习	1.播放11-15小节 2.提问:视听感受?音乐特点? 3.引导分组体验。 4.依次播放拼命号子、平水号子片段。 5.引导学生分析音乐要素,体会音乐和劳动的关系,鼓励学生用纤绳进行配合表演。	1.欣赏唱段。 2.分享聆听感受,对比分析音乐要素(速度、节拍、情绪变化)。 3.配合教师演唱,再现劳动画面。 4.劳动组和演唱组进行配合,体验劳动。 5.对比体验,分析音乐要素。	
学习拓展		组织模拟一次行船,由演唱组、表演组和教师配合用不同的号子再现劳动画面。	参与演唱,互动表演。	加深理解 巩固认知
学习小结		1.梳理课堂学习要点。 2.课堂小结。		

【板书设计】

川江号子

劳动号子　一领众和　　音乐符号　文化符号

	节拍	速度	情绪	主要音
上滩号子				1 2 3 5 6
拼命号子				
平水号子				1 2 3 5 6

【教学导图】

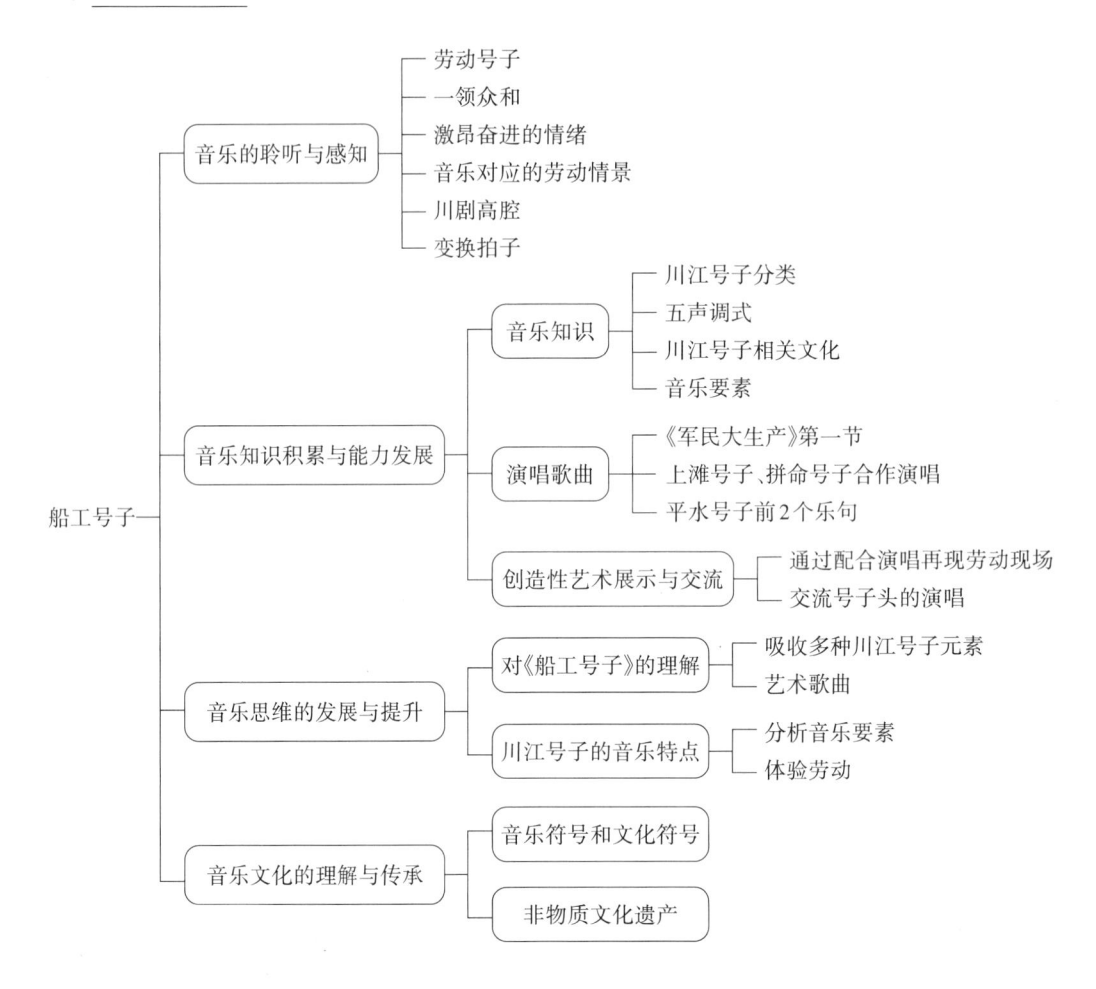

- 船工号子
  - 音乐的聆听与感知
    - 劳动号子
    - 一领众和
    - 激昂奋进的情绪
    - 音乐对应的劳动情景
    - 川剧高腔
    - 变换拍子
  - 音乐知识积累与能力发展
    - 音乐知识
      - 川江号子分类
      - 五声调式
      - 川江号子相关文化
      - 音乐要素
    - 演唱歌曲
      - 《军民大生产》第一节
      - 上滩号子、拼命号子合作演唱
      - 平水号子前2个乐句
    - 创造性艺术展示与交流
      - 通过配合演唱再现劳动现场
      - 交流号子头的演唱
  - 音乐思维的发展与提升
    - 对《船工号子》的理解
      - 吸收多种川江号子元素
      - 艺术歌曲
    - 川江号子的音乐特点
      - 分析音乐要素
      - 体验劳动
  - 音乐文化的理解与传承
    - 音乐符号和文化符号
    - 非物质文化遗产

苏木地伟

教学建议

指导教师：成都市石室中学　文汇

　　《苏木地伟》这首歌曲选自四川省中小学地方音乐课程资源《川腔蜀韵》，是由甲拉伍聂、安渝作曲的一首流传于四川凉山地区的彝族酒歌。歌曲为五声徵调式，其五个乐句围绕第一乐句的音调发展形成，旋律朗朗上口，充满了浓厚的生活气息，表现了彝族人民以酒待客和热情友好的传统习俗。作为一节七年级的歌唱课，张觉爻老师的教学设计充分结合学情和教学目标，重难点突出，简练清晰、层层递进、环环相扣。

　　张老师以对答问好的方式做导入，在激趣的同时，完成歌唱教学必要的练声环节，其中的即兴对答呼应本课教学内容中酒歌的即兴性，用朗诵歌词后加入旋律的方式让学生提前适应老师的歌唱教学方式，而加入的旋律刚好由《苏木地伟》第一句旋律改编而成，让学生在不知不觉中对歌曲形成记忆。随后再介绍彝族酒文化，并简明扼要揭示课题，为接下来的歌曲演唱教学做足铺垫。

　　本节课的教学重点为歌唱。《苏木地伟》简洁短小、歌词直白、朗朗上口，因此本节课的教学目标不仅仅是唱会这首歌，还要用热情、激昂的情绪唱好这首歌。这堂课的歌曲学习有五个环节：视频感受、教师范唱、朗读歌词、加入旋律、声势助力，每一个环节都遵循感知、学唱、唱好的歌曲教学原则，以简明高效的教学方式，逐级解决教学难点，达到教学目标，做到环环相扣、层层递进。在教学设计中，张老师利用动感、变化速度的节奏鼓点辅助朗读歌词,提升学生的朗读兴趣,准确感知歌曲节奏,高效完成教学目标;在声势助力环节,充分利用衬词"嘿"的呼喊以及凳子的节奏拍击,逐步叠加,营造热烈的氛围,助力歌曲演唱情绪的表达,这些都是教学设计中的亮点。

当然,本课也非常注重学生的活动探索。本课的教学目标为通过歌曲学习,感受四川凉山彝族酒歌文化,从而激发学生对地方民族音乐文化的热爱,为此,适宜的情景体验是必要的。在歌曲学习的最后阶段,学生高昂演唱、激动呼喊、热情拍击,将演唱表现推向高潮,此时教师顺势而为,进一步激励学生投入更大动作的表现,带领女生跳简单的达体舞、男生拍凳子助兴,这种方法使学生进一步熟悉歌曲旋律,感知凉山彝族真实的歌舞文化;彝语唱段的体验式学习,让学生感受不一样的歌曲风情,激发学生学习兴趣,给予学生进一步探索彝族音乐的动力;通过聆听不同版本的《苏木地伟》,张老师引导学生总结出歌曲可在曲调、节奏、歌词等方面做出变化,该环节的目的一是体现酒歌的即兴性特点,二是教授歌曲改编创作的方法,为接下来的即兴创作打下基础。

这份教学设计中的教学方法既有继承,又有创新,运用了讲述法、问答法、听唱法、示范法等。张老师打破了中学课堂教学固有的座位模式,以两圈"U"形的座位方式助力教学活动,通过音频、视频、故事等扩大了教学容量,拓宽了文化内涵的广度和深度,提高了学习效率。在歌唱教学环节中,融入鼓点、声势、舞蹈,增强歌唱的趣味性,利用对比的方式感受不同版本的《苏木地伟》,总结改编歌曲的要素,在增强审美能力的同时,也让学生学习了歌曲改编创作的方式方法。

张老师的这一节《苏木地伟》情景交融,课堂生动活泼,在热烈的氛围中顺利了解决教学重难点,同时也让四川本土的彝族歌曲走进了学生心中,让每一位课堂中的川籍学子都感受到本土音乐文化的魅力,是一节完整、高效而意蕴深刻的课程。

教学设计思路及过程

天府第四中学校　张觉爻

【教材分析】

酒歌,是中国民歌体裁风俗歌的一种,概指民间喜庆节日间饮酒时所唱的歌曲,主要流传于少数民族地区。人们通过互唱酒歌交流感情、增进友谊,具有较强的娱乐性、实用性,多为即兴编唱,演唱形式多样。《苏木地伟》是由甲拉伍聂、安渝作曲的一首流传在四川凉山地区的彝族酒歌,"苏木地伟"意为尊贵的客人,歌曲为上下句双句体单乐段结构,为五声徵调式,其五个乐句围绕第一乐句的音调发展形成,歌曲朗朗上口、节奏明快、热烈奔放,充满了浓厚的生活气息,表现了彝族人民以酒待客和热情友好的传统习俗。

【学情分析】

本课教学对象为七年级学生,该学段学生乐于参与音乐课堂中的演唱和活动;学生处于变声期,可适当降低演唱的调;通过前置学习,学生已了解凉山彝族火把节、达体舞、歌曲衬词等知识点,具备合唱、齐唱能力和声势伴奏能力。

【教学目标】

1.审美感知:通过观看歌曲演唱视频、用高昂热烈的情绪演唱歌曲、参与情景体验活动,感受彝族酒歌《苏木地伟》的独特美,感受其热情激昂的演唱风格和彝族人民质朴外放的艺术表现形式。

2.艺术表现:用高亢、明亮的声音,热情激昂的情绪演唱歌曲《苏木地伟》,学习彝族酒歌独特的艺术表现形式;通过层层递进的歌曲学习环节,展开热情的歌曲演唱演绎活动。

3.文化理解:通过学习四川凉山彝族酒歌《苏木地伟》,了解彝族酒歌文化,体验地方性少数民族音乐艺术和风土人情,通过学唱家乡的歌,激发学生对本土音乐文化的求知欲。

【教学重点】

1.利用适合变声期学生演唱的调式音高、科学的发声方式,引导学生用热情、高昂的声音演唱歌曲。
2.通过层层递进的声势和活动营造热烈氛围,引导学生感受、体验歌曲情绪。

【教学难点】

1.通过有感情地朗读歌词感受歌曲节奏和语气,通过师领众和、钢琴纠音等教学手段唱准、唱好歌曲。
2.在热烈的氛围中有序、积极、高效开展情景体验。

【教具准备】

钢琴、多媒体、彝族酒具道具。

【教学过程】

教学环节	教师活动	学生活动	设计意图
环节一: 互动导入	1.即兴歌声互问好。 问好,固定节奏,再用《苏木地伟》第一句的节奏、曲调改编填词,加入曲调,移调演唱,用作练声曲。 师:与老师对答,模仿老师的语气和节奏。 2.走进凉山彝族,揭示课题。 师:让我们一起走进四川凉山彝族,感受当地的酒歌《苏木地伟》。(板书课题)	1.在老师的带领下跟随节奏问好(即兴填词),加入曲调,跟随老师移调演唱。 2.观看PPT、聆听教师讲解,了解彝族文化。	1.激趣与练声,初步感受歌曲片段即兴创编,在潜移默化中熟悉歌曲中心句的节奏和曲调。 2.了解彝族文化,激发学生学习兴趣,揭示本课课题。
环节二: 歌曲学习	1.看视频,初步感受歌曲。 播放热烈、激动的歌曲演唱视频,初次感受歌曲氛围,体会歌曲演唱情绪。 师:观看视频,思考该用怎样的情绪演唱这首歌?(板书"酒歌") 2.教师完整范唱。 出示歌词PPT,用清唱的方式完整范唱汉语唱段,边唱边引导学生拍手助兴,在热烈的氛围中再次感受歌曲演唱情绪,记忆歌曲。	1.初次完整聆听歌曲,通过视频直观感受歌曲演唱氛围,总结歌曲演唱情绪。 生:激昂、热情。 2.聆听教师范唱,拍手助兴,营造、感受热烈氛围。 苏木地伟(酒歌) 远方的贵宾,四方的朋友。 我们不常聚,难有相见时。 彝家有传统,待客先用酒。 彝乡多美酒,美酒敬宾朋。 请喝一杯酒呀,请喝一杯酒呀!	1.通过演唱视频,让学生初步、直观感受歌曲的意图和演唱氛围。总结歌曲演唱特点,为突破歌曲重难点做铺垫。 2.师用热情高昂的歌声清唱示范,在活跃的氛围中引导学生记忆歌曲。

续表

教学环节	教师活动	学生活动	设计意图
环节二：歌曲学习	3.朗读歌词。带领学生跟随节奏鼓点朗读歌词，不断调整学生朗诵状态，使用高位置发声，注意每一句的情绪及音调细节处理；运用可调速软件播放鼓点节奏伴奏，第一遍朗诵慢速，后快速。 4.加入旋律。弹奏钢琴伴奏，有感情地教唱歌曲。针对演唱中的问题及时处理和调整，同时处理难点乐句"彝家有传统，待客先用酒"的节奏。 5.加入声势，营造氛围，助力演唱。 (1)引导学生在每一句演唱后加入衬词"嘿"，增强歌曲的热烈演唱氛围，进一步激发演唱情绪。 (2)拍击简单、富有气势的节奏，进一步烘托歌曲热烈的氛围。 师：艺术创作来源于生活，今天，我们就要用上凳子，(师拍凳子)助兴我们找到这首歌的感觉。(引导学生蹲下，在歌曲每小节重音处拍击音乐凳，进一步营造热烈的氛围，边拍击边演唱)	3.跟随节奏鼓点，在老师的引导下有节奏、有感情、高位置朗诵歌词。 4.跟随钢琴伴奏，在老师一句句范唱中完成歌曲学习。 5.(1)齐唱歌曲，在每一乐句最后的长音部分加入衬词"嘿"，在更加热烈的氛围中演唱歌曲。 (2)在重音处拍凳子，营造热烈氛围，边拍击边激昂演唱。	3.节奏鼓点激发朗诵情绪，辅助快速掌握节奏，为加入曲调唱好歌曲做铺垫。 4.降调教唱，学生在欢乐、放松的氛围中熟悉学唱歌曲；通过朗诵解决难点乐句节奏问题。 5.层层递进的声势活跃歌曲演唱氛围，使学生在兴奋的情绪状态中更好地演唱歌曲，为下面的音乐活动做铺垫。
环节三：活动与探索	1.跳达体舞。邀请女生一起围圈跳彝族达体舞，边跳边唱；男生拍击凳子，激昂演唱歌曲。 2.演唱、感受彝语唱段。出示彝语唱段音译PPT，在节奏鼓点的伴奏下一句句带领学生演唱。 3.了解酒歌即兴编创的特点，配置作业播放不同演唱版本的《苏木地伟》，引导学生总结不同之处，激发学生思考自行编创歌曲可以从哪些方面入手。布置课后作业：编创一首属于你自己家的酒歌，朋友来时唱一唱。	1.男女生共同跟随伴奏激昂演唱歌曲。女生唱边跟随老师跳起达体舞；男生唱边拍击凳子。 2.跟随老师学唱彝语歌词，感受彝语唱段的风格。 苏木地伟(酒歌) 苏木地伟喔，莫波果拉苏。 尼喔嘎得说，莫拉哥҆҆҅波特波。 尼木嘎节呦，支只波果达。 支扎俄木都，色拉尼喔苏。 苏尼苏达朵朵，苏尼苏达朵朵！ 3.通过聆听不同版本的《苏木地伟》，感受并总结彝族酒歌即兴编创的艺术特点。 生：曲调、节奏、歌词等的变化。	1.在情景中深入感受彝族民风民俗。 2.学唱彝语唱段，体验不一样的彝族风情，激发学生学习探索的兴趣。 3.感受并总结彝族酒歌即兴编创特点，激发学生思考歌曲即兴编创的方式方法，鼓励音乐创作。

续表

教学环节	教师活动	学生活动	设计意图
环节四：总结	1.介绍彝族名字由来，阐释彝族心中的感恩之情，揭示歌曲内涵。 师："苏木地伟"汉译为"尊贵的客人"。 2.激昂演唱，献上祝福。 师：感谢大家今天的热情演唱，我们成功地向贵宾展示了彝家的热情好客，真挚的祝福透过歌声直达人心。最后，让我们为今天到场贵宾敬上一杯祝福的美酒！	1.聆听讲解，理解歌曲内涵。 2.结束本课，在歌声中离开教室。	点题、总结、升华。

【教学板书】

苏木地伟

四川彝族酒歌

1=F-D 2/4

（5 5 2 5　2 2 5｜2 5 5 2　5 5̂5 5｜5 5 2 5　2 2 5｜1 2 2 1　2 2̂2 2｜

5 3 2 5　5 3 5 6｜1 6 5 6　1 6 1 2｜5 5 5 2 5　2 5.｜5 2 2 2 5 5）

2 5｜5 2 3 2 1 6｜5 5 6　1 2 3｜2 -　2 5｜1 2　2 1 6｜5 5 6 2 1｜

苏 木　地 伟 喔，　确 波 果　拉 苏。　尼 喔　嘎 得 说，　莫 拉 哥 特
远 方 的　贵 宾，　四 方 的　朋 友。　我 们　不 常 聚，　难 有 相 见

5 -｜3. 3　3 5 2｜2 2 1 6｜1. 2　2 1｜6 -　2 5｜5 2 3 2 1 6｜5 5 6 1 6 5｜

波。　尼 木　嘎 节 嘞，　支 只 波 果　达。　支 扎　俄 木 都，　色 拉 尼 喔
时。　彝 家　有 传 统，　待 客 先 用　酒。　彝 乡　多 美 酒，　美 酒 敬 宾

5 -｜3. 3　3 2 1｜3 3｜5. 5　2 1 6｜5 :｜5 -｜5 -‖

苏。　苏 尼 苏 达　朵 朵，　苏 尼 苏 达　朵 朵！　　　哟！
朋。　请 喝 一 杯　酒 呀，　请 喝 一 杯　酒 呀！

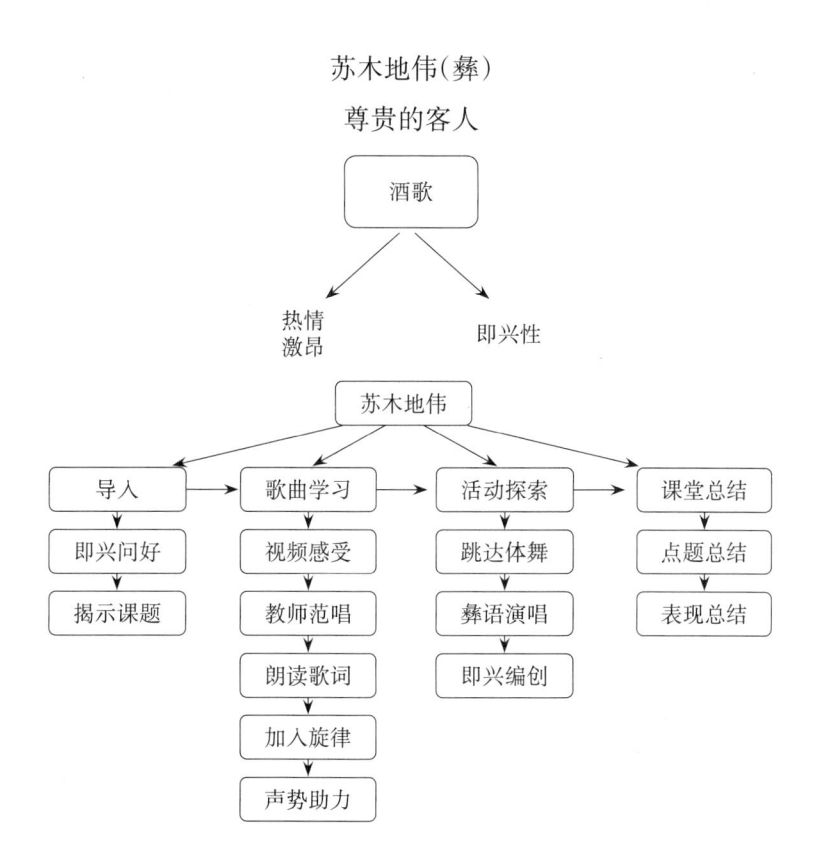

苏木地伟（彝）
尊贵的客人

```
        ┌──────┐
        │ 酒歌 │
        └──┬───┘
      ┌────┴────┐
   热情激昂    即兴性
      │         │
      ▼         ▼
        ┌────────┐
        │ 苏木地伟 │
        └────┬───┘
```

导入	→	歌曲学习	→	活动探索	→	课堂总结
即兴问好		视频感受		跳达体舞		点题总结
揭示课题		教师范唱		彝语演唱		表现总结
		朗读歌词		即兴编创		
		加入旋律				
		声势助力				

采 花

指导教师：四川音乐学院　孙胜安

教学建议

在信息化社会，音乐课程建设面临着教学内容发展不足，教学方法创新慢，地域化、校本化推动不力等问题。因此，坚持传承优秀文化原则，开发和建设地方音乐文化资源成为新时代音乐教育的新任务，这对于坚持以美育人、以文化人，提高学生审美和人文素养，坚定文化自信，促进其与德育、智育、体育、劳动教育相融合，培育新时代社会主义建设者与接班人具有重要理论与现实意义。

音乐学科具有音响（声音）性、情感性与技能性的特点。音乐教学中的一切活动由于音响（声音）性的特点，必须建立在音响的基础上；由于情感性的特点，必须以审美体验为核心；由于技能性的特点，必须加强音乐技能训练，离开了音乐技能就无法体验音乐。正是出于这样的考虑，本课执教者选择了一首流传于四川南坪的民间小调——《采花》。

本课执教者在牢牢把握住四川盘子的音乐特点基础上，做到了以下方面。

一、兴趣为先，难点前置

执教者以铺垫学生的兴趣为前提，在热身活动中就引入了本节课教学的节奏难点，使学生在轻松且有趣的音乐氛围中，将自己的学习状态融入音乐课氛围。

二、以情激情，良好示范

在发声练习环节中，执教者用良好且富有感染力的范唱带动学生模唱，注意学生的歌唱状态和发声位置，并通过范唱辅助提升学生的视唱能力，体现了执教者对于教学三维目标中知识与技能的重视。

三、人文植入，提升内涵

执教者通过介绍南坪小调，揭示本课课题：南坪小调是人们劳作之后，围坐篝火旁，弹起三弦琵琶，敲击四川盘子自娱性的演唱。执教者通过描述性的教学语言，为学生营造出了强烈的人文画面感，为接下来的学唱教学营造出良好的歌唱氛围。为丰富学生对民族文化知识，执教者从情感态度价值观角度，使学生理解我们民族音乐文化中国的精神，增强文化自信，进一步了解我们的中国文化。

四、接龙学唱，"趣"意盎然

在新歌学唱环节，执教者并没有采用传统的教师唱一句、学生模仿一句的形式，而是采用有趣的接龙方式，充分调动了学生学习的积极性。在这一环节，执教者还把握住了歌曲的人文内涵，让学生在聆听歌曲熟悉旋律的同时，了解歌曲内容，通过演唱的方式讲述一年十二个月的生活常识。在这样的教学过程中，执教者培养了学生自主学习的能力，提高了学生的专注力，充分调动了学生的主观能动性。最后通过比一比的游戏完成演唱，增强了学唱歌词时的趣味性。

四川盘子有着丰厚的人文内涵，本节课执教者将其植根于教学的各个环节中，使学生对四川盘子有了更深的认识，对于民族文化更加有自信。在知识与技能教学环节中，执教者精心设计了有趣味、有调动性的教学活动，使学生学得快、学得好、乐于学。本节课可以改进的地方在于，教师可以多采用一些道具、服饰等，使课堂的氛围感得到进一步提升。

教学设计思路及过程

成都嘉祥外国语学校　王睿

【教材分析】

歌曲《采花》，是流传于四川南坪的民间小调。歌词采用传统的民歌手法，使人们从中获得不少生产和生活知识。歌词语言朴素、精炼，每段仅两句(第三乐句重复第二乐句的歌词)。歌曲采用二拍子，羽调式，一段体结构，由三个乐句组成。几乎每隔一小节都出现"X X X"的切分节奏，使流畅的旋律略带轻盈跳荡的感觉。这三个乐句在节奏基本相似的基础上，对各句的句幅和句尾的节奏做了微妙的调整，使之各具特点。第一乐句为4小节，句末采用一字多音的拖腔，显得灵巧轻盈，这与歌词中借景抒怀，表达喜事将临的欢乐心情相吻合；第二乐句节奏与上句大体相同，但句子在第4小节的强拍上刹住，使乐句少了一拍，造成不稳定感；第三乐句的句首则在第二乐句末空出的弱拍切入，同样的歌词从强拍移向弱拍，歌词节奏作了紧缩，充分表现了迫不及待的企盼心情，紧接着节奏比较舒展，犹如人们春暖花开后采得鲜花的舒心和快慰。

【学情分析】

贯彻落实新课标新课改精神，培养学生一定的音乐技能，尤其注重培养学生音乐学习的兴趣，提高认谱、识谱的能力，还要使一部分学生转变思想(认为学习音乐无用，音乐课是副课)，切切实实提高学生的音乐素质。五年级的学生已经掌握一定的音乐知识，能基本唱出音乐课本上的二声部歌曲。遵循孩子的心理特征和认知规律，在设计中充分利用小组合作，自主探究的方式，借鉴适合奥尔夫教学手段，运用节奏、律动、创编、即兴等方式，在模仿体验中学习，让学生在轻松愉悦中参与体验，最终达成教学目标。

【教学目标】

1.能够用轻快活泼的声音带表演性地演唱歌曲《采花》。

2.认识四川盘子,能够用四川盘子为歌曲伴奏,丰富歌曲的表现形式。
3.通过《采花》的学习了解四川民歌南坪小调。

【教学重难点】

1.能够带表演地用喜悦的心情演唱歌曲,丰富歌曲的表现形式。
2.能够准确用盘子为歌曲做伴奏。

【教具准备】

PPT、钢琴、四川盘子、纸卡等。

【教学过程】

教学环节	教师活动	学生活动	设计意图
一、律动导入	律动,走进教室 师:同学们！跟着音乐一起开始今天的音乐之旅吧！ (随音乐南坪小调《采花》伴奏走进教室)	学生模仿老师的动作走进教室。	激发学生的学习兴趣。律动音乐为《采花》的伴奏音乐,律动脚步设计为切分节奏,在活动中一是熟悉切分节奏,二是熟悉歌曲旋律。
二、发声练习	老师带着学生用LU演唱歌曲第二乐句 3 5 6 i | 6 5 3 | 6 3 2 3 | 1 0 ‖ 1.随音频伴奏演唱。 2.聆听老师演唱的声音,学生模仿。 3.随钢琴伴奏用"lu"演唱。 4.唱唱名演唱这一句。	1.用"lu"演唱旋律,能听出和老师演唱的不同之处。 2.模范老师的声音状态再次用"lu"演唱唱名,熟悉乐谱。	第二乐句的高音do的演唱是本首歌曲的一个难点。通过歌曲旋律的演唱,训练学生的识谱能力。
三、揭题,介绍南坪小调	老师简单介绍南坪小调,揭示课题。 师:南坪小调起源于人们劳作之后,围坐篝火旁,弹起三弦琵琶,敲击磁盘自娱性地演唱。	学生初步了解南坪小调,清楚本节课的学习任务。	丰富学生的民族文化知识,从情感态度价值观的角度,让学生理解民族音乐文化精神,增强文化自信,进一步了解中国文化。

续表

教学环节	教师活动	学生活动	设计意图
四、新歌教学	1.完整聆听歌曲，了解歌曲内容的同时熟悉歌曲旋律。 $\frac{2}{4}$ 2 1 12 | 335 36 | 2112 312 3 6 | 356 1 | 6 53 | 6323 1 ∨1235 | 3 21 | 61 61 | 6 - ‖ 2.引导学生以接龙的方式完成歌曲旋律的学习和演唱。 3.完整慢速演奏旋律。 4.复习巩固切分节奏。 5.钢琴伴奏。 6.调动学生，用分组比赛的方式自主学唱歌曲的歌词部分，并走到学生中间引导其准确演唱歌词。 采花 1=♭E $\frac{2}{4}$ 中速　　　　　　　　　　　　　　　四川民歌 (335 36 1235 66) 2 1 12 335 36 2 1 12 312 36 356 1 　　　　　　　　　正月　里　来　无（哟）　花　采，二月　间 　　　　　　　　　三月　里　桃　石　榴（哟）　红　似　海，四月　间 　　　　　　　　　五月　里　栀　花　尖（哟）　时　造　酒，六月　间 　　　　　　　　　七月　里　石　谷　米（哟）　成　怀　里，八月　的 　　　　　　　　　九月　里　葡　萄　架（哟）　打　揩　香，十月　间 　　　　　　　　　冬月　里　腊　月　无（哟）　花　采，霜月　的 6 53 6 23 1 ∨1235 2 1 61 6 - 采　花　匀（哟）正　上　开， 花　葡　萄　架（哟）正　上　开， 药　闻　桂　人　爱， 松　柏　人　自　便。 7.让学生分小组展示歌词演唱。 8.纠正错误。	1.聆听并熟悉歌曲旋律，了解歌曲内容，为接下来的旋律演奏做准备。 2.生接龙演唱歌曲旋律 3.分组完整演唱歌曲旋律。	1.通过聆听歌曲熟悉旋律的同时，了解歌曲内容。通过演唱的方式了解一年十二个月的生活常识，让学生知道中国民歌的特点。 2.接龙演唱解决旋律的学习，并在这一次的学习中复习巩固切分节奏。 3.整首歌曲旋律的演唱，培养学生自主学习的能力，提高专注力，充分调动学生的主观能动性。通过小组比赛的方式完成演唱，增强学唱歌词部分时的趣味性。 4.各小组展示学习成果，第一组在唱的时候，第二小组还可以熟悉一次旋律，这样每个组都唱一遍之后，学生就可以听到多次歌曲，可以多次熟悉歌曲的旋律，层层递进达到完整准确演唱歌曲的目的。

续表

教学环节	教师活动	学生活动	设计意图
五、拓展，丰富表现形式	1.播放四川盘子演唱的《采花》视频。 2.老师用四川盘子现场伴奏，表演唱歌曲，引导学生学习四川盘子的演奏方法。 3.学习持盘动作和三种敲击盘子的方法。 打　　　点　　　颤 4.弹奏三弦琵琶。 6 6 3 6 | 6 6 3 6 ‖ 蹦蹦 蹦蹦 蹦蹦 蹦蹦 5.设计表现形式。 五六段歌词加入模仿三弦琵琶的声音，作为二声部，丰富歌曲的演唱形式。 6.分组演唱歌曲。	1.学生观看四川盘子表演视频。 2.学生观看表演，观察老师是如何敲击盘子的。 3.学习四川盘子演奏方法，设计合适的节奏为歌曲伴奏。 4.学生分组演唱旋律。 6 6 3 6 | 6 6 3 6 ‖ 蹦蹦 蹦蹦 蹦蹦 蹦蹦	1.丰富歌曲的表现形式，教材中提到用打击乐器为歌曲做伴奏，四川盘子本就是四川曲艺中的一个重要组成部分，用四川盘子伴奏，也更能体现我们四川的特色，所以在此选择了四川盘子作为伴奏。 2.在学习三种盘子敲击方法的时候，就同步解决歌曲伴奏节奏型的问题，再次熟悉分节奏，引导学生用合适的节奏为歌曲伴奏。 3.简单班级合唱教学，使学生感受多声部音乐的丰富表现力，尽早积累与他人合作演唱的经验。 4.南坪小调时提到南坪小调在演唱时，还会弹起三弦琵琶，通过模仿三弦琵琶声音作为二声部，既能让学生认识并熟悉三弦琵琶，还可以达到让学生进行简单合唱的目的。这样的设计是可以让学生在演唱过程中有思考，注意力能够集中，而不是机械性重复演唱。
六、小结	师：孩子们，最后就让我们一起以歌声来结束今天的音乐课，希望同学们课后有时间能够多去听听咱们自己的民歌……	听老师总结，随着音乐离开教室。	完整演唱歌曲，结束本堂课，让学生感受自己的学习成果，增强学习的兴趣和自信心。

敬茶歌

教学建议

指导教师：成都大学　王舜

　　《敬茶歌》是选自四川省中小学地方音乐课程资源《川腔蜀韵》的一首重庆民歌，该曲又称为"啰儿调"，流传于汉族和土家族聚居地区，因歌词中有"啰儿"而得名。该曲情绪热闹、欢腾，其旋律、歌词非常具有地方特点，深受学生喜欢，也很适合学生表演唱。学生通过本堂课的学习，能够充分感受民歌的魅力，热爱地方音乐文化。《义务教育艺术课程标准（2022年版）》中指出："感受和理解我国深厚的文化底蕴和党的百年奋斗重大成就，传承和弘扬中华优秀传统文化、革命文化、社会主义先进文化，坚定文化自信，铸牢中华民族共同体意识。"本首歌曲具有浓郁的地方文化特色，学生通过学习能够了解本土音乐文化，增强文化自信。在本堂课中，授课教师十分重视课程体验，通过表演活动使学生在欣赏、表现、创造的过程中形成健康的审美意识，有效地达成了教学目标。

一、"表演唱"激发学生学习兴趣

　　为了能够达成用自然的声音演唱歌曲的教学目标，授课教师在教授新课时加上"摆手舞"的基本动作进行表演唱，在视觉效果上激发了学生很大的学习兴趣，并通过分析歌词"双手举杯"和"敬茶三杯"使学生充分理解歌词意义，使其在学唱歌曲时能够很好地进入自然歌唱状态。同时通过由歌词"哟"联想到"欢迎客人"和"做游戏"等,赋予歌词"哟"生动的表现力,提升了学生的音乐感知力与音乐理解能力。

二、四川方言感受音乐风格特点

本首歌曲语言用四川话演唱,音乐风格鲜明。授课教师先用四川话范唱歌曲,带领学生从歌曲旋律、歌词等方面分析歌曲,使学生在分析中逐渐了解歌曲的音乐风格特点。再通过逐步教唱,使学生充分感受歌曲欢快的音乐情绪。学生在参与体验的过程中增强了实践能力与创造能力,同时也感受到了四川民歌的魅力。

三、拓展学习,弘扬传统音乐文化

打击乐器锣、鼓、钹作为中国传统乐器,具有深厚的民族性,而锣鼓经是中国传统器乐及戏曲里面常用的打击乐记谱方法,通过语言的拟声,将繁复的敲击声抽象为浅显易懂的"文字谱"。通过传统乐器和锣鼓经节奏的配合,使学生深入了解文化的多样性,培育学生人文素养,使他们更加热爱地方传统音乐文化。

对于本堂课,主要有以下几点建议:

第一,从歌曲的歌词来看,内容很贴近生活,通俗易懂,唱起来朗朗上口,很适合学生在情景中进行表演唱。但是由于歌曲中出现比较快的十六分音符时,学生不容易唱准,喜欢自己乱加音,含糊唱过去,并且学生过于兴奋后,容易用不正确的声音去演唱,因此教师在教学过程中一定要及时关注学生演唱的声音和音准,出现问题要立即进行纠正。

第二,歌曲拓展部分,锣鼓经的声音主要是为歌曲伴奏,可以根据实际情况,调整人数比例,让学生感受声部间声音音量的平衡,音色的融合,达到美的效果。

教学设计思路及过程

成都市盐道街小学　黄颖

【教学内容】

歌唱《敬茶歌》。

【教材分析】

《敬茶歌》是四川省中小学地方音乐课程资源《川腔蜀韵》中的一首重庆民歌,又称为"啰儿调",它流传于汉族和土家族聚居地区,因歌词中有"啰儿"而得名。该曲情绪热闹、欢腾,其旋律、歌词非常具有地方特点,深受学生喜欢,也很适合学生表演唱。

【教学目标】

1. 学生能带着情感用自然的声音对歌曲进行表演唱。
2. 了解歌曲风格特点,感受地方民歌的魅力。
3. 能读出锣鼓经节奏为歌曲进行二声部伴奏。

【教学重难点】

1. 歌曲中十六分音符的音准和节奏。
2. 能读出锣鼓经节奏为歌曲进行二声部伴奏。

【教具准备】

钢琴、多媒体、教学道具(茶杯)、贴纸。

【教学过程】

一、感受与聆听歌曲

1.学生聆听歌曲伴奏旋律,观看课件,通过音乐和图片了解土家族人文风情。

2.用科学的声音学习"哟"节奏部分,并加上土家族摆手舞基本动作进行表演唱。

$$\times \ \times \ \times \ \underline{\times \ \times} \ | \ \times \ \times \ \times \ \underline{\times \ \times} \ : \| \ \times \ \times \ \times \ \times \ \times \ | \ \times \ \underline{\times \ \times} \ \times \ - \|$$

(哟 哟 哟 哟哟 哟 哟 哟 哟哟 哟哟 哟哟 哟 哟 哟哟 哟)

(1)师:请孩子们按节奏读出歌词,注意从头反复记号,记忆节奏和歌词的规律。

(2)师:请看老师的歌唱状态,模仿老师的声音,跟着我一起再来学习一遍。(规范学生声音,表现出节奏的力度变化)

(3)师:请孩子们联想,这里出现这么多有节奏规律的歌词"哟",猜猜它们在干什么呢?

生:可能在一起跳舞欢迎客人、在做游戏……

(4)师:现在我们在"哟"节奏部分加上摆手舞的动作,让我们的演唱更生动、更有感染力!

3.学生聆听教师范唱,并找出歌曲中最有特色的地方,可以从语言、歌词中进行思考。

师:请大家仔细听老师演唱,找出歌曲中最有特色的地方。

生:老师是用四川话演唱的。

4.教师和学生一同分析并感受《敬茶歌》音乐风格特点。

教师带着学生一同从歌曲旋律、语言、歌词等方面分析歌曲音乐风格特点。(歌曲旋律采用传统民歌小调,语言为四川话,内容贴近人民生活、主题明确,歌词篇幅短小、通俗易懂、感情真挚,歌曲中出现了多处衬词"啰儿"……)

5.让学生聆听教师表演唱并提问:土家族人在演唱敬茶歌时动作有什么讲究,并从歌词中找答案。

师进行表演唱、示范唱,请学生带着问题欣赏。

生:"双手举杯"和"敬茶三杯"。

6.教师演唱"双手举杯"和"敬茶三杯"乐句,请学生聆听模仿学习演唱,并用教学道具(茶杯)表演唱。

二、演唱与表演歌曲

1.学生打开教材《川腔蜀韵》,完整聆听歌曲,并跟着歌曲做口型。

2.学生完整聆听歌曲,跟着旋律轻声演唱。

3.学生跟钢琴伴奏学唱歌曲,教师规范学生演唱的声音以及音准节奏。

4.学生和教师进行歌曲接龙演唱,区分歌曲情绪。

(1)师:请孩子们根据歌曲歌词情景、旋律节奏特点联想,可以用什么样的情绪进行演唱?

生:"啰儿"处可以用欢快活泼的声音,表达欢快的情绪。

生:可以用连贯柔美的声音,表达出对客人的热情与喜爱。

(2)教师钢琴伴奏,让学生带着情感高质量完成歌曲演唱。

5.学生在钢琴伴奏中用自然有感情的声音完整表演唱歌曲。

三、拓展学习

1.认识中国传统乐器锣、鼓、钹,并了解它们的演奏方式。

2.了解什么是锣鼓经,并读出锣鼓经的节奏。

(教师介绍锣鼓经是中国传统器乐及戏曲里面常用的打击乐记谱方法,并带着学生读一读锣鼓经的节奏)

3.请学生尝试配合用乐器完成锣鼓经节奏。

4.全体学生熟练背诵锣鼓经节奏。

5.学生分组合作演唱。

(A组演唱歌曲,B组按节奏演唱锣鼓经节奏进行二声部伴奏,并交换)

6.学生完整演唱并表演歌曲。

(A组学生拿着道具进行表演唱,B组用锣鼓经节奏为歌曲伴奏)

7.教师进行课堂总结。

黄杨扁担

教学建议

指导教师：成都市双流区实验小学　杨静　王武曲

一、唱歌教学模式的构建

歌唱作为音乐教育的主要手段，在唱歌教学中是学生掌握音乐的音准、节奏、速度、力度、曲式、情感表达等最直接和有效的方式。在这一教学思想指导下构建的音乐歌唱教学活动框架和程序，要让学生清晰地知道在歌唱教学活动中先做什么、后做什么，从而形成一种相对稳定的、科学的学习模式，有效提高学生的歌唱能力。

本节课是以歌曲《黄杨扁担》为载体进行学习的音乐唱歌课，教师注重对学生进行听辨、模唱等能力的培养，重视学生自主探究音乐的过程，每个环节的设计相互依托、层层递进。歌唱教学中只有不断地对学生在音准、节拍、节奏等方面进行知识储备和能力强化，课堂才能真正有效，学生的歌唱能力才能真正得到全面提高和发展。

二、以"唱"为本

"唱"是唱歌课的关键。我们发现有的时候老师让学生全班唱、小组唱、女生唱、男生唱……这种反复地、机械地、无目的地唱一首歌曲，只能培养一种惯性歌唱。

本节课老师在教学生如何唱得更准确、更有效上面做了很好的思考：每一次歌唱都有具体的要求，每一次任务都非常明确，唱准节奏、唱准节拍、唱准音程、唱好歌词……歌唱难度依次提升，使得这节唱歌课变得真正有效。

三、注重情景创设，激发学生兴趣

结合音乐学科自身特点，情景创设能促进学生音乐学习习惯和学习方式的改变，激活学生的情感和思维，提升音乐能力。音乐情景教学用理念和思想，为音乐学习提供更多的方法论支撑，为面向未来的学生发展提供更多的可能性。

本首歌曲教唱的重点在于让学生释放出活泼、善于模仿的天性。通过视频观看，模仿挑扁担的律动，为课堂营造出欢快、热烈的氛围，极大地激发了学生的学习兴趣。本课的教学目标符合民歌教学特点和学生学情，具有可靠的实效性和完成性。

四、川腔蜀韵，品味深厚的文化底蕴

优渥的自然环境和独特的风土人情造就了巴山蜀水的音乐文化，形成了四川传统音乐文化独有的风貌。

通过对《黄杨扁担》的学习，学生能够品味到民族音乐的音韵美，感知民歌、方言以及生活三者之间彼此成就的关系，感悟家乡传统音乐文化对于当代青少年成长的现实意义，激发年轻一代对传统音乐的保护与传承。

五、教学建议

1.在教学中，教师合理使用多媒体课件，在欣赏作品时选用了原汁原味的花灯视频，以起到渲染和烘托歌曲意境的效果，激发学生的学习兴趣，也有助于了解秀山花灯的相关文化。

2.学生通过学习传统的、简单的花灯动作，感受民族音乐的魅力。同时，在教师的引导下，用领唱、齐唱的方式进行演绎，以此激励学生自觉成为民族音乐的传唱者。通过本节课堂的反馈，也可以看出学生在非常投入地学习，这就是文化与生俱来的魅力！

3.老师对歌曲的理解与处理，都结合音乐要素让学生体会。比如，在音的高低上，用上下窜动的音符，来感受上下颤动的扁担形象；在节奏上，用前十六分音符，后十六分音符，感受歌曲欢快、热烈的情绪。可见，加强对音乐要素的关注，能提高学生对音乐要素及其表现作用的体验与理解。

教学设计思路及过程

成都市双流区实验小学　罗贝莎

【教材分析】

《黄杨扁担》起源于重庆市秀山县,是土家族宝贵的文化资源,是重庆民歌的代表作品。其旋律活泼婉转,富有动感,节奏密集,连续的前十六、后十六分节奏,为我们形象地勾画出了一幅人们挑扁担的画面。

1958年歌唱家朱宝勇首次演唱《黄杨扁担》,后经李双江、蒋大为等多位著名歌唱家演唱,名声大振,被收入《世界曲集》。1987年春节期间一首以《黄杨扁担》改编演奏的交响乐在中央电视台播出。一时间,《黄杨扁担》唱遍神州大地,从此,优美抒情的秀山花灯歌曲《黄杨扁担》在全国流传。

【学情分析】

学生通过三年多的音乐学习,已经具备了一定的音乐素养:养成了初步的音乐习惯;掌握了一定的音乐基础知识;能用自然的声音、准确的节奏和音调有表情地独唱或参与齐唱、轮唱、合唱,具备一定的协调、合作能力。这阶段应注意学生对音乐的整体感受,丰富教学曲目的体裁、形式,增加音乐创造活动的分量,以生动活泼的教学形式和艺术魅力吸引学生。

【教学目标】

1.通过学习《黄杨扁担》,感受歌曲欢快、热闹的情绪。在音乐实践中,了解原汁原味的传统秀山花灯,培养学生弘扬民族音乐文化的意识。

2.通过学习歌曲,学习掌握音乐要素在歌曲中的作用。

3.通过聆听、交流、对比、模仿、观察、编创等方式学习和表现歌曲。

【教学重难点】

用欢快热闹的情绪演唱歌曲,能积极参与歌舞表演,感受传统秀山花灯的艺术魅力。

【教学准备】

多媒体、电子琴、扁担、扇子。

【教学过程】

一、律动导入(音乐《黄杨扁担》)(设计意图:运用挑扁担的律动导入,初步体会扁担颤动的感觉,感受歌曲欢快、喜悦的情绪,为后面学习歌曲做铺垫)

1.模仿挑扁担的动作。(认识扁担,感受扁担的颤动)

师:对,它叫扁担,以前人们劳作的时候,如:挑水、挑米、挑菜,都要用到它。那谁来试一试怎么用扁担挑东西呢?

学生模仿挑扁担的动作,体会扁担颤悠悠的感觉。

2.随音乐律动。(体会挑扁担的乐趣,感受歌曲节拍特点)

师:有的同学已经有扁担颤动的感觉了,跟着音乐一起来,注意节奏。

3.揭示课题。

师:同学们扁担挑得有模有样的,非常形象。今天我们就来学习一首名字叫《黄杨扁担》的重庆民歌。

二、学习歌曲(设计意图:运用多种手段引导学生感受歌曲欢快、喜悦的情绪,自主参与各项学习活动)

1.初听范唱《黄杨扁担》,感受歌曲情绪。

师:一起来听听,歌曲带给你们怎样的感受?你的心情如何?听了以后仿佛看见了怎样的画面?

生聆听,答问。

2.再次聆听歌曲范唱,找出影响音乐情绪的音乐要素。

师:有同学关注到歌词这一音乐要素,认为他挑着白米上街卖,心情就很愉快,生活中的苦和累都不算什么了。

师：嗯，那么除了歌词，你们还能从哪些方面感受到这种欢快的情绪呢？

生：歌曲的速度稍快，感觉很轻快。

师：很棒，你关注到了速度这一音乐要素。我们一起来挑一挑扁担，找找轻快的感觉。

生随音乐做动作，体会速度对表达音乐情绪的作用。

师：除了速度以外，还有一种音乐要素——节奏，也会给我们带来欢快的感觉，请同学们找找，你认为歌曲中哪些节奏让我们感受到音乐特别的欢快、活泼？

生边听音乐边观察乐谱，并回答前十六分音符、后十六分音符等节奏型。

师：同学的节奏感真好，让我们一起来打打这些节奏：

× ×× ××× | ×× ××× |

生打节奏。

师：让我们再来唱一唱：3 5 3 5 3 5 | 3 5 5 3 5 |

生随电子琴伴奏演唱。

师：同学们发现没有，这两小节只有哪两个音？

生：3和5。

师：这两个上下窜动的两个音符，像不像上下颤动的扁担呢？请用你们的歌声表现出扁担颤动的感觉吧。

生带入情绪再次演唱，并唱出四二拍的特点。

师：歌曲中还能找到类似这样的旋律组合吗？

生回答：6 6 7 7 6 5 | 6 7 7 6 5 |

3.学唱旋律。

(1)师生接龙。

师：刚刚学了四个小节的旋律，这四小节由你们来完成，其他部分，由老师来完成。反复部分我们一起完成。

师生交换演唱。

(2)完整视唱旋律。

生随电子琴完整演唱旋律。

4.学唱歌词

(1)完整聆听歌曲范唱，了解歌词内容。

师：请听老师为大家演唱这首重庆秀山的民歌《黄杨扁担》。

(2)学习第一段歌词，感受方言特点。

师:同学们有没有发现,哪个字老师用的是重庆话。

生:哥。

师:重庆话和我们四川话差不多,哥念go。就像我们以前学过的放牛山歌一样,唱:哥儿啰喂。我们这里唱的是:姐 哥呀哈里呀。

老师唱歌词,孩子们接这两个地方的衬词,处理声音的状态。

老师领唱,孩子们齐唱,唱好第一段,处理声音的状态。

注意老师的速度。(加快一点点)合伴奏:请第一组同学领唱,二、三、四组同学齐唱。

(3)学习第二、三、四段歌词,分演唱形式演唱。

师:接下来请全体同学跟着默唱歌曲。说说二、三、四段歌词讲的什么?

学习二、三、四段歌词,按领唱、齐唱的演唱形式进行演唱。

(4)完整演唱歌曲。

全班随伴奏完整演唱歌曲。

师:同学们歌声太美了,情绪也非常的饱满,我仿佛看见了一群欢快的人们,挑着担子上街去,好热闹啊。

三、歌曲拓展(设计意图:通过欣赏原汁原味的传统花灯歌舞,学习花灯舞蹈动作,表现歌曲,了解花灯这种歌舞形式,感叹劳动人民的智慧,培养学生弘扬民族音乐文化的意识)

1.欣赏传统花灯歌舞,学习花灯动作。

师:《黄杨扁担》起源于重庆市秀山县,同学们请看大屏幕,那里的人们在广场上跳起了黄杨扁担,非常壮观。(播放视频,秀山花灯集体舞)

生跟着视频学一学秀山花灯舞蹈动作。

2.了解秀山花灯舞形式。

师:秀山花灯,是民间流传的一种歌舞形式,当地人们劳动过后,便用这种形式来表达自己的喜悦,从而形成了花灯歌舞这一民间艺术,黄杨扁担就是秀山花灯的代表作。

3.分组创编花灯动作。

(1)小组编创、教师指导。

(2)分段汇报、集体展示。

四、小结(设计意图:传承民族文化,表演传统花灯歌舞)

师:亲爱的同学们,《黄杨扁担》广为流传,并且很有特色,它是秀山县的县歌,而秀山县也被评为"全国文化先进县""中国民间文化艺术之乡"。同学们,只有民族的才是世界的。民族文化需要我们更多的人去学习和传承。

师:亲爱的同学们,让我们一起唱起《黄杨扁担》,跳起花灯舞吧!

全体师生随音乐演唱并表演。

【思维导图】

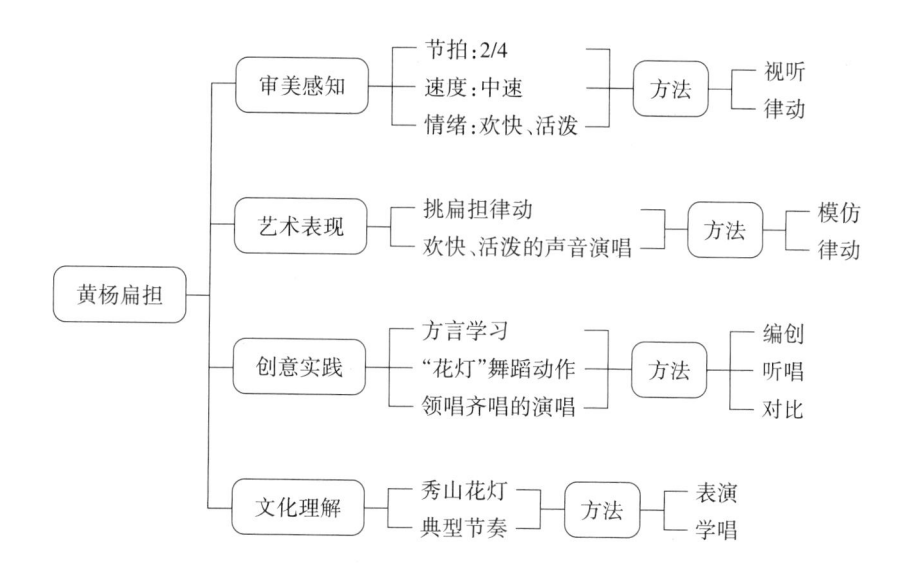

```
                    ┌─ 审美感知 ─┬─ 节拍:2/4         ┌─ 方法 ─┬─ 视听
                    │            ├─ 速度:中速 ──────┤        └─ 律动
                    │            └─ 情绪:欢快、活泼
                    │
                    ├─ 艺术表现 ─┬─ 挑扁担律动        ┌─ 方法 ─┬─ 模仿
黄杨扁担 ──────────┤            └─ 欢快、活泼的声音演唱┤        └─ 律动
                    │
                    ├─ 创意实践 ─┬─ 方言学习           ┌─ 方法 ─┬─ 编创
                    │            ├─ "花灯"舞蹈动作 ───┤        ├─ 听唱
                    │            └─ 领唱齐唱的演唱     │        └─ 对比
                    │
                    └─ 文化理解 ─┬─ 秀山花灯           ┌─ 方法 ─┬─ 表演
                                 └─ 典型节奏 ─────────┤        └─ 学唱
```

槐花几时开

教学建议

指导教师：四川音乐学院　孙胜安

　　四川民歌《槐花几时开》具有浓郁的区域音乐风格特点，是一首能够代表四川地区历史文化特点的民歌作品。《槐花几时开》在高中以歌唱模块形式开展教学，本节课从教材分析、学情分析到详细的教学过程皆有可圈可点之处。

　　在教材分析方面，本节课通过分析《槐花几时开》的音乐风格开展教学，培养学生的综合素质以及审美能力，并让其了解作品的曲式结构。执教者通过将不同乐句转换为生动的画面，很好地从感性的角度去阐述了作品的曲式结构。在分析旋律的创作技法方面也是十分清晰明理，同时也对作品的整体演唱风格奠定了良好的基础，因此本节课思路缜密、富有创造性，对作品的风格分析、创作技法分析较为到位。

　　在学情分析方面，执教者认识到高中阶段的学生在情感表达上相对含蓄，对审美的需求十分强烈，因此本节课基于学情分析开展的情景式歌唱练习十分适合这一阶段的学生，且对提高他们的表现能力、审美能力具有重要的作用。

　　在教学内容设计上，执教者将方言与音乐做了巧妙结合，在促进学生音乐表现能力的同时也拓宽了学生的学习内容，提升了学生语言能力与综合审美能力。同时，执教者通过结合音乐学科核心素养而设置的三维教学目标，很好地考虑到了学生多方面的艺术发展需要,也考虑到了学生的文化认同感、民族自信心。教学重难点的设置也很符合当代高中学生的心理及认知特点。

教学过程是整个教案设计的中心环节。执教者在导入部分以先验知识为指引,发挥学生自身的知识储备,初步感知歌曲《槐花几时开》,建立一定的听觉印象也为后续的教学工作奠定了良好的基础。在欣赏环节执教者以理性与感性相结合的方式,对教材内容进行详细讲解,丰富了学生的认识。在演唱环节,执教者一改传统教学的先学歌词再学旋律的做法,采用原生态的民歌传唱方式进行教学。这不仅符合高中生对歌唱学习的需求,一定程度上对学生也是一种挑战,还能激发学生对于旋律感知、歌词记忆潜能。在呼吸练习与发声练习环节,执教者直接采用歌曲中部分歌词练习发音,使学生在不知不觉中进入了演唱的学习,同时也使得教学过程更加紧凑。随后的和声练习也培养了学生多声部的辨听能力与演唱能力。合作环节是本节课教学内容的回顾,也是培养学生音乐实践能力的重要环节。在本环节中,执教者为学生设计了合唱与表演两种实践活动,巩固了本节课所学内容的同时也锻炼了学生的团队协作能力与表演能力。执教者通过引导学生表演加深了学生的审美感知与情感体验,使学生能够发自内心地表达自我、展示自我。探究与总结环节是课程的拓展与汇总,意指学生能够通过本节课的学习自行去探究《槐花几时开》中曲调与方言的关系。执教者通过布置一定量的课后作业,让学生的音乐学习与欣赏不限于课堂,还在家庭、社会,最终实现学生对于欣赏、实践音乐活动的需求,培养学生的音乐兴趣。

综上所述就是本节课的教学亮点与优点,课程设计符合高中阶段学习需要,在依照《普通高中音乐课程标准(2017年版)》设计课程的同时也加入了执教教师自己的创新与理解,丰富了课程的趣味性与知识性,提高了教学的效果。

教学设计思路及过程

四川师范大学附属中学　何妍倪

【教材分析】

本课是基于人民音乐出版社高中音乐歌唱课第七单元《浓郁乡情》衍生的地方性音乐课程,主要内容是聆听—感知—演唱—合作—探究—拓展—总结四川民歌《槐花几时开》,感知其基本风格特点,提升学生的歌唱实践能力,增强团队协作的意识,探究歌曲的音韵美,从而感知"小"作品的"大"能量。

民歌是广大人民群众表达自己感情的口头创作,是地方语言的音乐性表达,是生活的复刻,是历史的见证,是情怀的体现。《槐花几时开》是一首篇幅短小但情感丰富的四川民歌,流行于"万里长江第一城"——宜宾。全曲共四个乐句,以远景(起)—近景(承)—母亲的问(转)—女儿的答(合)展开;歌词由叙事性歌词和抒情性衬词构成,运用了以花起兴、借花喻人的创作手法;旋律高低起伏,音域较为宽广;节奏张弛有度,在陈述性的部分较紧凑,表达情绪的衬词部分则是自由舒展。讲述了一个槐花待开时节,一位怀春的少女急切盼望心上人归来的富有戏剧性的音乐故事。这首短小质朴的四川民歌蕴含了无穷的审美空间和深层次的文化底蕴,展现了音乐结构的对称美;自然环境的生态美;母女二人的亲情美;一问一答的灵动美;曲调语言的音韵美等。

【学情分析】

高中学生情感表达相对内敛含蓄,要以合理、有趣的教学活动开展歌唱教学,如:带有情景营造的呼吸练习;以作品展开的发声练习和和声练习;有民歌最根本的传唱手段——口口相传;有师生合作体验歌曲的不同演唱形式等。高中学生已有较为丰富的人文知识积累和理性探究能力,在探究环节应将课堂更多地交给学生。

《浓郁乡情》位于教材的第七单元,此时的学生已具备一定的歌唱理论和演唱基础,教师可以更多地延展课堂内容,并将课堂交于学生,充分发挥学生的能动性。

【教学内容】

1.在科学的歌唱方法、准确的音乐理解和真切的情感表达下运用方言演唱四川民歌《槐花几时开》。

2.通过四川民歌《槐花几时开》感知方言与音乐之间独有的音韵美,从而了解四川传统音乐文化,在潜移默化中培养学生的文化自信。

【教学目标】

1.审美认知:通过聆听—分析—演唱—探究《槐花几时开》这首四川民歌,引导学生感知歌曲的音乐风格,探究歌曲曲调与语言间的音韵美,提升其音乐的审美感知。

2.艺术表现:通过有趣且有效的歌唱学习环节,激发学生学习兴趣,在把握歌曲音乐风格的同时,提高学生的歌唱水平,并通过师生合作演唱,增强学生的协作能力,培养其团队精神。

3.文化理解:通过聆听—分析—演唱—探究—演唱的学习过程,深入感知四川民歌《槐花几时开》,引导学生探究其独特的风格和丰厚的文化内涵,正确认识方言与民歌的关系,提升其对民族音乐的认同感,坚定文化自信。

【教学重难点】

1.教学重点:激发学生的学习兴趣,把握歌曲的风格,演唱四川民歌《槐花几时开》。

2.教学难点:运用方言演唱歌曲,深入感知曲调语言间的音韵美。

【教具准备】

多媒体、钢琴、白板等。

【教学设计意图】

歌唱课应在歌唱的实践过程中贯彻对作品的赏析,改变传统教学中的"专业化"和"技术化"倾向,从而使歌唱教学趋于听、评、唱、演的综合性学习,但仍需突出歌唱的实践性。

运用互动式、教授式、探究式、启发式等多种教学方法,通过聆听—感知—演唱—合作—探究—拓展—总结四川民歌《槐花几时开》,初步认识四川民歌的艺术特征,提高审美感知力;正确把握其风格特征,提高艺术表现力;合作体验多种演唱形式,深入感知作品,引发学生对四川民歌的学习兴趣;引导探究歌曲中曲调与语言间的音韵美,思考音乐背后的文化内涵,增强学生民族认同感。

【教学过程】

1.导入:教师播放歌曲《槐花几时开》,并现场演唱,引导学生初步感知歌曲魅力。

师:请同学们仔细聆听,思考歌曲属于民歌三大体裁中的哪一类。

生:山歌。

师:在哪里歌唱?

生:高高山上。

【设计意图:师通过现场演唱,以歌声直抒胸臆,营造学习氛围,活跃课堂气氛,激发生学习兴趣,让生带着问题聆听歌曲,初步感知《槐花几时开》,从而导入新课】

2.赏析:聆听音乐,阅读歌谱,随乐哼唱,思考问题,互动谈论,完成表格,深入感知。

师:歌曲由几个乐句构成? 歌曲的旋律、节奏和语言有何特点?

(生聆听音乐,互动讨论)

生:四个乐句;旋律高低起伏,节奏自由,用四川方言进行演唱……

音乐结构	旋律特点	节奏特点	语言特点
四个乐句以远景—近景—母亲问—女儿答展开,构成了音乐的起承转合。	旋律高低起伏,婉转悠扬,音域比较宽广。	节奏长短结合,更显自由灵动,衬词部分更为自由舒展,叙事性歌词则相对紧凑。	使用四川方言演唱,更具地方特色。

师:这就形成了有别于我国其他地区山歌的独特风格,四川的山歌既高亢又婉转。

【设计意图:生通过聆听、读谱、哼唱和思考深入认识了《槐花几时开》,并在师生的互动交流中完成了对该作品的赏析,进一步了解了这首四川民歌。为演唱打下基础】

3.演唱:通过"去专业化"的歌唱基础训练以及回归传统的民歌传唱方式——"口口相传",完成歌曲演唱。

(1)呼吸练习

师:调整坐姿,想象自己置身于连绵不断、郁郁葱葱的川南丘陵之中。空气自然也是极好的,在这样的环境下,我相信大家的心情也是极好的,我们要做的第一件事情就是微笑,然后微笑着深吸气,再跟着我一起微笑着吐气。

(学生与老师一起微笑深呼吸,感受歌唱的呼吸方式)

（2）发声练习

师：（带着微笑呼吸）我们用四川话来亮一嗓子——"高高山上"。（感觉好似在用声音的抛物线去跟远山上的那一棵槐树打招呼）

（学生与老师一起以四川话"高高山上"进行发声练习，感受民歌演唱的基础发声方法）

师：跟着钢琴伴奏，我们来唱一唱不同音高的"高高山上"，注意保持微笑呼吸。

（生跟随钢琴伴奏以四川话展开发声练习，感受不同音高歌唱的状态，为和声练习做准备）

（3）和声练习

师：不同音高的"高高山上"一起唱会是什么效果呢？左边的同学为一声部，右边的同学为二声部，我们试着来配合一次，完成"高高山上"的二部合唱。注意老师的手势，和声部间的平衡。

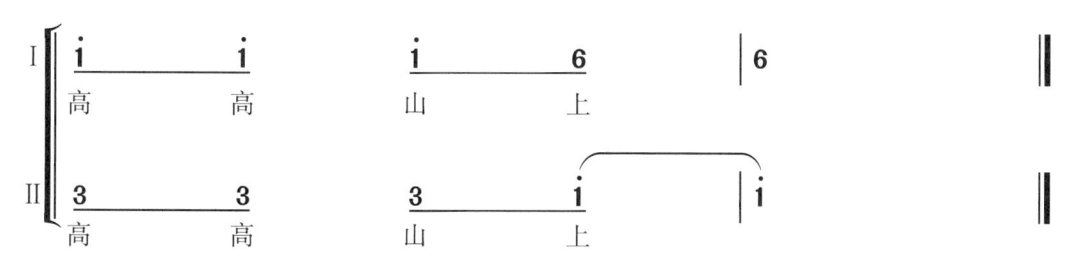

```
Ⅰ  i     i      i     6   | 6       ‖
   高    高     山    上

Ⅱ  3     3      3     i   | i       ‖
   高    高     山    上
```

（4）"口口相传"为基础的歌唱教学

师：在演唱《槐花几时开》之前，请同学们告诉我民歌是如何进行传唱的？

生：口口相传。

师：那这首《槐花几时开》我们就回归民歌最原本的传唱方式。首先请仔细听前两个关于景色描写的乐句，听后请同学们传唱这两个乐句。

（师演唱，生聆听，随即演唱，完成与老师间的传唱。师根据生的具体情况再有针对性调整）

师：通过赏析我们已经知道了第一乐句是对远景的描绘，第二乐句是有关近景的描写，那同学们能不能通过声音将远景与近景的对比演唱出来。

（生根据师的手势提示，对比演唱第一、二乐句，诠释更为立体的自然景色）

师：接下来，请同学们仔细聆听有关于人物刻画的第三、四乐句，听后请同学们进行传唱。

（师演唱，生聆听，随即演唱，完成与师间的传唱。师根据生的具体情况再进行有针对性的难点突破）

师:请问歌曲中母亲提问的时候是怎样的神态和语气?并且伴随着怎样的肢体动作呢?女儿在回答母亲突如其来的问题时又是怎样的情绪呢?

生:母亲是好奇、关心的语气。(经过尝试后)身体会前倾和点头。女儿是害羞、不知所措、俏皮的情绪。

师:代入我们分析到的人物特质和肢体动作,再次诠释歌曲中的母亲和女儿,用歌声让人物形象更加真实丰满。

(生根据师的动作提示,演唱第三、四乐句,塑造人物形象)

【设计意图:改变传统的"教"与"学",通过有趣的歌唱环节层层铺设,从情景化的呼吸练习到结合音乐和方言的发声及和声练习再到"口口相传"的歌唱学习,激发学生学习兴趣,并有针对性地解决歌曲中的重难点。让学生在教师的帮助下能用正确的歌唱方法演唱歌曲,能用较为地道的四川话和自己对该作品的情感演绎歌曲。教师在演唱环节的教学中避免了声乐教学的过分"专业化"和"技术化",为随后的合作演唱实践打下基础】

4.合作:以合唱和表演唱两种演唱形式进行合作演唱,增加歌唱艺术的学习体验。

(1)合唱

师:在练声的时候我们体验了二声部演唱"高高山上",使歌曲中的景色更有层次、更加丰满。按照之前的声部划分,我们一起来描绘景色。

(生分声部练习后完成二声部合唱,师根据生的具体情况再进行有针对性地解决问题,完成合唱)

(2)表演唱

师:对歌曲中的母亲和女儿的形象我相信每个人的理解和认识都是不一样的,请同学根据自己的理解演绎这两个人物,不必局限于现在坐着的状态。

(生根据自己的理解诠释歌中的母亲与女儿的形象)

【设计意图:上一环中的和声训练为该环节埋下伏笔,在此环节通过二声部合唱和表演唱相结合的方式,增加歌唱学习的乐趣,从而更好地增强歌唱的音乐表现力,进一步感知歌曲的艺术价值。合作性学习有利于培养学生的协作能力,有助于增强学生的团队意识】

5.探究:通过三个小实验,探究《槐花几时开》音乐与方言之间的关系。

师:《槐花几时开》的音乐(曲调节奏)与语言(四川方言)之间有何关系?我们通过三个小实验一探究竟。

实验一:分别演唱和朗读第一乐句,并描绘出旋律线和语音线。

师:通过我们描绘的旋律线和语音线,可以得到怎样的结论?

生:旋律线与语音线极为相似。

实验二:对比普通话的"高高山上"与四川话的"高高山上"的契合度。

师:通过普通话和四川方言对比演唱 $\underline{\dot{1}\ \dot{1}\ \dot{1}\ 6}$,我们可以得出怎样的结论?

生:方言的契合度更高。

实验三:对比日常用语的语言与歌曲节奏和歌词。

师:日常对话的构成与节奏有何特点?

生:都是由叙事性部分和抒情性部分组成,在叙事性的部分较紧凑,表达情绪的衬词部分则是自由舒展。

师:通过以上三个小实验,我们不难发现《槐花几时开》的音乐与四川方言之间有何内在联系?

生:二者之间紧密联系……

师:音乐(旋律节奏)与语言(四川方言)紧密结合,形成了独特的音韵美,四川话作为巴蜀文化的活化石,承载了巴蜀大地丰厚而悠久的文化内涵。请同学们完整朗读歌词,根据朗读时的音韵起伏再次完整演唱《槐花几时开》。

【设计意图:通过以上教学环节让学生对《槐花几时开》有了深入的了解后,随之抛出问题,让学生思考歌曲的美学价值,着重分析音乐、语言之间的音韵美。通过三个小实验,运用探究式的教学方式,让学生主动思考,在师生互动中知晓其中的奥妙,理解民歌独有的音韵之美】

6.拓展:生成性环节,体验不同地区民歌音乐与方言间独有的音韵美。

师:据我所知,我们班上有一位来自浙江的同学,能不能请你教我们用当地方言演唱一句浙江的民歌?

(该名学生用浙江方言教唱了浙江民歌《采茶舞曲》的第一乐句,随后师生一起用普通话、浙江话和四川话分别演唱该乐句)

师:不难发现,浙江方言演唱时更能展现江南民歌的那一份细腻婉转。

【设计意图:根据课堂学生的具体情况,运用不同的语言演唱不同地区的民歌,运用互动式的学习方式再一次感知民歌中音乐(旋律节奏)与语言(方言)之间独有的音韵美,探究感知民歌与方言与生活三者之间的彼此成就,潜移默化中激发学生对我国民歌的关注,增强文化自信】

7.总结:分析歌曲的美学价值,理解民歌的文化意义及内涵。

师:《槐花几时开》除了我们刚刚所深刻认识的音乐与语言之间的音韵美,还有什么美的体现呢?

生:景色美、歌词美、人物美……

师:美好的音乐其实就在我们身边,希望同学们能大胆地去发现音乐的美,感知音乐的美,表现音乐的美并且理解音乐的美。课后请同学们运用手机歌唱软件录制一段自己最喜欢的民歌,并与同学们交流分享。

【设计意图:师抛出一个开放性问题,引发生思考,让其自主探究《槐花几时开》丰富的美学价值,感知这首"小"民歌的巨大艺术价值。理解民歌的美学内涵,进行文化浸润,培养民族认同感。通过"教育+互联网"的教学模式,激发学生学习兴趣,为演唱民歌的艺术实践打下基础】

太阳出来喜洋洋

教学建议

指导教师：成都市高新区教育科学发展研究院　方芳

《太阳出来喜洋洋》是一首著名的四川民歌，其旋律高亢明快、节奏自由，表达了劳动人民上山砍柴时的乐观情绪。主题旋律只有两个乐句，篇幅虽然短小，却有层次感，且对比性明显。管弦乐演奏的《太阳出来喜洋洋》在主题旋律不变的情况下，用丰富、精致的配器来形成变化，而且编配者也并没有依据典型的西方曲式结构来创作乐曲，只是借用了三部性的曲式结构特点，基本遵循了呈示—对比—再现的结构模式，并在此基础上再进行自由发挥，充分表现了音乐创作的自由性和无穷的想象力。在本课的教学中，学生通过演唱、聆听、对比以及探究的方式来感知作品的音乐特点。在教学过程中授课教师围绕"音乐性"展开教学，并关注学生的情感认知和个性表达，紧扣审美感知、艺术表现、创意实践、文化理解等音乐学科素养。

一、了解本土文化，以文化人

这首具有代表性的四川民歌，是历史长河中劳动人民的真实写照，反映了劳动人民在劳作中乐观、向上的精神风貌。感知音乐艺术的音响特征和文化背景，能够帮助学生更好地理解音乐形象，提升对民歌的认同感和审美感知能力。因此授课教师在歌曲学唱过程中,要更多地关注音乐形象和情景创设,让学生能够更加形象、生动地体会到音乐中乐观、大方、向上的情绪,同时对情绪的理解和延续也是学生能够积极参与音乐实践的重要保证。

二、关注视听感受,以美育人

音乐是听觉的艺术,《义务教育音乐课程标准(2011年版)》中提到音乐课堂"要以音乐为本,从音响出发,以听赏为主"。因此在教学过程中,授课教师在课堂教学中要善于运用多种形式来调动学生多感官参与音乐体验,激发学生的联想与想象。本课例中教师采用模仿方言演唱、视唱主题旋律、参与音乐表演等方式加深学生对音乐的体验,有较好的效果,但在引导学生参与音乐表演的时候应该充分调动学生的积极性,鼓励学生的个性表达。

三、立足艺术实践,关注个性表达

八年级的学生思想逐渐成熟,能够对音乐有较为个性和深入的理解和表达,但还不够成熟,仍需要教师做好充分的铺垫和引导,尤其是对于管弦乐作品的欣赏,教师的引导显得尤为重要。这节课中教师以学生演唱为主线,通过整体聆听和分段聆听的方式,让学生感受乐器音色的变化以及情绪的变化,对学生感知主题旋律有很好的帮助。尤其是通过引导让学生进行歌曲改编,让学生能在个性化的表达中感受民歌是艺术家进行创作时"取之不尽、用之不竭的源泉"的深刻内涵。

教学设计思路及过程

成都高新新城学校　刘贤佩

【教学内容】

四川省中小学地方音乐课程资源《川腔蜀韵》——《太阳出来喜洋洋》。

【授课年级】

八年级。

【教材分析】

《太阳出来喜洋洋》共两个乐句。第一乐句4小节,第二乐句6小节,先抑后扬,相互呼应。全曲音域仅六度,篇幅虽然短小,却有层次感,且对比性明显。

1=D 2/4　　　　　　　　　　　　　　　　　　　　　　　　　四川民歌
中速

| 2̇ 3 2 1 | 2 3 0 | 1̇ 2 3̇ 2̇ | 2̇ 1 6 0 | 5 6 1̇ 6 |

| 2̇ 2̇ 6 | 5 6 0 | 1̇ 6 2̇ 1̇ | 1̇ 6 2̇ | 2̇ — ‖

管弦乐《巴蜀山歌》中的《太阳出来喜洋洋》源自同名民歌改编。本曲结构可看作是以音色对比为主的固定音高变奏曲式,其主题是由两个乐句组成的乐段,结构图示为:

《太阳出来喜洋洋》曲式结构图

引子	主题	变奏1	变奏2	变奏3	间奏	连接	变奏4	变奏5	尾声
1–11	12–21	22–31	32–41	42–51	52–56	57–66	67–76	77–86	86–91
	4+6	4+6	4+6	4+6	补充性	展开性	4+6	4+6	

引子部分乐队全奏,热烈而有气势;主题乐段以弦乐器与圆号的组合呈现,铿锵有力;变奏1、变奏2尽管是主题的重复,但木管组、铜管组及低音弦乐的呈现与主题乐段形成了鲜明的音色对比,时而灵巧活泼,时而粗犷强悍。变奏3由木管乐器和弦乐器奏出主题,在铜管乐器综合了引子材料的背景衬托下,形成全曲的一个小高潮。经过连接部一段强烈的演奏过渡后,变奏4由长笛在竖琴的琶音织体衬托下再现主题,欢快、轻盈,再次与前面主题形成对比,紧接着再现了变奏3的主题,并在热烈的气氛中结束全曲。需要补充的是,打击乐器的使用较好地烘托了作品热烈、欢快的情绪。

【学情分析】

八年级的学生在前面的音乐学习过程中,已经积累了一定的音乐基础,具有一定的音乐欣赏和音乐表现能力;对民歌的体裁有一定的认识和了解,对民歌的接受和喜爱程度也有一定的提高。他们的思想逐渐成熟,能够对音乐有较为个性和深入的理解和表达,但还不够成熟,仍需要教师做好充分的铺垫和引导,尤其是对于管弦乐作品的欣赏,教师的引导显得尤为重要。因此,本课堂在山歌学习的基础上进行拓展,让学生学唱歌曲,在充分熟悉主题旋律的基础上,通过整体聆听和分段聆听的方式来欣赏管弦乐演奏的《太阳出来喜洋洋》。既进一步感受巴蜀山歌的风格韵味,又有助于让学生更好地了解和认识固定音高变奏曲式结构的特点。

【教学目标】

1. 审美感知:通过演唱、对比聆听等方式感受主题旋律的风格韵味。

2. 艺术表现:通过反复聆听、模唱主题旋律等方式熟悉《太阳出来喜洋洋》的主题,感受主题旋律特点,并能根据音乐的特点选用合适的方式参与音乐表演。

3. 创意实践:能够在熟悉主题旋律的基础上,以小组合作的方式对歌曲进行简单改编并进行展示。

4. 文化理解:通过对比欣赏不同版本的《太阳出来喜洋洋》,参与音乐实践活动,让学生对四川民歌产生兴趣,并能感受到民歌是艺术家进行创作时"取之不尽、用之不竭的源泉"的深刻道理。

【教学重点】

1. 学唱民歌《太阳出来喜洋洋》,熟悉主题旋律。
2. 感受主题及不同段落表达的音乐情绪。

【教学难点】

能听辨主题以及变奏中主奏乐器的变化并根据音乐特点选择恰当的方式参与音乐表演。

【教具准备】

钢琴、多媒体、课件等。

【教学过程】

教学环节	教师活动	学生活动	设计意图
一、课前回顾	1.回顾关于山歌的相关知识。 2.音乐游戏(听辨民歌体裁)。	1.参与交流,回顾所学知识。 2.以小组为单位积极参与音乐游戏,结合所学知识听辨音频中的音乐体裁。	通过互动性较强的抢答游戏,既可以检测学生对民歌体裁敏锐的听辨能力,也可以激发学生参与课堂的热情。
二、导入	1.演唱歌曲《太阳出来喜洋洋》,并设问: (1)这首民歌的情绪如何? (2)你能听出是哪个地方的民歌吗? 2.介绍歌曲背景,并带领学生用方言模仿"罗儿""啷啷扯匡扯"等衬词的演唱。 总结归纳:这首情绪热烈而欢快的《太阳出来喜洋洋》从不同的角度描写了打柴人的生活情趣,歌词中大量运用了"罗儿""啷啷扯匡扯"等具有地方特色的衬词,充分流露出歌者愉悦自得的心情,表达了山民们热爱劳动和山区生活的情感。	1.聆听教师范唱,感受歌曲热烈、欢快的情绪特点。 2.根据对"罗儿""啷啷扯匡扯"等衬词的特点辨别民歌所属的地域。 3.试着用方言来念一念、唱一唱。	从方言入手,能够很快抓住学生的兴趣点,再通过对背景的理解以及衬词的演唱,可以为后面歌曲的学习以及乐曲的欣赏做好情感上的铺垫。
三、新课教学	(一)学唱四川民歌《太阳出来喜洋洋》 1.旋律视唱:出示乐谱,随钢琴伴奏视唱乐谱: 1=D 2/4 四川民歌 中速 2 3 2 1 | 3 0 | 1 2 3 | 2 1 6 0 | 5 6 i 6 | 2 2 6 | 5 6 0 | i 6 2 1 | i 6 2 | i - ‖ 提示:通过划拍,有意识地提醒学生注意跨小节连音线所带来的节奏变化。 探究:通过观察和视唱,总结旋律的调式特点。 2.出示前两段歌词,在熟悉旋律的基础上,加入歌词进行演唱,用歌声表现出砍柴人愉悦自得的心情。	1.随钢琴伴奏视唱乐谱,并探究这段旋律的调式特点,将梳理出来的音阶记录在学习任务单上。 2.用自信饱满的声音、愉悦自得的心情演唱前两段歌词。	通过视唱乐谱,让学生能够更深刻具体地感受旋律的特点;通过探究旋律的调式特点,让学生进一步巩固对民族五声调式的理解;并通过对歌曲的演唱来加深主题旋律音乐形象的理解。

续表

教学环节		教师活动	学生活动	设计意图
三、新课教学	（二）欣赏管弦乐合奏《太阳出来喜洋洋》——整体感知	1.完整聆听管弦乐《太阳出来喜洋洋》。师：主题一共出现了几次？每一次出现有何变化？ 2.介绍变奏曲式结构：出示乐曲的结构图，并根据学生的发言，引出变奏曲式概念，并作简要介绍。 《太阳出来喜洋洋》曲式结构图 引子　主题　变奏1　变奏2　变奏3　间奏　连接　变奏4　变奏5　尾声 1-11　12-21　22-31　32-41　42-51　52-56　57-66　67-76　77-86　86-91 　　　4+6　4+6　4+6　4+6　补充性　展开性　4+6　4+6	1.认真聆听全曲，并用自己的方式在学习任务单上记录主题旋律出现的情况，再以小组合作的形式总结发言。 2.在探讨的基础上，结合老师的讲解及结构图，深入理解变奏曲式的内涵。	这首管弦乐版本的《太阳出来喜洋洋》篇幅短小，但结构清晰，对比鲜明，通过完整聆听能让学生对音乐有整体的认知和体验。
	（三）分段聆听，听辨乐器音色，感知音乐情景。	1.聆听主题及前三次变奏，并随音乐哼唱旋律。设问： (1)主题及变奏分别运用了哪些乐器组合来演奏？力度如何？ (2)乐器组合的变化对音乐情绪有何影响？谈谈你的视听感受。 | 乐段 | 主奏乐器 | 情绪 | | 主题 | 弦乐、圆号 | 铿锵有力 | | 变奏1 | 木管 | 灵巧活泼，富有生气与活力 | | 变奏2 | 大管、大号、大提琴 | 粗犷强悍 | | 变奏3 | 全奏 | 全曲小高潮，情绪高涨 | 2.根据音乐的特点选用合适的方式来表现音乐： 主题——全体； 变奏1——女生； 变奏2——男生； 变奏3——声势及打击乐。 3.继续聆听变奏4和变奏5，设问： (1)变奏4是由什么乐器主奏的，在力度上有什么变化？ (2)变奏5再现了哪次变奏的主题？ | 乐段 | 主奏乐器 | 情绪 | | 主题 | 弦乐、圆号 | 铿锵有力 | | 变奏1 | 木管 | 灵巧活泼，富有生气与活力 | | 变奏2 | 大管、大号、大提琴 | 粗犷强悍 | | 变奏3 | 全奏 | 全曲小高潮，情绪高涨 | | 变奏4 | 长笛 | 欢快、轻盈 | | 变奏5 | 全奏 | 情绪热烈 |	1.随音乐哼唱旋律，并认真思考，回答：主题第一次出现是以弦乐和圆号的组合呈现的，显得铿锵有力；变奏1是由木管乐器组演奏的，听上去灵巧活泼，富有生气与活力；变奏2则是以大管、大号以及大提琴为主的低音乐器演奏的，给人感觉粗犷强悍；变奏3由木管乐器和弦乐器奏出主题，在铜管乐器打击乐器的衬托下，使音乐情绪逐渐高涨，形成全曲的一个小高潮。 2.根据音乐的特点选用合适的方式来表现音乐： 主题——全体； 变奏1——女生； 变奏2——男生； 变奏3——声势及打击乐。 (听音乐、看指挥，根据要求完成表演) 3.聆听变奏4和变奏5，听辨乐器音色，感知力度的变化。	主题旋律通过主奏乐器的变化，在音色上产生了强烈的对比，通过合理的分组表演，让学生能够更加深刻地感知音色的变化所带来的不同的视听感受。

续表

教学环节		教师活动	学生活动	设计意图
三、新课教学	(四)整体感知于表现	整体感知与表现：参与音乐表现，结合曲式结构图再一次完整聆听全曲，进一步感受每一次变奏。 总结归纳：我们欣赏到的这首管弦乐版的《太阳出来喜洋洋》其结构可看作是以音色对比为主的固定音高变奏曲式。运用各种乐器组合，使主题旋律的音色、力度以及织体等发生变化，产生了强烈的对比，让我们从不同角度感受到了中国民歌的魅力。	1.再次完整聆听全曲。 2.随音乐哼唱主旋律，感受由于乐器组合的变化而带来的音色、力度和情绪的变化。	关注音乐整体体验与审美感知，在分段聆听和体验的基础上再一次完整聆听音乐，感知音乐因为要素的变化而带来的视听感受的变化。
四、创编于展示		1.通过今天的学习，我们既学习了民歌版的《太阳出来喜洋洋》，也欣赏了改编的管弦乐版《太阳出来喜洋洋》，感受到了巴蜀山歌的魅力，也感受了民歌是艺术家进行创作时"取之不尽、用之不竭的源泉"的深刻内涵。接下来请同学们以小组为单位思考并完成： (1)在今天和以往的学习中，你掌握了哪些改编歌曲的技巧呢？请归纳总结到学习任务单上。 (2)试着用你们总结的技巧来改编歌曲《太阳出来喜洋洋》，并以小组为单位进行展示。 2.小组展示：挑选一到两个组进行展示，并简要分享设计意图。 3.观看流行歌手黄绮珊演唱的《太阳出来喜洋洋》视频。	1.思考可以通过哪些方式来改编一首歌曲。 2.小组合作完成歌曲改编。 3.观看黄绮珊演唱的《太阳出来喜洋洋》，激发创作灵感，深刻领悟民歌是艺术家进行创作时"取之不尽、用之不竭的源泉"的深刻内涵。	对本课内容进行升华，并通在创编于展示的过程中进一步领悟民歌是艺术家进行创作时"取之不尽、用之不竭的源泉"的深刻内涵。

【板书设计】

《太阳出来喜洋洋》曲式结构图

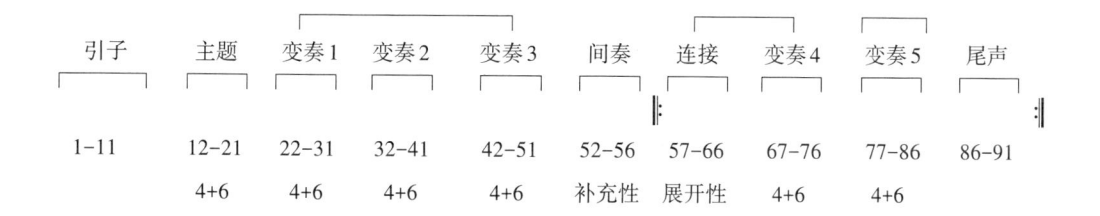

引子	主题	变奏1	变奏2	变奏3	间奏	连接	变奏4	变奏5	尾声
1-11	12-21	22-31	32-41	42-51	52-56	57-66	67-76	77-86	86-91
	4+6	4+6	4+6	4+6	补充性	展开性	4+6	4+6	

乐段	主奏乐器	情绪
主题	弦乐、圆号	铿锵有力
变奏1	木管	灵巧活泼,富有生气与活力
变奏2	大管、大号、大提琴	粗犷强悍
变奏3	全奏	全曲小高潮,情绪高涨
变奏4	长笛	欢快、轻盈
变奏5	全奏	情绪热烈

【思维导图】

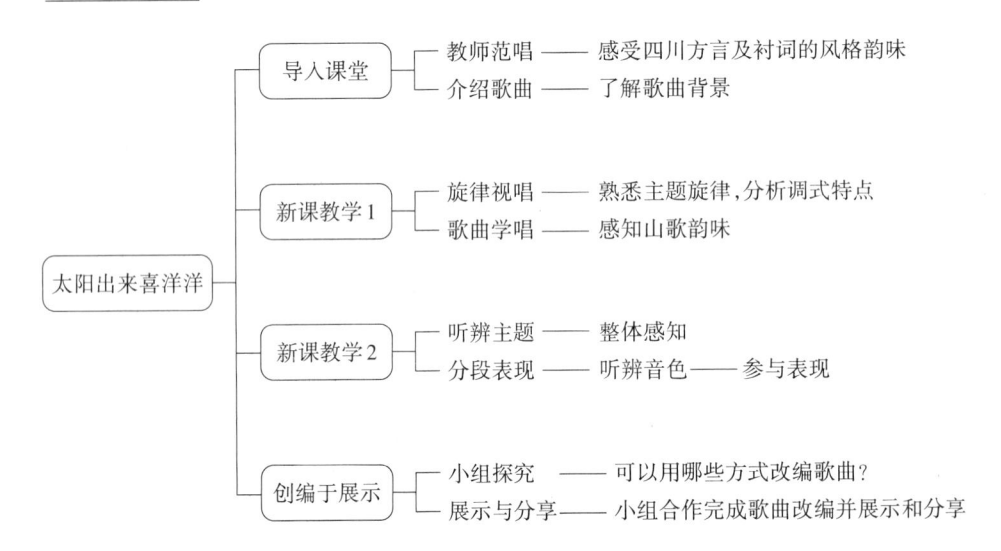

太阳出来喜洋洋
- 导入课堂
  - 教师范唱 —— 感受四川方言及衬词的风格韵味
  - 介绍歌曲 —— 了解歌曲背景
- 新课教学1
  - 旋律视唱 —— 熟悉主题旋律,分析调式特点
  - 歌曲学唱 —— 感知山歌韵味
- 新课教学2
  - 听辨主题 —— 整体感知
  - 分段表现 —— 听辨音色 —— 参与表现
- 创编于展示
  - 小组探究 —— 可以用哪些方式改编歌曲?
  - 展示与分享 —— 小组合作完成歌曲改编并展示和分享

太阳出来喜洋洋

教学建议

指导教师：成都市武侯区教育科学发展研究院　颜克

《太阳出来喜洋洋》是一首矮腔山歌，其结构短小，节奏规整，旋律自由。通常在人们上山砍柴时演唱，情绪乐观爽朗，抒发了劳动人民热爱劳动、热爱家乡美好生活的感情。本课执教者利用歌词采用民歌中常见的四三格式进行歌词创编让学生感受歌词的特点。执教者用四川方言进行范唱，激发学生的学习积极性。执教者围绕教学目标在教学中从聆听、模仿、视唱乐谱、加歌词演唱、创编、小组合作演唱，逐层深入让学生学会演唱歌曲，激发了学生学习演唱歌曲的热情，激发了学生热爱家乡的情感，且有效地达成了教学目标。

一、情景导入新课激发学习兴趣

一开课，执教者就伴随歌曲《太阳出来喜洋洋》走进教室，让学生眼前一亮，同时也让学生产生了想要了解、学习这首歌曲的想法。随后，执教者采用提问和介绍的方式加深学生对四川民歌的了解，同时也让其了解四川民歌高亢、奔放、乐观、爽朗的特点。

二、新课教学突出民歌特点

执教者从聆听、模仿、视唱乐谱、加歌词演唱、创编、小组合作演唱逐步加强对歌曲的理解和演唱教学。执教者根据初中七年级学生在学习上的需求，注重音乐基础知识的讲解和分析，并结合所学知识，对五声调式和五声音阶进行示例补充，加深学生对知识的理解。在视唱曲谱的过程中发现问题及时指出并纠正，特别是在波音的演唱和跨小节线同音延音线的解决上花了一些时间。

三、方言练习持续激发学习热情

四川民歌用四川方言演唱更能表现出歌曲的地域特点和风格特点。四川方言的特点是生动、诙谐、风趣和幽默。执教者让学生用四川话朗诵歌词，不读衬词，找出歌曲的特点，激发学生用四三格式创作歌词，加深对歌曲的了解。然后用四川方言朗读歌曲中的衬词，让学生在歌曲演唱中体会到歌曲的行腔和韵味，激发学生不断学习的兴趣。

四、加入打击伴奏乐器丰富歌曲演唱

在歌曲的演唱中加入小锣的演奏，让学生感受歌曲中的"罗儿"演唱时应该是一种什么感觉，也让学生更深入地感受歌曲的特点。同时培养学生伴奏与演唱的合作配合能力。让学生对歌曲演唱中的伴奏有更多的思考，有更深入的理解和实践。

五、创编歌词突出歌词特点

《太阳出来喜洋洋》歌词采用中国民歌常见的四三格式；歌曲采用了上下两句式的乐段结构，其调式为五声商调式，上句四小节，以"**2**"为主，构成**1**、**2**、**3**三音列的旋律进行。旋律虽然起伏不大，但特别明快，这种级进式的三音列，更接近歌词的语音音调；旋律中强调**6—2**四度进行，这使旋律更为高亢、豪放、有生气。最后也是以**6—2**的四度进行而结束的，这种终止很有特点，具有浓厚的地方特色。根据本首歌曲的特点，让学生严格遵循四三格式的创作手法，分组完成歌词的创编并展示，老师进行点评，加深学生对歌曲歌词的创作和实践体会。

六、建议

歌曲旋律简单,执教者让学生创编歌词可加深其对歌词格式的理解和运用。在教学中,执教者主要运用领唱加齐唱和轮唱加齐唱这两种形式就可以了,其他的演唱形式可以根据不同的班级进行合理安排。在演唱教学中还应注意咬字换气,调整呼吸。另外,歌曲演唱前适当的练声也是必要的,轮唱中声部的力度变化也需要注意。

教学设计思路及过程

成都市金花中学　王江

【教材分析】

《太阳出来喜洋洋》是一首矮腔民歌,其结构短小,节奏规整,旋律自由。通常在人们上山砍柴时演唱,乐观爽朗,抒发了劳动人民热爱劳动,热爱家乡美好生活的感情。歌词采用民歌常见的四三格式,但歌词出现"罗儿"(当地人又叫"啰儿调")的衬词。歌曲采用了上下两句式的乐段结构,其调式为五声商调式,上句四小节,以"2"为主,构成1、2、3三音列的旋律进行。本首民歌虽然旋律起伏不大,但特别明快,这种级进式的三音列进行,更接近歌词的语音音调;旋律中强调6—2四度进行,这使旋律更为高亢、豪放、有生气。最后也是以6—2的四度进行而结束的,这种终止很有特点,具有浓厚的地方特色。歌曲中运用了模拟锣鼓音调的形声衬词,表达了歌者悠然自得的喜悦心情,更增添了民歌的欢乐气氛。

【学情分析】

七年级是学生进入变声期以后的第一个阶段,很多学生在这个阶段不容易找到自己的音高,容易出现唱不准的情况,这时教师要给学生更多的包容和耐心,让其用音乐去感知、感受音高、音律。在演唱教学的过程中教师还应多启发学生,让其带着情景和情感去感受,去体验歌曲的特点;去理解四川音乐文化、传承四川音乐文化。

【教学目标】

1.能用清晰明亮的声音,富有表情地演唱,并感受四川民歌的特点,运用不同的演唱形式体验歌曲的特点。

2.能对歌曲中具有代表性的衬词、喊腔等进行模唱。

3.掌握五声商调式,运用五声调式音阶判断歌曲调式。

4.运用歌词的四三格式创编歌词并演唱。

【教学重点】

感受歌曲的民歌风格,学会演唱歌曲并能体会其中的真挚感情。

【教学难点】

运用所学五声调式分析歌曲调式,运用四三格式创编歌词,用四川方言演唱衬词、喊腔。

【教学准备】

钢琴、打击乐器锣、多媒体课件等。

【教学过程】

教学环节	教师活动	学生活动	设计意图
一、导入新课	1.四川是一个多山的地区,山区的劳动人民热爱生活,勤劳朴实。那里的人们经常要上山砍柴,而他们上山砍柴的时候,特别喜欢唱山歌。老师开始演唱歌曲《太阳出来喜洋洋》。 2.师:请同学们思考,歌曲有什么特点?属于中国民歌中的哪一种类型? 3.情景练声。吸气深一些,保持高位置发音,音量要均衡,声音要连贯、平稳、饱满、清晰明亮。发声时位置向上向前。 $1=D-F$ $\frac{2}{4}$ $\underline{5\ 3}\ \underline{4\ 2}\ \vert\ \underline{1\ 2}\ \underline{3\ 4}\ \vert\ \underline{5\ 3}\ \underline{4\ 2}\ \vert\ 1-\Vert$ mi mo mi mo mi mo mi yi ya yi ya yi ya yi $1=D-F$ $\frac{2}{4}$ $\underline{2\ 3}\ \underline{2\ 1}\ \vert\ 2\ 3\ \vert\ 3-\Vert$ yi ya yi ya 太阳出来 罗儿	1.听老师演唱歌曲,感受歌曲。 2.歌曲高亢、奔放,情绪乐观、爽朗,抒发了热爱家乡美好生活的感情。属于山歌类型。 3.练声,用积极的呼吸状态和演唱状态练习练声曲,感受民歌高亢、清晰、明亮的音色(身体坐直,面带微笑提笑肌,打开牙关节)。	聆听音乐。创设音乐情景,熟悉歌曲韵律,初步感受歌曲。了解中国民歌的分类,感受四川山歌的韵味。感受民歌的歌唱音色和演唱方法。

续表

教学环节	教师活动	学生活动	设计意图
二、新课教学	(一)聆听音乐、讨论音乐 1.播放歌曲 播放歌曲,注意歌曲中的衬词和四川话的发音。了解歌曲的特点:衬词、衬句。 2.帮助学生分析歌曲中的主干音,然后用钢琴帮助学生模唱歌曲主干音。 模唱歌曲中"5 6 1 2 3"这五个主干音,用啦模唱歌曲。 (二)学唱歌曲,理解音乐文化 1.模唱重点乐句,讲解五声商调式 商调式音阶:2 3 5 6 1 2(商 角 徵 羽 宫 商) 2.分析讲解歌曲的调式 以商音为主音构成的民主调式音阶,并结束在商音上。那么我们可以用同样的方法来判断其他中国民歌的调式。(举例说明)让学生运用刚才掌握的方法来判断其他歌曲的调式。 3.视唱曲谱 跟随钢琴伴奏演唱歌曲旋律,注意歌曲中的连音线和波音记号以及自由演唱音记号的运用。示范波音记号,波音的演唱,以及自由延长记号,连音线的演唱。 4.用四川方言学唱歌曲 (1)模仿四川方言发音。老师用四川话朗读歌词,不读衬词,找出歌词的特点:四三格式。 (2)会四川民歌中歌词与旋律依字行腔的韵味。 5.用钢琴伴奏演唱歌曲,特别注意歌词中的衬词、衬句的演唱。 6.请学生找出歌曲中最具有四川民歌特点和韵味的地方,歌词中的"罗儿"表达了演唱者怎样的情绪?后面的"匡扯"是在模仿什么乐器发出的声音? 7.老师拿出准备好的乐器——锣,找学生敲响并感受锣的实际音效。 8.让学生跟随钢琴伴奏演唱歌曲。注意演唱的音色和歌唱状态,声音向前、向上,高亢、明亮。身体坐直,面带微笑,打开口腔牙关节。 9.引导学生在课堂中想象自己摸黑上山,身处山野间,突然看见太阳从远处山顶冒了出来后,看着早晨的美景对着太阳歌唱,站在山上砍柴的愉快心情。	(一)聆听音乐、讨论音乐 1.聆听歌曲,感知情绪,找出歌曲特点。 2.模唱歌曲主干音,用啦模唱歌曲。 (二)学唱歌曲,理解音乐文化 1.模唱重点乐句,了解五声商调式。 2.判断民歌曲谱采用的是哪一种调式。 3.视唱曲谱,认识歌曲中的音乐记号并尝试演唱。 4.用四川方言学唱歌曲 (1)模仿四川方言发音。用四川方言朗读歌词,不读衬词,找出歌词的特点,理解四三格式。 (2)体会四川民歌中歌词与旋律依字行腔的韵味。 5.跟随钢琴伴奏演唱歌词,特别注意歌词中的衬词、衬句的演唱。 6.回答老师提问:内心乐观高兴的情绪,后面的"匡扯"是在模仿锣发出的声音。 7.学生敲响感受锣的实际音效。 8.学生跟随钢琴伴奏完整的演唱歌曲。 9.想象在山野间歌唱的情形。	1.熟悉歌曲中的主干音初步了解歌曲特点。 2.掌握歌曲的调式特点,加深对歌曲民族调式的认识。 3.掌握歌曲中的各种音乐知识各种记号。 4.加深对四川音乐文化理解和传承。 5.感受歌曲的特点和歌曲中的字词的特点。 6.体会歌曲中的音效词。 7.发挥想象带入情绪演唱歌曲,体会四川山歌的魅力。

续表

教学环节	教师活动	学生活动	设计意图
二、新课教学	(三)发展、提升与传承 1.引导学生讨论音乐特点。从旋律、节奏、演唱形式、歌词等方面总结四川民歌的风格特点。 2.引导学生体会歌曲的韵味。启发学生运用不同的演唱形式对比演唱如:领唱加合唱,分小组进行比赛演唱,轮唱等,感受四川山歌乐观诙谐的情绪。 3.演唱中特别注意对歌曲中的装饰音如波音、自由延长音、连音的演唱。	(三)发展、提升与传承 1.讨论音乐特点。 2.体会歌曲的韵味。分小组进行比赛演唱,轮唱等不同形式的演唱加以表现,感受四川山歌乐观诙谐的情绪。 3.加深对歌曲中的装饰音、波音、自由延长音、连音的演唱。	8.通过分析讨论歌曲的特点,加深对四川民歌的理解。
三、拓展表现	1.引导学生分组根据四三格式编创歌词,然后演唱,感受民歌风格特点。 2.完整演唱歌曲(唱到"匡扯"的时候加入打击乐器) 第一段采用领唱加齐唱衬词; 第二段采用小组接龙演唱; 第三段采用男生领、女生和; 第四段采用女生领、男生和; 第五段采用轮唱分成两组进行轮唱。	1.根据四三格式编创歌词,然后演唱,感受民歌风格特点。 2.完整演唱歌曲(唱到"匡扯"的时候加入打击乐器) 第一段采用领唱加齐唱衬词; 第二段采用小组接龙演唱; 第三段采用男生领女生和; 第四段采用女生领男生和; 第五段采用轮唱分成两组进行轮唱。	通过欣赏不同的演唱形式,体会歌曲中所表现的四川山歌情感与韵味,了解四川山歌的特点;培养学生的人文情怀与审美情趣等核心素养。
四、课堂小结	今天我们一起演唱了四川山歌《太阳出来喜洋洋》,了解了四川民歌的风格特点,通过歌曲的演唱也感受到歌曲里乐观向上的生活气息,同时也启迪着我们在学习生活中都要有一个积极向上的乐观精神。	学生整齐的演唱走出课堂。	

【板书设计】

太阳出来喜洋洋

1.四川民歌

2.五声商调式 2 3 5 6 i 2

3.波音记号、自由延长记号、连音线

4.歌词——四三格式

5.创作

【思维导图】

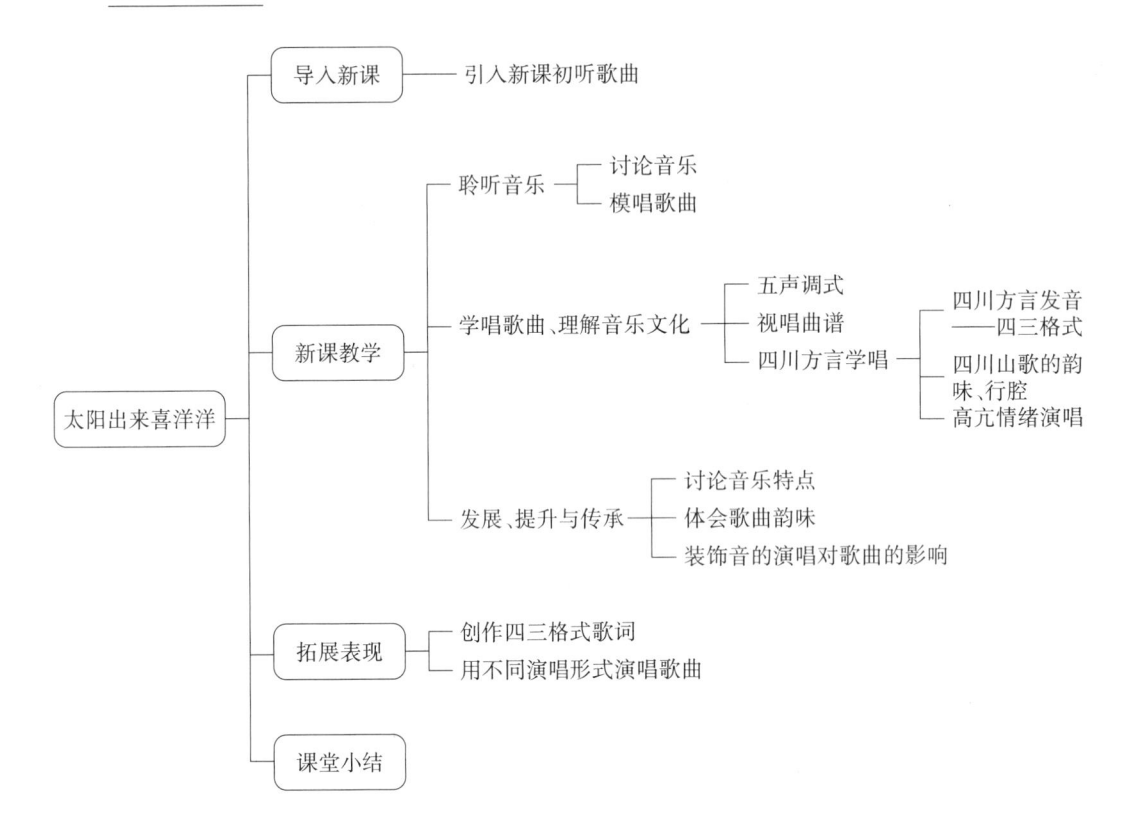

太阳出来喜洋洋
- 导入新课 — 引入新课初听歌曲
- 新课教学
  - 聆听音乐
    - 讨论音乐
    - 模唱歌曲
  - 学唱歌曲、理解音乐文化
    - 五声调式
    - 视唱曲谱
    - 四川方言学唱
      - 四川方言发音
      - 四三格式
      - 四川山歌的韵味、行腔
      - 高亢情绪演唱
  - 发展、提升与传承
    - 讨论音乐特点
    - 体会歌曲韵味
    - 装饰音的演唱对歌曲的影响
- 拓展表现
  - 创作四三格式歌词
  - 用不同演唱形式演唱歌曲
- 课堂小结

【学生用导学稿】

1.聆听歌曲,写出中国民歌的分类:

A._____ B._____ C._____

2.民歌的有哪些特点。

3.了解五声调式,分析本歌曲属于哪种调式,列出歌曲的音阶

五声音阶:_____

这首歌曲的调式:_____

写出歌曲的调式音阶:_____

4.跟钢琴伴奏视唱曲谱。

太阳出来喜洋洋

1=D 2/4

中速高亢、乐观地

四川民歌
金鼓 词曲

太阳出来（罗儿）喜洋洋歌郎郎罗，挑起扁担担豹儿郎郎扯匡扯）上山岗歌罗罗。
手里拿把（罗儿）开山斧欧郎罗，不怕虎起歌郎郎扯匡扯）和豺狼欧罗罗。
悬岩陡坎（罗儿）不希望欧郎罗，唱起这山郎郎扯匡扯）忙砍柴欧罗罗。
走了一山（罗儿）又一山欧郎罗，不唱这山愁吃郎郎扯匡扯）那山来歌罗罗。
只要我们（罗儿）又勤快欧郎罗，不愁穿来郎郎扯匡扯）不愁穿欧罗罗。

5. 找出与普通话发音不一样的字词，并勾画出来。

6. 歌曲中的装饰音：

ᰂ（　　）　　⌒（　　）

连线　连音线　例： 5̂ 5　同音相连，唱成一音，时值为相连音的总和。

⌒　　圆滑线　例： 5̂ 3　不同音相连，连线内的音要唱得连贯圆滑。

7. 利用歌曲旋律创作带"四三格式"的歌词并演唱，感受民歌风格特点。

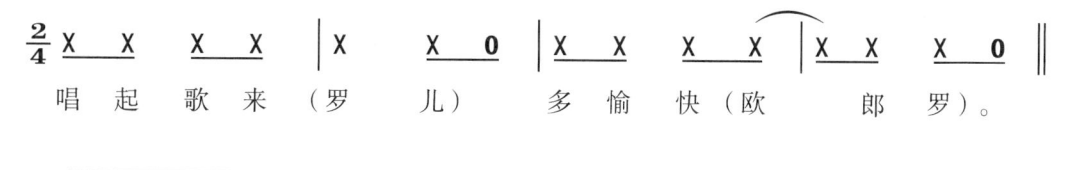

2/4 X X X X | X X 0 | X X X X X X | X X 0 ‖
唱 起 歌 来（罗 儿） 多 愉 快（欧 郎 罗）。

课后反思

《太阳出来喜洋洋》是一首非常典型的民歌,其衬字、衬词的发音非常有特色,加上带有四川方言的演唱可以更好地表现歌曲的特点。所以在演唱的过程中,我特别注意歌词的发音。在对四三格式的歌词创编时要控制好时间并做好示范。在范唱歌曲时要标准,准确地表现出四川民歌的特点,这对学生学习有非常重要的作用。歌曲的分小组演唱对学生要求比较高,如果学生不能完成的可以简化。

放牛山歌

教学建议

指导教师：成都市武侯区教育科学发展研究院　颜克

本节课是一堂以唱歌为主的综合课，从整体教学看，执教者从多个维度体现出了音乐教育改革的精神和导向，其目标明确，教学过程清晰、方法多样、朴实无华、简洁高效，同时语言生动有趣，师生之间的交流与互动自然流畅。在教学中，执教者关注到了地方音乐文化立场的音乐情感教育，关注到了音乐本体中音乐要素的把握，关注到了唱歌教学中持续培养孩子们良好的歌唱习惯和正确的歌唱方法，关注到了学生对音乐的思考，更关注到了用"音乐说话"，通过学生对音乐的体验与实践来进行美育教育，达到"润物细无声"的教学效果。这种从音乐内容出发，强化音乐风格体验，让学生在歌唱中获得了很好的实效。接下来，就从这节课的深度构思与创意实践之处，提出几点教学建议：

一、以"趣"贯穿始终，巧妙融入教学目标

本节课从导入环节开始，执教者就运用律动模仿挑扁担的动作将学生直接带入乡村热气腾腾的劳动场景中，快速调动学生对歌曲学习的浓厚兴趣；接下来，创设牧童上山放牧的生动场景，引导学生聆听歌曲（2遍4段），并用声势模仿拍击节奏，再利用音乐弥漫性来达到熟悉歌曲的目的，为后面的歌唱教学做好充分准备。在唱好山歌的环节中，执教者

要求学生找出最具四川味道的字和词,这让从小就说普通话的四川娃娃们发现家乡话竟然是这么的诙谐、有趣和俏皮,进一步激发了孩子们想要唱会家乡的歌的愿望和信心。在整体学唱过程中,执教者遵循了学生的认知规律,遵循由浅入深、循序渐进的教学原则,如:引领学生有趣味地朗读和理解歌词,通过乐句对比、默唱、慢速唱、原速唱等多种方式把知识与技能有机地融于丰富的实践活动之中,并时刻关注培养孩子们良好的歌唱习惯和方法,让学生不仅饶有兴趣地学会了歌曲,还加深了对四川民歌的了解和体验。

二、以"唱"贯穿始终,层层落实教学目标

歌唱教学是我们中小学音乐课堂教学的重点。唱歌,是一种最自然的、表达情感的艺术形式,具有非常丰富的学习内容。通过歌唱,不仅可以培养学生听觉、节奏感、识读乐谱、准确歌唱、多声部配合、音乐分析等方面的音乐能力,还可以培养学生的想象力、创造力、记忆能力、控制力、审美能力等。因此,我们面向全体学生的歌唱教学需要更深入和全面地理解和落实它的育人价值。而本节课的歌唱教学环节,执教者精心设计了学生从聆听辨析—熟悉旋律—学唱山歌—歌曲处理—二声部练习—完整表演等环节,环环相扣、由浅入深、循序渐进地呈现了孩子们从不会唱到会唱再到唱好山歌的全过程,有效提升了孩子们歌唱能力。

在完成本节课主要教学目标的同时,执教者还巧妙地加入了四川特有的方言衬词以轮唱形式让学生感知和体验二声部。《义务教育音乐课程标准(2011年版)》明确提出要更加重视并着力加强合唱教学,使学生感受多声部音乐的丰富表现力,尽早积累与他人合作演唱的经验。三年级的孩子听觉敏锐,模仿力强,音色可塑性高,正是开始合唱训练的最佳时机。通过在情景创设中不着痕迹地带入二声部训练,不仅让学生初步感知了美妙的和声,还使音乐形象更加有趣、可爱,歌曲表演效果也更加丰满和独具川味儿。

三、以"文化"贯穿始终,力求升华教学目标

音乐是人类文化的重要载体,蕴含着丰富的历史和人文内涵,它既不同于文学语言的精准描述,也不同于数学的精密计算,而有其独特的表达体系。音乐的非语义性使人们在清晰、明确的音乐语言基础上能够找寻到超越本体的情感色彩、文化意义和心灵体验。因此,通过音乐教育实施美育不仅是落实立德树人根本任务,也是培养学生坚守中华文化立场、增强文化自信的重要方式。四川民歌是我国文化艺术宝库中的珍品,而《放牛山歌》更

是以旋律优美、充满童趣、朗朗上口、易唱易记等特点获得了孩子们的喜爱。执教者在教学过程中,不断渗透地方音乐文化,如:在寻找音乐特色的环节中,强调了方言对于民歌风格的形成有着重要作用;在朗读歌词的过程中,让学生了解押韵和衬词是民歌歌词创作的基本特点;等等,让学生在审美体验、艺术表现的过程中,理解、喜爱、认同四川地方文化,并怀揣着这份文化情愫,自信地唱响未来。

执教者以其深厚的专业基本功和良好的文化艺术修养给听课老师们留下了深刻的印象,尤其是在课程结构和谋篇布局上,心思巧妙。本节课最大的亮点是执教者以地域为轴,以唱好山歌为驿站,以家乡味为终点,用充满地方文化色彩的音乐课堂来描绘民族音乐文化的独特魅力,让学生敞开心扉,愉悦动情地走进四川民歌的多彩世界。

教学设计思路及过程

成都市龙江路小学 张蓉

【教材内容】

人音社义务教育教科书《音乐》三年级(上册)第4课歌曲《放牛山歌》。

【教材分析】

《放牛山歌》是一首以放牛为题材,具有浓郁的地方特色的四川儿歌。四二拍,五声徵调式,一段体结构。歌曲以 3、2、1 三个音为核心,音乐素材简练而朴实,富有浓郁的乡村生活气息。歌曲高亢、明亮,歌词质朴、有韵味,曲调欢乐、活泼,充满童趣,表现了牧童愉快的劳动生活。

【学情分析】

《义务教育音乐课程标准(2011年版)》课程基本理念中指出:"应将我国各民族优秀的传统音乐作为音乐教学的重要内容。通过学习,学生熟悉并热爱祖国的音乐文化,增强民族意识、培养爱国主义情操。"在课程内容中指出:"能够用自然的声音、准确的节奏和音调,有表情地独唱或参与齐唱、轮唱、合唱,并能对指挥动作做出恰当的反应。"

此曲配套使用的歌谱和范唱在四川民歌的特色方言发音上没有标注,特别是与教材配套的范唱有些偏差,导致四川民歌的特色韵味稍显不足,与孩子们生活的方言语境有偏差,所以,执教者根据学生四川本土语言的语感,尝试着大胆改编。另外,本课以儿童形象思维为主,尊重其好奇心强、模仿力强等特点,特地创编了川味十足的二声部,利用儿童的自然嗓音和灵巧形体,采用唱、拍、演、创等综合手段,进行二声部合唱学习和表演,感受四川民歌的韵味,以表达牧童在山野劳动时的童真童趣,以及"川娃子"阳光、爽朗的形象。本课重视学生的音乐实践活动,力求让每一个学生都能轻松愉快地参与到学习中,获得愉悦的音乐审美体验。

歌曲原版范唱时长1分48秒,G调,速度略快,加上节奏较密集,曲调一出来就是全曲最高音。刚入三年级的学生在气息支撑、咬字吐字、情绪表达上稍受限,于是根据学生学情,在原唱基础上稍放慢至2分01秒。定调上也采用F调伴奏版本和老师现场伴奏指导相结合来进行教学。速度上的适度控制更有利于学生从容表现小牧童一边放牛一边放声歌唱的愉悦劳动形象。

【教学目标】

1.能用高亢、明亮的声音演唱歌曲《放牛山歌》,表达牧童活泼、欢愉的劳动生活。

2.能用四川方言唱准歌中"岩、噻、北、哥、出、柴"等特色字词,感受四川山歌风格韵味。

3.学习二声部,初步感受声部间的协调感,体验多声部合作的快乐。

4.主动参与律动、模仿、演唱、创编等音乐实践活动,享受音乐学习的乐趣。

【教学重点】

完整学唱歌曲,用歌声准确表现四川山歌韵味和风格。

【教学难点】

二声部两个声部间的协调合作。

【教学过程】

一、律动导入——挑扁担

1.师播放PPT:切换图片,背景音乐为《太阳出来喜洋洋》前奏。

师:同学们,请看,图中的人都在干什么?

生:挑扁担。

师:对,在乡村,总是有些坡坎、弯弯曲曲的小道,挑扁担就成了山里人最基本的一项劳动技能。瞧!今天老师也带来了几根扁担(红彩绸),谁想来试试?

2.师生律动,播放《太阳出来喜洋洋》音频。

律动要求:请中间的小朋友随着音乐的节奏和韵律与老师一起模仿挑扁担,边上的小朋友拍手参与。

3.评价。

师:老师来采访一下,请问你用扁担挑的啥？你呢？哦,原来扁担挑的都是热腾腾的生活。

4.设问。

师:咦！对了,挑扁担的歌曲你熟悉吗？有谁知道歌名？是哪儿的民歌？

师:对,《太阳出来喜洋洋》就是我们四川的民歌。

【设计意图:律动激趣导入,用学生熟悉的四川本土民歌《太阳出来喜洋洋》旋律,将学生直接带入四川民歌的氛围及乡村劳动的场景中,为接下来的四川儿歌《放牛山歌》的教学作铺垫】

二、节奏参与——脚步声声

1.初听歌曲。

师:因为《太阳出来喜洋洋》是流传较广的一首四川民歌,所以,"太阳出来哟喂"这一句,也常常会出现在其他具有四川风味的歌曲里,瞧！这儿就有一首,请你边听边思考:

(1)当你听到"太阳出来喜洋洋"这一句时,请举手示意。

(2)歌里的"川娃子"在做什么劳动呢？

2.出示课题——《放牛山歌》。

3.引子"喊山"练习。

师:既然要放牛,肯定是太阳出来啰！谁来把这个好消息告诉大家？用四川话哦！

(1)指导声音(高亢、明亮、悠长)。

(2)加上动作。

(3)合歌曲引子的音乐:牛叫声、水流声、小朋友"喊山"声。

4.节奏参与,熟悉旋律。

师:这时,我们听到从四面八方传来的脚步声,原来,是小牧童和牛儿出门啰！请看3条来自山谷的声音节奏。

(1)生模仿声势拍。

(2)师指节奏谱,生合乐拍。

(3)合乐:引子(吆喝声)+伴奏。

节奏参与——脚步声声

$\frac{2}{4}$ X X X | X X |

$\frac{2}{4}$ X - | X X |

$\frac{2}{4}$ X - | X - |

【设计意图:引子设计,营造场景氛围,通过吆喝声模仿"喊山"动作,放手让学生自己探索此歌高亢、明亮的音色特点。声势节奏参与,则意为创设情景,节奏参与歌曲旋律的聆听,利用音乐弥漫性达到熟悉歌曲旋律的目的,为后面的歌唱教学做铺垫】

三、学唱山歌——蜀韵悠悠

1.出示乐谱,聆听教师范唱。

师:伴随着牛儿和牧童欢快的脚步声,终于来到绿草如茵的广阔原野,牛儿可以悠闲、自由地吃草,牧童就唱起了《放牛山歌》——请你边听老师的演唱,边在乐谱中找出最具四川韵味的字和词。

2.出示拼音标注的词卡,练习方言发音,朗读歌词。

"出——cu"

"山——san"

"啥——sa"

"吃——ci"

"哥——go"

……

放牛山歌

1=G $\frac{2}{4}$

高亢、愉快地

四川民歌
晨明 作词编曲

| 3 2 3 1 6 | 2. 3 2 | 3 2 3 2 1 | 6 - | 6. 1 2 2 | 3 2 3 1 |

1.太 阳 出 来(哟   喂)照 北(哟) 岩,   赶 着(那个)牛 儿 噻
2.太 阳 落 坡(哟   喂)西 山(哟) 黄,   牛 儿(那个)吃 得 噻

```
1 5  1 6  | 5  -  | 1 6  6 5 6 | 1 2· | 1· 2 3 2 | 1 6· |
上 山   来，     背上(那)背上(哟啥) 大 背 兜啰，
膘 又   壮，     背上(那)背兜(哟啥) 装 满 柴啰，

2· 1 6 1 | 2 3 2 1 | 6 1 5 6 | 5 - | 3 2 1 | 2 - |
又 放(那个)牛儿(啥) 又 捡  柴。 哥儿啰 喂
赶 着(那个)牛儿(啥) 回 村  庄。 哥儿啰 喂

1 2 1 | 6· - | 2· 1 6 1 | 2 3 2 1 | 6 1 5 6 | 5 - ‖
哥儿啰 喂    又 放(那个)牛儿(啥) 又 捡 柴。
哥儿啰 喂    赶 着(那个)牛儿(啥) 回 村 庄。
```

3.随琴学唱歌词。

(第一段)轻声唱——慢速唱——重难点纠错,直接学唱第二段

注意提示:情绪、音准、节奏和声音表达等,如第一句开门见山,"太阳出来 哟 喂"呼吸的准备、字头的喷口、高亢而明亮的音色,又如"上——山——来"一句的一字多音,"背上(那)背上(哟噻)"处的前八和附点切分的节奏,"大背兜(啰)"处的力度和得意劲儿,"哥儿啰 喂"处的连贯与悠扬等。

4.加速度,用音乐符号标出歌曲处理。

力度、切分音的节奏重音、连线等,表达歌曲意境和情感。

```
3 2 3  1 6·  | 2· 3 2 | 3 2 3 2 1 | 6· - | 6· 1 2 2 | 3 2 3 1 |
太 阳出来(哟 喂) 照 北(哟) 岩，    赶着(那个)牛儿 噻

1 5  1 6  | 5  -  | 1 6  6 5 6 | 1 2· | 1· 2 3 2 | 1 6· |
上 山   来，     背 上(那)背上(哟噻) 大 背 兜啰，

2· 1 6 1 | 2 3 2 1 | 6 1 5 6 | 5 - | 3 2 1 | 2 - |
又 放(那个)牛儿(啥) 又 捡  柴。 哥儿啰 喂

1 2 1 | 6· - | 2· 1 6 1 | 2 3 2 1 | 6 1 5 6 | 5 - ‖
哥儿啰 喂    又 放(那个)牛儿(啥) 又 捡 柴。
```

5.合伴奏,完整唱全曲。

6.起立,加上动作辅助歌表演。

7.师生小结。

四川山歌的特点
音色——高亢、明亮
语言——四川方言、特色衬词
情绪——开朗、愉快地

【设计意图:学生带着思考去聆听教师范唱,找出歌词中具有方言特色的字词,捕捉四川民歌地方韵味。在老师的歌声里感知原汁原味的、正确的歌唱状态和声音概念,体验四川山里放牛娃的情感,为学生的歌曲学唱做铺垫。随后,学生用听唱法由慢到快循序渐进学唱歌词,并学习用不同的歌唱状态和有变化的歌声来表达歌曲内容和情感。最后,学生在充分进行歌唱感知的基础上,小结四川山歌特点】

四、和谐之美——雅乐共赏

师:其实,在远离城市的大山里,牛是家里重要的劳动力。所以,小朋友去放牛,就是在帮助爸爸妈妈做力所能及的事哦,牧童在放牛时与牛儿逐渐成了伙伴,建立了很深的情感,把这种原本比较艰辛,也有些枯燥的劳动变得生动、和谐而有趣起来。

1.欣赏1969年国产经典水墨动画片《牧童》片段。

师:牧童、短笛、牛儿、青草,好一幅和谐而美好的中国水墨画!艺术来源于生活,音乐家的表达很特别,他把这种人与自然、人与动物和谐共处的画面编进了歌里,请看二声部!

2.二声部歌唱学习:

[乐谱]

3. 一边讲解一边出示二声部乐谱,边讲、边练、边合。

师:哟喂——赶着牛儿往前走。

师:嘘嘘——吆着牛儿左右莫偏路,轮唱部分……

4. 师生合。

5. 生生合。

6. 综合表演:PPT出示——歌唱表演思维导图。

引子+伴奏+二声部+结尾(吆喝声)

【设计意图:作为歌曲的拓展与创编部分,执教者有两种处理方法。一是观赏经典水墨动画片视频片段,渗透和融合音乐与美术、音乐与电影、音乐与诗歌等相关文化,同时也达到小憩嗓子的作用。二是创编了川味十足、简单而又充满劳动生活情趣的二声部,采用情景式教学法将学生带入二声部的学习,能跟随指挥的手势,化繁为简,将歌曲的引子、声势和歌唱进行综合表演,感受和体验合唱声部协调感和合作意识,师生共享创编与合唱表演带来的乐趣】

五、师生小结

1. 看板书,回顾歌名,小结四川山歌的特点。

2. 结语。

师:这是一首四川的儿歌,是我们脚下的这片土地上生长起来的歌谣,川腔蜀韵,歌儿悠悠!(换成四川话)作为四川的娃儿,希望每一个小朋友都爱上我们家乡的歌、会唱家乡的歌! 要不要得?

生:要得!

【设计意图:师生小结,采用方言对话,激发学生爱上家乡的歌、爱上家乡的音乐文化的情感】

【板书设计】

放牛山歌

四川山歌的特点

音色——高亢、明亮

语言——四川方言、特色称词

情绪——开朗、愉快地

$$\frac{2}{4} \quad X \quad - \quad | \quad \underline{X} \quad X· \quad |$$

$$\frac{2}{4} \quad \overset{\frown}{X \quad - \quad | \quad X \quad -} \quad |$$

$$\frac{2}{4} \quad X \quad \underline{X \ X} \quad | \quad X \quad X \quad |$$

晾衣裳

指导教师：成都市红牌楼小学　汤静

教学建议

民歌作为中国歌曲中重要的组成部分，在历史长河中闪耀着璀璨的光芒。不同地区不同的音乐风格让民歌这一演唱形式充满多样的色彩。四川阆中民歌种类多样、资源丰富，在这三面环水、四面环山的风水宝地之处，朴实的阆中人民常常以歌言情、以歌达意。四川阆中民歌《晾衣裳》就具有较强的地域特征，其歌词饱含了阆中男女的内心写照，因此也属于一首情歌。但在小学音乐教学中，由于教学对象是小学生，针对儿童的身心特点，教学重点就定为学会用四川方言来演唱《晾衣裳》，感受四川民歌中"山歌"的音乐风格。并通过看、听、唱、演等多种途径的学习，激发学生的主动性探究学习热情，在独唱、齐唱、二声部轮唱、打击乐器伴奏、情景式表演等多个音乐活动的参与中，去自然达成教学目标，提升学生的音乐素养，促进学生对地域文化的熟悉、理解和认同感。

本课采用了寇宗泉等老师在《小学民歌教学方法》一书中对于民歌教学的"四景"教学法。

1."声景"。声景是指这首山歌是产生于山野间，节拍、节奏较为自由、音调高亢明亮，但由于阆中地处四川盆地北部，所以歌曲兼具山歌的即兴、直率、淳朴等特点，又相对高山地区的山歌较低，音乐明亮、干净通透，所以在学唱时，先在导入环节设计了"喊山"环节，并用歌曲衬词在"喊山"中巧妙进行发声练习，去体会唱山歌的歌唱呼吸及声音位置，以及在歌唱实践中尝试去调整和塑造出高亢明亮的音色，体会山歌自由的风格特征。通过此情景的创设,学生身临其境地深入体会了四川民歌中山歌的音乐风格和地域文化特色。

2."语景"。方言作为一个文化现象,体现着不同地域的文化差异,歌词的内容决定了语境内容"是什么",歌词的方言性特征决定了民歌"像什么",在学唱歌曲环节,教师抓住歌曲的方言这个"语景"元素,结合歌词内容,指导学生体验四川方言的趣味,感受四川方言的文化色彩。在本课方言学习中,学生就能深度了解四川方言是没有平翘舌之分、没有前后鼻韵之分,等等。普通话中的"zh""ch""sh",就要用平舌"z""c""s"来代替,如:"上"要唱成"sang","啥"要读作"sa","清早"的"清"字,就应读作"qin"……当然还有一些特殊的地方发音,例如"没"就不能读作"mei",要读作"mo"……这样才能体现出阆中方言的特点。同时歌词中每一段最后一句的最后一个字都属于同一个韵脚,比如"上梁""进绣房""浆衣裳"等词,使得歌唱者朗朗上口。

为了在学唱中强调山歌的韵味,很多地方要进行下滑音的处理来表现"喊山"感,因此教师在教授时不要依赖钢琴的固定音高,而要通过口传心授一句一句地示范和教唱,这样可以随时纠正发音,便于学生模仿,增强师生之间的互动,这样学生也会觉得很有意思,整个教学环节便会轻松有趣。用"语景"来突破歌词情绪难点,能更为准确地演唱出民歌的韵味,更好地把握歌曲中无奈、伤心的情绪,也让民歌的即时性和地域性色彩展现。

3."场景"。场景是指民歌教学中教学活动所呈现的课堂状态。本课教师将《晾衣裳》中的"声景""语景"设计成教学活动,通过师生喊山、生生对唱互动,分组二声部轮唱,使学生积极地参与到课堂活动中,形成热烈的气氛。在加入乐器伴奏的环节,由小组探究完成,通过探索碰铃、铃鼓、双响筒、串铃的音色和这部分歌词的字数、音高来确定使用哪种伴奏型,这既发挥学生主观能动性,还能提高其编创能力、合作能力。

在这种教学活动状态中,语景内容决定场景内容,声景体现场景音乐性特征,这种和谐、积极、融洽的氛围就成为场景的关键,场景塑造教学过程,很好地激发了学生的表演欲。

4."课景"。课景不是一个独立的教学环节,是若干教学"场景"构成的教学整体情景,是其他三景的目标指向。在这堂课中,教师对民歌的三景的把握程度是能否设计出具有民族文化性和美感的课景的关键。所以,在教学的结尾环节,教师通过复盘整节课的内容,对学生整体情感体验进行把握,创设出情景表演,让学生根据自己的兴趣选择适合自己的角色,并参与到全班的综合性表演中,但又不失个性化音乐表达,将学生的表演天性激发出来,身临其境地感受表演的快乐,升华学生对歌曲情绪和文化背景的理解。

整个教学设计与实施,教师通过对"四景"元素的分析和提炼,选择看—听—唱—奏—演等环节,安排律动、唱歌、听赏、伴奏、表演等活动,呈现了一堂生动活泼且生活化的地方文化特色音乐课。

教学设计思路及过程

成都市太平寺西区小学校　袁晓

【教材分析】

《晾衣裳》一课选自教材《川腔蜀韵》"民歌"板块。这是一首流传于四川阆中地区的民歌,属于山歌类。歌曲体裁短小、曲调简单,单乐段结构,节拍为四二拍,由长短不同的上下乐句构成,上乐句有四个小节,下乐句有六个小节,歌词中穿插大量衬词。下乐句为上乐句的变化重复,在上乐句的基础上,进行了扩充变化。整首歌曲的节奏统一且平缓,主要运用了附点八分音符、八分音符和四分音符。本曲在动词上节奏稍紧密,在语气词上节奏相对舒缓,因此整体的节奏效果也形成了"前短后长"的形式。

《晾衣裳》是四川阆中民歌中"情歌"里最为著名的一首歌曲,歌词饱含了阆中男女的内心写照,歌曲在歌词运用、情感表达等方面都有着独到之处,对于四川阆中民歌的发展也有着一定的推动作用。

【教学设计思路】

本课以唱歌教学为主,以激发学生对四川民歌《晾衣裳》的学习兴趣为抓手,通过歌曲学习来感受四川民歌中山歌的风格特点。通过视听结合的动态教学课件,运用声景、语景、场景、课景等"四景"教学方法,引入音乐课堂,激发学生对四川传统音乐学习的动力和兴趣。

在教学中,首先进行音画结合,通过介绍地方风土人情引出歌曲故事,运用"喊山"的音乐活动来感受"山歌"的高亢、明亮、自由等风格特征,并巧妙地用"喊山"的感觉来进行发声练习,轻松解决山歌歌唱中的呼吸及声音位置调整的技能学习。在新授歌曲的环节中,学生通过听、辨、学、念来学习方言,体会四川方言中无平翘舌之分、无前后鼻韵之分等特色,同时,感受歌词中的四川韵味表达,为歌唱表现奠定基础。接着通过教师口传心授,学生模仿进行逐句学唱,既能方便教师对学生进行指导,帮助学生调整、熟悉和掌握山歌歌唱状态,促进学生对山歌音乐风格的体会和表达;又能增加师生的互动,拉近师生之间的距离。当学生熟悉了歌曲后,教师又设计了二声部轮唱和打击乐器伴奏以及情景表演等多种音乐实践活动,最后通过综合性表演,提升学生的音乐感知能力、音乐表现能力、创造性思维能力以及对地方文化的理解力。

本课在设计学生学习活动时,从循序渐进、分层赏析到多维拓展、演创结合,促进了学生对学习目标的达成以及音乐素养的提升。

【学情分析】

本节课教学对象为小学四年级学生。这个阶段的学生已经养成良好的音乐学习习惯,思维敏捷,学习能力较强,表现欲望较高。在学习中能够积极主动地参与活动,并能声情并茂地演唱,但由于对民歌音乐的知识储备还不够,分析表现歌曲的能力还略显不足,所以需要通过教师引导,增强对民歌知识的了解。本首歌曲中出现的八分音符、附点八分音符、后十六分音符、十六分音符等节奏型他们已经有过学习,学习起来不会太难。因为歌词表达了旧社会男女之间的爱情,根据小学阶段学生心理特点,教学不以理解爱情情感为主,而以歌词本身为主,重点是教师通过音乐实践活动,丰富儿童的情感体验及审美感知,增加学生对民歌知识的积累,培养学习民歌的自豪感。

【教学目标】

1.通过看、听、唱、演等多种途径的学习,达到能用抒情、优美的声音演唱《晾衣裳》,并能参与二声部轮唱、乐器伴奏等音乐实践活动,体验与他人合作的快乐。

2.初步感知四川民歌中"山歌"高亢、明亮、自由等特点,体验衬词的运用,探究山歌与劳动人民的联系,激起学生对家乡音乐文化的喜爱。

3.激发学生的创造性思维,积极参与情景表演,能在音乐实践活动中将音乐与生活进行联系,且在表演中加深对阆中地方特色文化的理解。

【教学重点】

学会用四川方言演唱《晾衣裳》,感受四川民歌中"山歌"的音乐风格。

【教学难点】

二声部轮唱、乐器伴奏。

【教学准备】

课件、钢琴、打击乐器等。

【教学过程】

教学过程			
教学程序	教师活动	学生活动	设计意图
导入	(一)视频导入 1.观看"阆中古城"视频介绍,背景音乐播放歌曲伴奏。 2.在阆中风土人情的介绍中,引出与歌曲相关的小故事。 (二)过渡到歌曲《晾衣裳》 1.用四川方言讲故事,师念生学:(提示注意节奏) 清早起来去上梁嘛 折匹叶儿吹响响…… (教师讲解方言的意思,并教授阆中话的发音) 2.出示歌词(无衬词版),引导用方言念歌词,并理解歌词的表达。 3.出示课题《晾衣裳》,简介歌曲创作背景,介绍山歌(山歌俗称"喊歌",对唱、独唱是其最重要的形式之一,一般是指人们在山野、田间、牧场等劳动中,为抒发思想感情而编唱的民歌。山歌的音乐极富地方特色,是民歌中风格性最强的品种)。 4.带领学生体会"喊山"的感觉,并用喊山的感觉进行发声练习。	1.看视频,听音乐,了解阆中古城。 2.在模仿中学习四川方言,并能在方言的念白中表现歌词的地方韵味。 3.在模仿中熟悉阆中方言的发音,感受方言的韵味。 4.从歌曲《晾衣裳》的背景中,了解什么是山歌。 5.学生体会"喊山"的感觉,并进行发声练习,学习山歌歌唱状态中的呼吸和头声位置技巧。	1.通过音画视听,吸引学生注意力,调动好奇心,在视频中了解四川阆中古城;在故事中了解歌曲背景。 2.通过方言学习,了解歌词内容,并抓住重点节奏展开教学,让学生在模仿、听辨中,学习用方言来表现歌词中的川味儿。 3.师生一起在方言中感受地方语言的韵味,为后面用方言进行歌曲演唱做好语言的铺垫。 4.通过介绍歌曲的背景,认识山歌。 5.巧妙设计用歌曲衬词"喊山",协助学生掌握山歌歌唱状态中的呼吸和声音位置。

续表

教学过程			
教学程序	教师活动	学生活动	设计意图
新课教学	(一)初次聆听,熟悉歌曲,形成完整音乐印象 1.聆听范唱。 师:歌词与刚才念的有什么不同?多了什么? 2.介绍方言中的衬词,分析其在歌曲中的作用。 3.用方言念歌词,对比方言特色字与普通话发音区别,了解方言的特点。如四川方言无平翘舌之分等。 (二)聆听第二遍,教师口耳相传 1.PPT出示第一段歌谱,教师通过口耳相传的方法,逐句教唱。 注意强调: 第一乐句的第一拍,注意用说话的感觉去体会附点,在用四川话说"清早"时,"清"字会自然拉长一点。衬词"哥呃""妹儿呀",要用之前发声练习中"喊山"的感觉去演唱,要有拉长感,要表现出山歌中高亢、明亮、自由的特点。提示四川方言的歌唱发音方式,四川方言中没有平翘舌之分、没有前后鼻韵之分等。如"上(sang)""折(ze)"等的发音。同时,这段歌词要唱出生动灵巧、害羞的感觉。 2.出示第二段歌谱,学生换词学唱,理解歌词意思,比如为什么衣服会晾在竹竿上?——以前晾晒衣物都是用竹竿搭起的竹架子(也可以用图片进行展示)。这里的"假装出来晾衣裳"就是表现出借晾衣裳的时机想其他的事情,表现出心不在焉的感觉,突出无奈和矛盾感。 3.出示第三段歌谱,设问:"眼泪汪汪"处应该怎么来表现? 4.出示第四段歌谱,"没得粉子浆衣裳",粉子指米汤,只是一个随口说出的借口,用来掩饰妹妹内心的伤感。 5.完整演唱歌曲,注意歌曲的情感表达,可以适当加入动作进行辅助表达。	1.仔细听范唱,找出歌词中的方言衬词。 2.学习用方言来念歌词,体会四川方言的发音特色。 3.看第一段歌谱,用模仿的方法学唱,体会了解教师对每一乐句的示范和讲解,在学唱中注意体会和表现出山歌的高亢、明亮、自由的特点。 4.根据第一段的歌唱经验,替换歌词,尝试学唱第二段,并探究如何才能唱出无奈的感觉。 5.自学第三段,通过自己的演唱来表达出"眼泪汪汪"的情绪。 6.学唱第四段,可自由加入动作,辅助对歌曲情绪的表达。 7.歌曲处理,完整表演。	1.通过前后对比,找出不同,吸引学生对歌曲衬词的关注,了解衬词运用也是民歌的特色之一。 2.通过学生对方言的模仿实践,促进学生掌握四川方言发音方法,激发学生对方言的学习兴趣,并在方言中促进对地方文化特色的理解。 3.教师口耳相传,学生逐句模仿。教师能随时纠正学唱过程中出现的问题,能促进学生对山歌歌唱状态的熟悉和掌握,能更好地进行山歌音乐风格的体会和表达,同时也更能体会民歌的传唱性。 4.在对第二段到第四段的学唱环节中,学生利用第一段的演唱经验去自学第二至第四段,更能引导学生进行主动性学习,促使学生积极思考,理解不同段落歌词的不同含义,并在把握音乐要素中,表达歌曲不同段落的情绪。促进学生养成在歌唱时去理解内涵、表达情绪、产生共鸣,提升学生的音乐表现能力。 5.学生在歌曲的完整表现中,进一步去理解歌曲的含义和情绪,感受山歌的音乐风格。

续表

	教学过程		
教学程序	教师活动	学生活动	设计意图
拓展	(一)第一、二段进行轮唱实践 出示第一、二段歌谱,引导学生尝试二声部轮唱。 (二)第三、四段加入打击乐为歌曲伴奏 1.将学生分成四个小组,讨论用不同的乐器在衬词处伴奏的节奏型 第1组:"哥呃"/"妹呃"——碰铃; 第2组:"玩玩耍"——铃鼓; 第3组:"叫叫"——双响筒; 第4组:"花花扇儿摇"——串铃。 2.分组汇报表演,每一组可推选一个学生进行创编意图介绍。 3.出示第三、四段歌谱,引导学生进行伴奏练习。 (三)综合性情景表演 教师创设在大山中的情景,启发学生进行自我角色塑造,在老师的指挥下,共同参与到综合性的情景表演中来。	1.学生在教师的指挥下,进行第一、二段的二声部轮唱实践。 2.以座位来划分小组,每个小组根据拿到的不同乐器来讨论和制定伴奏节奏型,激发集体智慧和创造性思维。 3.学生分组汇报表演。 4.学生根据自我兴趣,在教师创设的情景中自由选择和扮演角色,参与到全班综合性的情景表演之中,享受角色表演参与的乐趣。	1.在教师的引导下,学生可以轻松进行二声部轮唱,学习在合作中共建和谐、美妙的多声部音响,体会和谐之美、合作之乐。 2.小组合作。通过探索乐器的音色发挥创造性思维,共同进行节奏创编和乐器的合作伴奏活动,创编出更丰富的音响,促进学生的音乐表达能力,同时又培养小组的合作能力。 3.通过分组汇报表演,促进学生之间的相互交流和相互学习,同时又能提升学生之间相互评价能力。 4.通过情景创设,引导学生根据自己的兴趣选择相应的角色进行表演参与,充分发挥学生的想象力和艺术创造力,自由地进行个性化音乐表演,在教师的鼓励下,获得表演的成就感,激发学生的音乐表演的兴趣。
结束	教师在音乐表演的结束时及时进行鼓励和评价,并进行课堂小结:我们今天通过学习歌曲《晾衣裳》,感受了四川民歌的绚丽风采,同时也使我们认识到民歌是中国音乐的重要组成部分,要了解中国的音乐,必须研究民歌,因为民歌是一切民族音乐最丰富的源泉。希望孩子们能不断去寻找和收集家乡的民歌,与我们大家一起来分享,一起来传递和传承我们家乡的民歌。今天的课就上到这里,孩子们再见!	在教师的总结中,再次梳理今天的学习内容和知识点。在教师的引导下,燃起兴趣去关注和收集自己家乡的歌,并与大家进行分享,一起去传递和传承家乡的民歌。	教师在课堂的总结中,再一次梳理今天课堂所学习的内容,促进学生更加理解本课所学,加深学生对所学内容的记忆,并能在教师的鼓励下,乐于去收集家乡的民歌,乐于去传承和传递,弘扬家乡的民歌文化。

摘葡萄

教学建议

指导教师：成都市红牌楼小学　汤静

《摘葡萄》是流行于四川东部地区的一首山歌，具有浓郁的地域色彩。歌曲分为两个乐段，每个乐段4个乐句，每句4小节，在结束乐句中增加了3小节的重复旋律作为补充终止。歌曲短小活泼、高亢自由、奔放嘹亮、衬词运用较多，具有浓郁的四川特色，属于高腔山歌中的代表性曲目，音调结构是以"3-6-、6-"为核心的蜀羽体系。

本课以唱歌课教学为主，执教者在教学中设计了"喊山—读歌词—唱歌曲—演歌曲—赏歌曲"的教学脉络，以及丰富多彩的音乐实践活动。学生在活动中，能初步建立对四川民歌的喜爱之情；能在对比聆听、读、唱等学习途径中感受歌曲中衬词、自由延长音、装饰音对音乐风格的影响；能学会用高亢、明亮的四川方言演唱《摘葡萄》，感受歌曲《摘葡萄》的文化内涵和独特韵味。

一、创情景，构建具有趣味性的教学场景

在小学教学中教学情景对于学生的学习将会起到直接的影响，环境将会激发学生的学习情绪和个人思想情感。山歌的形成背景和时代都离生活在现代化都市的学生们非常遥远，随着信息时代的发展，大部分孩子不能理解传统音乐的意义和价值。因此教师在引

入环节,首先,为学生创设一个符合教学内容的生活场景:游览川东地区,看到巍峨的群山有感而发"喊山",并且将川东地区人文自然特点做一个简要介绍融入其中增加学生对故乡的了解,激发其对故乡的情感,加深学生对于音乐作品的认识。其次,利用生活中的情景——山的远近联系到音程间跨度的高低,通过调整和把握歌唱力度,帮助学生理解和掌握音准,也是基于将生活与教学场景相结合的考虑,符合五年级学生认知规律。

二、品歌词,感受传统音乐中的人文魅力

四川民歌是广大人民群众在历史发展中抒发情感的方式之一,承载着优秀的文化内涵,反应了当地的风土人情,学生通过在民歌中学习四川方言,尝试将自己置身于民歌的流传地域,用当地方言去表现歌词内容,表达歌词情感,不仅促使教学内容贴近实际生活,也让学生更加深刻地感受了四川传统音乐文化的独特人文魅力。在这首音乐作品中"摘""这""没得"等都具有四川方言独特的发音特色,通过和普通话作对比,学生能更理解地方文化的独特人文魅力。

三、唱歌曲,品味山歌音乐风格的魅力

民歌也是地方传统文化的重要载体之一。歌曲中大量的"吔""哎""哦嗬"等衬词起到了修饰歌词、补充语气、深化感情等作用,但学生必须在演唱的过程中才能充分体会到它。在教学中采用"口耳相授"的形式,和传统的听钢琴或范唱学唱的方式相比更能突出语气和情感,便于学生模仿和教师的及时指导,也更能突显民歌的民间传唱性。师生抓住歌曲中的重点乐句进行不断演唱和品味,不断调整歌唱状态,以便能更好地找到山歌的感觉,形成山歌音乐风格的听觉经验。如第二段教学采用有目的的指导和自主学习相结合的形式,引导学生理解难点歌词"麻烦""难开交"后,学生运用第一乐段的经验进行自主学唱,促进学生在学唱中思考如何能用适合的力度、速度、音色等音乐要素去更好地表现想吃花椒又怕被麻到的复杂心理。学生在自主学唱中既锻炼了学习能力、思考能力、理解能力以及问题的自我解决能力等,也提升了他们的音乐学科素养。

四、赏音乐,加强审美感知能力

四川民歌的学习能帮助学生加深对本土文化的了解,加强对家乡音乐文化的喜爱,激发他们去传播和传承的兴趣和愿望。那怎样才能了解学生是否对四川山歌有了基本的审美能力呢？针对五年级学生已经有较强的思辨能力,在教学中教师选取了我国著名歌唱家阎维文演唱的版本与范唱做对比。学生通过前面的学习已经初步建立了四川山歌的韵味听觉经验,在对比聆听不同版本的演唱后,能进行讨论、评价和交流,深度感受不同的唱法、不同的歌者在演唱同一首歌曲时,所表现出的不同的韵味和艺术特点,增加学生对四川韵味的听觉经验,巩固学生对四川山歌艺术形式的理解,初步形成了与四川山歌的审美认同感。

教学设计思路及过程

成都市武侯实验小学　李寅

【教材分析】

《摘葡萄》一课选自教材《川腔蜀韵》。这首歌曲是流行于四川地区的一首山歌。歌曲采取自嘲的口吻，表现了一个深受单相思之苦的人的心情，展现了其爽朗豁达的性格。《摘葡萄》以想摘"葡萄""花椒"来暗喻对姑娘的爱恋，又以"人又矮来树又高"等来自嘲，风趣诙谐。该歌曲属于"四句头"的山歌，由两个乐段组成，每个乐段4个乐句，每句4小节，在最后一句的后面又增加了3小节作为补充终止。歌曲旋律主要活动在高音区，一开始就出现七度、五度的大跳音程，音乐具有高亢辽阔的特点，多用假声演唱，节奏自由，悠远绵长，属于"高腔"山歌中的代表性曲目。

【教学设计思路】

本课以唱歌课教学为主，针对这首歌曲具有代表性的山歌特点，在教学设计上建立了"喊山—读歌词—唱歌曲—演歌曲—赏歌曲"的教学脉络。通过创设"游览川东地区"教学场景，引导学生用"喊山"进行发声练习，将学生带入山歌情景。通过学习四川方言，尝试用方言读歌词，表现四川民歌的地方韵味，体会四川地域文化特征。在学歌曲中，采用"口耳相授"的教学方法，学生通过模仿教师范唱学习歌曲，在教师的指导下，学会用正确的呼吸、高位置的声音去唱出山歌的高亢、明亮、自由的韵味，并乐于参与歌曲的表演之中。在此基础上引导学生使用方言创编歌曲激发对传统文化的兴趣，最后通过听辨不同演唱版本来固化对山歌风格的听觉感知，达成对山歌这种艺术形式从未知到了解再到乐于去传唱和传承的学习目的。

【学情分析】

本节课教学对象为五年级学生。五年级学生生活范围和认知领域进一步发展，体验、感受与探索创造的活动能力增强,喜欢律动与音乐活动,但对传统音乐的了解比较缺乏,对山歌这种具有地域文化的艺术形式更是陌生。他们能视唱简单乐谱,熟悉常用音乐活动形式,有一定的即兴表演、创作能力和音乐交流合作能力;能通过听、唱、动等音乐活动直接或间接地表现音乐情感,能通过四川民歌的学习去了解相关文化。因此在教学设计中多以音乐活动激发学习兴趣,渗透地方音乐文化加强对音乐文化价值和社会意义的感知。

【教学目标】

1.学生在四川山歌《摘葡萄》的学习过程中,初步建立对四川地域音乐文化的喜爱之情。

2.通过对比聆听、读、唱等方式感受歌曲中衬词、自由延长音、装饰音对音乐风格的影响,感受歌曲《摘葡萄》地方音乐文化的内涵和独特韵味。

3.学生在多种音乐活动的参与中,学会用四川方言和高亢明亮的声音演唱《摘葡萄》,并在方言语气词创编、分组对唱等音乐活动中,用乐观、诙谐的情绪来表现歌曲。

【教学重点】

了解四川山歌在广泛使用自由延长音与拖腔来表现山歌高亢、明亮、自由等"喊山"的特点,体会音乐与生活的联系。

【教学难点】

唱准歌曲中七度、五度等大跳音程,感受高腔山歌高亢奔放、旋律起伏较大的特点。

【教学准备】

课件、钢琴、板书贴片等教具。

【教学过程】

教学环节	教师活动	学生活动	设计意图
一、情境导入	（一）故事引入，创设大山中情景 师生问好，PPT出示大山风景，简要介绍四川东部地区的风土人情，邀请同学们到川东地区游览，引出新课。 （二）情景练声 1.开始"喊山"——看到对面山上的人喊他们，引导学生感受"喊山"中高亢、自由、奔放的音色特征。 2.加上旋律和肢体动作"喊山"，通过模唱来对比两座大山的"远""近"，形成两组音程高低的听觉记忆。 近——"6"（低） 远——"6"（高） 3.引导学生跟钢琴伴奏模唱，解决五度、七度音准。	1.在看、听、赏中进入教学情景。 2.学生在模仿"喊山"中，体会高腔山歌的音色特点。 3.学生用喊山的感觉进行发声练习，并通过远山、近山的音高对比，解决"6"和"6"的歌唱音准，为后面演唱做准备。 4.学生模唱，解决五度、七度音准。	1.创设情景，将民歌的产生背景植入课堂，拉近学生与民歌的距离。 2.通过山的远近来体会音程的跨度、音准以及山歌的音色的特征。 3.通过用"喊山"来练声，不仅可以解决五度、七度音程的音准，还能熟悉山歌歌唱的呼吸、音色特征，体会山歌高亢明亮、自由音乐风格，并为后面的歌唱做准备。
二、新歌教学	（一）聆听范唱，初步感受歌曲特点 1.过渡语："对面山头的乡亲们听到了大家的呼唤，唱起了热情的山歌回应我们……"引出歌曲《摘葡萄》并范唱。 2.聆听歌曲范唱，并用手指画旋律线，引导学生初步感知歌曲，提问"歌曲中的主人翁在山中想摘什么来吃？"从而揭示课题《摘葡萄》。 （二）朗读歌词，理解方言文化内涵 1.范唱歌曲第一乐段，学生聆听，引导其再次熟悉歌词内容。PPT出示不加衬词的第一段歌词，教学生学会用方言朗读。 （1）老师指导读音，重点感受四川方言特色字词的发音特点，念出四川味儿。 （2）理解歌词中以想摘葡萄来暗喻对姑娘的爱恋，重点感受"我心想摘个葡萄吃，人又矮来树又高"。所表达出的要吃又够不着的矛盾心理，只有用自嘲的语气来自己开脱，表达出其风趣、爽朗、乐观的性格特点，引导学生用准确的情绪朗读出来。 2.聆听第一段范唱，ppt出示加衬词的第一段歌词，引导学生画旋律线，感受歌曲中"依字行腔"的旋律特点。	1.学生仔细聆听范唱并画旋律线，思考并回答问题。 2.学生读歌词并思考表达的含义。重点练习"摘""吃""这"字音。 3.在理解的基础上再次练习读歌词，表达出适当的情绪。 4.边听范唱边画旋律线，找出方言读音和旋律之间的联系，理解"依字行腔"。 5.学生唱词，体会衬词的作用。	1.培养学生的审美感知能力，通过画旋律线有意识地使学生集中注意力，辨别音高，了解装饰音的图谱特征等，为后面学唱旋律以及装饰音的唱法做准备。 2.学生用方言读歌词可以深度感知方言的韵味，了解方言的特色。

续表

教学环节	教师活动	学生活动	设计意图
二、新歌教学	(三)学唱歌曲第一段,"口耳相授"感知韵味 1.介绍"口耳相授"的民歌传播方式,出示歌曲第一段歌谱,突出衬词,采用"口耳相授"形式逐句教唱,边唱边引导学生体会"哎""哦嗨"等衬词在歌曲中的音乐表达意义——补足语气、深化感情等。 2.出示歌曲第一段歌谱突出自由延长音和下滑音记号,逐句处理歌曲情绪,体会音乐记号为歌曲营造的氛围。 (1)歌曲第一、二乐句的学唱模仿中,要重点强调"喊山"自由、高亢的特点,仿佛站在山顶看到远处群山和面前的葡萄树,由景抒情有感而发。 (2)后两句的学唱模仿中,要强调出想要又得不到的复杂心情。第三乐句中的衬词"哎"自由延长,刻画出演唱者心中的向往,换气记号为后面的转折做铺垫。第四乐句中衬词"哦嗨"则是诙谐的自嘲,语气爽朗洒脱。 3.视唱以下两条旋律,通过对比谈谈:哪一条旋律更能表达出山歌的韵味? 1=G-♭B 2/4 6 33 21 | 2— | 21 32 | 1 6 6 | 1 3 3 1 | 6— | 6 33 2̇1̇ | 2̇̇— | 2̇1̇ 3̇2̇ | 1̇ 6̇ 6̇ | 1̇ 3̇ 3̇ 1̇ | 6̇— | (四)学唱歌曲第二乐段,感受当地饮食文化特点 1.出示歌曲第二段歌谱,学生边读边理解歌词含义,明白"花椒"和"葡萄"都是四川常见的食物,但歌曲中的这两样食物都是暗喻,葡萄是想吃却因个子太矮无法摘到,花椒是想吃却又怕被麻到,都是无法得到的两样东西。 2.播放歌曲第二段范唱。 (1)一起讨论"麻烦""难开交"是什么意思?因为民歌是口耳相传,因此记载中会出现同音不同字的情况,也有版本记作"麻乎儿(形容很麻)""啷开交(怎么办)"。用方言读一读,重点体会"麻乎儿""啷开交"的方言韵味和情绪表达。 3.找出与第一段不同的旋律,重点学唱。 4.跟钢琴伴奏完整演唱整首歌曲。	6.学生在模仿范唱中学习歌曲,并通过自我歌唱的理解和实践,不断尝试用歌声去表达出《摘葡萄》的音乐情绪和山歌高亢明亮、自由的音乐特征,体会山歌的音乐风格。 7.学生在视唱旋律中感受装饰音在民歌韵味中的表达作用。 8.学生再一次理解"葡萄"和"花椒"在歌词中的意义表达。 9.用方言朗读歌词,一起讨论"麻烦""难开交"在方言中的意思,并在教师的讲解中加深对方言的理解。同时,尝试如何来表现出"麻乎儿""啷开交"的韵味和情绪。 10.运用第一段的演唱经验自学第二乐段并跟钢琴伴奏完整演唱歌曲。	3."口耳相授"的教学方法更具传统味儿,能增加师生演唱的互动,也方便教师能随时停下来指导学生的演唱方法。 4.将最能体现歌曲风格的衬词、自由延长音、装饰音等音乐元素,分解融入学唱过程中,让学生在逐句学唱时能充分感受山歌的色彩,"小步子"教学方法也符合学生学习心理规律。 5.五年级学生审美感知能力进一步加强,通过对比聆听调动学生自主学习,训练音乐感知力。 6.第二段教学采用有目的的指导和自主学习相结合形式。在老师引导学生理解难点歌词"麻烦""难开交"后,学生运用第一乐段的学唱经验进行自学唱,能锻炼学生的学习能力、促进学生主动思考、理解以及提升问题的自我解决能力。

续表

教学环节	教师活动	学生活动	设计意图
三、拓展延伸	(一)创编表演 1.引导学生分组讨论,选择合适的方言在每个乐句的结尾处分别表达出肯定、鼓励和疑问的情绪。 2.引导学生分组进行对唱,一部分学生唱歌曲歌词,一部分学生唱创编的衬词,形成对唱的表演效果。 3.按照第一段创编要求再加上表演动作,让学生自主创编第二段,并请学生代表上台汇报表演。 (二)对比感悟 对比聆听感受民歌风味,播放阎维文的演唱版本,一起讨论这个版本在歌唱技巧、四川韵味表现方面的感受。 (三)完整表演歌曲 前奏用"喊山"形式,第一段齐唱,第二段表演唱。	1.学生分小组按要求用方言在每句句末加上符合歌曲情绪的方言词语,增加歌曲风趣、幽默的韵味。 2.学生分组合作,一起参与对唱表演,尝试用正确的情绪表达出歌曲风趣、幽默的韵味。 3.学生进行第二乐段的自主创编,并进行小组合作对唱表演。 4.学生观看视频后,思考交流,通过对比来感受民歌中的地域文化特色。 5.全体学生一起来进行综合性歌曲表演,体会表演的成就感和乐趣,进一步感受山歌的特点。	1.第三部分教学设计思路以充分挖掘歌曲的地方音乐风格、培养学生艺术表现能力为出发点。通过方言歌词创编进一步传播方言,提升学生对方言的知识运用能力,促进对方言文化的进一步理解,激发其对四川地方文化的热爱。 2.分组进行合作表演符合五年级学生年龄特征,以避免逐渐处于青春萌芽期有些表演害羞的心理特点,引导每一个学生都能参与到集体音乐表现活动中来。 3.对比不同演唱版本是最能分辨和感受音乐表达的不同效果,更能强化学生对四川地域音乐风格的把握和理解。同时也强化了学生对山歌艺术的熟悉和了解,感知不同的艺术表达,提升学生对地方音乐文化的审美认同感。
四、课堂小结	教师用简洁的语言总结和梳理本课内容,鼓励学生对家乡民歌进行进一步探索,激发学生对家乡音乐文化的兴趣和喜爱。	学生在教师的总结中,再次梳理本课的学习内容,在教师的鼓励下,能积极愿意投入家乡民歌的收集和探索之中,加深对家乡文化的传播和喜爱。	老师在梳理内容时,也是帮助学生进一步梳理学习内容,帮助学生更好地形成记忆,掌握知识。

【板书设计】

《摘葡萄》

四川民歌

表示肯定：巴适　要得

表示疑问：杂子

啷个

高亢明亮

山歌：短小活泼

衬词运用　➡ 创编

摘：葡萄、花椒

（想而不得）

⬇

自嘲、幽默

【思维导图】

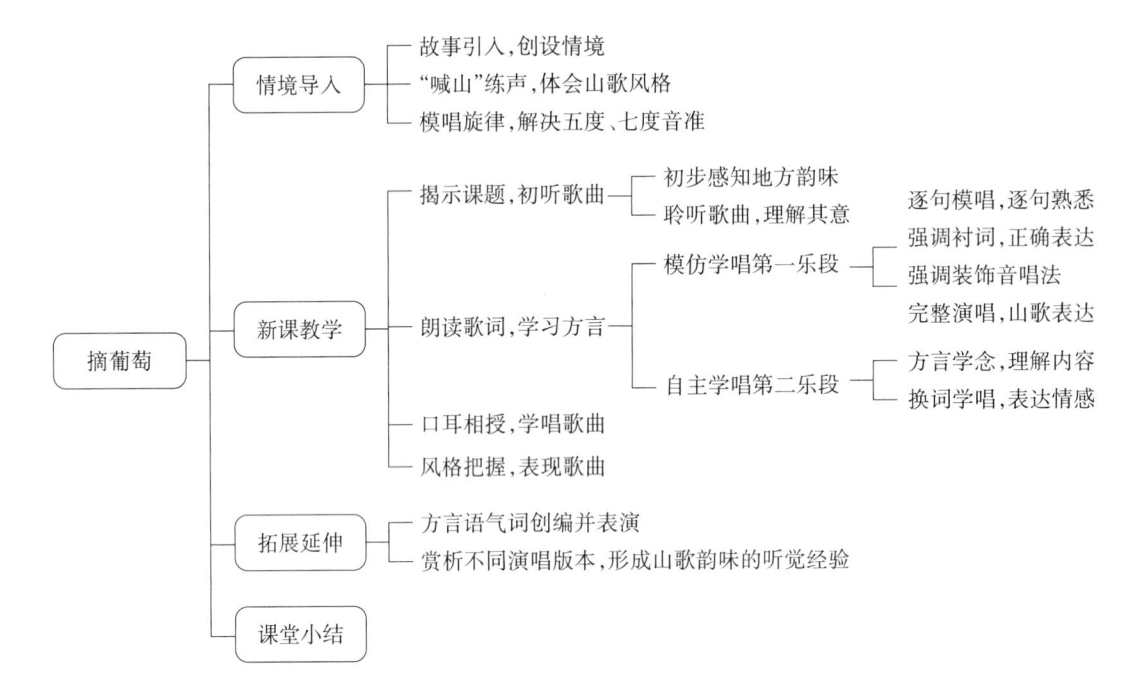

摘葡萄
- 情境导入
  - 故事引入,创设情境
  - "喊山"练声,体会山歌风格
  - 模唱旋律,解决五度、七度音准
- 新课教学
  - 揭示课题,初听歌曲
    - 初步感知地方韵味
    - 聆听歌曲,理解其意
  - 朗读歌词,学习方言
    - 模仿学唱第一乐段
      - 逐句模唱,逐句熟悉
      - 强调衬词,正确表达
      - 强调装饰音唱法
      - 完整演唱,山歌表达
    - 自主学唱第二乐段
      - 方言学念,理解内容
      - 换词学唱,表达情感
  - 口耳相授,学唱歌曲
  - 风格把握,表现歌曲
- 拓展延伸
  - 方言语气词创编并表演
  - 赏析不同演唱版本,形成山歌韵味的听觉经验
- 课堂小结

第三板块

四川舞蹈

舞蹈可以追溯到人类的原始时期,在《尚书·典舜》中,写道:"於!予击石拊石,百兽率舞"。相传舜帝敲打石磬,铿锵的乐声令各种兽禽一齐翩翩起舞。所以旧时常用"百兽率舞"四字借喻政治清明、人民安乐,连鸟兽也都被感化的太平盛世景象。在社会发展过程中,不同时代的人所表达的精神意志,是当时人民在精神追求上与审美意识的体现,是如今的我们去探寻当时人民思想精神面貌的重要依据。舞蹈作为文化中的一种,往往反映了不同历史时期人民的生产生活方式,所以文化其实就是人类所创造的物质财富和精神财富的总和。文化传承就是指这两种财富精华的传承——主要指通过精神去了解、去继承当时的人民所追求、所崇尚的境界;通过继承好的思想,去指导我们当代人民生产、去找寻正确的发展方向;通过继承意志去不断磨砺当代人的心智并理解民族赖以延续的重要精神力量、去发扬本民族优秀的人性传统;通过继承民俗、民风去感受本民族质朴的生活方式;通过文学、艺术、历史、哲学等去理解不同时期的社会人群间传递和承接的过程。文化传承需要言传身教,需要有生命力的、具有代表性的载体。

"越是民族的才越是世界的",地方音乐的价值就在于它的本土性,以地方音乐为本是地方音乐课程得以生存和发展的唯一理由。随着国家新一轮课程改革的不断深入,通过实践检验的课标实验教材,存在如下不足:第一,在实施音乐新课程中,常规性内容仍占绝对分量,鲜有地方特色资源的痕迹。第二,面向全国的音乐教材,由于具有基础性和普适性,不能细致地照顾到各个地区的民族性与地域性。

"舞蹈"选自四川省中小学地方音乐课程资源《川腔蜀韵》中的板块三。舞蹈作为艺术教育的重要组成部分,是实施中小学素质教育的有效载体之一。该板块以原生态舞蹈为母本,邀请舞蹈专家重新提炼了适合走进中小学生音乐课堂的舞蹈内容、重新创编了符合四川地方音乐课程资源的舞蹈音乐,对四川舞蹈课程资源进行了创新性丰富。首先,所选教学内容不仅极具观赏价值,且根植于四川传统文化土壤,充分体现民族民俗特点,对学生理解和尊重四川传统文化艺术多样性,提升对舞蹈作品的审美感知力,逐步积淀人文情怀等起到积极的作用。其次,入选舞蹈力求通过最时尚的肢体语言展现最传统的地域文化,激发学生们对四川地方音乐文化的兴趣,丰富其艺术审美的宽度和深度,激励学生在品味舞蹈艺术美的过程中热爱地方传统艺术,让这古老而又绚丽的艺术薪火持续传递。具有代表性的作品有:经典作品金像奖《快乐的诺苏》、春晚节目《俏花旦》等。这对传承和弘扬民族文化与地方文化、形成具有民族特色、地域特色的地方和校本美育课程及形成本地本校的特色和传统有着重要意义。

四川省是一个多民族聚居区,其舞蹈丰富多样,充分地展示了一个民族的发展变迁、文化背景、风土人情、生活习惯。它不仅是民族文化的符号之一,更是中华民族悠久历史的印记。教材中收录的经典且有代表性的舞蹈作品,有助于学生在感受、体验舞蹈艺术美感的过程中认识和了解地方舞蹈文化,升华对民族的认同感和对家乡的自豪感。教材选取的有代表性舞蹈,囊括了藏、羌、彝三个民族最具代表性的舞种以及四川民间特色舞蹈,同时还精心选编融入了四川地方戏曲元素的创造性舞蹈。该板块中的舞蹈内容立足于四川地方音乐课程资源,涉及四川民俗舞蹈、戏曲舞蹈、舞剧和民族民间舞蹈等方面。根据我国教育部制定的《义务教育音乐课程标准(2011年版)》中提到"应将我国各民族优秀的传统音乐作为音乐教学的重要内容""地方和学校应结合当地人文地理环境和民族文化传统,开发具有地区、民族和学校特色的音乐课程资源。要善于将本地区民族民间音乐(尤其是非物质文化遗产中的音乐项目)运用到音乐课程中来,使学生从小受到民族音乐文化熏陶,树立传承民族音乐文化的意识"。依据课程标准该舞蹈板块包含了藏、彝、羌等多个民族的舞蹈。

教师在使用本教材进行舞蹈教学时,可参考以下建议。第一,教师应当充分挖掘和立足于四川地方音乐课程资源《川腔蜀韵》,充分挖掘课堂中关于四川地区各民族舞蹈的特点以及教学重难点。第二,教师在实际课堂教学中应当对四川地方舞蹈的动作进行推陈出新,对于学生舞蹈技能完成的规范程度,不做过高要求,应将关注点放在学生是否乐于学习、主动参与学习上面来,而不是将音乐课程变成枯燥乏味的舞蹈动作训练课。第三,舞蹈动作教学不能脱离音乐本体也不能脱离四川地方音乐这一大范畴,而舞蹈动作的教学并不要求教师照搬照抄课例,应当尊重不同地区、不同学校、不同学生的实际情况进行适应性调整。第四,教师在课堂实际教学中对于舞蹈动作的示范应当是生动、富有表情且较为夸大的,能够充分调动学生学习该板块的积极性,并对学生做出充分肯定的评价,使舞蹈教学课堂氛围是生动、热情、活泼、令人回味无穷的。

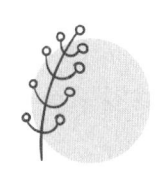

羌族萨朗

教学建议

指导教师：成都市龙江路小学　张蓉

一、一支舞一首歌

羌族萨朗，意为"唱起来、跳起来"，它原是四川阿坝州北川县羌族的圆圈锅庄舞。执教者以四川省中小学地方音乐课程资源《川腔蜀韵》中羌族萨朗舞为基础，根据学情，精心选取了《沙由阿由勒》作为本节课与学生共同学习和分享的舞蹈教学素材。学唱一首带有浓郁羌族风格的古老歌谣，能帮助同学们很快从节奏、衬词、结构上熟悉舞蹈音乐，并为接下来的舞蹈学习和综合表演奠定基础。学生们在游戏、模仿表演、互动对歌、舞步学习、羊皮鼓祭祀舞蹈等活动中，体验羌族人民载歌载舞的艺术表现形式，同时能通过羌族人民劳作、集会、祭祀等原生态的生活场景去捕捉和提炼学习羌族舞蹈动律，初步掌握羌族萨朗特有的"顶胯""顺摆步"等基本律动，从而让孩子们从小感知舞蹈来源于生活的真谛，激起他们学习羌族舞蹈的兴趣。通过学跳一支舞，会唱一首歌，更好地了解和感知了羌族艺术表现形式。

二、一支舞一种生活

羌族是一个古老的民族，长期聚居于高山或半山地带，被称为"云朵上的民族"。他们的生活和劳作方式,决定了羌族舞蹈动作集中在身体的三个部位:肩部、胯部、腿部。其中"一顺边"这个特点最能够体现羌族舞蹈的特色。在实际的教学过程中,应当强调同手同脚的姿态,要保证肩部的转动同胯部的运动方向一致且有力,这也是本课的重难点。执教者在教学活动设计中,将羌族人民原生态的一些生活场景,移植到课堂里来,如:模仿羌人围着圆圈男、女生互动对歌;模仿劳作中的小尔玛爬山、下坡、过独木桥、蹚水过河的动作;模仿背着大水缸上山挑水、在狭窄的山路上行走、贴着岩壁行走时同手同脚侧身通过等,掌握羌族萨朗舞蹈中"顺摆步""顶胯"的舞步和动律,突破本堂课的教学难点。通过学习一支舞蹈,让学生在模拟生活情景中,体验羌族人民的生活。让长期生活在城市里的孩子们对羌族人民的生活由陌生到了解,再由了解到喜欢。同时,也通过一支舞的学习,初步感知舞蹈来源于生活的真谛!

三、一支舞一串游戏

这节舞蹈课与学校舞蹈社团训练课的最大区别在于教学要面向全体,属于普适性教学。目前,在校本课程中开设舞蹈(或形体)课的学校并不多见,因此,给老师外出借班教学带来种种困难。针对这样的现状,执教者经过反复、深入的教材研读和分析,查阅大量羌族少儿舞蹈元素,结合本校和兄弟学校四年级学生学情,以学定教,从儿童的视角,精心设计了一系列符合儿童年龄特点和肢体舞动学习先前经验的游戏如互动对歌、手指和脚尖的舞蹈、场景模仿表演、羊皮鼓舞等。舞蹈在保留羌族萨朗基本风格的基础上,化繁就简,进行了新的结构重组和动作创编,让每一个孩子都能在有限的40分钟教学时间内,在一个又一个游戏中,饶有兴致地参与到舞蹈学习中来,很好地达成了本课的学习目标。

四、一支舞一方文化

学习一支舞蹈,了解一方文化。执教者通过这短短的一节舞蹈课,在孩子幼小的心灵里种下一颗民族文化的小种子。课堂中,执教者设计了"音画羌族"的建筑、服饰、习俗等导入性的介绍—圆圈锅庄舞队形—小尔玛山间劳作的一天—羌族祭祀风俗舞蹈等各种教学情景,还原了羌族人民年节围圈载歌载舞的盛会场景。和孩子们一起对歌,一起上山挑水,一起围着圆圈载歌载舞,还一起来到羌族年会的现场,参加了庄重的祭祀仪式,表演了羊皮鼓舞。生动活泼的教学形式让孩子们在期待中探索和学习,在游戏式的、生活化的情景体验活动中感受羌族萨朗的舞蹈魅力,并懂得了艺术来源于生活的真谛。整个课堂气氛活跃,参与度高。

综上所述,这节羌族萨朗舞教学探索,对如何有效利用四川地方音乐课程资源,如何传递和渗透我们身边的民族文化,从而热爱和传承这样的文化提供了一种示范,是一节非常具有研究价值的课例!真心希望我们的音乐教育工作者们能以这样的实践形式让中小学音乐课堂成为传承民族文化的主渠道;让我们可爱的孩子们能通过这样的课堂,享受音乐的乐趣、学会去感受身边的美,让艺术的种子在心中生根发芽。

教学设计思路及过程

成都市龙江路小学　赵薇

【教材分析】

羌族是生活在四川省阿坝藏族羌族自治州内的一个古老的民族,长期聚居于高山或半山地带,被称为"云朵上的民族"。羌族源于古羌,相传古羌人以放牧羊群著称于世。羌族不仅仅是华夏民族的重要组成部分,同时对中华民族历史的发展和形成都有着广泛而深远的影响。羌族锅庄即萨朗,原为羌语北方言词汇,意为"唱起来、跳起来",是羌族古老的民间自娱性舞蹈。羌族萨朗是典型的歌舞一体的西南少数民族艺术形式。男女分列拉手成圈,舞蹈开始,男女轮流唱一遍传统颂歌,然后男女共同边唱边跳,动作灵活多样,其腿脚灵巧轻快,身体以多侧面的摆肩、顶胯的轴向转动为特点,所唱歌曲多是口头流传下来的古老民歌,其曲调欢快、流畅、节奏跳跃、明朗抒情,主要用羌语演唱。别致的舞蹈动作和音乐特点,构成了萨朗舞独特的风格和魅力。羌族萨朗是羌族独有的代表性文化,已列入四川省第二批非物质文化遗产名录。

羌族萨朗舞选自四川省中小学地方音乐课程资源《川腔蜀韵》上册。因教材中"萨朗姐"属于羌族女子群舞,且音频和视频原始资料匮乏,为了让四年级的小学生都参与到舞蹈学习中来,本课根据教材中对萨朗舞的教学要求,多方查找与搜集,在茂县人民政府发布的羌族萨朗文化的音像资料中选取了萨朗歌舞《沙由阿由勒》,作为本课的教学资源。《沙由阿由勒》是一首情绪欢快热烈、速度稍快的四二拍的歌曲,分为A、B两段。本课力求用舞蹈、演唱、情景体验、乐器演奏等综合参与的方式,让学生感受羌族萨朗舞蹈的特点,初步了解我省具有代表性的羌族地方舞蹈文化,表达羌族人民对生活的热爱和感恩之情,唤起孩子们对古老艺术文化的喜爱。

【学情分析】

《义务教育音乐课程标准(2011年版)》提出:"聆听中国民族民间音乐,了解有代表性的地区和民族的民歌、民间歌舞、民间器乐曲和以京剧为代表的中国戏曲及曲艺音乐,体验其不同的风格。"《义务教育音乐课程标准(2011年版)》课程内容中还提到:【3-6年级】"能够主动地参与综合性艺术表演活动;在有情节的音乐表演活动中(如儿童歌舞剧)担当一个角色。"

三到六年级的学生已经开始步入了少年期,少年期的学生在生理方面最为显著的变化是身高、体重的急剧发育,因此适度的形体课程学习对于少年期学生的身体发育具有积极的促进作用,同时少年期学生的大脑与听觉器官已经发育成熟,对于舞蹈、形体动作的反应速度明显提高,同时舞蹈与音乐结合时的肢体组织能力也显著增强,能够通过舞蹈律动较好地感受时间与空间的变化。

我校学生经过了三年形体课的学习,动作协调能力得到了很大提高,学会了基本的儿童舞步,对部分民族民间舞的特点也有了一定的了解,能够通过舞蹈的方式来表达自己的情感。由此,在课标的指导下,结合四川省中小学地方音乐课程资源川腔蜀韵这本补充教材,根据孩子们的特点,本课选取了教材中具有独特风格和魅力的羌族萨朗,音乐曲调欢快、流畅、节奏跳跃、明朗抒情,主要用羌语演唱,别致的舞蹈动作和音乐特点能够吸引全班小朋友积极参与学习。羊皮鼓的环节让小朋友们在音乐表演中担任角色,最大限度地调动他们的积极性和参与度,让孩子们在欢乐的学习中感受民族歌舞的魅力。

【教学目标】

1. 学生乐于参与羌族萨朗《沙由阿由勒》的学习,初步感受羌族人民以歌舞的形式表达自己对生活的热爱和感恩之情。

2. 初步掌握羌族舞蹈特有的"顶胯""顺摆步"等基本动律,感受羌族萨朗舞的风格特征并能愉悦地参与锅庄表演;初步了解羊皮鼓和"释比",体验羌族祭祀性舞蹈。

3. 能在游戏、模仿表演、互动对歌、舞步学习、羊皮鼓祭祀舞蹈等活动中,体验羌族来源于生活的原汁原味的舞蹈表演形式。

【教学重点】

学生学跳羌族萨朗《沙由阿由勒》,了解和体验羌族人民通过歌舞还原民族生活的风俗习惯与风土人情。

【教学难点】

学生能初步掌握羌族萨朗舞特有的"顶胯""顺摆步"等基本动律。

【教具准备】

羊皮鼓、自制羌族刺绣手环、PPT、音响设备、舞蹈鞋。

【教学过程】

教学环节	教师活动	学生活动	设计意图
一、初步了解萨朗文化	播放PPT,简要介绍羌族民俗文化(云朵、碉楼、服饰、羊图腾)。	观看PPT,听教师介绍羌族民俗文化。	图文并茂,帮助学生初步了解羌族的民俗文化。
二、熟悉舞蹈音乐	师：羌族不仅有高高的碉楼、漂亮的服饰,还有动听的歌曲和热情的舞蹈,你们听,羌族男生和女生还会用歌声对话呢! (一号队形) 1.播放歌曲A段,并提问。 2.再次播放A段,并在歌曲衬词处做表演点指的动作。 3.播放全曲(A、B段),师坐姿示范点指和脚尖的律动。 4.再次播放全曲(A、B段),师边唱衬词边表演萨朗舞步。 5.播放全曲(A、B段),引导学生一起边唱衬词边表演。	1.初听,感受羌族萨朗音乐特点。 2.听歌、观察并回答：他们在唱"呀、呀撒、呀撒撒"! 3.模仿老师做点指和脚尖的律动。 4.边听老师演唱衬词,边观看老师的脚尖律动。 5.演唱衬词并随老师在圆圈上舞蹈。	1.熟悉《沙由阿由勒》的音乐结构及特点,并在锅庄队形上初步体验舞步。 2.通过舞和对歌的体验,初步感受羌族萨朗的快乐情绪,由此产生喜爱之情。
三、情景表演	(一)情景表演：羌族人民劳作的一天 1.教师讲解羌语"沙由阿由勒"。 师：歌曲里这么热情的邀请,是发生了什么事? 2.教师边讲述故事边表演羌族人民日常上山劳作的场景。 3.教师描述羌族人民日常劳作的场景,重点突出爬坡、下坡、过独木桥、蹚水等。 (二)教师示范舞蹈《沙由阿由勒》 1.播放PPT,介绍"羌族萨朗"。 2.教师完整表演舞蹈。	1.学习理解羌语"沙由阿由勒"。 2.听故事并观看老师的表演。 3.根据老师讲述内容即兴情景表演。 4.观看老师舞蹈示范动作。	1.通过情景表演,让学生体验羌族人民劳作的场面,为感知生活与舞蹈的关联埋下伏笔。 2.在观赏老师示范表演中发现羌族舞蹈与生活的紧密联系,产生浓厚的学习兴趣。

续表

教学环节	教师活动	学生活动	设计意图
四、学习舞蹈《沙由阿由勒》	(一)教授"顺摆步" 师:我们来学习今天舞蹈里的一个最具羌族特色的舞步,顺摆步。叫这个名字可是有原因的。【教师示范羌族人上山、下山、过独木桥的动作】 1.师引导学生观察动作,发现规律。 (2号队形) (1)颤膝、横移、挥臂练习。 师:双手叉腰,注意,爬山首先要放松你的膝盖,不能硬邦邦的! (2)顶胯练习。 师:过独木桥要横着迈步,脚尖朝前,要慢慢移动重心,注意肩、胯、脚在一条直线上,右脚膝盖屈膝、收回、屈膝、收回,身体往上仰一点。 (3)师唱A段边带领学生练习顺摆步。 (4)师唱A段带领学生练习顺摆步+退踏步。 师:背水桶时后背被压得平平的,上山时身体前倾,下山时身体后仰。 (二)教授"小腿悠动步" 教师示范小腿悠动步 (三)完整练习舞蹈《沙由阿由勒》 师带领学生围圈边慢速演唱歌曲边完整表演舞蹈。 (四)和音乐完整表演萨朗《沙由阿由勒》 (五)体验萨朗对歌 1.教唱《沙由阿由勒》A唱段。 2.引导生进行A段对唱。 3.引导生交换角色再次体验A段对唱。 4.引导男女生分组对唱。 5.引导男女生练习语气词"吓喂""哟喂"。 (六)完整表演对歌、舞蹈 带领生完整体验萨朗的歌舞表演。	1.盘坐观察,并回答:这些动作都是同手同脚的。 2.在2号队形上学习体会颤膝、横移、挥臂的动作。 3.随老师讲解反复练习顶胯动作。 4.和音乐练习顺摆步。 5.复习退踏步,体会塌腰的动作要领。 6.学习悠动步。 7.合音乐,在锅庄队形上练习三个舞步。 8.学唱A段。 9.用衬词应答。 10.交换角色再次体验A段对唱。 11.分角色对唱。 12.分角色练习 13.在锅庄队形上完整表演萨朗《沙由阿由勒》	1.通过教师的示范讲解,让学生感知羌族独具特色的"顺摆步"。 2.语言创设劳作情景,突破舞步的重难点。 3.学生以载歌载舞的形式体验萨朗带给羌族人民的欢乐,巩固羌族萨朗的舞步。
五、体验萨朗中的祭祀性舞蹈片段	(一)认识羊皮鼓 师:刚才同学们的表演太精彩了,我仿佛来到了羌族年会的现场。这时从圆圈中走出了一位白发苍苍的老者,他是羌族的首领,羌族人尊称他为"释比",在羌族年会开始时,他首先会带领全族的男子完成一个隆重神秘的祭天、祭神的仪式,他还带来了一样重要的祭祀法器,你们想看看吗?		

续表

教学环节	教师活动	学生活动	设计意图
五、体验萨朗中的祭祀性舞蹈片段	1.师出示介绍羊皮鼓。 2.羊皮鼓舞初体验。 (1)师用羊皮鼓击打出三个不同的节奏并配合上舞蹈动作,请生模仿。 (3号队形)	1.认识羊皮鼓。 2.男生模仿羊皮鼓的鼓点击打节奏和舞蹈。	1.通过参与羊皮鼓的活动,体验羌族人民祭祀与舞蹈的密切联系,让孩子们感受羌族独特的祭祀文化。 2.在祭祀舞蹈的表演中增强男生表演的自信。
六、完整表演	师:好,羌族年会节的祭祀活动要正式开始了,注意,这是一个庄严隆重的仪式,女生这个时候只能静静地观看男生的表演,男生准备,当鼓舞结束时,请我们的小释比大声呼喊"沙由阿由勒",你试试! 此时,所有的孩子起立准备,我们的对歌比赛,舞蹈表演就要开始了! 1.指导学生完整演出。 2.小结。 师:今天我们以载歌载舞的形式,体会了艺术来源于生活,同时还了解了我们的羌族文化。其实我们四川还有很多少数民族,他们都有各自独特的艺术文化,让我们把这些经典的民间艺术代代相传。	1.完整表演。 2.踏着舞步离开教室。	1.学生在羌族年会的情景表演中,再次体验羌族萨朗的风格和魅力。 2.教师小结唤起孩子们对古老艺术文化的喜爱。

【思维导图】

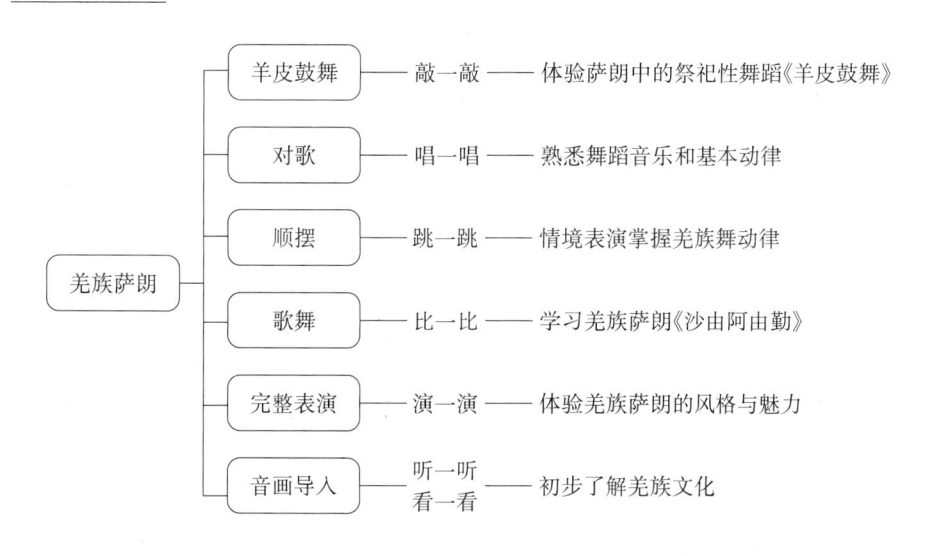

羌族萨朗
- 羊皮鼓舞 —— 敲一敲 —— 体验萨朗中的祭祀性舞蹈《羊皮鼓舞》
- 对歌 —— 唱一唱 —— 熟悉舞蹈音乐和基本动律
- 顺摆 —— 跳一跳 —— 情境表演掌握羌族舞动律
- 歌舞 —— 比一比 —— 学习羌族萨朗《沙由阿由勤》
- 完整表演 —— 演一演 —— 体验羌族萨朗的风格与魅力
- 音画导入 —— 听一听 看一看 —— 初步了解羌族文化

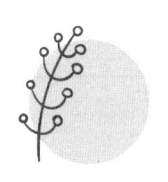

民间艺术明珠
——古蔺花灯

教学建议

指导教师：四川省成都市双流艺体中学　陈双

　　古蔺花灯相传源于唐宋，距今已有上千年的历史。又据《古蔺县志》记载：清代中叶，古蔺花灯已盛行民间，俗称"扭扭灯"，每年正月初二至十八，人们走街串巷"耍花灯，贺新年"，说唱吉祥，祝福平安。经历数代人的传承，深受当地民众喜爱，古蔺县也因之被称为"花灯之乡"。

　　汉族民间舞蹈古蔺花灯是流行于四川省泸州市古蔺县一带的歌舞艺术，表演风格众多，主要包括逗、笑、拽、闹、唱、跳等，这种丰富的表演风格使得居住于此的彝、苗等民族及黔北的仁怀、赤水、金沙、毕节、习水等地对此舞蹈均予以传习。古蔺花灯节目的内容有"贺年祝福""赞勤斥懒"以及传播公德公理等，但更多是以表现山区男女之间质朴的爱情为题材。伴随着民俗节庆活动，以"灯班"为组织，以双人对舞的形式，集舞蹈、音乐、戏剧、说唱、文学、美术等多种文化于一体。

　　古蔺花灯基本为双人对舞形式，其丰富的舞步与各种造型都具有极高的舞蹈技巧性。古蔺花灯民间俗称"扭扭灯"，是四川省泸州市古蔺县优秀的民族民间音乐，也是我国第四批国家级非物质文化遗产。张馨月老师采用欣赏综合课的课型，走进义务教育段九年级的音乐课堂，其目的就是为了传承中华优秀的地方音乐文化、培养学生审美感知、艺术表现、文化理解的学科核心素养。

本节课从我国第四批国家级非物质文化遗产"古蔺花灯"入手,在整个执教过程中突出了以下三个特点:

一、用音乐舞蹈相结合的方式,注重文化理解

本节课重点抓住古蔺花灯《逗幺妹》中的两个典型动作"踩十字""矮子步"和古蔺花灯《逗幺妹》的主题音乐。首先,执教者让学生了解古蔺花灯的基本知识,理解和感知传统古蔺民间花灯和现代古蔺花灯的表演区别。传统古蔺民间花灯广泛流行于古蔺县的广大农村,它的表演场地常常设立在堂屋或者院坝中。在表演道具方面,男演员右手握蒲扇,女演员双手捏巾,表演形式为男女双人舞。在表演中他们有固定的名字,男演员被称为"唐二",人物性格活泼、幽默;女演员被称为"幺妹",人物性格灵巧、俏皮,他们是古蔺花灯主要的人物角色,因此古蔺花灯也被称为"南方的二人转"。同时,在传统古蔺花灯表演中,幺妹通常由男性来扮演。现代古蔺花灯则被搬上了现代化的艺术舞台,在表演道具上,唐二由右手握蒲扇变成了右手持灯,幺妹由双手捏巾变成了左手持灯、右手握折扇,在表演形式上也从传统的双人舞表演拓展成了多人群舞,其中幺妹的扮演者都变成了女性。

结合相关资料,执教者在教学内容设计上化繁为简,着重对比了二者的区别,并引导学生自己观察,完成对比表格,如下图:

	表演场地	表演道具	表演形式
传统古蔺花灯	堂屋或院坝	男:右手握蒲扇 女:双手捏巾	双人舞 幺妹:男扮女装
现代古蔺花灯	舞台	男:右手持灯 女:左手持灯 右手握折扇	群舞 幺妹:女性扮演

以上教学内容对于对古蔺花灯陌生的学生来说是很关键的,它既向学生普及了古蔺花灯的基本知识,又引发了学生的学习兴趣。执教者再结合主题音乐,跟着音乐去表演,到最后的边唱边跳互动体验式环节设计,有力地激起了学生对汉族民间艺术古蔺花灯的喜爱,特别是让学生深入地体验和领悟了国家非物质文化遗产古蔺花灯的艺术与人文魅力。

二、在体验互动环节,提升学生艺术表现能力

在提升学生艺术表现力的相关教学环节中,执教者考虑到所教授的学生为初学者,舞蹈基础薄弱甚至缺乏,就在课堂中采用了循序渐进,逐步提升的教学策略。

首先,让学生们通过欣赏和模仿古蔺花灯《逗幺妹》的舞蹈动作,感受古蔺花灯舞蹈中热闹、喜庆的表演场面,体会古蔺人淳朴的性格魅力,以及他们对生活的热爱,再结合自己观察的内容做简单的模仿,初步感受古蔺花灯"要唱要跳,要逗要闹"的表演风格。其次,指导学生学习由传统古蔺花灯舞蹈动作演变而来的"踩十字"和"矮子步"以及唐二和幺妹的组合动作"鸳鸯展翅",例如学习动作一"踩十字"。第一,前两步向前垫脚拧胯,后两步垫脚踏步。第二,学习"踩十字"的手部动作,双手高于头顶,左手举灯保持不动,右手握扇里绕花,拍绕一次。第三,手脚配合完成"踩十字"动作。之后,学习动作二"矮子步"。第一,教师做示范动作,使学生掌握动作要领:半蹲,直腰。第二,学习"矮子步"的脚下步伐,半蹲,前进四步,后退四步,一拍一步。第三,学习"矮子步"的手部的动作,右手持灯在上,高于头顶,随节奏一拍一次自然摆动左手叉腰。第四,手脚配合完成"矮子步"动作。学习动作三鸳鸯展翅。执教者同样进行了分步骤、细致的教学。第一,准备位:两个同学一正一反,并排站,扮演幺妹的同学站正面,扮演唐二的同学站反面。幺妹左手举灯在斜上位,右手握折扇在斜下位,唐二左手握住幺妹手里的灯,右手举灯在斜上位。注意在完成"鸳鸯展翅"整个动作的过程中两个人要相互对看。第二,学习前四拍动作:幺妹半蹲踏步走,同时右手握折扇斜下位绕花,逆时针向左走半圈,走到唐二的位置上。唐二垫脚走,同时右手举灯仍然保持在斜上位,顺时针向左走半圈,走到幺妹的位置上。第三,教授后四拍动作:幺妹重复刚才唐二的动作,垫脚走,右手握折扇变成斜上位绕花,顺时针向左走半圈,回到最初的位置上。唐二重复刚才幺妹的动作,半蹲踏步位走,右手举灯变成斜下位,逆时针向左走半圈,回到最初的位置上。

通过教师示范,学生两两配合,跟着音乐展示等一系列由浅到深的教学活动,让学生在相互合作,共同体验的课堂中,潜移默化地提升了各自的艺术表现能力感受了古蔺花灯舞蹈中逗与闹的民俗欢乐。

三、深挖教材,升华课程主题

整节课的高潮是最后师生边歌边舞。同学们拿上道具在音乐声中边唱边跳,再一次感受古蔺花灯的艺术魅力。课程中这样的体会式感受,在学习舞蹈动作、学唱古蔺花灯

《逗幺妹》主题音乐的环节中都有反复呈现,其目的是让学生深刻理解跳花灯是生活的见证者,是文化的传承者,更是文明的书写者。古蔺花灯以其独特的魅力,成了绽放在我们四川地区一颗耀眼的民间艺术明珠,为此张馨月老师在准备课程时做了大量的资料查证工作,并亲自前往四川省泸州市古蔺县采风,通过当地的文化艺术工作者了解、收集到了大量关于古蔺花灯的书籍和影视资料,并借来花灯道具和服饰在课堂当中展示,让学生们亲眼、亲身体会和感受。

本节课的核心内容是用体验式的教学手段教授学生学习由传统古蔺花灯演变的花灯舞蹈动作"踩十字""矮子步"和"鸳鸯展翅",同时在唱跳结合的环节中让学生综合感受我国非物质文化遗产艺术的魅力,感受古蔺花灯"要唱要跳、要逗要闹"的表演风格,进一步提高学生的审美感知和艺术表现能力,增强学生对中国民族民间舞蹈以及地方民族舞蹈文化的热爱,深化学生的民族自信心。整个教学过程以聆听、欣赏音乐为路径,感受、体验音乐为学习活动,层次清晰、目标精准,是一节全面落实音乐新课程标准理念,彰显音乐课程育人的优秀课例。

总之,本节课的教学目标明确、重难点定位准确、课程资源开发丰富,执教者教态大方得体,教学语言精练。整节课通过比较教学法,探讨传统古蔺花灯与现代古蔺花灯在表演上的区别与不同,提升学生的知识储备量,加深对古蔺花灯的文化理解。

教学设计思路及过程

四川省成都市新都一中　张馨月

【教学内容】

本节课通过理解、感知传统古蔺花灯和现代古蔺花灯表演方面的区别后,着重学习了由传统民间古蔺花灯演变、改编的"踩十字"、"矮子步"和"鸳鸯展翅"的舞蹈动作,结合古蔺花灯《逗幺妹》主题音乐,让学生体验古蔺花灯"要唱要跳,要逗要闹"的表演风格。

【教材分析】

古蔺花灯来自"花灯之乡"四川省泸州市古蔺县,民间俗称"扭扭灯",是一种集唱、念、跳、打(乐器伴奏)于一体,自娱自乐的汉族民间艺术表演形式,它包括传统古蔺花灯以及由它改编的适合于舞台表演的花灯剧和现代花灯歌舞。2014年,古蔺花灯被列入我国第四批国家级非物质文化遗产名录。

【学情分析】

1. 初中三年级的学生已经步入了青春期,青春期的学生在生理方面最为显著的变化是身高、体重的急剧发育,同时第二性征基本稳定,因此适度地学习形体对少年期学生的身体发育具有积极的促进作用。同时,青春期学生的大脑与听觉器官已经发育成熟,对于舞蹈、形体动作的反应速度明显提高,逻辑思维能力增强,因此对舞蹈与音乐结合时的肢体组织能力也显著增强,能够通过舞蹈律动更好地感受时间与空间的变化。在对作品的审美感知方面,初中三年级的学生相比初一、初二的学生来说有一定的理解和学习能力,但在艺术表现方面主动性一般,因此本节课采用体验式互动教学法,激发学生的学习兴趣,培养学生的主动性。

2. 初中三年级的学生由于之前缺乏对中国民族民间舞蹈,特别是缺乏对地方特色非遗舞蹈知识的储备,教师在教学过程中面对的学生犹如一张白纸,因此出色的教学是让学生在民间歌舞方面产生浓厚兴趣的关键。教师对民间歌舞的教学不能仅仅停留在谱例和书本,要带领学生通过一定的舞蹈律动与趣味知识去感知民间歌舞。因此本节课通过审美感知去开拓学生对古蔺花灯这一民间歌舞形式的了解;通过艺术表现去亲自体验并理解民间歌舞的魅力,储备相应的歌舞知识;通过文化理解拓宽学生艺术视野,将学生对于音乐的欣赏带入更高的层次,激发学生热爱民族优秀文化的情怀,唤醒学生传承中国民族优秀传统文化的热情。

【教学目标】

1.在欣赏古蔺花灯表演的音视频中,感知集"唱、念、跳、打(乐器伴奏)"为一体的艺术表现风格特点。

2.通过演唱古蔺花灯《逗幺妹》的主题音乐,参与"踩十字"、"矮子步"和"鸳鸯展翅"的舞蹈表演,增强学生艺术表现能力。

3.通过对比分辨、互动式体验等学习活动理解相关民族民间音乐文化,激发学生传承优秀民族音乐文化的热情。

【教学重难点】

1.教学重点:感知民族民间音乐古蔺花灯艺术风格,理解相关音乐文化。
2.教学难点:学习并掌握古蔺花灯主要的舞蹈表演动作"踩十字""矮子步""鸳鸯展翅"。

【教学资源】

多媒体、花灯、折扇、蒲扇、水瓶、丝巾、歌谱等。

【教学过程】

教学环节		教师教学活动	学生学习活动	设计意图
一、舞蹈表演导入		师:同学们好! 师:同学们,今天老师给大家带来了一段舞蹈,请同学们欣赏。 师进行古蔺花灯表演。 师:好的,谢谢同学们的掌声。你们知道老师刚才表演的这段舞蹈是什么类型的舞蹈吗? 师:谈谈对它的认识? 师:同学们回答得都很好,刚才老师听见同学们有说……有说…… 师:在这里,老师也简单地给大家介绍一下,民族民间舞的形成是由于人们的生活、历史等因素的差异,形成的不同民族风格和地方特色的舞蹈。古典舞是经过历代专家的提炼、整理、加工形成的具有一定典范意义和古典风格的舞蹈。 师:那么,结合老师的表演和介绍,请你再判断,老师究竟表演的是什么类型的舞蹈? 师:是的,刚才老师表演的舞蹈就属于我国民族民间舞。同学们,你们喜欢民族民间舞吗?	1.欣赏教师表演。 2.思考,并回答问题。	通过教师表演古蔺花灯舞蹈,引导学生初步观察该舞蹈的表演形态,了解我国民族民间舞的理论概念,激发学生学习兴趣,引入课题。
二、新课学习	(1)基本知识介绍,感知传统与现代古蔺花灯表演上的区别。	1.介绍古蔺花灯的相关知识。 2.师:同学们,你们了解古蔺花灯吗? 师:下面,就让老师来简单介绍一下古蔺花灯。 师:古蔺花灯来自"花灯之乡"四川省泸州市古蔺县,民间俗称"扭扭灯",是一种集唱、念、跳、打(乐器伴奏)于一体,自娱自乐的汉族民间艺术表演形式,它包括传统古蔺花灯以及由它改编的适合于舞台表演的花灯剧和现代花灯歌舞。同时,在2014年古蔺花灯也被列入我国第四批国家级非物质文化遗产名录。	1.聆听并记载。	1.通过讲解古蔺花灯理论知识,提升学生相关文化的理解能力,为下面的学习做铺垫。

续表

教学环节		教师教学活动	学生学习活动	设计意图
二、新课学习		师:请同学们分别欣赏传统古蔺花灯的表演片段和现代古蔺花灯的表演片段。 3.师:在传统古蔺民间花灯表演中,表演场地、表演道具、表演形式都有什么特点? 师:在现代古蔺花灯的表演中,表演场地、表演道具、表演形式都有什么变化?	2.欣赏表演片段,仔细观察,回答问题。	2.通过观看传统和现代古蔺花灯表演片段,培养学生自主学习的能力,让其对古蔺花灯的表演有了进一步的认知和理解。
	(2)学习并表演古蔺花灯中的两个主要舞蹈动作。	1.播放古蔺花灯《逗幺妹》的视频,总结古蔺花灯的表演风格。 师:对古蔺花灯有了基本的认识后,下面请同学们欣赏一段传统古蔺花灯的表演片段,仔细观看,并找出其表演场地、表演道具、表演形式各有什么特点。 2.示范古蔺花灯中典型的舞蹈动作"踩十字"和"矮子步"。 师:作为初学者,同学们表现得很积极,模仿能力也不错,通过欣赏和模仿古蔺花灯《逗幺妹》的舞蹈动作,我们感受了舞蹈热闹、喜庆的表演场面,同时也体会到了古蔺人淳朴的人格魅力,以及对他们对生活的热爱,整个舞蹈充分体现了古蔺花灯"要唱要跳,要逗要闹"表演风格。下面,请同学们跟着我一起在舞蹈中寻找、体会逗与闹的民俗欢乐。 师:今天,我们学习的"踩十字"和"矮子步"舞蹈动作是由传统古蔺花灯舞蹈改编的。 师:首先,请同学们跟我学习"踩十字",先看老师做示范动作。 3.示范组合动作"鸳鸯展翅"。 4.引导学生一起跟着音乐表演这三个舞蹈动作。	1.模仿古蔺花灯《逗幺妹》表演中的主要舞蹈动作。 2.学习古蔺花灯中典型的舞蹈动作"踩十字"、"矮子步"和"鸳鸯展翅",并分组练习。	通过观看模仿、学习、表演三个环节的教学,培养学生的艺术表现力,在互动体验的环节中,提升了审美感知和合作能力。

续表

教学环节	教师教学活动	学生学习活动	设计意图
二、新课学习	（3）学唱古蔺花灯《逗幺妹》主题音乐 1.教师示范演唱古蔺花灯《逗幺妹》的主题音乐。 师：同学们观察得都很好，由于传统古蔺民间花灯广泛流行于古蔺县的广大农村，因此它的表演场地常常设立在堂屋或者院坝中。在表演道具方面，男演员右手握蒲扇，女演员双手捏巾，表演形式为男女双人舞。他们还有固定的名字，男演员被称为"唐二"，人物性格活泼、幽默；女演员被称为"幺妹"，人物性格灵巧、俏皮，他们是古蔺花灯主要的角色，因此古蔺花灯也被称为"南方的二人转"。在传统古蔺民间花灯的表演中，幺妹通常由男性来扮演，也就是我们常说的"男扮女装"。 师：好了，欣赏和认识了传统古蔺民间花灯的表演后，让我们再来欣赏一段经过改编，新创作的现代古蔺花灯《逗幺妹》的表演片段，同时，请思考，在表演场地、表演道具、表演形式上都有什么变化。 2.播放现代古蔺花灯《逗幺妹》的视频片段。 师：欣赏了现代古蔺花灯《逗幺妹》的表演片段后，请举手谈一谈在表演场地、表演道具、表演形式上都有什么变化？ 3.师：按照民歌体裁的分类，你认为这段主题音乐属于小调、劳动号子、山歌中的哪一种呢？	1.聆听。 2.跟着音乐，轻声完成第一遍演唱。 3.回答问题。 4.跟着音乐，完成第二遍演唱。	引导学生在歌唱中体会古蔺花灯音乐风格，通过介绍民歌种类，引导学生自主判断主题音乐分属的民歌类型，培养学生自主学习音乐的能力。
	（4）唱跳结合进行表演	引导学生边歌边舞。	跟随老师一起舞蹈。	温故而知新，课程最后的表演环节，是对本节课学习内容的检验，也让学生在总结性的表演中提升对古蔺花灯的审美感知，呈现最终的学习效果。
三、拓展与总结	师：同学们，你们表演得真棒！请坐。在刚才的表演中，你们用自己的所学、所感将古蔺花灯的质朴与热情、逗与闹传达了出来。通过今天的学习，我们也认识到了跳花灯是生活的见证者，是文化的传承者，更是文明的书写者。古蔺花灯以其独特的魅	学生边歌边舞离开教室。	引导学生热爱民族艺术和地方音乐舞蹈文化，在提高学生审美情趣的同时，注重培养学生的民族自信心。

续表

教学环节	教师教学活动	学生学习活动	设计意图
三、拓展与总结	力,成为绽放在我们四川地区一颗耀眼的民间艺术明珠。我希望同学们能够真正珍藏和喜爱古蔺花灯,喜爱我国这些非物质文化遗产艺术,并把它们传承下去,发扬下去。 师:最后,请同学们随着音乐表演古蔺花灯的舞蹈,愉快的离开教室吧。		
四、课堂板书	民间艺术明珠——古蔺花灯 一、导课 二、新课　　　　　　　表演:舞蹈片段《开门调》 1.古蔺花灯的基本概念 2.感知传统与现代古蔺花灯表演区别 　　　　　　　　①学一学 　　　　　　　　②唱一唱 　　　　　　　　③唱跳结合 三、传承与发扬		
五、总结反思	本节课设计思路清晰,教态自如,教学环节的设计难度层层递进,学生学习主动性较强,达到了较好的教学效果。不足之处在于课堂气氛需要再活跃一些,分组练习后教师应该再多纠正一下学生的舞蹈动作。		
六、思维导图			

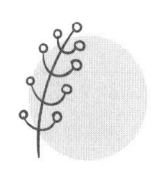

百花争妍

教学建议

指导教师：成都市武侯区教育科学发展研究院　颜克

　　川剧，也俗称为川戏，主要流行于中国西南地区如川、渝、云、贵四个省市的汉族地区，是融合高腔、昆曲、皮黄、梆子和四川民间灯戏五种声腔艺术而形成的传统剧种。而重庆川剧受到重庆广博性情的陶冶，铸就了包容的胸襟。

　　明末清初，由于各地移民入川，以及各地会馆的先后建立，多种剧种也相继流播四川各地，并且在长期的发展演变中，与四川方言、民风民俗、民间音乐、舞蹈、说唱曲艺、民歌小调相融合，逐渐形成具有四川特色的声腔艺术，从而促进了四川地方戏曲剧种——川剧的发展。由于川剧是一门古老的艺术，也是一门综合性极强的艺术，因此学生对它的了解不多。因为它综合性强，老师又应从哪里着手把这门古老的艺术传递给学生呢？从川剧的现状来看，作为四川地方性文化的代表，它存在着传承断代的现象。国家在大力培养表演者，可是欣赏者却已经老去。教育工作者普及性地开展地方性音乐课程，这对传承我国的传统文化起着至关重要的作用。

　　朱云老师执教的《百花争妍》一课是一堂面向普通中学生的、有大量川剧元素的戏曲舞蹈欣赏综合课。在40分钟的时间里，从川剧传统的"唱念做打""手眼身法步"到最前沿的舞美体验，朱老师不仅将学生引入了一个全新的舞蹈世界，更通过视频、音乐、舞蹈、示范、模仿、表现等多种教学形式，让同学们深深感受传统与现代的碰撞，传统与创新的结合。戏曲舞蹈激发学生们对四川地方戏曲舞蹈的兴趣，丰富其艺术审美的宽度和深度，激励学生在品味舞蹈艺术的过程中热爱地方传统文化，让这古老而又绚丽的艺术薪火相传。

一、以"趣"贯穿始终，巧妙融入教学目标

本课从导入环节开始，执教者就通过几个简单的川剧表演手法来激发学生的学习兴趣，再通过模仿把学生们的兴趣引入本课，为后面的音乐教学做好铺垫。在"水袖"的体验学习过程中，执教者为了拉近学生和戏曲舞蹈的距离，为每位学生都准备了一件水袖，并让其现场穿起来，让他们在兴趣盎然中真实感受和体验水袖丰富的表现力。

二、以"美"贯穿始终，多角度完成教学目标

在教学过程中，执教者通过美词、美诗、美舞、美歌把川剧的美传递给学生，让其体会古老文化真正的魅力，激发学生学习传统文化的兴趣。如在本课中，执教者设计了一个教学环节：欣赏舞蹈，感受水袖表现的春景图。在学生回答的过程中，提炼出相对应的"一枝独秀""竹外桃花三两枝""一江春水""万紫千红满人间"等画面，把美传递给了学生，也让学生在美中感受川剧水袖的魅力。

三、以"练"贯穿始终，层层落实教学目标

本节课对水袖的学习从观看视频、教师示范、学生模仿、自主练习、完整表演的每一个环节中，都与学生的实践、练习紧密结合起来。从最开始的模仿练习，到对春景图的创新性表现，都是由易到难，层层深入。在教学中，老师从模仿几个简单动作，到身段、眼神、步伐、念白到最后分组、分角色、分画面的综合表演，一直在练的过程中，通过练让学生体验川剧的"四功五发"，通过练让学生体会川剧行当的不同表现方式，通过练让学生感悟水袖丰富的表现力，也通过练持续落实教学目标。

四、以"文化"贯穿始终，力求升华教学目标

弘扬民族音乐文化，培养学生对传统音乐文化的热爱，是我们音乐教师的重要任务。我国幅员辽阔，各个地方形成了不同特点的地方戏曲。本节课执教者在戏曲舞蹈的教学

过程中采用了对比欣赏不同版本的《百花争妍》的方式,让学生在感受、体验舞蹈艺术美感和了解地方舞蹈文化的过程中,提升民族认同感和对家乡的自豪感,提升我们的文化自信。

相信,这堂课之后,戏曲舞蹈对于学生来说不再陌生,戏曲音乐对于学生来说也不再陌生,戏曲表演对于学生来说也不再陌生,它在给学生带来丰富的艺术美感的同时,也将为学生打开通往地方音乐文化的大门。

教学设计思路及过程

成都市棕北中学　朱云

【教材分析】

《百花争妍》由四川著名导演刘凌莉、李崇敏编导,获第十届桃李杯舞蹈比赛群舞创作、表演双金奖。该舞蹈在戏曲基础上时尚化,在川剧基础上大众化,把戏曲水袖舞蹈化,刚柔相济、情景交融、技艺结合,让人耳目一新。通过川剧造型、化妆、头饰、水袖、身段来描绘了一幅百花盛开图,表现了花一样妩媚的"川妹子"。本课以水袖的功法作为切入点,让学生体会和感受川剧舞蹈的韵味。耍水袖是川剧旦角的基本功之一,对表达人物的思想感情和创造优美的舞蹈身韵有重要的作用。本课在水袖技法舞蹈化和川剧音乐元素相结合的基础上,通过看、听、念、舞激发学生对家乡本土优秀传统音乐文化的喜爱之情,感受川剧的韵味,体会川剧的魅力。

【学情分析】

七年级的学生已经步入了青春期,青春期的学生在生理方面最为显著的变化是身高、体重的急剧发育,同时第二性征基本稳定,因此适度的形体课程学习对于少年期学生的身体发育具有积极的促进作用,同时青春期学生的大脑与听觉器官已经发育成熟,对于舞蹈、形体动作的反应速度明显提高,抽象逻辑思维能力增强,因此对舞蹈与音乐结合时的肢体组织能力也显著增强,能够通过舞蹈律动更好地感受时间与空间的变化。在音乐学习上,尤其是需要肢体律动的歌舞艺术上虽然有些害羞和腼腆,但求知欲和好奇心强,也具备一定的学习能力和一定的音乐基础。由于他们对传统音乐文化的了解还不够深入,本节课将通过激发学生探究和体验的兴趣,引导其积极参与到水袖和川剧念白的学习中,培养其主动表现的能力。因此本节课通过审美感知去开拓学生对于川剧这一民间戏曲艺术的认识;通过艺术表现去体验并理解戏剧艺术的魅力,储备相应的戏曲知识;通过文化理解拓宽学生艺术视野,将学生对于音乐的欣赏带入更高的层次,这样才能激发学生热爱民族优秀文化的情怀,唤醒学生传承中华优秀传统文化的热情。

【教学目标】

1.初步感知戏曲舞蹈《百花争妍》,模仿学习水袖的简单动作,感知水袖丰富的表现力。

2.学习川剧念白,通过念白进行分行当的水袖表演,体会水袖不同的表现方式。

3.理解不同文化语境中舞蹈艺术的人文内涵,以此陶冶情操,涵养美感,激发学生传承优秀民族文化的热情。

【教学重点】

体验水袖的简单动作,感受水袖喜乐情绪的表现。

【教学难点】

水袖与川剧念白结合,体会水袖在生、旦行当的不同表现方式。

【教具准备】

多媒体设备,教学课件,水袖等。

【教学过程】

教学环节	教师活动	学生活动	设计意图
一、导入	1.师表演,引导学生猜一猜在老师的表演中所表达的内容。(川剧做功) 2.师:这是川剧在舞台上的表演手法,《诗·大序》中说"言之不尽歌之,歌之不尽舞之",戏曲就是来源于生活而高于生活的表现方式,戏曲是一门综合性艺术,刚才的表演老师配上音乐,大家是否又有不同的感受呢?(老师表演与音乐结合表演) 3.师:我们的艺术家们为了更好地弘扬和传承川剧艺术,在传统的川剧艺术形式上进行了创新,请欣赏一段《百花争妍》,感受这段川剧舞蹈的情绪,看看运用了川剧艺术中的什么技法?(片段)	1.学生观察,模仿。 2.学生与老师一起配合音乐模仿。 3.学生观看,感受舞蹈情绪。	1.激发学生参与的兴趣。 2.体会在音乐中川剧表演的韵味。激发学生对川剧舞蹈的兴趣。

续表

教学环节	教师活动	学生活动	设计意图
二、初步学习水袖的表演方法	1.师运用水袖的技法,表现舞蹈欢快的情绪,展现出春天的万紫千红百花争妍的春景。 2.学生模仿水袖的动作。 3.师示范水袖的基本表演手法:需要手腕、大臂的力量,动作不是单一存在的,是需要协调配合来完成的。 4.教师给出练习的关键要素,让学生试着进行水袖表现。 5.在水袖的基本表演手法上加上圆场步。	1.观看老师表演。 2.模仿。 3.参与体验。	1.激发学生探究的兴趣。 2.激发创造性,尝试表现。 3.体会川剧的表演方式。
三、欣赏完整的舞蹈,体会水袖表现的欢快情绪,并试着表演	1.引导欣赏完整舞蹈,观看水袖表现的画面:花开、蝶舞、嬉戏、游玩、湖水、百花盛开等场景。 2.引导学生模仿各种画面,提炼基本动作并推荐给全班同学,一起学习。 3.纠正动作要领。 4.强调水袖的表演不是独立存在的,把身段、眼神、步伐加入水袖的表演。	1.观看舞蹈视频,并模仿。 2.学生尝试提炼并展示。 3.加入身段、眼神、步伐的表演。	1.感受水袖表现情绪的作用。 2.开拓思维,勇于尝试。 3.学生通过川剧"五发"的体验,一步步深入体会川剧的韵味。
四、学习川剧的念白,并结合水袖表演	1.川剧是四川独有的地方剧种,川剧特点是"说多唱少",所以川剧的念白很能体现川剧的韵味。为了更好地体会水袖在川剧表演中的作用,一起学习川剧的念白。 2.教师示范"万紫千红满人间"念白。把情绪带入到念白中去,体会春天的美丽和带给我们欢快的情绪。 3.引导生模仿水袖并表演。 4.以小组为单位,通过念白、水袖(可分为生、旦)、身段、眼神进行表演。 5.点评。	1.学习川剧念白。 2.感受川剧生行和旦行水袖的不同表现方式。 3.小组表演。	1.学生通过川剧"四功"的体验,更进一步体会川剧的韵味。 2.通过了解当中水袖的不同运用,更加深入体会川剧的魅力。 3.主动参与川剧学习。
五、欣赏不同戏曲元素的《百花争妍》	师:《百花争妍》是四川著名导演刘凌莉老师执导的舞蹈,曾在2014年春晚上进行表演。但2014春晚版的《百花争妍》进行了改编,同学们请欣赏2014版,并思考这版舞蹈运用了什么音乐元素? 师:更喜欢哪个版本的《百花争妍》?	欣赏视频,并回答。	1.体会不同的戏曲元素,感受传统文化的博大精深。 2.激发学生对地方文化的热爱。
六、小结	我国地域辽阔,有国粹京剧,也有地方特色鲜明的地方戏种,不同的戏曲有各自不同的音乐特点,都是中华民族的传统文化。川剧是我们四川的地方文化,作为四川人,学习我们的地方文化,传承川剧艺术责无旁贷!		再次激发学生对川剧的兴趣、对地方文化的热爱。

【思维导图】

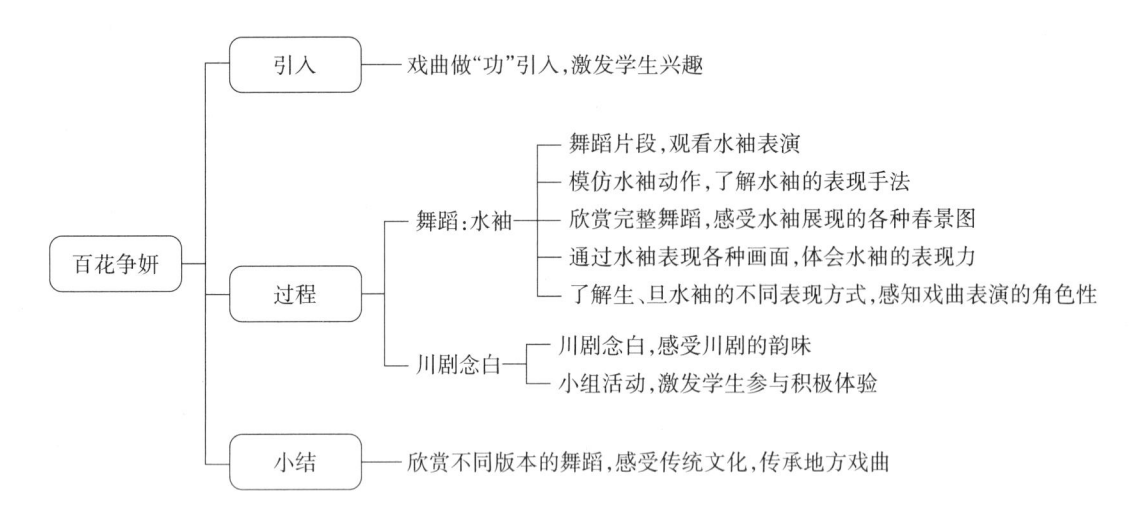

```
                    ┌─ 引入 ── 戏曲做"功"引入,激发学生兴趣
                    │
                    │            ┌─ 舞蹈片段,观看水袖表演
                    │            ├─ 模仿水袖动作,了解水袖的表现手法
                    │   ┌ 舞蹈:水袖─┼─ 欣赏完整舞蹈,感受水袖展现的各种春景图
  百花争妍 ──┼─ 过程 ─┤        ├─ 通过水袖表现各种画面,体会水袖的表现力
                    │   │        └─ 了解生、旦水袖的不同表现方式,感知戏曲表演的角色性
                    │   │        
                    │   └ 川剧念白 ┬─ 川剧念白,感受川剧的韵味
                    │              └─ 小组活动,激发学生参与积极体验
                    │
                    └─ 小结 ── 欣赏不同版本的舞蹈,感受传统文化,传承地方戏曲
```

【板书】

百 花 争 妍

川剧道具	表现情绪	表现画面	川剧念白	设计画面
水袖	欢快	一枝独秀	万紫千红满	花开
		竹外桃花三两枝	满人间	蝶舞
		一江春水	百花盛开	
		嬉戏		
		万紫千红		

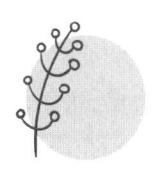

快乐的诺苏

教学建议

指导教师：成都市成华区教育科学研究院　李嵘

我国地大物博、幅员辽阔，而且有着悠久的文化历史，具有多样性的地域文化，这些地域文化以地方音乐为途径，不但传递着我国的民族文化，而且形成了多样性的音乐风格。四川省中小学地方音乐课程资源《川腔蜀韵》教材舞蹈板块中《快乐的诺苏》一课由冷茂弘先生编导，具有浓郁的生活气息、鲜明的民族特色和强烈的时代感，曾获"中华民族20世纪舞蹈经典"评比的经典作品金像奖。

本课选取《快乐的诺苏》这一作品来表现地方音乐与舞蹈文化的传承性、民族性、丰富性。通过复习教材改编乐曲、观看舞蹈视频、学习基本舞蹈动作、听辨乐曲结构等方式感受音乐美、舞蹈美和音乐与舞蹈相辅相成的关系，让学生在潜移默化中感受少数民族的音乐、舞蹈和文化。

一、创建图库，认知舞蹈语汇

《义务教育艺术课程标准（2022年版）》中新增了"舞蹈"这一课程内容，要求根据学生的身心发展特点和教育教学规律，3—7年级学生主要学习舞蹈基本元素、舞蹈片段、主题即兴等。学生在以往的音乐课中只是配合音乐用身体做动作或律动,对于舞蹈动作、姿态、步法、手势和各种动作组合、造型、构图等舞蹈语汇了解甚少。因此教师创建了可供学生选用的动作、队形的图库,用直观的方式将舞蹈动作呈现在学生面前,以便他们初步了解这些语汇。学生还可以根据作品风格、音乐情绪等来选择适合的舞蹈动作,或者参考图片进行创编,降低学习难度。

分段聆听中,教师出示了前面建立好的图库,让学生听辨音乐,思考音乐场景,选择适合合奏的音乐动作。让学生通过观看图片,了解每个动作的特点及要领,为他们采用简单易行的编舞方法丰富舞段、体验舞蹈创作的乐趣打下了基础。

二、精心编排,提升创意实践

在教学中,教师应当打破学生对舞蹈的陌生感,引导学生参与、体验舞蹈,调动其学习的主动性与积极性,开发他们的肢体语言,提升他们对舞蹈的审美能力和学习兴趣。在舞姿造型、动作串联、队形调度等方面循序渐进地展开教学,使学生认识身体、协调四肢、积累各种舞蹈动作、丰富肢体感受,从音乐的节奏、力度、速度等方面理解与把握舞蹈的风格特点,并通过由简到繁、由易到难的学习活动提升其舞蹈表演能力。通过精心的编排,学生在课堂中既锻炼了艺术表现和创意实践能力,又收获了完成作品的喜悦与成就感。

本课中最后一个乐段就是留给学生进行创意编排和实践的环节,但这并不是一蹴而就的。学生通过前面的图库了解并掌握了舞蹈的基本动作和队形,打下了舞蹈语汇的基础,并在前几个乐段的聆听与表现中从音乐的节奏、力度、速度等方面理解了风格特点。以此为基础,学生能与他人合作通过交流讨论与练习完成队形变化与造型配合,在这样的创意实践活动中,学生不但积极思考,而且用体验推动艺术表现,逐步提高了感受美、欣赏美、表现美、创造美的能力,并在实践中不断丰富和发展核心素养。

三、再现场景,丰富文化理解

音乐作为一门艺术,在给欣赏者带来听觉享受的同时,还蕴含着丰富的思想、情感、逻辑等,音乐教育既是艺术教育,也属于人文素质教育。文化理解是音乐学科核心素养的重要组成部分,文化理解的培育有助于学生在艺术活动中形成正确的民族观、文化观,尊重文化多样性,增强文化自信。如果音乐课中学生仅仅通过教师的表述来感受其他民族的音乐、舞蹈的风格和韵味,这样的文化理解无异于浅尝辄止,对帮助学生拓宽文化视野,形成正确的文化观收效甚微。我们应当通过沉浸式的音乐和舞蹈体验,让学生参与其中,将外显的动作、表情润物无声地内化为心中的观念。

四川是彝族的主要分布省份之一,还拥有全国最大的彝族聚居区——凉山彝族自治州。但对于多数学生来说,彝族像是他们未曾拜访过的"邻居",他们对彝族同胞的生活、文化知之甚少,偶然从电视、书籍上看到相关信息不足以支撑他们在心中建立起立体的形象。因此,我们选择了再现生活场景的方式引导学生在活动中感受、体验、丰富文化理解。庆祝的语言、民族乐器的演奏、男女青年斗舞等,用这些生活化的主题吸引学生加入彝家生活,仿佛他们自己也变成了一个个彝族姑娘/小伙。

四、不足之处

这堂课也存在一些不足之处,由于专业限制,教师对于舞蹈评价的专业用语还不够熟悉,在进一步的教学研究中可以多观摩舞蹈表演的评价语言,进行进一步的优化。

教学设计思路及过程

成都理工大学附属小学　罗润菡

【教学内容】

表演《快乐的诺苏》。

【教材分析】

舞蹈作品《快乐的诺苏》选自四川省中小学地方音乐课程资源《川腔蜀韵》(上册)舞蹈板块,原为四川凉山彝族自治州文工团于1959年创作的舞蹈作品,表达了凉山彝族人民自由、幸福、快乐的心情。全舞具有浓郁的生活气息、鲜明的民族风俗特色和强烈的时代感。舞蹈动作活泼、轻快、热情洋溢,富有青春活力,有较强的艺术感染力。编导以彝族的祭祀舞蹈"瓦子嘿"为基础,融入彝族其他舞蹈中的"大字步""拐腿""荡裙""前摆脚"等动作,从节奏、动律、力度、速度和幅度上给予发展变化,同时还采用了群众即兴舞蹈中的甩手和脚部动作的特点,创造出《快乐的诺苏》中上肢不停地甩、下肢连续划圆圈的基调动作,将有着丰富情感、独特性格及崭新面貌的彝族青年形象生动地呈现在舞蹈中。《快乐的诺苏》在首都演出后,很快在专业和业余舞蹈团体中得到普及,在20世纪60年代的一个时期内,形成了各个艺术团体都在争跳"诺苏"的现象。

【课时】

1课时。

【学情分析】

五年级学生随着年龄的增长、见识的增长,自主意识不断增强,会有意识地欣赏一些自己感兴趣的音乐,但由于多种条件限制,特别是受流行音乐的影响,他们对传统音乐,尤其是民族民间音乐的接触相对较少。并且,大部分学生在日常音乐学习中对舞蹈这一艺术表现形式还只停留在观看阶段,对舞蹈动作和队形变化都不熟悉。

因此本课选取四川省中小学地方音乐课程资源《川腔蜀韵》教材中《快乐的诺苏》这一作品传达地方音乐文化的传承性、民族性、丰富性,通过复习教材改编乐曲、观看舞蹈视频、学习基本舞蹈动作、听辨乐曲结构等方式感受音乐美、舞蹈美和音乐与舞蹈相辅相成的关系,激发学生用肢体和情绪投入音乐表演,感受少数民族的音乐、舞蹈和文化。

【教学目标】

1. 感受并表现《快乐的诺苏》的音乐和舞蹈风格。
2. 能模仿视频中的舞蹈动作,并随音乐跳起来。
3. 能根据音乐的结构选择动作和队形并表演。

【教学重点】

感受并表现《快乐的诺苏》的音乐和舞蹈风格。

【教学难点】

能根据音乐的结构选择动作和队形并表演。

【教具准备】

照片、视频、多媒体等。

【教学过程】

教学环节	教师活动	学生活动	设计意图
一、复习导入	(一)复习导入,回忆音乐 1.播放弹拨乐合奏《快乐的诺苏》片段。 2.师生交流。 (二)观看图片,了解创作背景 1959年 凉山彝族自治州文工团 冷茂弘 舞蹈作品 自由、幸福、快乐 师通过PPT简介《快乐的诺苏》编导与创作背景。	1.聆听音乐,回忆音乐特点,熟悉主题旋律。 2.观看图片了解创作背景。	1.用复习弹拨乐合奏《快乐的诺苏》音乐导入,为后面的表演做铺垫。 2.了解作品创作背景,为学生理解作品的情绪和舞蹈动作打下基础。
二、学习舞蹈动作、队形	(一)看视频,观察特点 1.师播放舞蹈视频。 2.师生交流。 (二)师生交流,学习手脚动作 1.示范轻快的小碎步,背打直,微微踮起脚尖。 2.示范4个手上动作。 (1)背打直,手臂夹紧,手腕放松,左右交替前后摆动;所有人围圈边走。 (2)掌心向前,五指并拢,双手向两侧打开45°,身体侧向左边,膝盖微微弯曲,还可以交换方向。 (3)一手叉腰,另一手掌心朝前,五指张开,和身体呈90°角,左右晃动手腕 1 2 3 4 (4)左手手臂向下夹紧,掌心向后;右手手臂伸直举高与耳朵保持平行,掌心向前,双手同时晃动手腕。 (三)师生交流,了解基本队形 简介几种基本队形。	1.生欣赏视频,观察舞蹈动作,了解音乐的速度与情绪。 2.观察动作要领,模仿教师动作。 3.观看图片,了解几种常见的基本队形。	1.学生带着问题有的放矢地观看视频,能够更清晰地抓住音乐和动作特点。 2.在观察、模仿、编创等活动中学习手部和脚部动作,学生接受程度高。 3.通过学习动作,让学生感受彝族音乐和舞蹈的独特风格。 4.学生在观察中思考队形变化给表演带来的效果,为完整表演打下基础。

续表

教学环节	教师活动	学生活动	设计意图
三、动作配合音乐	(一)聆听乐曲,了解作品结构 1　2　3　4　5 合奏→人声→乐器→人声→人声+乐器 师播放音乐。 (二)分段聆听,为音乐配上合适的动作 1.播放第一段合奏音乐,向学生提问(音乐情绪与音乐形象、合适的动作)。 1　2　3　4 2.播放第二段人声音乐。 (1)讲解人声含义。 (2)向学生提问(音乐情绪与音乐形象、合适的动作)。 1　2　3　4　5 合奏→人声→乐器→人声→人声+乐器 3.播放第三段斗舞音乐。 (1)向学生提问(主奏乐器)。 (2)示范演奏乐器与斗舞的动作。 1　2　3　4　5 合奏→人声→乐器→人声→人声+乐器 4.播放第四段对舞音乐,师生照镜子游戏。 1　2　3　4　5 合奏→人声→乐器→人声→人声+乐器 5.师播放最后一段音乐。 (1)向学生提问(音乐有什么特点)。 (2)发布任务。	1.聆听音乐,听辨各乐段的表现形式并排序。 2.聆听音乐,思考音乐情绪与音乐形象,选择合适的动作并表演。 3.聆听音乐,模仿普通话谐音,思考音乐情绪与音乐形象,选择合适的动作并表演。 4.聆听音乐,听辨主奏乐器,模仿演奏乐器与斗舞的动作表演。 5.一起游戏,听辨乐句,随乐句表演。 6.聆听音乐,听辨音乐特点,分组合作自由选择动作与队形,设计结束定格造型。	1.在听辨活动中了解作品结构。 2.通过听辨音乐情绪与音乐形象,用合适的动作加以表现,感受彝族音乐、舞蹈风格。 3.通过对人声含义的讲解使学生了解作品中的时代背景与情绪表达,更能与音乐、舞蹈共情。通过听辨音乐情绪与音乐形象,感受彝族音乐、舞蹈风格。 4.通过听辨主奏乐器、尝试采用斗舞的形式进行表演,进一步了解彝族民间风俗习惯,走近他们的生活。 5.照镜子游戏能够激发学生在音乐中的参与兴趣,引导他们听辨相似乐句。 6.先听辨音乐特点,再进行动作设计,能够培养学生根据音乐特点设计动作进行表演的习惯。
四、完整表演	(一)梳理作品结构,巩固表演要点 出示作品结构图,带领学生复习乐曲结构。 1　2　3　4　5 合奏→人声→乐器→人声→人声+乐器 (二)完整表演,检测学习效果 播放音乐,提出表演要求。	1.观看作品结构图,回忆乐曲结构及表演动作。 2.分组合作进行交流展演。	1.复习作品结构,巩固学生对音乐的理解与表达。 2.通过不同组的交流展示,学生能发现自己和他人的相同与不同,反思总结。

续表

教学环节	教师活动	学生活动	设计意图
五、拓展文化视野	(一)观看图片,了解彝族文化 出示图片,简介与彝族生活和文化相关的艺术作品、活动。 (二)观看视频,欣赏彝族舞剧 播放彝族舞剧《云绣彝裳》片段。 (三)师生交流,总结下课 再次播放《快乐的诺苏》音乐,提示学生用舞蹈动作退场。	1.聆听,了解彝族文化在现代生活中的概况。 2.观看视频,拓展欣赏其他艺术形式的民族艺术。 3.随音乐用舞蹈动作退场。	1.大多数学生的生活环境中少数民族文化比较少见,通过语言、图片、视频等多种方式拓展学生的文化视野。 2.启发学生对不同民族、不同风格、不同形式的艺术表现形式产生兴趣。 3.总结回顾,复习本课内容。

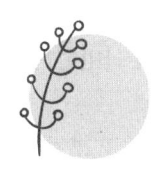

俏花旦

教学建议

指导教师：成都市成华区教育科学研究院　李嵘

川剧在中国戏曲史及巴蜀文化发展史上具有十分独特的地位，入选第一批国家级非物质文化遗产。成都市教科院编写的《川腔蜀韵》地方课程资源，也让川剧走进入了我们的音乐课堂，非常有利于川剧文化的传承与发展。教材中的舞蹈《俏花旦》就是将川剧花旦的表演程式与现代舞蹈语汇加以融合，生动地表现了川剧花旦的娇俏与妩媚。它曾登上2004年中央电视台春节联欢晚会，是一部颇具影响力的舞蹈作品。成都市双林小学作为全国艺术教育先进单位，省市艺术教育特色学校，一直非常重视传承民族优秀传统文化。执教老师杨晓珺也参与了国家级"非遗"课题子课题"'川剧进校园'的建模实践研究"的主研以及校园读本《双馨娃娃学川剧》的编写工作，对于川剧的文化和知识也有一定程度的了解，这让本节课具有一定的传承与推广价值。

在教学设计中，执教老师更注重提升教师的"课程综合"理念和"学生本位"的理念，把教师"教"的权重下移到学生权重"学"，优化教学方式，关注学生的认知规律与知识构建，着力培养学生审美感知、艺术表现、文化理解、创意实践等核心素养，从以下三个角度与大家共勉。

一、从观赏到思维,问题构建认知

在日常生活中,学生对于舞蹈这种舞台艺术,还仅仅停留在观赏层面。但是五年级学生求知的欲望、能力和好奇心都较低段有所增强,正处于由形象思维过渡到抽象逻辑思维的阶段。所以在教学活动中,充分利用学生这一特性。通过一系列的问题刺激学生的思维,引发其思考每一次观赏活动,以浸润的方式来了解川剧传统文化知识。比如在文化导入环节,先给学生观看传统川剧片段,抛出问题"这是什么剧种?""你看到了哪些行当?"等。在考察学生对川剧的了解情况的同时也刺激了学生的求知欲。随后,执教老师再介绍旦角及其分类,给出不同旦角剧照和旦角类别的连线图,让学生观察人物扮相和穿着,完成角色的对应连线。接着老师播放舞蹈片段,请学生观察视频中表现的哪一种旦角,进一步检测学生对旦角的认知,引出花旦。最后再次观看舞蹈片段,观察花旦表现出来的性格特点。

二、从宏观到微观,审美感知丰富

《俏花旦》虽然是一个舞蹈作品,但它以川剧花旦作为创作元素,既包含了花旦这一行当手、眼、身、法、步的表演程式,还运用到了川剧特色"翎子功"。舞蹈音乐既加入了川剧伴奏乐器唢呐、板胡,以及川剧戏歌的演唱,同时还加入了"肉锣鼓"与真正的锣鼓经演奏。本课从宏观到微观让学生在观看、聆听、模仿、体验和创造等活动中感受、了解作品中音乐的特点和丰富的传统川剧元素,让舞蹈欣赏不再停留在形象、动作、姿态、步法、技巧、手势等舞蹈语汇的层面上,丰富学生的审美感知。比如:舞蹈引子部分感知音乐节奏舒展、悠长的特点和川剧的台步、亮相,A部分感知音乐欢快、节奏密集的特点以及舞蹈动作中出现的川剧技巧"翎子功"和"矮子功",B部分感知"肉锣鼓"和锣鼓经,C部分感知同A部分相同的音乐特点、舞蹈形式以及川剧技巧"翎子功"。

三、从模仿到表现,艺术表现进阶

我们的课堂面对的是全体学生,需要满足全体学生的基础性发展需求。五年级学生以具体形象思维为主,模仿能力也较强,所以先从模仿入手更容易激发他们的学习兴趣。学生运用观察、比较和练习等方法进行模仿,积累感性经验,为后面的表演和创造奠定基础,从而实现学生艺术表现的进阶。在教学中学生从模仿舞蹈视频中的动作,到模仿老师的动作,再到模仿同学的动作,最后自己随音乐进行表演,这是学生艺术表现层面螺旋上升的过程。在这一系列进阶活动中对他们进行川剧"扫盲",浸润地方艺术文化精粹的种子。

四、不足之处

整堂课的知识容量较大,学生完成艺术表现的时间稍显不够,可以将其设计成课后作业,在家自主展示,亦可录制视频上传网络,让同学相互观摩、评价。

教学设计思路及过程

成都市双林小学　杨晓珺

【教学内容】

欣赏舞蹈《俏花旦》。

【教材分析】

舞蹈作品《俏花旦》选自四川省中小学地方音乐课程资源《川腔蜀韵》(上册)舞蹈板块。由四川省歌舞剧院国家一级编导刘凌莉创作,该作品曾经获得第六届全国舞蹈比赛创作金奖、第七届桃李杯舞蹈比赛创作金奖,并在2004年中央电视台春节联欢晚会上演出。

花旦是中国传统戏曲中的角色行当,为青年或中年女性形象,勇敢热情、性格开朗、语言明快。该舞蹈作品将川剧花旦的表演程式(手、眼、身、法、步)与现代舞蹈语汇加以融合,生动地表现了川剧花旦的娇俏与妩媚。作品巧妙地运用了具有川剧特色的"翎子功",其中"单翎"是舞蹈的亮点,动作或是快速摆头使得"翎子"随动,仿佛展示自己很有本领,使得人物形象更加鲜活。

舞蹈音乐既加入了川剧伴奏乐器唢呐、板胡,还加入了川剧戏歌。音乐用连续的七度和六度上行下行,表现姑娘们的摇头、甩发,给人热情四溢的感觉。同时还加入了"肉锣鼓"(人声念读的锣鼓经)与真正的锣鼓经演奏,既展示了川剧锣鼓,又有与众不同之感,成为《俏花旦》音乐的一大特色。

【课时】

1课时

【学情分析】

五年级学生已进入小学高段,其独立性、上课注意力和目的性有所增强。音乐学习上已经有了一定的基础,自身也有一定的组织能力和创造能力。

川剧是四川传统文化的一张特色名片,但同学们在日常生活中接触得并不多,会让他们有一定畏难情绪,在学习中会表现出害羞、被动。但将川剧独特的艺术魅力和表演技巧融入现代舞蹈元素,很容易激起学生学习的热情。教师应把握学生的心理,视听与实践结合,从兴趣入手,发挥他们的自主性,增强他们的参与感,让学生在这种轻松愉悦的氛围中学习,让他们更加关注和喜爱我们的中国传统文化。

【教学目标】

1. 在实践活动中感受、体验舞蹈中的川剧翎子功(甩、摆)基本技巧和台步、亮相等川剧表演程式。
2. 感受舞蹈《俏花旦》中的川剧音乐元素,并能和着音乐念读锣鼓经片段。
3. 在欣赏活动中了解《俏花旦》的创作背景及相关川剧及传统文化知识。

【教学重点】

感受、体验舞蹈中的川剧翎子功(甩、摆)基本技巧和台步、亮相等川剧表演程式。

【教学难点】

感受、体验舞蹈中的川剧翎子功(甩、摆)基本技巧。

【教具准备】

多媒体课件、翎子等。

【教学过程】

教学环节	教师活动	学生活动	设计意图
一、文化导入	（一）观看川剧片段 1.播放川剧剧目《白蛇传》片段。 2.师生交流。 川剧 生　旦　净　丑 （二）认识川剧旦角 1.师介绍川剧旦角及其分类。 旦 闺门旦　花旦　青衣旦　老旦　鬼狐旦…… 2.师出示旦角连线图。 （三）观看舞蹈视频 1.师播放舞蹈《俏花旦》片段（群舞部分），引导学生了解舞蹈表现的角色行当。 2.师播放舞蹈《俏花旦》片段（群舞部分），引导学生说出花旦的人物性格特点。 花旦　花勇敢热情、性格开朗 3.揭示课题	（一）观看川剧片段 1.生观看视频并思考是什么剧种及行当。 2.生交流所属剧种，以及出现的角色行当。 （二）认识川剧旦角 1.聆听并了解川剧旦角及分类。 2.连线选择对应的旦角。 （三）观看舞蹈视频 观看视频并了解舞蹈中的角色行当。 2.观看视频并交流。	（一）观看川剧片段 1.初步感受川剧艺术及川剧中的角色行当。 2.在交流中引出川剧这一剧种，初步了解视频中出现的角色行当。 （二）认识川剧旦角 1.在聆听、观看中了解川剧旦角及其分类。 2.通过连线活动进一步加深学生对旦角分类的了解。 （三）观看舞蹈视频 1.再次检测学生对旦角类别的了解，并引出"花旦"。 2.感受并了解花旦的勇敢热情、活泼开朗的性格特点。 3.初步了解舞蹈的主要创作元素——花旦。
二、完整欣赏	（一）看舞蹈视频 播放舞蹈《俏花旦》完整版，引导学生观察舞蹈特点。 动作　音乐　表情　服饰 （二）作品介绍 介绍舞蹈作品。 动作　音乐　表情　服饰	（一）看舞蹈视频 生观看视频并观察舞蹈特点 （二）作品介绍 生聆听并了解。	（一）看舞蹈视频 初步了解舞蹈中动作、音乐、表情、服饰等方面的特点。 （二）作品介绍 认识舞蹈作品的编导，了解创作背景、相关文化以及所取得的成就。
三、分段欣赏	（一）引子 1.播放引子部分视频，引导生总结舞蹈动作特点和音乐特点。 动作特点：台步、亮相 音乐特点：节奏舒展、悠长 2.师示范亮相动作，引导学生总结手势口诀。 亮相 按　字　翻	（一）引子 1.生总结舞蹈动作特点、音乐特点。 2.学习亮相动作并总结亮相手势口诀。	（一）引子 1.初步感受戏曲的亮相动作，并感知音乐舒展、悠长的特点。 2.在观察、模仿、体验、交流中学习舞蹈中的戏曲亮相动作。

续表

教学环节	教师活动	学生活动	设计意图
三、分段欣赏	3.示范小碎步，引导生观察步法"勾、放"的特点，并带生用小碎步走圆场。 台步——小碎步 勾　放 4.师播放引子部分视频，带生走台步并模仿角色亮相。 (二)A段 1.播放A段视频，引导生总结A段动作特点和音乐特点。 音乐：欢快、节奏密集 动作：耍翎子、矮子功 2.介绍川剧翎子功的相关文化背景及技巧动作分类，并进行简单的示范。 翎子功技巧 甩、摆、绕、挑、捋、提、压 3.播放A段视频，引导学生观察舞蹈中运用到的翎子功技巧动作，并出示动作名称 甩、摆——耍翎子 4.介绍"耍翎子"甩和摆的技巧要领，并示范动作。 (三)B段 1.播放B段视频，引导学生听辨音乐，并出示川剧专业名词。 人声念读——肉锣鼓 乐器演奏——锣鼓经 2.PPT出示谱例，引导生进行念读。 3.看视频表演。 锣鼓经 X X X X X ｜ X — ｜ X X X X X ｜ X — ｜ 锵 乃 乃 尺 乃 锵　　　　锵 乃 乃 尺 乃 锵 X X X X ｜ X X X X ｜ X. X X X ｜ X — ｜ 锵 乃 乃 尺　锵 乃 乃 尺　 乃. 乃 乃 尺　锵 师播放B段视频，引导学生模仿舞蹈动作并随音乐表现部分"肉锣鼓"。 (四)C段 1.播放C段视频，引导生总结舞蹈动作特点及舞蹈形式和音乐特点。 音乐特点：戏歌演唱、情绪欢快 舞蹈形式：群舞 动作特点：耍翎子(甩、摆) 2.播放C段舞蹈音乐，带生随舞蹈音乐走台步，并加入"耍翎子"的技巧动作。	3.观察并总结步法特点并学习走台步。 4.边看视频，边模仿角色亮相动作。 (二)A段 1.观看视频，并总结A段动作特点和音乐特点。 2.生聆听并了解。 3.生观看视频并总结舞蹈中出现的翎子功技巧。 4.生观察师的动作并模仿学习。 (三)B段 1.生观看视频并听辨舞蹈音乐。 2.看谱念读锣鼓经。 3.看视频，模仿表演动作并随音乐表现"肉锣鼓"。 (四)C段 1.总结舞蹈动作特点及舞蹈形式和音乐特点。 2.随音乐走台步并表演"耍翎子"的技巧动作。	3.在观察、模仿、体验、交流中学习用舞蹈中的戏曲元素走台步。 4.在实践活动中再次感受舞蹈引子部分的戏曲元素。 (二)A段 1.初步感受舞蹈中川剧的翎子功和矮子功，并感知舞蹈欢快、节奏密集的音乐特点。 2.在聆听、观看中初步了解川剧翎子功的相关文化背景及动作。 3.进一步感受舞蹈中的川剧翎子功元素，加深对翎子功技巧动作的了解。 4.在观察、模仿中进一步体验感受舞蹈中川剧翎子功的技巧动作。 (三)B段 1.在观赏中听辨出舞蹈音乐中出现的人声念读和打击乐器演奏，初步感受川剧的锣鼓经。 2.在观察、念读中感受川剧锣鼓经的韵味。 3.在聆听、观察、模仿、念读中进一步感受、体验舞蹈中的川剧表演程式及锣鼓经。 (四)C段 1.初步了解群舞这一舞蹈形式，再次感受舞蹈中的川剧翎子功。 2.在实践中进一步体验、感受舞蹈中的川剧走台步和"耍翎子"。

续表

教学环节	教师活动	学生活动	设计意图
四、跨界拓展	(一)观看杂技版《俏花旦》视频 播放杂技版《俏花旦》视频,引导学生观察其与舞蹈版不同,并总结其特点。 《俏花旦·集体空竹》 杂技——空竹 音乐——西洋管弦乐 (二)课堂小结 带领生总结梳理本课学习、川剧传统文化知识与技能。 川剧元素舞蹈《俏花旦》 ●行当:花旦 ●川剧元素——动作:台步、亮相、甩翎子、矮子功 ●川剧元素——音乐:川剧戏歌、肉锣鼓、锣鼓经 民族的就是世界的,经典永流传!	(一)观看杂技版《俏花旦》视频 生观看并找出与舞蹈版的不同之处。 (二)课堂小结 生回顾本课所学的知识技能及了解的传统文化知识。	(一)观看杂技版《俏花旦》视频 感受不同版本、不同风格的《俏花旦》,进一步了解中国博大精深、丰富多彩的传统文化。 在回顾、交流中巩固本课所学知识,再次加深对川剧传统文化的认识。

【思维导图】

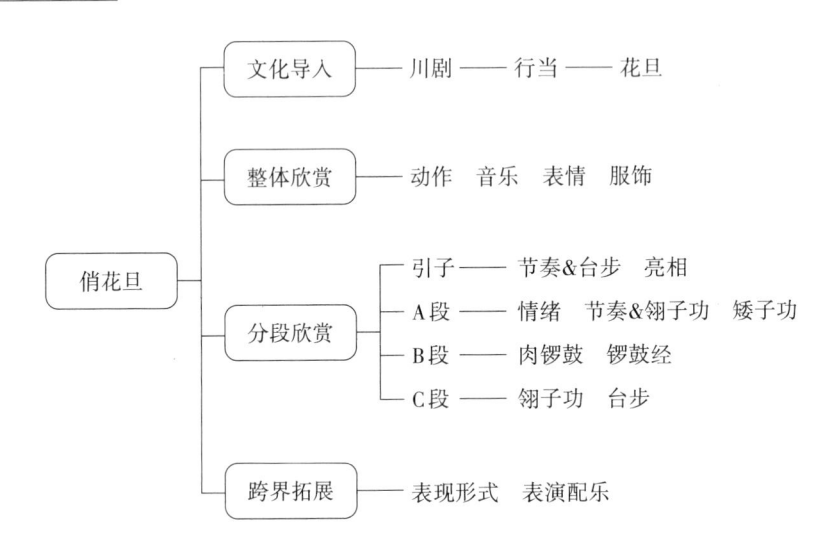

俏花旦
- 文化导入 —— 川剧 —— 行当 —— 花旦
- 整体欣赏 —— 动作　音乐　表情　服饰
- 分段欣赏
  - 引子 —— 节奏&台步　亮相
  - A段 —— 情绪　节奏&翎子功　矮子功
  - B段 —— 肉锣鼓　锣鼓经
  - C段 —— 翎子功　台步
- 跨界拓展 —— 表现形式　表演配乐

第四板块

川剧、四川曲艺

中国传统戏曲是中华古老艺术的活化石，是非物质文化遗产的重要表现形式，是中华传统文化的沉淀。然而，在现代化的历史进程中，传统戏曲的影响力日渐式微，专业演员断层、年轻观众流失、演出机会少等问题使之边缘化为"博物馆艺术"，广大青少年群体对川剧的认知局限于变脸、吐火等层面。在新的时代背景下，植根传统戏曲艺术、传承中华文化是学校艺术教育的历史使命。艺术教育理应承担起推动民族艺术复兴的重任，挖掘传统曲艺的现代性元素，使社会主义核心价值观通过传统戏曲得以表达，使我们的民族文化在多元文化的冲击和碰撞中保持自信、生命力和传播力。

"川剧、四川曲艺"是四川省中小学地方音乐课程资源《川腔蜀韵》中的板块四，包括川剧锣鼓、川剧灯戏、川剧弹戏、四川金钱板和四川清音等。

该板块包含了侧重于学习川剧台步的《川剧·台步、翎子功》，金钱板传统曲目《秀才过沟》，侧重于学习川剧乐器——锣鼓的《川剧锣鼓》，川剧高腔《别洞观景》，四川清音《赶花会》《小放风筝》，侧重于学习川剧的表演与唱腔的《秋江》、川剧大幕戏《变脸》中的唱段《月亮走，我不走》、四川盘子《心如莲》，等等，具有川剧、四川曲艺典型特征及代表的课例。

川剧是中国戏曲剧种之一，形成于清朝中期乾隆年间，流行于四川、重庆、贵州、云南部分地区，是中国西南地区影响最大的地方剧种，它主要有高腔、胡琴、弹戏、昆曲、灯调五种声腔，是明末清初以来中国戏曲声腔剧种演变历史的一个缩影，同时也是西南地区最重要的非物质文化遗产之一。川剧不但在四川享有盛名，在全国也有着广泛影响。川剧是四川民众创造的、为四川民众所喜爱的、世代传承的民间艺术，是第一批国家级非物质文化遗产，是中华民族的传统文化和艺术奇葩。川剧作为一个民间艺术体系，它既实用，又能教化。它能形象、直接、全面地体现民间和民族文化，具有多功能审美、认识、娱乐价值，能让学生产生丰富的联想，给他们以真的启迪、善的熏陶、美的享受。

曲艺是以四川民间说唱艺术为基础发展起来的，其起源可追溯到汉代以前。现四川省博物馆陈列的几尊成都出土的东汉陶制说书俑，"击鼓说书，喜形于色"说明东汉以前说唱艺术已经很流行了。唐宋时期，四川民间说唱艺术更盛，且文化性很强。宋朝人岳珂就说："蜀伶多能文，俳语率杂以经史。"清代，四川民间说唱艺术与外省传入的说唱艺术相融合，在语言、曲调、题材等方面得到进一步发展，形成了品种多样又有浓厚的四川乡土气息的四川曲艺。

川剧、四川曲艺很早就进入了成都市学校艺术教育课堂中，学生们对川剧的变脸、吐火艺术、川剧脸谱以及四川清音等戏曲形式也喜闻乐道。但从学校艺术教育与文化传承的目标看，从川剧、四川曲艺与学校审美教育的结合看，从川剧、四川曲艺在今天社会生活中的影响力看,还任重道远。通过川剧、四川曲艺与学校艺术教育在审美能力培育上的共同追求与交汇点,通过将川剧、四川曲艺艺术与学校艺术教育有机融合的研究实践,总结出行之有效的、为孩子们喜闻乐道的、较为系统的教育策略、教学方法,设计出有一定创意、突出审美教育与川剧、四川曲艺艺术特点的校本课程,建设独具学校文化特色,凸显儿童情趣,呈现川剧、四川曲艺特点的学生社团等成果,这是音乐教育工作者的美好期望。以此,弘扬民族文化,在学生心灵中播下川剧与四川曲艺的种子,提高学生欣赏川剧、四川曲艺的能力,实现"形成市级区域内艺术教育特色——川剧、曲艺与学校音乐教育的有效融合"的目标,促进学生德、智、体、美、劳等素质的全面发展。

四川清音是曲牌类说唱音乐中发展较成熟的曲种,早期称"唱小曲""唱小调",又因演唱时艺人自弹月琴或琵琶,被称为"唱琵琶"或"唱月琴"。20世纪30年代在成都、重庆相继成立清音歌曲演唱会,或"改进会",20世纪50年代以后才定名为"四川清音"。它用四川方言演唱,流行于以成都为中心的城市与农村,以及长江沿岸的水陆码头。四川清音是由明清的时调小曲及四川民歌发展而成。音乐形态十分丰富,如"赵调""背工调""满江红""打枣杆调""马头调""叠断桥""小桃红""银纽丝""梅花落"等,音乐唱腔结构分曲牌和板腔两类。板腔类又有"汉调"和"反西皮"两种。唱腔继承了宋代唱赚以来的曲牌联缀结构,在吸收明清小曲的基础上又吸收了南北各地的民歌和小曲,经清音艺人创造发展而来。唱腔轻盈,细腻圆润,运腔中有一种风格独具、跳跃式的连续顿音唱法"哈哈腔"。伴奏乐器为琵琶、二胡、竹鼓、檀板等。传统的演唱方式为坐唱,即摆上一张或两张八仙桌,演唱者面对听客坐,主唱者居中(多数为女艺人),琴师坐在主唱者的左右两边其中月琴、琵琶或三弦在左面,碗碗琴、二胡或小胡琴在右面。主要在茶楼、书馆里演唱。清代中期以后,四川清音卖唱的艺人很多,有"大街小巷唱月琴,茶楼旅店客盈门"的景象。清代吴好山在其《成都竹枝词》中写道:"名都真个极繁华,不仅炊烟廿万家。四百余条街整饬,吹弹夜夜乱如麻。"

四川金钱板又称"打连三""三才板""金签板",流行于四川汉族地区及贵州遵义、铜仁、毕节等地。金钱板的唱词通俗易懂,段末一句略有拖腔,句型变化节奏鲜明,每句字数不限。它的唱腔由前辈艺人在川剧高腔一些曲牌的基础上加工、改革而成。早期(清代)的演出方式都是"跑乡场""扯地圈",后来进入茶馆、书场演唱,逐渐流传到云南、贵州两省。金钱板多为一人演唱,唱词为七字句或十字句,可根据内容需要适当伸缩,两句一联。击节乐器为三个九寸长的楠竹片,演唱者一手执两片的下端,上端张台击拍;一手执一片竹片敲打那两个竹片击节,因三个竹片上端嵌有铜制钱,所以叫作"金钱板",可以打出风云雷雨九种不同的节奏。金钱板的传统书目有《三国》《水浒》《游江南》等长篇的"长条书";还有取材于民间寓言、故事、笑话的二三十句的小段,叫作"诗头子"。传统书目中最能吸引听众的三段"买米书",即《武松赶会》《武松闹庙》《武松打店》。前辈著名艺人有杨永昌、闵贵亭、万年宽等。中华人民共和国成立后,出现了大量的金钱板新作品,具有代表性的演员是成都的邹忠新,他吸收了"清派""花派""杂派"等各艺术流派之长,创新演新,并不断改革金钱板的演唱艺术。此外还有重庆的唐心林、宜宾的李少华、南充的冯治国等,也是颇有影响的演员。

《义务教育音乐课程标准(2011年版)》指出:"应将我国各民族优秀的传统音乐作为音乐教学的重要内容。通过学习,学生熟悉并热爱祖国的音乐文化,增强民族意识、培养爱国主义情操。""川剧、四川曲艺"板块立足中华优秀传统文化、探索学校艺术教育精神之基、挖掘传统文化地缘优势,推动了传统戏曲艺术教育创新发展、丰富了学生校园文化生活、弘扬了地方文化精华、传承了非物质文化遗产。通过文化理解、认识曲种、认识乐器、学习姿态、艺术实践、朗诵台词等方式,将川剧和四川曲艺融入四川省中小学地方音乐课程资源中,具有深刻的现实意义。

该板块对于教师教学有以下这些建议供教师参考:首先,教师应当充分立足于《川腔蜀韵》这套地方性音乐资源教程,做到充分吃透教材内容,把握教材中的关于川剧和四川曲艺的具体课例特点,充分挖掘课堂教学中能够展现四川地方音乐要素的教学重难点。其次,教师在实际课堂教学中要充分将四川曲艺与川剧的语言特点、台风、舞步、唱腔及其背后的人文底蕴等,做充分的展示和说明。教师的示范,应当是生动、夸张、丰富的,能够增强学生学习该板块的积极性。最后,在该板块教学中,应当将本书的课例有选择地纳入自己的实际课堂教学中,尽可能避免原封不动地照搬照抄,并且应当根据不同地区、不同学校以及不同学生的具体上课情况进行灵活调整。

川剧表演·台步、翎子功

教学建议

指导教师：成都市成华区教育科学研究院　李嵘

之所以选择"川剧表演"教学题材，一是因为成都市开发了《川腔蜀韵》地方课程资源，二是成华区音乐学科在研究"非遗进课堂"的课堂教学改革，三是北新实验小学是成都市一所具有川剧艺术特色的学校，四是执教者具有舞蹈特长，四合一的组合让这节课更富有推广价值。因此，在教学设计中更注重提升教师的"跨学科整合"理念和"学生中心"的理念，把教师"教"的权重下移到学生的"学"，优化教学方式，关注学生的认知规律、个性发展与知识构建。

一、基于认知规律的构建式学习

（一）遵循发展规律

该课遵循学生感知、注意和记忆特点，进行创造性教学。三年级学生从心理发展过程来看，已从儿童期转入少年期，学生的学习任务与活动范围在广度和深度上都有了显著变化，学习过程的组织性、认知过程的规范性、严谨性更强，他们已经开始从笼统化、整体化感知慢慢转变为精细化、部分化感知。该课教学设计中设计了男女生分组学习台步的环节,通过找特点、抓关键提炼成简单易懂的口诀,并作为指导用语用在实操过程中。

(二)培养思维能力

在这一时期,学生思维正处于由形象思维向抽象思维过渡的关键期,以形象思维为主,模仿能力较强。所以,在学习活动中充分利用这一特性,给学生大量的听觉和视觉刺激和浸润,再让其通过模仿把知识和能力外化出来。比如在学习"台步"环节,先给学生观看传统川剧的台步视频,对台步技巧有初步认识,然后再对古代官员形象地进行讲解并做现场示范,让学生观察和总结出台步的人物形象和动作技巧,最后通过学生自己的模仿、揣摩和尝试完成该技巧。

(三)激发学习兴趣

三年级的学生注意力不是特别稳定也不持久,通常与兴趣密切相关。该课教学设计中采用了一些学生感兴趣的辅助手段,如打击乐器(梆子)、道具(翎子)、多媒体(PPT)等。教学中教师运用了大量的图片、音频、视频素材,以形象生动的肢体语言来吸引学生们的注意力。让学生带着好奇和兴趣紧跟课堂节奏。比如在播放翎子表演视频时,演员夸张的服饰、浓郁的川剧锣鼓经、精湛的翎子功成功地吸引了学生的目光,让他们在观察的同时尝试模仿。

二、基于性别教育的个性化学习

(一)社会教育现状

当代教育中,我们会奇怪地看到学校在孩子性别教育上的缺失。我们要求男性行为体现出阳刚之气,女性行为表现出阴柔之美。因此,小学阶段的性别教育非常必要。

(二)课堂靶向策略

为了改善性别同化的现状,本课的重点在于"性别教育",通过靶向教学策略塑造和引导学生形成性别差异意识。比如在"川剧台步"教学环节中,不同性别角色的人物形象、服饰、神态、步伐特点、音乐等各有不同,执教者让学生进行观察、聆听、讨论、体验和感受,找出性别差异,并展示出他们各自的性别符号。在练习过程中,要求男生的台步阳刚、豪迈、大气,女生的台步柔美、优雅、轻盈。通过这样的教学浸润和音乐实践活动,学生强化了性别意识。

三、基于基础技巧的立体化学习

(一)立体与主次

川剧具有完备的表演艺术特色和丰富的文化内涵,就这堂课而言,包罗了川剧的步法、手法、眼法、翎子功等许多程式技巧,可以说是一堂立体化的川剧表演课。但是,一节课的时间有限,教学活动不可能平均用力、面面俱到,因此执教者在教学设计中还关注了主次关系,主体是翎子功,其次是步伐、手法和眼法,这三法是为了辅助和优化翎子功的技巧,达到较好的表现力和表演性。

(二)最近发展区

由于教学内容丰富,执教者在教学设计上充分考虑了三年级学生的学情,从最近发展区出发,每一个教学环节都环环相扣、层层叠加,巧妙地融入了川剧表演的手、眼、身、法、步等基本程式技巧,且难度适宜,可操作性较强,能激起学生们的学习兴趣和动力。比如:首先,开课时执教者身穿戏服,用标准的四川话高腔跟学生问好,严肃而紧张的课堂气氛顿时得到舒缓,而浓厚的川剧味儿也将学生的视觉、听觉牢牢抓住。其次,执教者又提供大量的参与式、体验式、合作式、探究式的学习活动,将学生带上川剧表演的舞台,灵动的翎子更是点燃了学生的好奇心和学习热情。最后,师生共同沉浸在"川剧文化"的内涵与理解中,认识了传承地方文化的时代意义。

四、不足之处

这堂课也存在一些小小的遗憾,由于该课技法较多,所选取的音乐呈板块式,缺乏完整性,在进一步的教学研究中可在音乐完整性上多下功夫。

教学设计思路及过程

成都市北新实验小学　屈梅

【教学内容】

川剧表演：台步、翎子功

【教材分析】

台步和翎子功，是川剧演员的基本功，又是一种特殊的表演技巧。从古至今，台步和翎子一直是戏剧舞台上表现人物身份、性格、情绪的一个重要标志。本课节选了两段具有男女台步代表性的音乐，其中，男子台步音乐铿锵有力，有明显的锣鼓经节奏，且乐句清晰、节奏明快、旋律优美；女子台步音乐优美柔和，好似古代女子优雅、轻盈的身姿。男子台步抓住其勾、放、靠的步法特点，而女子小碎步则把握勾、推、提的步法特点。翎子功分耍翎和掏翎两种，耍翎主要让学生学习甩、摆、绕、挑四种技巧；掏翎为捋、拉、提、压四种技巧。

【学情分析】

在自媒体时代，孩子们被多元化音乐包围，对我们中国传统的艺术文化知之甚少，而川剧作为四川传统文化里的一张名片，期待薪火相传。基于中低段学生活泼好动的性格和学习模仿力强的特点，本节课以活动为主，通过学习走台步、耍翎子等表演技巧，让学生亲身体验川剧的艺术魅力，使他们更加关注和喜爱传统文化，带动更多的人一起加入传统文化艺术的传承之路。

三年级学生已进入少年期，其独立性、目的性增强了，注意力保持的时间更持久，内在动机开始成为他们的学习动力。而川剧独特的艺术魅力和表演技巧非常受学生们的喜爱，很容易激起学生学习的热情，因此能达到预期教学效果。

【教学目标】

1. 在观看、模仿中体验川剧的翎子功和台步的基本技巧。
2. 能主动、自信、有表情地参与律动。
3. 能合着音乐进行完整的川剧表演。

【教学重点】

能合着音乐完整地进行川剧表演。

【教学难点】

感受并体验川剧的翎子功、台步。

【教具准备】

PPT、翎子、梆子等。

【教学过程】

教学环节	教师活动	学生活动	设计意图
一、亮相技巧导入	（一）创设情景，师随音乐表演导入 师着川剧行头，行圆场步进入课堂，并用四川话高腔，做"亮相"动作向学生问好。 （二）亮相教学 1.师语言引导学生用四川话问好： 用方言问好； 把音调提高； 学亮相手势； 悟手势口诀（按、穿、翻）。 2.师用四川话，配上"亮相"动作再次引导学生完整问好。 3.师解释"亮相"在川剧中的作用。	1.生观看教师表演，感受川剧特点。 2.生尝试用四川话高腔问好，并学习"亮相"动作，总结"亮相"手势口诀。	1.在融入川剧"亮相"的师生问好中，初步感受川剧特点。 2.学习川剧表演的手法和眼法，为后面的表演做铺垫。 3.在川剧技巧教学中利用口诀协助学生学习和掌握技巧动作。

续表

教学环节	教师活动	学生活动	设计意图
二、学习翎子技巧	(一)看视频学习翎子的相关背景资料 1.师展示头上翎子,并提问("它是用什么材料做的?""有什么作用?""叫什么名字?"等)。 2.师通过PPT详细介绍翎子的文化背景。 3.看视频找翎子特点。 (1)师介绍翎子功技巧:甩、摆、绕、挑、挦、提、压。 (2)师表演翎子功动作,生观察师的手部动作,总结翎子功动作的分类。 (二)学耍翎 1.请4名学生上台配合教学。 2.加音乐学耍翎 (三)学掏翎 1.师出示掏翎口诀(挦、拉、提、压),将技巧改编成顺口溜,引导生边念边学。 2.师播放音乐带领生学掏翎技巧。 (四)组合学耍翎与掏翎 1.师示范翎子功的所有动作。 2.师播放音乐带领生完整表演,提示结尾亮相动作。	1.生用手触摸并尝试回答。 2.生初步认识翎子,了解翎子功。 3.生观看视频,根据老师给出的文字猜测动作的技巧。 4.生熟悉耍翎口诀,学耍翎技巧。 5.生熟悉掏翎口诀,学掏翎技巧。 6.生将耍翎和掏翎技巧组合起来听音乐随师完整表演翎子。	1.生通过观视频、摸实物直观认识翎子,感受翎子功的舞台魅力,在师的介绍中深入了解翎子的文化背景,体会、尊重、传承中国传统艺术。 2.在观察、模仿、律动、合作中,让学生学习翎子功的两种不同种类的技术、技巧,通过技巧口诀协助学生学习翎子功。
三、学习川剧台步	(一)看视频,了解川剧台步 师播放川剧台步视频片段。引导学生区别两种台步:男子大方步、女子小碎步。 (二)学习川剧台步 1.师示范大方步。 2.引导生找大方步特点(勾、放、靠)。 男子台步 行走方向 黑板 3.师指导男生学习大方步。 4.师示范小碎步,引导生找步法特点。	1.生观看视频,初步感受男女两种不同的川剧台步。 2.生观察师的大方步示范,讨论并总结大方步特点。 3.男生学走大方步,女生敲凳子提示节拍,并观察选出"最佳官员"。 4.女生观察步法特点并模仿,男生手指随音乐节奏点节拍。	1.通过观察、模仿、合作,初步了解川剧中男女演员台步基本步态特点。 2.通过分析不同的人物形象,帮助学生更好地理解外形与步法特点相互之间的关系,从而更好地掌握台步技巧。 3.不同性别人物的步伐学习,增强了学生在性别意识。 4.台步合作表演环节,让学生再一次熟悉动作、熟悉行走路线,为之后的完整表演做好了铺垫。

续表

教学环节	教师活动	学生活动	设计意图
三、学习川剧台步	5.师生交流,总结小碎步特点,并规范动作。 6.女生学习小碎步 师指导女生随音乐用小碎步走圆场并提醒结束时亮相动作。 女子台步行走方向 黑板 7.师播放音乐,带领学生回忆两种不同的台步特点和走法,提示男女生不同的行动路线。	5.女生学习小碎步,随音乐熟悉行走路线。 6.回忆台步特点。	
四、川剧表演	(一)习口诀,巩固表演要领 师带领生一边回忆本课教学内容一边走队形。 (二)完整表演,检测学习效果 师播放音乐,男女生走队形完整表演台步和翎子技巧。 女子台步行走方向 黑板	1.生按照老师口诀提示,回忆本课学习的所有内容。 2.聆听音乐,将本节课学会的技巧动作按学习顺序结合行走队形完整表演(台步、翎子)。	
五、拓展文化视野	(一)师提问,引出方言"颤翎子" 师:川剧文化已有500多年的历史了,在我们的生活中也有它的痕迹,你们知道是什么吗? 黑板	生围坐在师周围认真聆听。	1.师通过对四川话"颤翎子"的解释,引导学生对川蜀文化进一步的了解和认识,理解文化传承的时代意义。 2.最后的问好亮相道别让整堂课首尾呼应,有始有终。

续表

教学环节	教师活动	学生活动	设计意图
五、拓展文化视野	(二)解释"颤翎子" 师:那就是"颤翎子","颤翎子"源自川剧演员表演的翎子功,发展到后来用以特指爱出风头、爱"显摆"的人。 (三)总结下课 最后师生以四川话念白的方式相互问好道别,结束本堂课的全部内容。		

【思维导图】

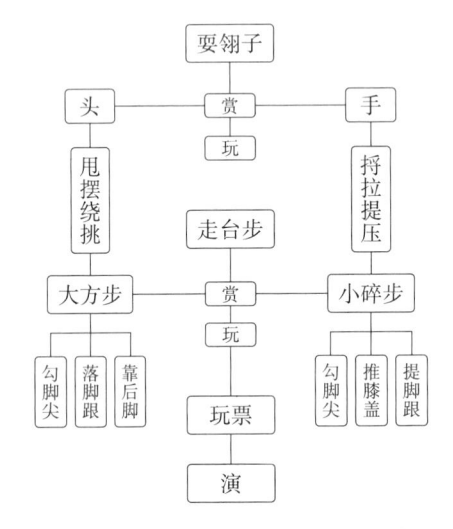

```
                        耍翎子
                          │
              ┌───────────┼───────────┐
              头          赏          手
                          玩
              │                       │
           甩摆绕挑                 捋拉提压
              │          走台步         │
              │           │            │
              │           赏           │
           大方步         玩         小碎步
              │           │            │
         ┌────┼────┐    玩票      ┌────┼────┐
        勾   落   靠     │       勾   推   提
        脚   脚   后     演      脚   膝   脚
        尖   跟   脚             尖   盖   跟
```

川剧表演艺术小集锦

教学建议

指导教师：简阳市教育研究培训中心　黄梅　李群

　　川剧对于巴蜀之地的意义，如同豫剧之于中原，黄梅戏之于徽州。对于生长于巴山蜀水之间的我们，不可不知川剧，不能不懂川剧，不能不学川剧。

　　然而，相当一部分青年，对川剧这一非物质文化遗产并没有多少了解。究其原因，除受流行音乐文化冲击之外，更重要的是，学生缺少对川剧表演艺术的关注。其实，川剧（川戏）一开始便是建立在深厚的生活基础之上，并在不断发展中形成了一套完美的表演程式，其剧本具有较高的文学价值。川剧多元化的表演真实细腻、幽默风趣、生活气息浓郁，深受群众喜爱。

　　作为音乐教育工作者，我们一直愿意且坚定地想和孩子们一起，了解川剧，学习川剧。但是如何来上好川剧，却需要令人耳目一新的方式教学。于是我们利用可利用的业余时间，看视频、跑剧团，有时候也跟演员们聊上一聊。也许是厚积薄发的缘故，终于有一次，在茶馆看到了表演戏曲的老师，灵光一闪，以生活做钥匙，打开了川剧表演艺术的教学大门。

一、以身边生活做基础，让兴趣激发出来

戏曲，本就来源于生活。执教者在设计课程时应根据自身的理解，以及川剧老师的专业分析指导，将川剧戏曲《别洞观景》作为核心教学点，以四川方言为课程引子，让课堂鲜活、生动起来。于是，执教者一改以前常规的普通话音乐课教学方式，上场就以"幺娃子""幺妹""巴巴掌"等四川方言与同学们进行交流，在一片欢声笑语中拉近了与大家的距离。在设计动作时，将生活中的"戴花"与戏曲表演中的"戴花"进行对比，分析其中的相同与不同之处，让同学们快速知晓了川剧表现形式当中的"做"。

兴趣是最好的老师。如果采用惯用的教学方式，同学们可能缺乏学习兴趣，不愿意了解课程中的重点和艺术内涵。于是，在课程设计时，执教者以兴趣作引导，比如为了解川剧表现形式当中的"做"，就以生活当中"坐茶馆"喝茶等生活情景为导入，让大家"耳目一新"。因为川剧中的"做"就是从生活中提炼出来的，只是它更具有舞台性和表演性。为了提高孩子们的兴趣，教师还将《别洞观景》中的"捉蝴蝶"等引入本课，通过教师示范"戴花"，同学们模仿，提高他们的学习兴趣，拉近了他们与戏曲的距离，也将戏曲更加地生活化。

二、以自身素质为保障，使教学基础更自信

教育界有句俗语"要想教给学生一杯水，自己要准备一桶水"。虽然这是一节音乐课，但它又不是一节普通的音乐课。教授川剧这种底蕴丰厚的传统文化艺术，并非是一朝一夕之功而成的，执教者一定要先行提高自身的专业水平和技能。在课程设计时为了保证"准确""深入""生动"，除了平常自己通过网络、图书馆等收集资料外，还应找川剧团的老师做专业指导。因此，对教育职业的尊重，对传统文化的尊重，对学生的负责，也是完成课程设计的精神内核。

三、以学生为主角，唱"体验式教育"的旋律

该课程教学中，执教者始终坚持以学生为主体，给出足够的空间，让同学们在教师的引导下了解、思考、体验。例如在学习"耍翎子"的四种姿态时，先让学生观看视频和观察老师的动作，自己分析、总结并找出答案。让学生从动作中深刻理解"持翎望月""持翎登高临""双手持翎""单手持翎"这四种方式各自的特点以及适用的人物、环境、剧情等，并根

据各自理解,进行模仿体验,最后再纠正个别动作。根据艾宾浩斯遗忘曲线规律,即学生学习完以后应及时给予复习与评价,即小组分别展示,找出表现得最"巴适"的"幺妹"跟"幺娃子",并让同学们再次进行展示,从而进一步巩固学习成果。

四、以融会贯通为目标,做到从"心"认识去表演

虽然我们并不是川剧表演专业人员,但是对于川剧,必须保有足够的尊重。所以在课程教学设计中,着重讲川剧的起源和对于四川包括云南、贵州等地的文化发展意义,希望借此在孩子们心中种下对传统艺术敬仰、理解、尊重的种子,从而让学生领悟其中的文化内涵,提升川剧的表演以及创编兴趣。

教学设计思路及过程

简阳市简城第三小学　唐蜜

【教学内容】

川剧表演艺术小集锦。

【教材分析】

川剧是由四川人民创造,并世代传承下来的民间艺术,不但在四川享有盛名,在国际国内也有着一定的影响力。"川剧表演艺术小集锦"选自地方性音乐课程教材《川腔蜀韵》中的四川曲艺板块。其中,《人间好》选段"别洞观景"的趣味性很强,"耍翎子"的四种姿态和"玩枪"等"做"的表演,与高腔唱词呼应呈现,相得益彰,别具特色。

【学情分析】

五年级学生生活范围较之前更广,认知领域也有了进一步的发展,体验、探索、创造的活动能力也有所增强。他们喜欢参与音乐实践活动,有一定的音乐理论基础知识,但对传统戏曲接触很少,几乎谈不上理解和喜爱。自2018年我校被纳入戏曲试点学校以来,学生们接触川剧的机会越来越多,对戏曲产生了一定的兴趣,这为本课的学习奠定了较好的基础。

【教学目标】

1.感受、体验"耍翎子"的四种姿态和"玩枪"的两种姿态。
2.体验川剧中的"做",感受川剧的独特魅力,激发学生热爱本土艺术文化的情怀。

【教学重点】

感受、体验川剧中"做"的表现形式。

【教学难点】

"耍翎子"的四种姿态和"玩枪"的两种姿态。

【教具准备】

多媒体课件、川剧服装、翎子、帅盔、"枪"等。

【教学过程】

教学环节	教师活动	学生活动	设计意图
一、创设情景，激趣导入	教师着川剧服装，模仿四川民间茶馆里的川剧表演——坐茶馆：点茶、上茶、喝茶等，并提问："老师表演的喝茶动作跟平常自己在家喝茶有什么不一样？"	学生跟随教师圆场步进入课堂，认真观看教师"喝茶"表演，思考并回答："老师表演的喝茶动作跟平常自己在家喝茶有什么不一样？"	创设情境，营造氛围，引入新课。激发学生的学习兴趣。
	对比川剧中喝茶的动作与平常喝茶的异同。	学习、表演茶馆"喝茶"情景。	复习上节课内容：圆场步。
	揭示并板书课题：川剧表演艺术小集锦。		学生通过观察、模仿教师表演，初步感受川剧表演艺术的魅力。
二、复习回顾，引出新课	复习回顾：教师引领学生回忆复习川剧表演中"唱""念""打"的含义。	学生跟随教师一起复习、巩固川剧的表现形式。	让学生通过观察教师的肢体动作，初步接触川剧表现形式中的"做"，其目的是把课堂还给学生，培养学生的观察力、想象力和独立思考的能力。
	教师示范表演：教师表演川剧中的"摘花""戴花"动作，引出川剧表现形式中的"做"。	观看教师表演，思考并回答："做"的含义是什么？	富有表演性和欣赏性的"摘花"和"戴花"动作，能够激发学生的兴趣和表演欲望。
	提示"做"的要领："做"是舞台上没有的东西，要靠演员的动作表现出来。	学生模仿教师"摘花""戴花"动作。	让学生感受、体验"做"的动作要领。

续表

教学环节	教师活动	学生活动	设计意图
三、新课教学，体验"耍翎子"姿态	教师展示表演行头"翎子"实物。	学生观看实物，初步认识翎子。	采用引导、示范、观看、表演、评价等手段，指导学生学习，关注学生全体发展的同时，注重个性发展。
	教师表演川剧《人间好》选段"捉蝴蝶"中的"耍翎子"。	学生观看教师表演"耍翎子"。	理论与实践相结合突出"做"的要点。学生充分体验"耍翎子"的四种姿态，充分感受川剧表演艺术的魅力，激发学生对川剧的热爱之情。
	具体教授"耍翎子"的四种姿态：持翎登高临、持翎望月、单手持翎、双手持翎。（教师一边表演一边讲解其动作要领，一边示范一边纠正个别学生姿态）	学生观看视频，观察"耍翎子"的四种姿态。	
		跟随老师的表演动作，体验耍翎子的四种姿态。	
		女生根据所学动作分组选择喜欢的"耍翎子"姿态，并进行表演比赛。	
		男生观看女生表演，并评选出做得最好的组别和最优秀的女生。	
四、新课教学，"玩枪"的体验学习	教师教授"端枪""回枪"的姿态，讲解动作要领。	学生观看视频，观察"端枪""回枪"的动作和姿态。	通过教师示范，学生观察的教学方式，进一步激发学生的学习兴趣。
	提示"端枪"动作要领：注重"三点一线"。	倾听教师讲解，模仿、体验"玩枪"的两种姿态。	师生评价，生生评价，突出以学生为主体的思想主张。
	提示"回枪"动作要领：注重眼神、力度、支撑点。	男生分组表演"端枪""回枪"的动作。	学生自主表演突出，体现以生为本的教学理念。彰显学生个性，培养学生自信力和表现力。
		女生观看男生表演，并评选出做得最好的组别和最优秀的男生。	
五、集体表演，体验互动	互动体验：教师组织全体学生集体表演"耍翎子"和"玩枪"的各种姿态。	学生跟随教师一起表演"耍翎子"的四种姿态和"玩枪"的两种姿态。	结合音乐集体表演"耍翎子""玩枪"的姿态，进一步关注学生的学习效果与整体发展。
六、教学回顾	川剧是国家首批级非物质文化遗产之一，除了"唱""念""做""打"之外，还有吐火、变脸等绝活等待着大家学习和体验。本节课重点讲解川剧表现形式中"做"的要领，让学生体验和学习了"耍翎子"的姿态，以及"玩枪"的动作要领。学生们积极学习，并乐在其中，学习氛围和效果都很不错。		
七、作业	1.多听、多看川剧中的"唱""念""做""打"代表选段。 2.复习"耍翎子""玩枪"的动作要领，并让家人欣赏。		

【思维导图】

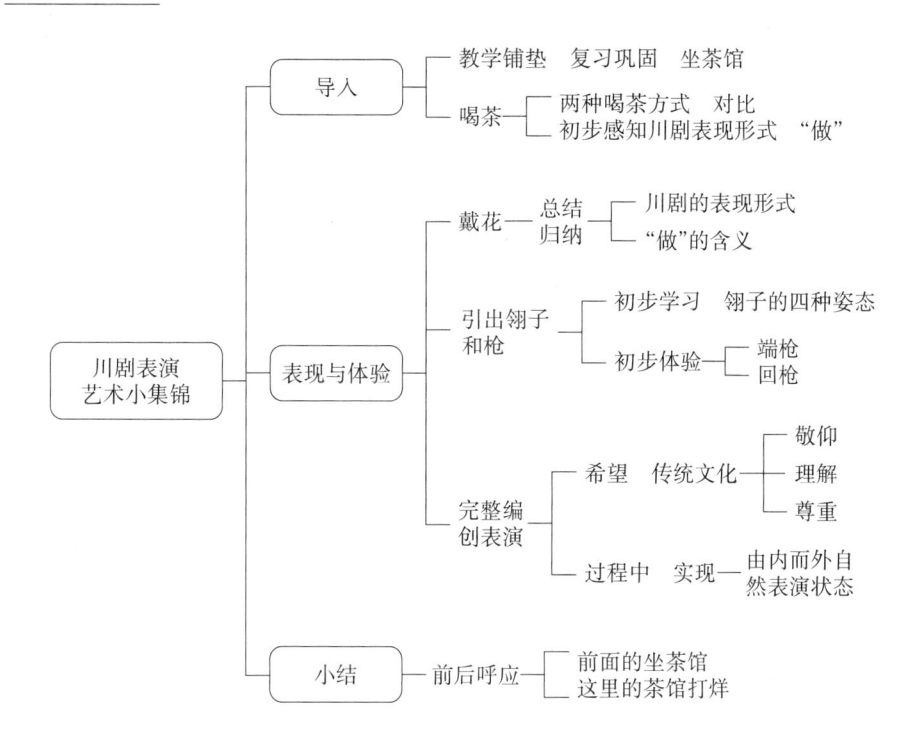

```
                        ┌─ 导入 ──┬─ 教学铺垫  复习巩固  坐茶馆
                        │        └─ 喝茶 ── 两种喝茶方式  对比
                        │                  初步感知川剧表现形式  "做"
                        │
                        │                   ┌─ 总结 ──┬─ 川剧的表现形式
                        │        ┌─ 戴花 ──┤ 归纳    └─ "做"的含义
                        │        │
                        │        │                    ┌─ 初步学习  翎子的四种姿态
川剧表演 ──┼─ 表现与体验 ┼─ 引出翎子 ──┤              ┌─ 端枪
艺术小集锦  │        │   和枪        └─ 初步体验 ──┤
            │        │                              └─ 回枪
            │        │                        ┌─ 敬仰
            │        │        ┌─ 希望  传统文化 ──┼─ 理解
            │        └─ 完整编 ──┤                └─ 尊重
            │           创表演  │
            │                  └─ 过程中  实现 ── 由内而外自
            │                                     然表演状态
            │
            └─ 小结 ── 前后呼应 ──┬─ 前面的坐茶馆
                                  └─ 这里的茶馆打烊
```

秀才过沟

教学建议

指导教师：成都市武侯区教育科学发展研究院　颜克

　　文化是一个国家、一个民族的灵魂。文化兴则国运兴，文化强则民族强。金钱板是川渝两地民间传统说唱曲艺品种之一，被列入了第二批国家级非物质文化遗产。《秀才过沟》是金钱板传统曲目，其道理明晰，语言生动，但表演时间只有7分钟，如果不能进行合理的教学设计，则会影响整堂课节奏。金钱板历史悠久，但在今天，它已远离大部分人的生活，学生对其知之甚少，如何调动学生状态，持续保持其学习兴趣，成为本课教学是否成功的关键。而这节课，可以看出有以下特点。

一、深度剖析材料——精准

　　执教者对金钱板以及其曲目《秀才过沟》进行了深度剖析，并归纳总结出了演奏金钱板一些重要的方法，还总结出"打""唱""说""演"四种表演形式的重要特点。同时，执教者还选取出闹台和《秀才过沟》中与之对应的三个段落，将"打""唱""说""演"四种表演形式逐步推出。

　　"打"——金钱板的演奏方式之一。执教者用右手拿着的一块竹板，有节拍地击打左手拿的两块竹板的不同部位。其响声给人一种清新、铿锵而又和谐的音乐感。但今天金钱板已衍生出许多派别，"打"也更加丰富多样。一位学徒也不可能在短时间内掌握金钱板所有的演奏技巧，更何况在短短的一节课内。但在本节课中，执教者提炼出"夸""打""的""尔"等四种最常用的演奏方式，配合精简的闹台打谱，让学生不但了解了金钱板及闹台的基本知识，更切身参与、体验了金钱板的演奏。

"唱"——金钱板表演的重要形式之一，它的唱腔由前辈艺人在川剧高腔一些曲牌的基础上加工、改革而成。《秀才过沟》中的唱段通常在后三字，按照特殊的韵仄要求演唱。因金钱板都是以口传心授的方式教授，所以没有专门的曲谱。执教者为引导学生唱出正确的韵味，运用了图形谱，以便让学生直观地了解并掌握韵味。

"说"——金钱板是以说为主唱为辅的表演形式，其唱词通常用四川方言、歇后语、谚语和象声词，但又要做到俗不伤雅，句句押韵，并要一韵到底，中途不得转韵。唱词多是七字句、十字句和长短句。前紧后松是《秀才过沟》说词的重要特点。执教者选用最有特点段落，一来刻画出了秀才特有的迂腐形象，为后面的情节做铺垫，二来能引导学生迅速掌握节奏及吐字押韵的特点。

"演"——金钱板都是边敲边打、边说边唱、边唱边演。眉眼身法是金钱板表演的重要技巧，表演时通常一人分饰多个角色。执教者精选了《秀才过沟》中多个角色对话段落，让学生分工合作，参与、体验这项传统曲艺，激起其浓郁的学习兴趣。

二、深入分析学情——精妙

与评书、莲花落等说唱艺术一样，金钱板最初也是在人多的乡场闹市路口拉扯场子招揽顾客，进行表演。因喜欢的人越来越多，道具简单、机制灵活，便逐渐发展到进入茶馆表演。随着社会的发展，城市节奏加快，茶馆已经渐渐消失，大量演员失去了表演的舞台，金钱板也越来越不为人们熟知。

学生们对金钱板的了解甚少，直接讲解无疑会引起学生反感。因此，执教者选择以学生熟知的说唱导入本课，用说唱引出金钱板，迅速拉近学生距离，激发起学生主动学习的兴趣。在此过程中，执教者拿捏住了学生的认知和心理特点，可谓精妙。

三、深刻参与体验——精彩

参与体验式学习是直接认知、欣然接受、尊重和运用当下被教导的知识及能力的过程。不同于说教式学习，是学生主动通过实践体验来完成挑战，掌握知识。

本节课从导入、教授到最后呈现,学生都完全沉浸在参与体验之中。一开始的说唱,迅速激起了学生的学习兴趣,并对后面的学习内容充满期待。接着,金钱板实物观察、视频欣赏,在配合"打""唱""说""演"的学习,让学生充分参与学习过程。在整堂课中,节奏、旋律、字韵和表演的循序渐进,让学生们兴致盎然,成就了整堂课的精彩。

改革开放以来,各种现代艺术形式大量出现,传统的艺术形式普遍受到冲击,金钱板艺术面临重重困难,其现状是人才匮乏、作品匮乏;金钱板的老艺人大多年事已高,传统曲目大多失传;专业人员和业余爱好者都缺少展示平台,专业人员目前依然在舞台上演出者仅余一至二人,市场萎缩。这些都直接影响这门艺术的生存和发展,其濒危状况不言而喻,作为教育工作者,我们有义务,有责任用好课堂,将此项优秀的曲艺形式传承下去。

教学设计思路及过程

成都市龙江路小学高翔分校　王鹏飞

【教材分析】

《秀才过沟》是金钱板传统曲目之一,讲述了一位秀才"死读书,读死书",过沟也要去书中找方法,反而落水的故事。全曲唱说结合,故事生动有趣,具有浓郁的教育意义,也风趣幽默。但金钱板这种表现形式,对现代学生而言较为陌生。传统曲艺形式在当代人中大量丢失,保护优秀传统艺术成为当务之急。

【学情分析】

小学五年级的孩子开始逐渐进入叛逆阶段,对于音乐课的兴趣和表演积极性逐渐降低。他们乐于接受新鲜事物,但对传统曲艺几乎没有了解。这一阶段学生的学习能力、独立思考能力、表达能力越来越强。本课通过说唱导入,从节奏、语言、体态要素对比金钱板入手,紧抓金钱板中打、唱、说、演等表演形式,让学生去体验、参与其中,培养学生对于传统曲艺的兴趣,提升文化自信。

【教学目标】

1.欣赏传统曲目《秀才过沟》,初步了解中国非物质文化遗产——金钱板。

2.能在聆听、模仿、演奏等音乐实践活动中,初步掌握金钱板并运用"打""唱""说""演"的表演形式。

3.让学生对传统曲艺产生兴趣,并能主动学习,提升其文化自信。

【教学重点】

1.初步掌握金钱板"打""唱""说""演"的表演技巧。

2.了解并喜欢上传统曲艺——金钱板。

【教学难点】

说根据字韵,"说""演"好《秀才过沟》片段。

【教具准备】

多媒体设备及教学课件,金钱板等。

【教学过程】

教学环节	教师活动	学生活动	设计意图
一、导入	师:今天的音乐课,我将用一种特别的方式和大家打招呼,请仔细观察我用的是什么表演形式?(教师rap)rap源自于20世纪70年代纽约黑人有节奏的说话的特殊演唱形式,中文意思是说唱。那么今天的音乐课,我们就来学"说唱",怎么样?	学生观察并回答老师提问。	激发孩子的兴趣。
二、对比说唱和金钱板	1.说唱三大要素。 2.师示范讲解,引导学生模仿参与。 3.对比金钱板和说唱。 师:大家很酷很有这个"范儿",不过今天我请大家学的不是这个说唱,我要和大家分享的说唱,比美国黑人的说唱早了上百年,节奏是会根据表演时表演者和观众的情绪状态改变的,语言就是咱们成都方言,而体态或坐或站,除了表现特定人物外都是挺拔的。想知道是什么吗?大家请看,这是什么?	1.学生回答说唱三要素(①节奏②语言③体态)。 2.学生模仿参与体验说唱。 3.初见金钱板。	1.为引导出金钱板的特点,做好铺垫。 2.激趣体验并为对比做准备。 3.对比说唱和金钱板两种说唱形式,激发好奇心,树立正确认知。
三、了解金钱板并欣赏《秀才过沟》	师引出金钱板(播放视频简述背景),并简述成都金钱板"清""花"两派,引出邹忠新先生表演的《秀才过沟》。	1.观看金钱板简介。 2.观察金钱板。 3.欣赏《秀才过沟》。 4.用简洁的语言归纳故事。	1.了解知识背景。 2.了解金钱板流派。

续表

教学环节	教师活动	学生活动	设计意图
四、学习"打、唱、说、演"	1."打"闹台。 金钱板一开始都有一段只打板的节奏,它叫作"闹台",一段精彩的闹台,不需要什么言语便能调动起全场的气氛,紧抓观众的情绪,从而为后面精彩的说唱做铺垫。 出示"闹台打谱"(PPT)。师讲解"打""的""垮""尔",并带学生徒手练习。 2."唱"开场 范唱第一段,并用"口传心授"的方式指导学生学习第一段半说半唱部分。 3."说"曲段 金钱板是以"说"为主,"唱"为辅(师示范第二段纯说词部分)。 4."演"角色 金钱板表演时经常一人分饰多角,引导学生找出段落中出现的不同角色(PPT)。 将全班分为三组,分别表演"农夫""秀才""大白"。 5.完整表演 师引导学生将"打""唱""说""演"四个部分进行完整演绎。 (闹台+开场+人物形象+分组对答)	1.读闹台谱并徒手模仿演奏 2.唱第一段唱词。 3.完成纯说词部分。 4.分组表演"农夫""秀才""大白"并合作。 5.学生完整表演。	通过"打""唱""说""演"去体验、参与,在学习中培养学生对于传统曲艺的兴趣。
五、创编	1."编"剧本。 师指导学生按照七字韵进行创编,并提醒内容积极向上,尾字押韵等要求。 2.点评。	学生小组合作参与创办。	提高学生的学习积极性。
六、结语	师:金钱板就是用这样朴实又风趣的语言,艺术又生动地刻画着各种人物形象,传颂着一个又一个深刻的道理。这么好的说唱艺术,很可惜居然快要失传了,我想在座的每一位同学,都愿意骄傲地将这份自己家乡的文化遗产推广给全国、全世界吧。我们做一位天府文化的传承人,好吗?		激起学生对本土曲艺的珍视。

【思维导图】

金钱板《秀才过沟》

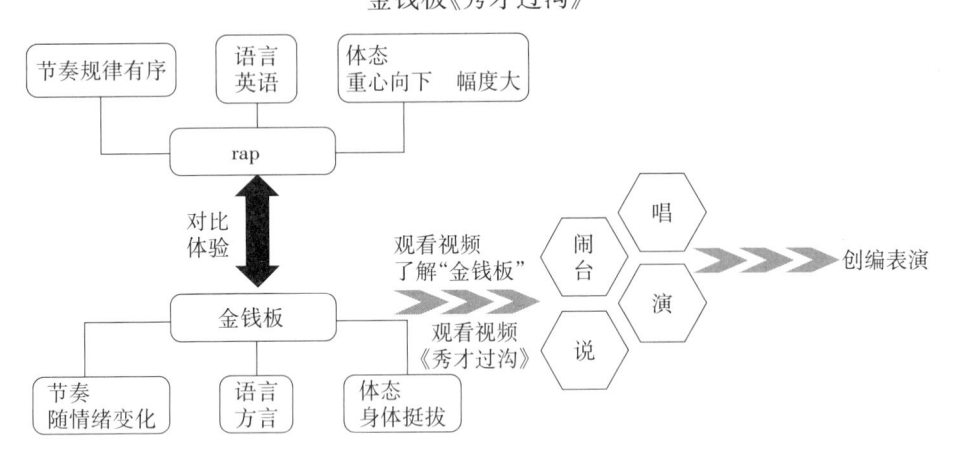

```
         节奏规律有序 ── 语言英语 ── 体态 重心向下 幅度大
                    │
                   rap
                    ↕ 对比体验
                  金钱板 ═══► 观看视频 了解"金钱板"  ─┐   ┌─ 唱 ─┐
         ┌──────────┼──────────┐                    闹台─┤      ├─► 创编表演
      节奏         语言        体态                       演 ─┤      │
    随情绪变化    方言       身体挺拔      观看视频            └─ 说 ─┘
                                        《秀才过沟》
```

川剧锣鼓

教学建议

指导教师：成都市龙江路小学高翔分校　王鹏飞

　　锣鼓是川剧的重要组成部分，由五方乐师演奏，以锣鼓经记谱。川剧中有句行话叫"三分唱，七分打"，可见川剧锣鼓在川剧中有着重要的地位。川剧锣鼓是川剧五种不同声腔的"黏合剂"，是川剧剧种的音乐标志之一，其地方味浓郁，曲牌众多，可以配合演员表现出千军万马、排朝庆典等各种丰富的场景。然而，小学阶段的教师要怎样激发学生对川剧锣鼓的兴趣，如何让学生参与，怎样参与，成为这节课的重难点。

　　从本课教学设计中可以看出，执教者以节奏为主体，运用"节奏闯关"等方式逐步导入锣鼓经。执教者以川剧锣鼓经为线索，将"肉锣鼓"、锣鼓演奏等活动穿插其中，充分激发了学生的学习兴趣。执教者提取出川剧锣鼓曲牌中"单锤""两锤""三锤""四锤"四条锣鼓经，巧妙地让学生通过"赏、敲、读、演"四种方式，体验、熟识并掌握一些简单的川剧锣鼓曲牌。

一、"赏"锣鼓

　　对锣鼓的听赏，执教者聚焦在建立视觉认知和既往知识的基础上，以节奏听辨游戏为课堂导入，建立音乐节奏元素与川剧锣鼓的关系；播放锣鼓视频，让学生直观感受川剧幕后的声效艺术,帮助学生形象具体地了解每种乐器的演奏方式与配合方式。这既能激发学生浓郁的学习兴趣,也为后面的"敲"锣鼓做好铺垫。

二、"敲"锣鼓

川剧锣鼓有二十多种乐器,演奏的技法也较为繁杂,曲牌极为丰富,可根据不同剧情与表演演奏出欢快、庄重、激昂等各种不同情绪的锣鼓。基于学生学情,执教者选取主要五件乐器及其最简单的演奏方式进行教学。

本课以学生体验为主,从学一个字、一个乐器到一整条锣鼓经,都由学生亲自演奏,让学生直观地了解川剧锣鼓不同乐器的音色。

锣鼓的演奏既是实践的艺术,也是合作的艺术。每一位乐师都要熟练掌握自己的乐器,并与伙伴默契配合。执教者根据学生学习情况,将基础锣鼓经作为主线,把演奏难点分解,让五方乐师尝试合作乐器。

三、"读"锣鼓

川剧锣鼓通常都是根据锣鼓牌子配合不同的剧目进行演出。而文场锣鼓、武场锣鼓又分别采用不同的锣鼓经。剧目众多,曲牌众多,所以执教者择其共通点,列举了单锤、两锤、三锤和四锤四条锣鼓经。虽然这几条是基础的锣鼓经,但是对于一堂课,学生不能实现完整演奏,于是使用"肉锣鼓"这种读的方式进行教学。

其实从锣鼓经的特点中我们可以看出,锣鼓经源自对音响的口头模仿,它的传播、传承自然离不开口念耳听,依赖于"口传心授"。口传心授是指音乐的传承主要通过口头传诵和心领神会的方式来得以实现。锣鼓经的传承在很长时期往往不以记录在案的文字或曲谱资料的形式来实现,而是主要以口头传唱、背诵的方式代代相传(近几十年才出现了较多的笔头记录和出版成册的文字谱)。

四、"演"锣鼓

锣鼓的演奏最终是服务于引导唱腔或结束动作,配合演员的身段动作,渲染、烘托气氛和情绪。所以本课在学生掌握演奏的基础上进行了分组活动。"念""奏""舞"相结合的方式,有趣而生动,模仿了川剧舞台的表演形式。学生较大程度地感受川剧锣鼓的韵律和魅力,也在与同学合作中感受到愉快和锣鼓配合的不易。

　　精巧的设计让执教者不仅把握住了该学段学生的身心特点,让学生始终沉浸在探索和求知的学习过程中,还将本来单调乏味的川剧锣鼓生动形象地展现在课堂之上。可是时代的变迁使得许多的资料都很难被找到,锣鼓传承人也越来越少,国家也因此将这些险些失传的文化瑰宝,列入非物质文化遗产项目名单。最后这种情绪转折直击学生心灵,让学生发自内心对本土文化产生崇敬之情,从而渴望传承本土文化。

教学设计思路及过程

成都市龙江路小学武侯新城分校　刘倩

【教材分析】

地方教材《川腔蜀韵》(上册)川剧单元,以编排乐器图片、锣鼓经等作为素材,直观地体现了锣鼓的外在特点,突出了川剧锣鼓的地方特色。

锣鼓是川剧中的重要组成部分,其传统教学方式多为口传心授。而学生在欣赏川剧时,多是关注台前演员的唱、念、做、打,对台后的锣鼓音响关注较少。教师基于教材内容,选用锣鼓经中的最简单、最短小的单锤作为主线,让学生通过敲、读、演几个步骤充分感受川剧锣鼓的音色,激发对音响的审美,体验艺术合作的乐趣。

单锤锣鼓经是四四拍,单一个小节,由汉字"打、乙、丑、镲、壮"结合四分音符、八分音符等构成。这些汉字既是乐器音色的模仿,又代表乐器演奏的技法。乐师演奏时必须与同伴合作,准确敲击乐器,这需要长时间的练习与磨合。"肉锣鼓"则是一种由嗓音替代乐器,单人的、易练习的演奏方式。教师通过拆分汉字的音色和乐器演奏,结合音乐要素中的节奏、音色等,循序渐进,层层铺垫,用演奏和唱念的方式表现锣鼓经,强化学生参与和体验。

【学情分析】

按照新课标要求,小学四年级学生应充分掌握四分音符、八分音符、四分休止符、八分休止符,对木鱼、小镲、小锣、小鼓的演奏方式也要有一定了解。由于学情不一,所以学生虽具备一定的音乐鉴赏能力,但不一定能准确拍奏八分音符与八分休止符。对乐器的演奏也较为陌生,学生容易出现不敢探索乐器,或不能敲准鼓心等情况。

小学四年级学生表演积极性高,乐于接受新鲜事物,但缺乏对传统戏曲的了解和参与,因此在短短一节音乐课中,学生很难将锣鼓经中的汉字与手上乐器的敲击完美结合。但是通过参与和体验,学生往往会激发出对"川剧锣鼓"继续探究的兴趣。

教师围绕"川剧锣鼓",通过音乐要素中节奏、音色、演奏形式的分解,搭建既往知识与新授知识的桥梁,根据学生的实际情况,适当拓展与压缩学生对敲、读、演三部分的步骤。

【教学目标】

1. 认识川剧锣鼓及乐队。
2. 通过读、敲、演的方式参与体验锣鼓的节奏、音色、演奏形式等音乐要素。
3. 通过参与和体验,增强学生对传统戏曲文化的兴趣,提高学生的文化自信。

【教学重点】

了解"川剧锣鼓"的表演形式,激发学生对锣鼓艺术的兴趣。

【教学难点】

学生在实践中表现锣鼓经的韵味。

【教具准备】

多媒体设备及教学课件,川剧锣鼓等。

【教学过程】

教学环节	教师活动	学生活动	设计意图
一、导入	游戏导入,感受节奏 1. 以节奏游戏的入课堂,让学生拍节奏,复习八分音符和八分休止符。 2. 师出示一条带汉字的节奏型,请学生比较教师读与学生读的区别,由此总结出"音调""变音"的特点。	随音乐拍手复习八分音符和八分休止符	通过节奏引入,让学生建立锣鼓与简谱节奏的关系,理解锣鼓经中的节奏要素。
二、敲锣鼓	(一)出示课题 1. 播放《白蛇传》"水漫金山"选段,引导学生关注川剧表演时的音响效果。 2. 播放民间艺人的乐队视频,出示课题。 3. 简述川剧锣鼓及其重要性。 4. 将认识五方锣鼓。 5. 出示乐器。	1. 看视频,认识川剧锣鼓,以及川剧锣鼓中的各种乐器。	1. 了解川剧锣鼓的基本知识。

续表

教学环节	教师活动	学生活动	设计意图
二、敲锣鼓	(二)探索乐器 【川小鼓】 1.讲解演奏方法。 2.敲乐器,引导全班练习。 3.出示锣鼓经中的"打",引导学生练习"打"。 【川堂鼓】 1.讲解演奏方法,引导学生敲乐器。 2.指挥,引导合作敲击小鼓与堂鼓。 【川大钹】 1.讲川大钹的拿法,并引导学生敲。 2.出示"丑",并纠正学生读音。 3.指挥,三方乐队合作。 【马锣】 1.讲解演奏方法,并引导学生敲马锣。 2.引导学生用"镂"模仿锣鼓经,并尝试与小鼓、大钹合作(打打、乙丑、乙镂)。 【川大锣】 1.讲解演奏方法,引导学生敲大锣。 2.引导学生尝试合作演奏大钹、堂鼓。	2.生自主学习,参与体验敲打乐器,并探索发声。	2.激发学习兴趣,感受音色要素,练习敲击,为完整演奏做准备。
三、读锣鼓	1.播放视频,并引导学生思考视频中用什么方式来表现锣鼓经。 2.出示"肉锣鼓"概念,引导学生简述其特点。 3.引导学生观察锣鼓经中有几个"壮"字,理解"合音"与"合奏"。 4.简述"曲牌名"。 5.观察指导学生分三个大组自学肉锣鼓两锤、三锤、四锤。	1.生看视频。 2.认识肉锣鼓,并模仿其音色,同时尝试用"肉锣鼓"读锣鼓经。 3.通过教师引导自学肉锣鼓两锤、三锤、四锤,并演奏。	了解"肉锣鼓",会读四条曲牌。
四、演锣鼓	1.分配演奏任务,组建"锣鼓班子"。 2.指挥"锣鼓班子"随乐演奏。 3.分配"肉锣鼓"任务,有旋律的部分敲4次单锤,间奏的地方敲两锤、三锤、四锤各两次。 4.在前奏部分加入小演员的圆场步。	生随乐演奏,感受锣鼓经的韵味。	用与现代音乐结合的方式参与体验,拉近于川剧的距离。
五、课堂小结及升华	师:通过本课我们发现了中华文化的博大精深,短短几个字就囊括了节奏、音色、演奏方式等音乐要素。可是这么优秀的艺术险些失传了,我们在座的各位要保护文化、传承文化!	听教师讲解,并思考。	总结本课知识点,升华学生对本土文化的情感。

【思维导图】

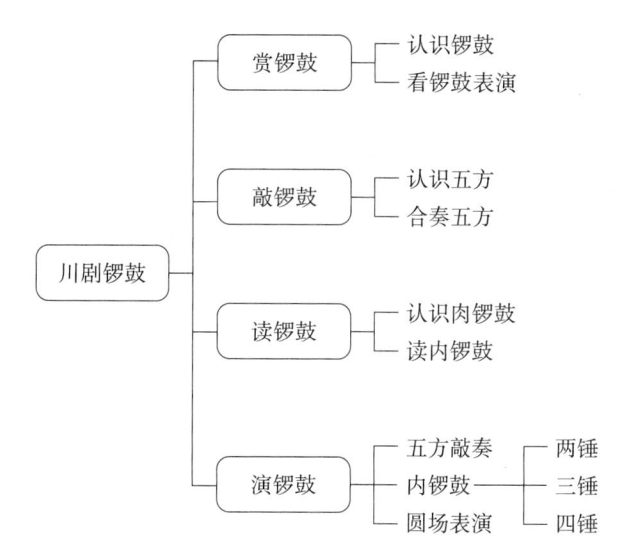

川剧锣鼓
- 赏锣鼓
  - 认识锣鼓
  - 看锣鼓表演
- 敲锣鼓
  - 认识五方
  - 合奏五方
- 读锣鼓
  - 认识肉锣鼓
  - 读内锣鼓
- 演锣鼓
  - 五方敲奏
  - 内锣鼓
    - 两锤
    - 三锤
    - 四锤
  - 圆场表演

多彩的川剧锣鼓

教学建议

指导教师：成都市青羊区教育科学研究院　蒋英

川剧界有"半台锣鼓半台戏""三分唱，七分打"的行话，可见，川剧锣鼓在一场完整的川剧演出中起着非常重要的作用。川剧锣鼓的乐器有鼓板、小鼓、二鼓、大锣、大钹、小锣、马锣、苏锣、苏钹、梆子、二星、包锣，等等。川剧表演中，川剧锣鼓配合川剧的唱、念、做、打，就像一根红线穿珠，融洽而协调，使演员的表演统一于一种特定的舞台节奏之中。

《多彩的川剧锣鼓》选自四川省中小学地方音乐课程资源《川腔蜀韵》川剧、四川曲艺板块，是极好的，具有地域特色的音乐教育资源。把川剧中的川剧锣鼓纳入地方音乐教材，既可以培养学生的民族感情，又可以培养学生的节奏感及合奏能力。本课从川剧锣鼓入手，紧紧围绕"美"展开各种音乐活动，让学生感受川剧音乐的美，川剧锣鼓的美和川剧表演的美！本课在执教过程中体现了以下特点：

一、深挖教材，丰富内容

该课是一节以演奏为主的综合课，教师选取川剧《白蛇传》中典型的两条川剧锣鼓节奏的片段——《武长锤》与《园园》进行教学。本节课分为三个部分，第一部分：从音乐要素出发，让学生欣赏两段音乐，对比总结川剧文武场的特点并模仿旦角、武将表现文武场。

第二部分：有侧重地介绍川剧锣鼓七大件，巧妙通过叠加的方式让学生学习并合奏《武长锤》与《园园》，拓展性加入念白。第三部分：由学生们完整呈现川剧锣鼓。这样的设计既依托于教材内容又创造性地丰富了教学内容。

二、循序渐进，逐步加深

在本课教学中，教师采用了逐步推进的办法来引导学生学习川剧锣鼓，以适应学生的能力水平。教师在层层递进的教学中，首先让学生在观看视频片段后进行对比学习，在感受体验中通过音乐要素的不同听辨出文武场的区别，接着对比聆听文武场两段音乐使用的不同乐器，最后引导学生得出文武场的划分及定义。在教师的引领下，学生朗诵学习锣鼓经，并跟随锣鼓经节奏模拟角色走台步表现文武场，以感受川剧锣鼓与川剧表演融合的魅力。同时，认识川剧七大件——大锣、大钹、马锣、酥铰、小锣、堂鼓、板鼓，并结合锣鼓经层层叠加的方法巧妙高效地学习合奏。这种层层递进的教学方法，既能使学生尽快学会演奏技巧，也减少了练习中可能产生的噪声等。

三、探究学习，拓展延伸

在学生掌握了文武场的锣鼓经合奏方法后，教师在拓展延伸部分引导学生用四川话念诗歌《早发白帝城》，并将诗歌作为念白，请孩子们创造性合作，以念白（诗歌）进行伴奏烘托气氛，完整将本课中学到的知识进行表现。这种探究式的学习，既增强了学生的学习兴趣，又培养了他们的创造能力。

总之，执教教师在执教过程中始终关注学生对川剧和川剧锣鼓学习的兴趣，用一系列由浅入深的音乐活动引导学生体验并感受川剧锣鼓的魅力，激发学生热爱并传承四川本土音乐文化的感情！

教学设计思路及过程

成都市树德实验中学(东区) 李鑫鑫

【教材分析】

川剧锣鼓在川剧中起到重要的作用,是川剧剧种的音乐标志。川剧界素有"三分唱,七分打""半台锣鼓半台戏"的行话。川剧锣鼓主要有七大件:大锣、大钹、马锣、酥铰、小锣、板鼓、堂鼓。根据乐器的不同组合可分为文场和武场,文场适用于旦角,武场适用于武将。川剧锣鼓与演员的表演紧密联系在一起。锣鼓曲牌《武长锤》为四二拍,情绪激昂、节奏鲜明,适用于武;《园园》为四四拍,情绪柔和、节奏悠长,适用于文场。川剧锣鼓虽在幕后演奏,却多彩又有魅力,在川剧中起到了非常重要的作用。

【学情分析】

七年级学生经过小学的熏陶和学习有了一定的音乐基础和素养,在学习上形成了自己的初步经验,学习能力增强,有一定合作能力,表达情感的方式较小学生有了明显变化。我校学生来自多所不同学校,其音乐欣赏能力的各有不同,对川剧锣鼓的兴趣也有一定差异。教师应特别注意对学生演奏坐姿、演奏习惯上的训练。七年级学生生理、心理上渐趋成熟,敏感有主见、自尊心强,但有的羞于表现,特别是形体动作不够自信,因此,在课堂上教师应采用多种方式调动学生积极性,充分鼓励、交流沟通,引导学生充分参与音乐活力,感受川剧锣鼓的魅力并进行合作展示。

【教学目标】

1.通过欣赏《白蛇传》片段,让学生能听辨川剧锣鼓文武场。
2.认识川剧锣鼓的七大件,合奏曲牌《园园》《武长锤》,能跟随锣鼓模拟角色表现文、武场。
3.感受川剧的魅力,激发学生对川剧锣鼓的喜爱,合作展示川剧锣鼓。

【教学重难点】

重点：认识川剧锣鼓七大件；听辨文武场；合奏《园园》《武长锤》。

难点：模拟角色表现文武场；合奏《园园》与《武长锤》。

【教具准备】

多媒体课件、川剧锣鼓七大件。

【教学过程】

教学环节		教师活动	学生活动	设计意图
一、导入	导入新课，欣赏川剧《白蛇传》片段。	提问引入新课。	学生聆听，思考川剧特色，认识川剧锣鼓。	紧扣主题、开门见山，初步感受川剧锣鼓。
二、新课	（一）听赏川剧《白蛇传》两个视频片段、认识曲牌名《武长锤》与《园园》。	播放两段视频，提问，并讲解。	感受音乐要素的不同，认识曲牌名《武长锤》与《园园》。	通过观看对比强烈且生动的视频，从音乐要素着手认识两段音乐。
	（二）对比两段音乐使用的乐器。	播放音乐，适当提示并引导讲解。	对比欣赏。	分辨打击乐与管弦乐的不同风格，层层递进得出文场的划分与定义。
	（三）川剧锣鼓文武场定义与划分。	引导、总结文场与武场。	学生思考并总结文武场。	从音乐风格、乐器使用两方面区分，层层递进得出文武场定义。
	（四）朗诵学习锣鼓经。	讲解锣鼓经的重要性并指导学生朗诵锣鼓经。	用四川话准确有节奏、有韵味地朗诵锣鼓经。	用方言朗诵锣鼓经，感受川剧韵味。
	（五）跟随锣鼓经模拟角色做动作与走步表现文武场。	讲解旦角和武将的动作要领并引导学生模仿。	1.学习旦角与武将的基本动作，口念锣鼓经做动作模拟角色。 2.4名女生担任旦角与4名男生担任武将跟随音乐走步并做亮相动作。	学生通过做动作走步模仿角色表现文武场，感受川剧锣鼓与川剧表演融合的魅力。
	（六）以全班学习、分组学习的方式认识川剧锣鼓七大件。	讲解七大件，并给学生分组、带领合作学习。	学习锣鼓敲击方式，练习锣鼓经。	了解川剧锣鼓的构成与使用方式，合作练习锣鼓经。
	（七）合奏《武长锤》及表演。	指导学生演奏，合作表演《武长锤》。	跟随老师的锣鼓经与指挥，学会合奏《武长锤》。领奏与4名武将配合表演。	通过层层叠加的方式，巧妙自然引导学生感受节奏并掌握合奏《武长锤》，增加学习的趣味性。与武将表演配合互相巩固，并为最后的完整呈现做铺垫。

续表

教学环节		教师活动	学生活动	设计意图
	（八）合奏《园园》及表演。	指导学生演奏，合作表演《园园》。	朗诵锣鼓经认识总谱，再分组合作，掌握合奏《园园》。	朗诵锣鼓经再合作演奏，学习合奏《园园》。与旦角表演配合互相巩固，并为最后的完整呈现做铺垫。
三、拓展部分	（一）川剧锣鼓为诗歌伴奏。	教师引导学生用四川话念白七言诗歌，并在诗句之间使用川剧锣鼓伴奏烘托气氛。	欣赏并学习川剧念白七言诗歌《早发白帝城》，简单加动作，为念白使用川剧锣鼓简单伴奏。	川剧锣鼓在念白中的运用，起到烘托气氛、加强语气作用。
	（二）集体展示川剧锣鼓。	教师提出演出顺序和人员安排，指挥引导每一个环节并主持。	台上表演学生提前候场准备，依次上场表演，其余同学模拟演奏并欣赏，念白集体起立表演。	学生对本堂课的所有内容先分层展示，最后集体合作表演亮相结束。让学生完整呈现综合川剧表演艺术。
四、课后小结		结束语		提炼、升华本堂课所学知识。

【教学板书】

多彩的川剧锣鼓

七大件：大锣、大钹、马锣、酥铰、小锣、堂鼓、板鼓

第一组	第二组	第三组		第四组	
1.大锣	2.大钹	3.马锣	4.酥铰	5.小锣	6.堂鼓

指挥：7.板鼓

合奏：

第一条《武长锤》‖: $\frac{2}{4}$ 当 共共共　丑共共共 :‖

第二条《园园》‖: $\frac{2}{4}$ 壮.儿　另来　丑来　次: :‖

【思维导图】

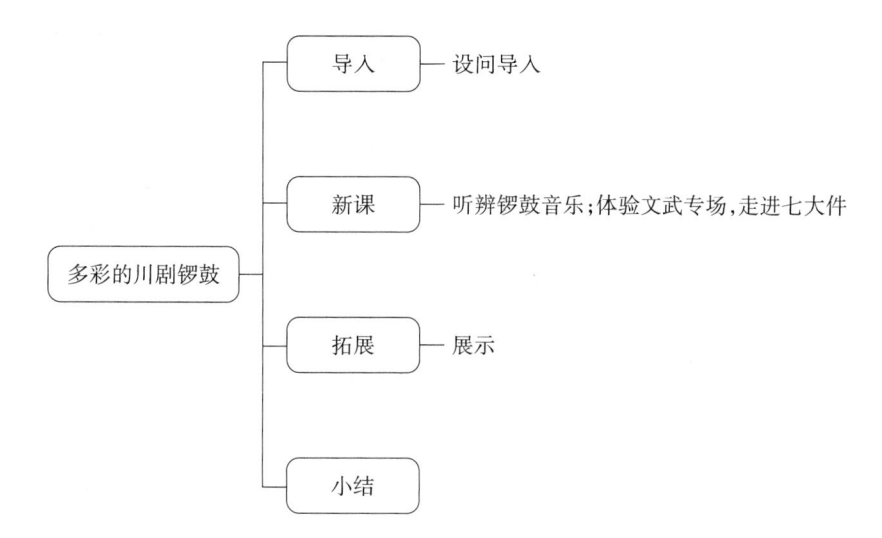

多彩的川剧锣鼓
- 导入 —— 设问导入
- 新课 —— 听辨锣鼓音乐；体验文武专场，走进七大件
- 拓展 —— 展示
- 小结

别洞观景

教学建议

指导教师：成都市金牛区教育科学研究院　吴蓉
　　　　　成都市茶店子小学校　吴娜

本课《别洞观景》选自四川省地方特色中小学音乐资源补充读本《川腔蜀韵》，是一部川剧高腔作品。川剧的帮、打、唱贯穿始终，表现了白鳝仙姑游历人间，被人间美景所折服而不愿离去的故事。在成都外国语学校附属小学黄劲竹老师精心设计下，将该课分为两个课时开展教学，本节课的设计为第二课时，有以下几个优点：

一、教师专业技能扎实，现场展示技艺高超

凭借扎实过硬的歌唱功底，黄老师为学生带来现场川剧表演——《别洞观景》唱段，用较高的艺术素养征服学生。优美的身段与动听的唱腔，让人很直观的感受到四川本土传统戏曲的艺术魅力，使学生感受到强烈的川剧高腔的艺术感染力。

二、玩票川剧高腔，寓教于乐

黄老师以高腔特殊的艺术形式"帮、打、唱"为教学框架，将教学分为"玩票川剧高腔—

帮""玩票川剧高腔-打""玩票高腔-帮打唱"三个板块,精心设计帮腔学唱、川剧打击乐器学习、"帮打唱"分组合作的综合表演展示等环节,引导学生在吆喝声、走圆场、帮腔演唱的过程中,有效巩固第一课时内容,提高学生课堂学习的参与度,丰富音乐表现形式,增强学习兴趣,使课堂变得活跃有趣。

三、以学生为主体,教学手段灵活

注重学生自主学的过程,遵循学生为主体的教学理念,通过课堂中观看视频、老师"口传心授"、用自制乐器模仿等方法,引导学生在观摩、亲自念、唱、走圆场、演奏自制乐器等方式,感受唱腔与四川方言语韵的完美契合、体验川剧走步和身段表演样态、体会川剧打击乐器的不同音色,并在乐器合奏的过程中感受川剧音乐节奏特点……在这样充分参与式的学习过程中,学生深入浅的学会念锣鼓、唱锣鼓经,通过用三条锣鼓经的力度、节奏、结构的变化,迅速抓住各组需要表现的打击乐器在音乐中出现的位置,并能够深刻理解锣鼓经的含义,最终使学生在理解作品深刻内涵的基础上配合演奏出《别洞观景》中的开头部分。

在第一课时已经对《别动观景》选段有了一定的了解的前提下,本节课以学习川剧《别洞观景》中的打击乐器为主,并学会演唱"帮腔"。巧妙地教学设计使学生对于川剧高腔的学习得到了升华,在轻松愉快的学习过程中充分感受并展现了川剧的魅力。整节课教学流程清晰,展现出学生对于川剧高腔的理解从浅入深的过程,整堂课引人入胜,老师教得流畅,学生学得积极,是一堂非常有意义、有特色的地方戏剧课。

教学设计思路及过程

成都外语学校附属小学　黄劲竹

【教材分析】

《别洞观景》是一出川剧高腔,表现出了白鳝仙姑来到人间,看见人间的美景,不愿离去的情感。高腔,是川剧的五大声腔之一,也是最重要的一种声腔。高腔最主要的特点是帮打唱,帮腔是行腔自由,不用伴奏,表达主角内心的情感。和打击乐相结合,贯穿曲牌始终,让帮、打、唱融为一体。此唱段曲调具有高亢激越和婉转抒情的韵味,能充分体现川剧高腔的神韵。

【学情分析】

《义务教育音乐课程标准(2011年版)》在课程内容中提出,【3-6年级】聆听中国民族民间音乐,了解有代表性的地区和民族的民歌、民间歌舞、民间器乐曲和以京剧为代表的中国戏曲及曲艺音乐,体验其不同的风格。因此,我有意识地选择了《别洞观景》作为四年级学生的戏剧赏析,学生虽在之前的音乐课中欣赏过很多中外不同风格的音乐作品,但对中国传统音乐尤其是戏曲了解甚少。因此本课让他们在吸收多元化音乐文化的同时,了解本土的传统文化,即通过让学生体验川剧高腔的帮打唱来加深对川剧艺术的理解和认识。

【设计思路】

虽然我们一直在音乐课上渗透中华传统文化,但是戏曲离学生依然很远,如何入手,让学生了解戏曲、学唱戏曲,是我们音乐老师一直研究的课题。在本课的教学设计中,我充分尊重了传统戏曲的学习方法,以玩票戏曲的形式带领学生了解川剧高腔的帮、打、唱,将传统戏曲的口传心授与现代奥尔夫音乐教学法相结合,让孩子们在打击乐象声词与身势活动中学习川剧锣鼓经的演奏方法,并引导孩子们融入戏曲的情景演奏中。

【教学目标】

1. 学习川剧高腔《别洞观景》,感受传统文化的魅力。
2. 在探究学习中运用川剧打击乐器参与川剧表现。
3. 在聆听、体验中了解川剧高腔帮、打、唱。

【教学重、难点】

在探究学习中运用打击乐器参与川剧表现。

【教学用具】

钢琴,多媒体,部分川剧打击乐器,自制小型打击乐器等。

【教学过程】

步骤	教学内容	教师活动	学生活动	设计意图
一、组织教学	导入新课	播放《别洞观景》唱腔片段,并提问: 1.请问老师表演的是哪一个地方的戏曲? 2.你还知道川剧有哪些表演形式? 3.今天我们就一起玩票川剧,品味高腔帮打唱的魅力。 (PPT揭题)	1.答:川剧 2.答:变脸,吐火,滚灯。 3.吆喝:梨园大舞台开场了,有请票友xxx登场。	初步感受传统文化"川剧高腔"的艺术魅力
二、玩票川剧高腔—帮	初听川剧高腔"帮"腔	1.师:请同学听、看视频中的唱腔是舞台中间的主角演唱的吗? 2.师:大胆猜测是谁演唱的? 3.师:舞台旁边的人帮着舞台中间的主角演唱,唱出了主角内心想要表达的情感,这样的表现形式是帮腔。	1.答:不是。 2.猜测回答是谁演唱。	学生了解川剧高腔的"帮腔",知道帮腔的特点是表达主角内心的情感。

续表

步骤	教学内容	教师活动	学生活动	设计意图
二、玩票川剧高腔—帮	学习"帮"腔	1.师：听老师演唱帮腔后，同学们知道这段唱词唱了什么吗？能把听到的唱词贴出来吗？ 2.介绍这段帮腔故事情节。 3.师：跟老师一起一边读唱词，一边画旋律线。 （提醒学生用轻声高位置的四川方言读唱词）	1.熟悉《别洞观景》故事情节。 2.在黑板上贴出听到的唱词。 3.跟老师用四川方言读唱词，并画图形谱，熟悉帮腔旋律。 4.跟钢琴，学唱旋律与唱词。	初步熟悉川剧高腔的行腔与咬字，为玩票帮腔做准备。
	玩票"帮"腔	1.让我们一起来演唱这段"帮"腔，表现美丽的人间仙境。 2.师生合作完成。	玩票帮腔片段。	学生能在活动中表演"帮腔"这种川剧高腔的表现形式。
三、玩票川剧高腔—打	初识川剧打击乐器	1.师：接下来我们继续玩票川剧高腔中的"打"。 2.师：请同学们看图片，这些都是川剧表演中的打击乐器，它们分成文场乐器和武场乐器。 3.展示文场乐器，请学生探究体验。	学生研究川剧打击乐器文场乐器：川小锣，川铰子，川小鼓，吊板的音色与正确的演奏形式。	学生能够在探究、对比学习中掌握川剧打击乐器的正确演奏姿势。

续表

步骤	教学内容	教师活动	学生活动	设计意图
三、玩票川剧高腔—打	互动学习川剧打击乐器	1.师:川剧艺人们用很形象的象声词记录川剧打击乐的声音,大家听听它们分别是什么? 川小锣:乃 川铰子:次 川小锣和川铰子一起演奏:才 川小鼓:打 吊板:课 2.师:在日常生活中有很多生活用品也能模仿乐器的声音,老师为你们准备了一些自制乐器,请同学们敲一敲,听一听它们的音色分别与我们哪一件打击乐器很相像。	1.学生能够记住每一种打击乐器的象声词,并能用正确的演奏姿势表现每一个象声词。 2.在小组活动中探究自制乐器的音色,能找到相对应的川剧打击乐器。	学生熟悉川剧文场打击乐器的象声词,随锣鼓经演奏出动听的打击乐。这就是川剧高腔中的打,是以烘托舞台气氛为主的。
	玩票川剧打击乐器	1.师:艺人们很聪明,把这些象声词组合在一起就形成了节奏谱,俗称川剧锣鼓经,让我们一起来念一念。 2.师:请按节奏念。 (节奏特点:整齐) 3.师:这段节奏速度怎样? (慢 快 慢) 4.和平时音乐课堂上学习的节奏比较,加入戏曲音乐后的节奏,相对较自由,没有规律性,是以烘托舞台表演气氛为主。 (师举例儿童歌曲,学生律动感受音乐节奏) 5.全班学生随音乐演唱锣鼓经节奏。 6.用声势动作表现锣鼓经的象声词。 7.分组加入打击乐器表现象声词。	1.念锣鼓经节奏,听教师演唱锣鼓经后说出节奏的速度特点。 2.回忆平时音乐课学习的音乐并比较。 3.学生演唱锣鼓经节奏。 4.观察,模仿学习,用声势动作来表现锣鼓经节奏。 5.分组用打击乐器及自制乐器参与表演锣鼓经节奏。	1.通过念锣鼓经节奏,用声势动作解决玩票打击乐中节奏学习的难点。 2.在师生互动,小组合作探究中培养好的节奏感及合作意识。

续表

步骤	教学内容	教师活动	学生活动	设计意图
四、玩票高腔——"帮打唱"	呈现"帮打唱"表演形式	1.师:同学们让我们拿起乐器合着音乐一起来演奏,女生表演帮腔,我表演圆场步。 2.带领女生学习圆场步。 3.加入"唱"表现。	学生分小组拿起文场打击乐器和自制乐器参与表演帮打唱。 (女生走圆场步,全班演唱帮腔,男生演奏打击乐曲,教师演唱)	学生在帮打唱的表现中感受川剧高腔的艺术魅力,传承中华优秀传统文化。
五、结束课业	小结本课	师:同学们,很高兴能和大家度过愉快的40分钟,俗话说,"民族的就是世界的",我们中华民族优秀的传统文化还有很多,需要我们一起去了解、学习和传承,相信随着学习的深入,你们会越来越喜欢我们优秀的传统文化。	"散场了。" "谢谢大家……"	以传统戏曲的方式进行开课和结课,从细节让学生感受传统民间艺术。营造轻松的戏曲学习氛围。

【教学思维导图】

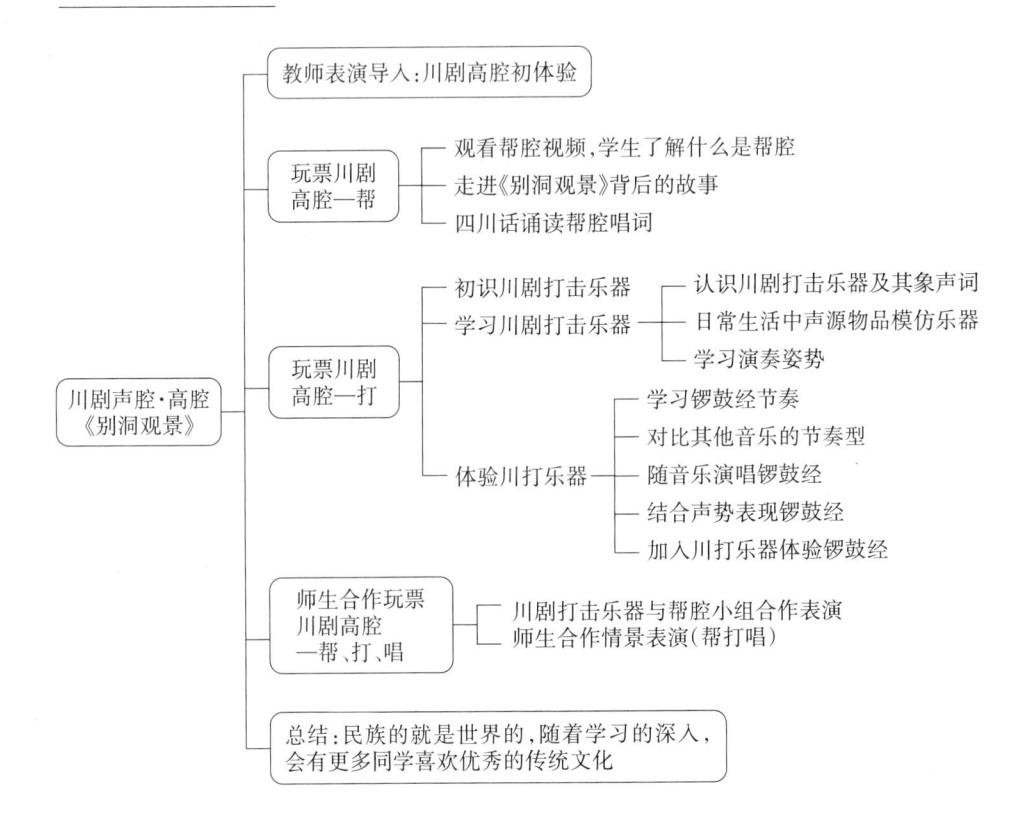

川剧声腔·高腔《别洞观景》
- 教师表演导入:川剧高腔初体验
- 玩票川剧高腔—帮
  - 观看帮腔视频,学生了解什么是帮腔
  - 走进《别洞观景》背后的故事
  - 四川话诵读帮腔唱词
- 玩票川剧高腔—打
  - 初识川剧打击乐器
  - 学习川剧打击乐器
    - 认识川剧打击乐器及其象声词
    - 日常生活中声源物品模仿乐器
    - 学习演奏姿势
  - 体验川打乐器
    - 学习锣鼓经节奏
    - 对比其他音乐的节奏型
    - 随音乐演唱锣鼓经
    - 结合声势表现锣鼓经
    - 加入川打乐器体验锣鼓经
- 师生合作玩票川剧高腔—帮、打、唱
  - 川剧打击乐器与帮腔小组合作表演
  - 师生合作情景表演(帮打唱)
- 总结:民族的就是世界的,随着学习的深入,会有更多同学喜欢优秀的传统文化

赶花会

教学建议

指导教师：四川天府新区教育科学研究院　程育新

"赶花会"选自地方教材《川腔蜀韵》。授课教师专业素质强，表演功底深厚，此课较好地发挥出该教师自身的优势。在教材分析上，授课教师紧紧抓住了作品本身的历史底蕴、地域特点、音乐唱腔特点、老百姓生活特点等，并且在音乐唱腔特点上进行深入挖掘。在教学内容上，授课教师很巧妙地选取了《赶花会》中一个非常经典的片段，从而避免了全盘式的、不加以提炼的教学，而是有针对性地借用其中具有四川饮食特色的片段进行教学。此片段篇幅简短、节奏清晰、难度适中、语言活泼、富有音韵。在学情分析上，授课教师从学生的生活经验、性格特点、文化基础等方面入手，合理运用教材中出现的典型四川话唱腔，再加上"念""奏""演"等形式，使学生在课堂中保持浓厚的学习兴趣，使得课堂的教学效果得到提高。

在教学目标的设定上，授课教师从培养学生体验、锻炼学生听觉记忆、表演技能三个方面制定了明了、清晰的教学目标，符合《义务教育音乐课程标准（2011年版）》（以下简称《课标》），符合学生实际，锻炼学生体验感，引起学生对戏剧的兴趣。在重难点的设计中，授课教师根据学生的实际情况，抓住"唱会""唱好""表演"三个因素。在导入过程中，由授课教师唱《赶花会》片段拉开帷幕，并在范唱之前特别强调要听老师唱的什么歌词，发音有什么特点等，也就是要求了学生必须全神贯注，不给学生走神的机会。通过范唱，学生听出了歌词当中的美食（歌词内容）、儿化音（发声特点），教师以此来激发学生浓厚的学习兴趣，加深学生对歌词的熟悉度、对作品的初步认识,为学唱做好铺垫。教学过程中,授课教师通过学生的答案,用四川方言有节奏地带领学生朗读歌词与念白。因学生生活在四川,本身具有一定的方言基础,从而轻松解决了发音难点。在此有一个细节,授课教师在带领学生练习发音时,特别强调了发声位置要高一点,不同于平时讲话,这是为了保证学生养成正确发声的习惯。

在遵循听觉艺术的感知规律下,授课教师继续突出音乐学科的特点,引导学生有目的地聆听《赶花会》片段,围绕"念""唱""奏""演"展开丰富多彩的体验和互动活动。授课教师通过分解竹鼓的演奏方法,从右手持竹签,有节奏地敲击鼓面,带学生感受四川清音的表演形式;再到手眼身法的呈现,让学生进行学习演奏"清音鼓",声情并茂地表演《赶花会》片段,体现了清音的独特韵味。整个教学过程自然而生动,语言丰富有趣,为后面的乐器伴奏和舞台表演奠定了良好基础,特别是在走圆场和手眼身法呈现活动中展现得淋漓尽致,以便让学生进一步去模仿、体验四川清音的特色,激发其兴趣,使学生在获得知识技能的同时,更好地感受和体验蕴含于音乐中的形式美和丰富的情感。

教学效果总结优点:授课教师体态、语言优美有感染力,表达张弛有度,教态大方得体;熟悉课程内容;问题阐述简练准确,重点突出,思路清晰,且课前准备充分,利用多媒体用图片、音频、视频教学,让学生更直观地了解四川清音以及其特点。授课教师带学生一起总结成都话的特点,帮助他们快速有趣地掌握四川清音的语言特点。整堂课授课教师多用四川话与学生沟通交流,与作品更好地融为一体。授课教师有扎实的基本功,唱、奏、演的示范标准,关于四川清音的知识讲解准确,学生在他的引导下能很快掌握四川清音的特点,体会其中的韵味。整节课重难点突出,教学设计合理,由浅入深,循序渐进,有板书,有小结,有知识点呈现。

教学建议:在学唱片段环节,授课教师用时较短,其唱腔韵味对学生的情感渲染还稍显不足,对学生的鼓励还不够,须引起重视。音乐课对于三年级的学生而言,不仅仅是模仿、演唱、演奏,还要注意给学生多思考的空间,适当留白。同时在课堂教学中,还需要充分调动学生的学习积极性,增强师生、生生互动。板书没有注意美观性,需调整摆位,这样会更清晰有条理。演奏过程中,竹鼓伴奏、手眼身法的表现给学生的练习时间不足,如果以小组合作的方式让学生练习,再展示时效果会更佳。创编过程设计不够,有缺失。

总之,在本节公开课中,能感觉到授课教师周密细致的安排与独具匠心的专业表现,有供大家学习、借鉴的闪光点。我们应吸取其精华,总结提炼并尝试运用到自己以后的课堂教学中,来逐步提高自身教学水平和进一步完善自己的音乐教学理念。

教学设计思路及过程

四川天府新区第七小学校　陈秋蓓

【教材分析】

四川清音原名"唱小曲""唱小调",又叫"唱月琴""唱琵琶",流行于四川、重庆等地,是曲艺音乐品种之一。四川清音用四川方言演唱,曲调丰富,唱腔优美,有八个大调、一百余支小调,用琵琶、竹鼓、檀板等乐器伴奏。《赶花会》为四二拍,商调式,由成都诗人戈壁舟填词,生动地记录了花会热闹非常的场景,表达了人们欢快喜悦之情。本堂课选取了《赶花会》中的一个片段进行教学,其篇幅简短、节奏清晰、语言活泼、富有音韵。在掌握润腔规律的基础上恰到好处地唱好装饰音来展示"蜀韵"的特点。

【学情分析】

三年级的孩子们对生活、学习已经有了进一步认识,其体验感受与探索创造的活动能力在逐步增强,他们有着强烈的好奇心和探知欲,同时结合他们好动的天性,在教学设计中加入了学习探究活动,为本节课的学习奠定了良好的基础。三年级的孩子大部分都没有接触过四川清音,所以让孩子们了解、喜欢四川清音,为传统文化感到自豪,是本节课的主要目的。本课通过创设有趣的情景和具体可感的"美食"来激发学生浓厚的学习兴趣,在遵循听觉艺术的感知规律下,突出音乐学科的特点,先听赏,引导学生有目的地聆听音乐,围绕"听""唱""奏""演"展开丰富多彩的体验活动和师生互动活动。教学中先用四川方言读歌词,感受歌曲的节奏、体验歌曲的地方性韵味,并用"lu"音哼唱主旋律,帮助学生体验音高。通过探究,让学生进行自主学习演奏"清音鼓",声情并茂地表演四川清音,将音乐基本素养渗透在音乐的审美体验中,让学生在学习中获得审美愉悦,从而引发学生的想象,激发学生表现和创造的欲望,提高学生音乐学习能力。

【教学目标】

1. 感受四川清音唱腔轻盈、细腻圆润的音乐风格。
2. 用听、唱、奏、演等教学方法,培养学生的音乐记忆能力,并从川味美食中感受"赶花会"热闹的场景。
3. 能哼唱歌曲中的主旋律,并用清音鼓为其伴奏。

【教学重点】

1. 能用自然轻松的声音唱好《赶花会》中的一个片段。
2. 能用清音鼓为《赶花会》的一个片段伴奏。

【教学难点】

能声情并茂地表演《赶花会》片段。

【教具准备】

多媒体课件、钢琴、教学课件、打击乐器。

【教学过程】

教学环节	教师活动	学生活动	设计意图
一、激趣导入	1.四川话问好: X·X X X ‖ 同学 你好, 2.表演《赶花会》片段。 师:请看老师的表演,边听边思考,老师带来的表演和你平时听到的歌曲有什么不一样。	1.四川话问好。 2.答:唱歌的语言用的是四川话。	让学生对四川清音有初步感知。激发学生对四川清音产生学习的兴趣和愿望。
二、初步感知四川清音的唱腔特点	(一)简要介绍四川清音 师:这样的表演形式叫"四川清音",又叫"唱琵琶""唱月琴",是四川汉族曲艺的一种。 师:在歌曲中听到了什么美食? 师:这些美食是赶花会时人们喜爱的食物。赶花会有一千多年的历史了。今天我们要学习的是四川清音具有代表性的一首歌曲——《赶花会》。	1.叫老师讲解四川清音。 2.答:夫妻肺片、川北凉粉……	1.营造氛围,充分激起学生的好奇心和学习兴趣。调动学生的视觉、听觉、为下一环节做好铺垫。

续表

教学环节	教师活动	学生活动	设计意图
二、初步感知四川清音的唱腔特点	(二)简要介绍四川清音的歌唱语言 四川清音是念诵与演唱相结合,唱中带说,说中有唱,很有成都方言韵味。成都方言的特点是没有翘舌音,并在特定的地方加入了儿化韵。例如:抄手儿、麻花儿、手杆儿、脚杆儿、盘盘儿等。 师:请一位同学来读一读,其他同学听一听老师读的和同学读的有什么不一样? 师:请同学们用四川话来读一读这些美食,注意轻声、高位,有画面感。	3. 学习儿化韵;以成都话为主的四川清音没有翘舌音;学习XXXX的节奏。 4. 答:儿化韵。	2. 培养学生养成对比聆听好习惯,正确咬字、发音为下一环节做好铺垫,解决XXXX的节奏。
三、学唱《赶花会》片段	师:四川清音有4个特点,第一用成都方言"念"出来;第二,演唱时要说中带唱、唱中有说;第三,边唱边配合檀板、清音鼓演奏;第四,四川清音的"演"多配合兰花指、走圆场,讲究手眼身法的配合,声情并茂地表演。 (一)用成都话"念" (二)"唱"四川清音 第一遍师范唱,生熟悉歌词; 第二遍师范唱,生张嘴对口型,默唱; 第三遍生小声慢速跟唱; 第四遍原速有表情演唱。 师:清音的传承方式多是师父带徒弟。今天我是师父,你们是徒儿。 师:请跟着音乐唱一唱,不喊唱。 (三)了解檀板,演奏清音鼓 师:檀板,由檀木制作而成,分上下两块。檀板的学习可不是一朝一夕就能掌握的,今天我们作为了解。 师:清音鼓也叫竹鼓,用竹节制作而成,用竹签演奏。在演奏时要注意敲击手势。大家试一试。 师:"Da"敲击,"Yi"抬起。请按照图谱练习,练习时请思考清音鼓的音色是怎样的。 (四)声情并茂地表"演" 1. 走圆场 师:四川清音的表演常常配合着走圆场,走圆场就是在舞台上走的圆形路线,代表时间、空间的变化。走圆场时要注意:脚跟先着地;用膝盖以下的地方配合走动,走圆场时膝盖稍微夹紧。	1. 学习节奏。 2. 学习旋律。 ①听师唱,熟悉歌词。 ②张嘴型唱歌词。 ③小声演唱。 ④原速有表情演唱。 3. 练习正确敲击清音鼓;用指定伴奏为歌曲片段伴奏;聆听檀板的音色,并了解檀板的演奏方法;了解走圆场。 4. 答:明亮、轻快	1. 培养学生轻声歌唱的良好习惯。 2. 进一步学习《赶花会》片段,训练学生歌唱能力。 3. 通过学习清音鼓的演奏方式,能在指定的节奏处为歌曲伴奏;作为拓展知识了解了檀板的音色与演奏方法,激发学生后续学习的兴趣,在孩子的心中埋下一颗艺术的种子。

续表

教学环节	教师活动	学生活动	设计意图
三、学唱《赶花会》片段	2.手眼配合。 师:除了走圆场,清音的表演还注重手眼、身法步的配合和运用,我们要做到眼里有戏,眼睛可以跟着手比画的方向看出去。我们一起来试一试,兰花指准备。		
四、合作演出	四川清音的演员大部分都是女生,男生作为参与感受、体验。 师:男生按照图谱伴奏;女生起立,脚成丁字步,配合兰花指定型等待表演。请一位同学上台和我一起合作、示范。	学习走圆场。	为能合作演出做铺垫。
五、拓展	(一)观看《赶花会》视频 师:观看视频并思考,赶花会时的心情怎么样? (二)四川清音的传承人 师:四川清音已经有三百多年的历史了,我们之所以能聆听到如此美妙动听的音乐,是无数曲人的付出。尤其值得一提的是李月秋和程永玲两位艺术家为四川清音的传承奠定了基础。四川清音被列为国家级非物质文化遗产。	1.观看视频思考音乐情绪。 2.答:高兴地、激动地。 3.认识四川清音艺术家李月秋、程永玲,并思考如何发展民族文化艺术。	1.了解四川清音的发展,促使学生思考四川清音的发展道路。 2.认识四川清音艺术家,让学生积累文化历史。同时,观看同龄人的表演,进一步激发学生对四川清音艺术的向往,也拉近四川清音与孩子们的距离。巩固对歌曲《赶花会》的乐句旋律,活跃课堂气氛。

【板书设计】

四川竹韵　竹韵妙曲
赶花会

$1=G \dfrac{2}{4}$

语言　　乐器表演

成都话　　檀板声情并茂

儿化韵　　清音鼓　　　　平舌

【思维导图】

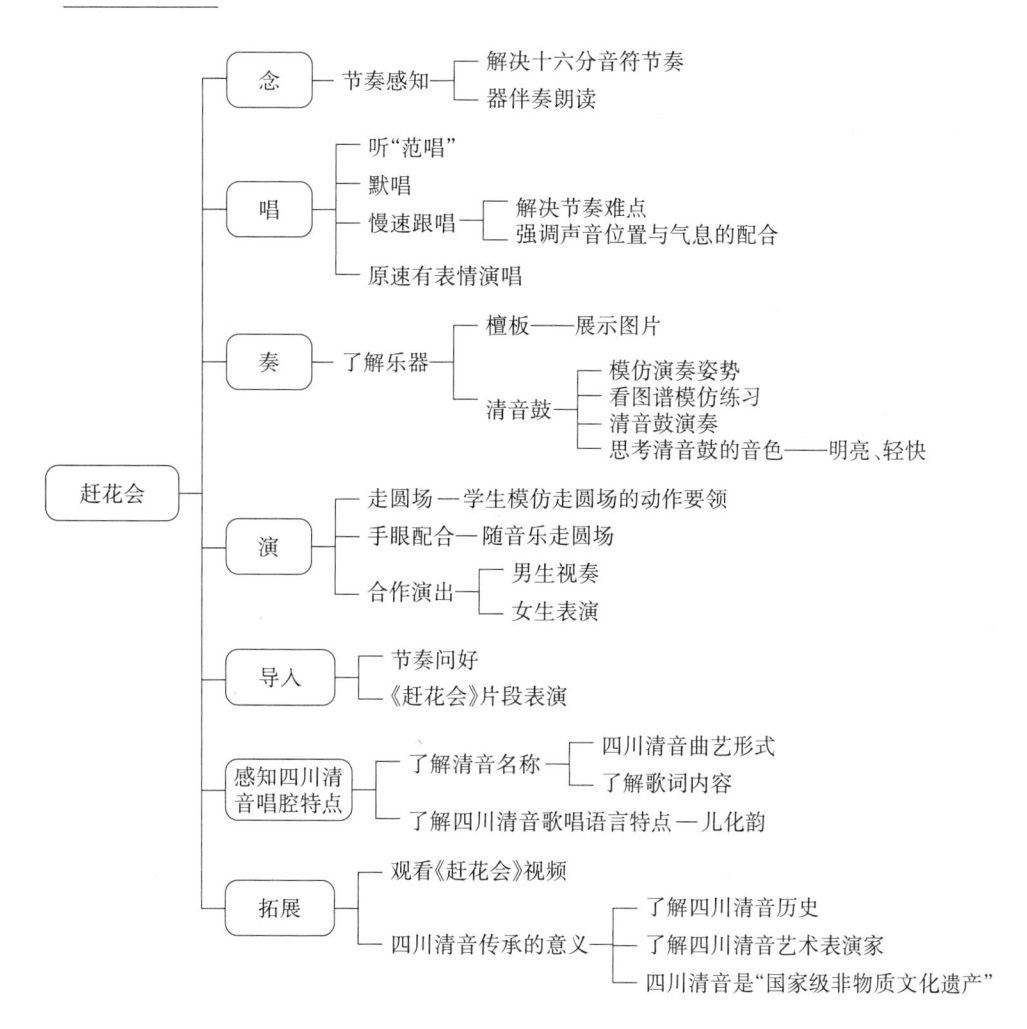

```
赶花会
├─ 念 ─ 节奏感知 ┬ 解决十六分音符节奏
│               └ 器伴奏朗读
├─ 唱 ┬ 听"范唱"
│    ├ 默唱
│    ├ 慢速跟唱 ┬ 解决节奏难点
│    │         └ 强调声音位置与气息的配合
│    └ 原速有表情演唱
├─ 奏 ─ 了解乐器 ┬ 檀板——展示图片
│               └ 清音鼓 ┬ 模仿演奏姿势
│                       ├ 看图谱模仿练习
│                       ├ 清音鼓演奏
│                       └ 思考清音鼓的音色——明亮、轻快
├─ 演 ┬ 走圆场——学生模仿走圆场的动作要领
│    ├ 手眼配合——随音乐走圆场
│    └ 合作演出 ┬ 男生视奏
│              └ 女生表演
├─ 导入 ┬ 节奏问好
│      └ 《赶花会》片段表演
├─ 感知四川清音唱腔特点 ┬ 了解清音名称 ┬ 四川清音曲艺形式
│                     │              └ 了解歌词内容
│                     └ 了解四川清音歌唱语言特点——儿化韵
└─ 拓展 ┬ 观看《赶花会》视频
        └ 四川清音传承的意义 ┬ 了解四川清音历史
                            ├ 了解四川清音艺术表演家
                            └ 四川清音是"国家级非物质文化遗产"
```

川腔蜀韵，灵动激趣
——川剧《秋江》的表演与唱腔

教学建议

指导教师：成都市教育科学研究院　李萍

　　川剧是我国地方戏剧中较为古老的剧种之一，主要流行于四川地区，也流行于贵州、云南、西藏部分地区。川剧产生于18世纪中期，即清代乾隆年间，它继承和发扬了我国民族戏曲的优秀传统，成功吸收了古典戏曲中的昆腔、弋阳腔、梆子腔和皮黄四大声腔和本地区的民间灯戏精华，在经过长期的改造、演变后，形成一个具有丰富内涵、独特艺术风格和浓郁四川地方色彩的地方剧种。

　　目前包括川剧在内的传统文化的"濒危性"集中体现在"传承危机"。大量民族民间传统文化在技术传承和文化传扬方面存在后继无人的现象，处在濒临灭绝的边缘。要借助何种力量为传统文化创造有效的保护机制，是目前亟待解决的问题。传承人作为非物质文化遗产的"载体"，是非物质文化遗产保护工作中不可忽视的核心之一。然而在当今社会中，川剧的传承却呈现出青黄不接的态势。一是因为传统文化、技艺掌握和传授的难度较大。由于只能通过"口传心授"的方式进行，其民族文化、生态环境以及方言都会成为不可避免的阻碍，这也导致很多技术和表演形式面临失传。二是缺乏财政保障。近几年，随着川剧艺术非物质文化遗产地位的逐步确立，政府也开始明确川剧艺术的市场化前景，但政府也难以为保护和发扬川剧艺术提供切实的帮助。三是"指穷于为薪，火传也，不知其尽也"。传承人得到的经济报酬很少，因此难以应对当今较大的生活压力，这也导致我国川剧从业人员和学习者的数量正在大量减少。

《秋江》描写的是陈妙常驾船赶潘,整场戏只有陈妙常和一个艄翁出场。艄翁是一个诙谐可喜的老人,见陈妙常追潘心急,故给了一点阻碍,开了一点玩笑。但好在他的船快,是有把握追得上的。高濂的《玉簪记》关于这一段的描写非常简单,说白不过百字。该剧喜剧效果强烈,生活气息浓郁,细致入微地刻画了陈妙常热烈追求爱情而又略显害羞畏怯的复杂心态,鲜明活泼地刻画了艄翁乐观风趣而又热心助人的品格。该剧写景寓情,情景交融。人在船上,船行水中,江流时而湍急,时而舒缓平静,呈现出一幅川江行船的景观。

我国传统音乐文化诞生于人们的劳动和生活中,具有深刻的历史印迹、鲜活的生命气息和深厚的民族感情,是传统文化不可或缺的重要组成部分。从古到今,大多数传统音乐的演唱或乐器演奏,都是通过口传心授的方式来进行的,但是,这种教学方法传授面窄,极大地阻碍了传统音乐文化的传承。从教育的角度来看,要使传统音乐文化生机勃勃,必须促使课程实现系统化、科学化发展,来更好地满足学校艺术教育的需要,并为传承传统音乐文化创造良好的条件。在四川形成的川剧这一传统音乐文化,有鲜明的特征,诸如诙谐幽默、寓庄于谐等,受到群众的广泛喜欢,并反映出四川民众豁达乐观的精神追求,表达出四川民众强烈的热爱生活和向往自由之情。学生在积极参与川剧训练和表演等的过程中,可以增进其对川剧优美唱词、多样表达方式等的认知,增强其人文和审美素养。

随着文化价值多元化发展,以川剧为代表的传统艺术文化在其传承和保护过程中面临着巨大冲击。首先,随着与传统艺术文化有关的侵权案件不断增多,对司法的诉求和民间传统艺术文化保护之间的不和谐现象越来越明显,这让完善保护川剧等传统民间技术的法律工作变得异常紧迫;其次,随着新媒体的兴起,民族、民间传统文化滥用的例子层出不穷,而社交平台的泛娱乐化所带来的非遗类短视频内容使得川剧文化的形态和内涵被歪曲化和片面化,且内容存在"同质化"现象,不利于川剧的持续生存和发展;最后,传统艺术本身的时代适用性就不强,这在川剧戏曲上表现得尤为明显,地方民俗、方言等多重因素导致的"地方性"过重,虽是一种特色但亦是一种局限,最终导致川剧在流通和传承上困难重重。作为一种历史悠久的文化形式,川剧如今进入了一个十分关键的时刻,必须从多方面作出努力来解决目前存在的困境。

川剧是融汇昆曲、高腔、胡琴(即皮黄)、弹戏(即梆子)和四川民间灯戏五种声腔艺术而成的传统戏种。高腔是川剧五大声腔之一,起源于江西弋阳。其特点是表演质朴、曲词通俗、唱腔高亢激越、一人唱而众人和,只用金鼓击节,没有管弦乐伴奏。川剧《秋江》属于川剧高腔著名的折子戏。川剧《秋江》是从昆曲《玉簪记》中《追别》一出独立发展而来的,

《玉簪记》写的是南宋年间书生潘必正和女尼陈妙常的恋爱故事。该剧为明万历年间高濂所作,后来经改编为各种地方戏,不仅在说白方面,丰富了许多;在唱词方面,也有了很大的变化,比昆曲本更增添了民间艺术的光彩。川剧《秋江》剧本的修改工作,是修改旧剧本较好的一个。《秋江》旧本基本上是不错的,但也包含了若干庸俗成分,例如旧本对于艄翁这一人物,在性格表现上是歪曲的:艄翁乘机勒索,而且对妙常百般戏谑,简直写成了一个无赖恶徒。无疑的,这是民族艺术遗产中应该剔除的糟粕。川剧改革工作者进行这种剔除工作,是一种经过具体分析而大胆扬弃的科学态度,不是简单地乱削乱砍。扬弃之后,又经过一番入情合理、细针密线的补充工夫,但不露破绽和伤痕,因此比旧本更加光彩了。这样的修改工作,是符合"剔除糟粕,吸收精华,并把精华部分发扬光大"的原则的。总的说来,川剧《秋江》这一剧本的主题、结构、唱词、说白都是优美而饶有风趣的。它从侧面写了陈妙常和潘必正的爱的真挚。在陈的爱情的追求中,出现了可爱的艄翁,他以老祖父对小儿女的慈爱心情,故意和妙常"作作玩"。阻力是假的,助力是真的。剧情在发展中终于剥去了"阻力"的外壳,而显露出支助的实际力量,成全了爱的愿望。中间往返辗转,增加了若干曲折,构成了全剧轻松喜悦的气氛。这一发挥,对于《玉簪记》原作,是很好的补充和卓越的创造。《秋江》一剧的舞蹈身段的创造,使剧本达到生动活泼的表现。川剧的舞蹈身段是出色的,而《秋江》中行船身段的优美多样,生动有致,更为突出;这是劳动人民根据现实生活用现实主义的创作方法提炼加工而成的,值得我们重视。剧中行船身段,完全是根据川中江流湍急的具体环境模拟提炼出来的,例如流急可以不划而船自行;过滩遇小礁则船身震荡等,演来非常细腻逼真,很具地方特色。

地方戏剧基于地方语言,是维系地方戏曲得以存在的重要基础。四川方言这一载体,就是区别四川本土音乐文化和其他地域的重要因素,在川剧中的四川方言,可以增进观众对川剧、四川本土文化的了解。戏剧属于综合性艺术,融合了音乐、文学、舞蹈、美术等多种内容,地方戏剧具备明显的地方特色的语言和音乐,川剧就属于其中的重要代表。川剧是在四川本地的自然环境下逐渐形成与发展起来的,具有四川本地的语言、音乐特色,展现出四川本地的民情风俗,这种戏曲艺术符合四川民众的艺术审美情趣。四川方言在川剧文化中属于极具特色的文化表现形式,在语言上具备浓郁的地方特色和生活气息。

相较于不同地区同一题材的剧目,川剧具备很明显的幽默诙谐风趣特征。诸如在《秋江》中,与昆曲相比,川剧有着更具戏剧性的剧情,喜剧色彩更突出。这受到四川人幽默诙谐个性特征的很大影响,在具备地域特色场景对白设置的基础上,可以展现出四川民众的真实生活场景,增加剧情的诙谐氛围,吸引学生的注意力,创造出轻松愉快的教学环境。

教学设计思路及过程

四川省成都市第七中学　罗茹文

教学环节	教师活动	学生活动	设计意图	评价标准
教材	普通高中教科书——《音乐与戏剧》第二单元	教学时间　40分钟 教学对象　高中一年级		
教学目标	1.欣赏视频片段,感受川剧的艺术特点,认识剧中的表演行当,了解人物的性格特点,从而体会川剧《秋江》诙谐幽默的风格特点。 2.在念白、表演、演唱等音乐活动中,体验川剧《秋江》水上行船的表演程式,并能简单表演唱艄翁与尼姑的唱段片段。 3.理解川剧的文化艺术价值,培养学生传承与发展川剧的主人翁意识。			
教学内容	1.感受川剧《秋江》水上行船的表演程式。 2.体验川剧《秋江》—《青鸾袄》选段的唱腔。			
教材分析	川剧《秋江》是从昆曲《玉簪记》中《追别》一出独立发展而来的。《玉簪记》写的是南宋年间书生潘必正与女尼陈妙常的恋爱故事。该剧为明万历年间高濂所作,后来经改编为各种地方戏,不仅在念白方面,丰富了许多;唱词方面,也有很大变化,比昆曲更增添了地方民间艺术的光彩。《秋江》正是描写陈妙常驾船追赶潘郎的一场,这场戏只有妙常和艄翁出场。艄翁是个诙谐可喜的老人,见妙常追潘心急,故给一点障碍,开了一点玩笑。但好在他的船技高,有把握追上潘郎。本课包含两方面的内容,一是以剧中水上行船的表演程式,艄翁与尼姑诙谐幽默的念白,融入情景加以表演,领悟戏曲表演特点。二是对比两种声腔特点,体会川剧唱腔及艺术魅力。			
学情分析	学生对传统戏曲接触较少,较为陌生且不感兴趣,同时高中生也羞于表现自己,教学应从他们了解且感兴趣的方面入手。本课围绕高中音乐新课标学科素养,创设川剧情景,感知了解川剧的艺术表现形式与表演行当,通过聆听、模仿、表演、探究等方法,体验川剧的演唱表演特点,感受其艺术魅力,增强文化自信。			
教法学法	感知—探究—体验—表现—理解			
教学重难点	重点:川剧的表演程式及唱腔特点 难点:川剧《秋江》行船程式化表演与唱腔体验			
导入	欣赏川剧滚灯、吐火及变脸视频,吸引学生学习兴趣,铺垫主题。 1.播放川剧相关视频片段并设问:属于哪一种艺术表演? 2.介绍川剧有关知识,并揭示课题,告知学生:本课将通过传统经典剧目《秋江》走进川剧。	1.学生观看视频并回答:川剧。 2.学生聆听教师介绍,初步了解川剧。	从学生熟悉的变脸,喜欢的滚灯入手,激发学习兴趣。初步了解川剧的相关知识与文化,为接下来的欣赏做准备。	能大体区分具有代表性的中外戏剧剧种。

续表

教学环节	教师活动	学生活动	设计意图	评价标准
新课学习	(一)欣赏川剧《秋江》视频选段(打舟来),认识剧中行当角色 1.利用图文介绍《秋江》相关知识及剧情。 2.播放视频,设问并小结。 设问:展现了怎样的场景? 观察艺术家的扮相及表演,塑造了什么样的角色行当? 小结:(1)川剧"以虚带实,虚实结合"的表演特点;(2)剧中表演行当——老丑与闺门旦。	1.学生观看图文、听老师介绍,了解《秋江》相关知识和剧情。 2.学生聆听感受,思考并回答问题。 (1)乘船的场景; (2)艄翁——老丑 尼姑——闺门旦。	围绕剧中情景,通过动作模仿、情景表演等多种方式,感受川剧诙谐幽默的表演风格,进一步理解川剧的表演程式。	在欣赏或排演戏剧时,能简单分析戏剧音乐的特点以及音乐与剧情发展和剧中人物的关系。
	(二)欣赏川剧《秋江》表演片段,感受水上行船的表演程式 1.播放视频,设问:观察剧中念白及表演,表现了剧中人物什么样的性格特点? 2.追问:他们是怎样行船的呢?并请同学上台展示。 3.再次播放视频片段,引导学生关注剧中动作,理解并体验川剧水上行船的表演程式。 4.与教师共同模仿剧中水上行船表演动作。 (加入道具:桨、文帚) 5.总结:川剧演员规范统一的艺术表演格式称为表演程式。 6.教师出示剧中念白,带入情景进行戏剧表演。	1.观看后总结:艄翁诙谐幽默,尼姑害羞稚嫩。 2.个别学生模仿剧中表演动作。 3.通过观看视频,对比找出不同之处。 4.学生与教师做行船表演程式。 5.学生理解表演程式。 6.学生小组讨论创编,进行情景表演。	学生进行情景念白的戏剧表演,丰富音乐课堂活动,学生参与度很高。	在欣赏或排演戏剧时,能从音乐的特点、戏剧的内容与风格等角度,综合分析音乐与戏剧的关系及音乐在戏剧中的功能和作用。
	(三)聆听《青鸾袄》唱段,总结川剧高腔的演唱特点。 1.播放《青鸾袄》唱段,设问:唱腔有什么特点呢?(伴奏乐器、旋律曲调) 总结:二者合一为川剧高腔的演唱特点。 2.教师教唱,引导学生川剧唱腔特点。 (1)念唱词:成都官话。 (2)吊嗓子:发声练习。	1.学生聆听并回答: 伴奏乐器——金鼓击节; 旋律曲调——高亢明亮。 2.学生分句学唱,感受川剧韵味。 (1)学生用成都话朗读歌词。 (2)学生进行发声训练:高位置假声"yi、ya、yi"	通过对比等方法进一步感受川剧唱腔的魅力,加深对川剧演唱的了解。	能较完整演唱1个短小的京剧或其他戏曲唱段,或跟随录音演唱中外著名歌剧或音乐剧片段(1~2段)。

续表

教学环节	教师活动	学生活动	设计意图	评价标准
新课学习	(3)唱曲调:高亢明亮。 05 53 23 | 1 2 3 5 | 53 21 | 6 5 | (女)你 看 那 鸳 鸯 鸟 儿 5― | 5― | 飞 3.5 6 5 | 3 5 2 1 | 并 翅 6 5 2 | 2 6 5 | 1 2 | 成 双 成 对. (4)教师教授演唱方法。 3.教师播放艄翁唱段,设问:对比艄翁的声腔有什么不同呢?	(3)学生分句学习川剧演唱技巧:拖腔、润腔等。 (4)学生分句模唱,体会川剧高腔的韵味。 3.学生回答:低沉浑厚的唱腔特点。并对比演唱。		
拓展	教师引导学生分角色,带入情景进行两个川剧小片段的表演唱。	带入情景,男女生分别演唱陈妙常和艄翁小片段,对比体验唱腔特点。	通过对比等方式,更有利于学生感受川剧高腔的演唱特点。	能在教师指导下与他人合作进行戏剧小品、小型音乐剧或其他形式戏剧的排练与表演(1~2个)。
总结	总结:传承与发展川剧,需要我们共同的努力!	学生理解认同。	对本课内容进行升华。	

【思维导图】

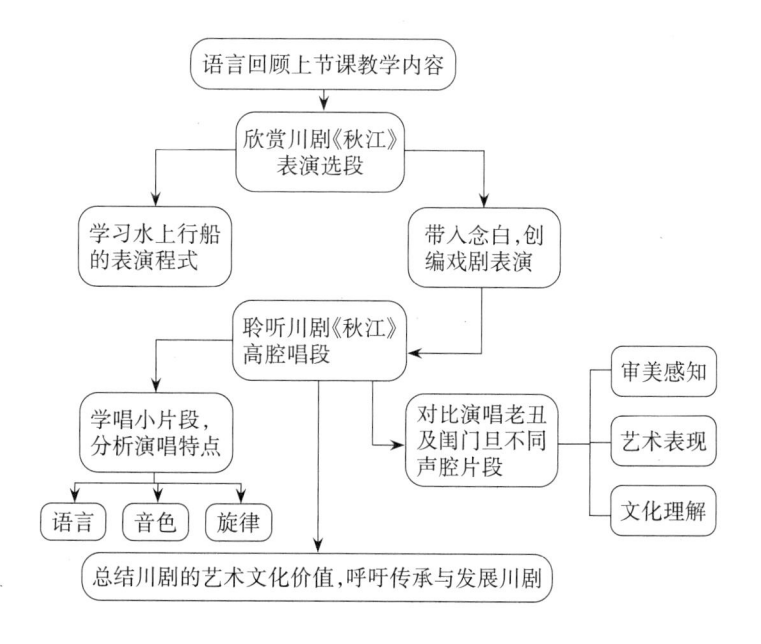

```
语言回顾上节课教学内容
        ↓
欣赏川剧《秋江》表演选段
    ↓           ↓
学习水上行船    带入念白,创
的表演程式      编戏剧表演
        ↓
聆听川剧《秋江》高腔唱段
    ↓                ↓
学唱小片段,      对比演唱老丑      → 审美感知
分析演唱特点     及闺门旦不同      → 艺术表现
  ↓ ↓ ↓         声腔片段         → 文化理解
语言 音色 旋律
        ↓
总结川剧的艺术文化价值,呼吁传承与发展川剧
```

月亮走，我不走

教学建议

指导教师：成都市第二十中学校　李冬颖

一个民族如果失去了传统文化，这个民族就失去了它独立存在的精神基础。传承川剧文化，弘扬巴蜀神韵是时代赋予每一个当代四川少年的责任与义务。

潘小琳老师的这堂川剧课"月亮走，我不走"，是川剧大幕戏《变脸》当中的唱段。该唱段纯朴而童真，旋律舒展，在情感上极富表现力。

潘老师有清晰明确的目标认识，立足于本土川剧文化，着眼于中华传统音乐创新性发展，在课堂中推陈出新地融入课堂民族乐器鸣鸠琴，创造性地发挥了传统声腔与传统琴韵的融会贯通。

一、有探索的导入

潘老师探索性导入，让学生观察视频当中除了主角外还有没有其他歌者，这"只听其声未见其人"的演唱者在哪里歌唱？潘老师以问题为导向，拉开一场川剧高腔的寻觅之旅，一下子把学生的注意力拉入了川剧的艺术氛围中，感知"狗娃"人物的内心世界，以及高腔的核心特色"帮腔"。帮腔就是帮助主角诉说其内心世界，是情绪情感的推手。

二、有相互承接的教学环节

在探索了高腔的核心特色后,教学环节前后间的联系,是体现一名教师逻辑是否严谨的重要一点。在教学中,为使学生能够充分认识《月亮走,我不走》这首歌曲的风格特征,潘老师以"念"导入、以"唱"深化、以"做"提升、以"打"增色,在"唱"中突显声腔意蕴,"念"中突显特色语感,"做"中突显身段情景,"打"中突显乐器铿锵。在潘老师的引领下,孩子们的一招一式、一板一眼、一弹一唱都透着一股传承本土民族文化的精神,川剧的魅力也因此层层递进、步步深入地展现出来,使具有综合性的传统戏曲艺术特色跃于课堂,并在声、腔、韵、情中表达与创新。

三、有音乐文化的互相渗透

音乐与相关文化是音乐课程学习目标之一,因此也受到潘老师的重视与关注。教学中常会出现相关文化"泛化"现象,40分钟的音乐课,历史民俗、文化渊源、地理环境等占据了三分之一的课时,从而削弱了学生对音乐的充分体验和感受。潘老师的教学设计,很好地扭转了这一现象,她将川剧以及川剧最有代表性的声腔"高腔"的相关文化融合在音乐教学环节中去完成。高腔特色的帮、打、唱,川剧中的四大功夫,《月亮走,我不走》唱段的演唱形式都是在观赏、感受、体验中一气呵成,既自然又顺畅,学生也在聆听、观察、分析中深入感知川剧的美。

此外在传统的川剧教学基础上还创新性地融入了新型课堂民族乐器"鸣鸠琴",通过弹唱、演奏,让学生更加深刻地感受川剧声腔与鸣鸠琴韵的完美融合,进而引导学生发现美、感受美、表现美、创造美,起到了很好的示范作用。

教学设计思路及过程

成都市北站小学校　潘小琳

【教材分析】

本节课是川剧大幕戏《变脸》唱段。该唱段纯朴而童真、旋律舒展，情感上极富表现力。最具特色的是在凸显老成都语言特色的基础上更具地方戏曲文化特色。该剧目讲述了小主人公"狗娃"被卖给江湖人"水上漂"后在船上生活的一段祖孙温暖场景，其中唱段《月亮走，我不走》突出表现了狗娃在夜深人静的月亮下表达对爷爷的不舍之情，结束句的拖腔更是把川剧声腔中高腔的特点表现到了极致，是学生们认识、体验、学习戏曲的上佳唱段。通过该唱段的学习不仅彰显了地方传统文化，还培育了学生们自小爱家乡、爱祖国的情怀。

【学情分析】

四年级学生对音乐知识与技能有一定的积累和认知，在表现力上有一定的爆发点，但对于传统艺术知之甚少，因而运用戏曲的故事情景将其注意力聚焦课堂，并充分调动他们的表现力和已有的节奏体验感，以便能较好完成该课。同时川剧的唱、念、做、打的表现方式更是扩展了学生们对艺术表现力的认知。

【设计理念】

《义务教育音乐课程标准(2011年版)》提出：认识不同时代、不同民族的音乐，加深对中国民族音乐的认识和理解，增强对戏曲等地方传统文化的认识度。

鉴于此，本课以川剧唱段《月亮走，我不走》为载体，以小学四年级学生为教学对象，以"念"导入、以"唱"深化、以"做"提升、以"打"增色，在"唱"中突显声腔意蕴，"念"中突显特色语感，"做"中突显身段情景，"打"中突显乐器铿锵。将教学层层递进、步步深入，使具有综合性的传统戏曲艺术特色跃于课堂，并在声、腔、韵、情中表达与创新。

【教学内容】

川剧大幕戏《变脸》高腔选段《月亮走,我不走》。

【教学目标】

1. 让学生认识川剧高腔帮、打、唱的特点。
2. 能通过"唱"基本表现出戏曲的戏腔、戏韵。
3. 乐于参与鸣鸠琴弹唱、创作的实践活动中。

【教学重难点】

教学重点:对川剧高腔帮、打、唱艺术表现特点的进一步表现。
教学难点:对川剧高腔唱词的创编,并富有川剧唱腔戏韵的表现。

【能力梯度要求】

认知地方戏曲特色,感知体验戏曲艺术与生活的密切关系—创编与表演。

【教学过程】

(一)整体关注体验——对川剧高腔"帮腔"的认识和学习

1. 观看视频。
师:在视频中除了主角的歌唱,还有其他歌者的唱腔吗?
师:这"只听其声未见其人"的演唱者在哪里歌唱?
2. 师引导学生观看图片,了解帮腔者歌唱的位置,总结帮腔的作用和意义。
(环节目标:通过学习使学生认识到川剧高腔中帮腔的特点)

(二)局部探究表现——川剧高腔——"唱"+"做"的学习

1. "师傅教、徒弟学"。
2. 教师用琴引领学生再次分句学唱。
师:老师的演唱用什么力度、位置在进行表现。
3. 在教师手势的引导下,学生高位置、较强力度再次分句学唱。

4.观看原声视频,促进学生进一步感知戏曲字正腔圆发声的重要性。

5.学生在教师的引导下字正腔圆地分句学唱。

6.无音高伴奏下师生徒歌式的演唱。

7.揭示川剧高腔特点二——徒歌式地唱。

8.教师以《月亮走,我不走》唱词分段教。

9.口念唱词,体态表现。

10.分"角色"表现。

(环节目标:能了解高腔中唱的特点,并结合地方戏曲特征字正腔圆地表现川腔、川韵)

(三)川剧高腔——鸣鸠琴弹唱学习

1.教师示范唱奏、学生观摩。

2.教师介绍鸣鸠琴的轮指弹法及品位按置。

3.分句教授与练习。

4.教师引领学生较为完整地弹唱。

(四)对高腔帮、打、唱的艺术表现形式进行总结

1.观看视频,分辨高腔唱段。

2.学生总结高腔特点,并说出辨别的理由。

(环节目标:进一步巩固学生对高腔的认知)

(五)综合表演拓展——创编帮腔唱词

1.教师创编并带动学生用鸣鸠琴弹唱表演。

2.师生运用生活情景创编帮腔唱词。

(环节目标:增进学生对川剧与生活联系的认识,即川剧艺术来源于生活,表现生活)

(六)拓展环节

1.学生观看川剧视频,拓展对川剧的了解。

2.教师对课堂进行简短总结。

(环节目标:对川剧艺术表现形式的拓展性认知)

小放风筝

教学建议

指导教师：成都市第二十中学校　詹艳秋

《小放风筝》选自四川省中小学地方音乐课程资源《川腔蜀韵》"川剧、四川曲艺"板块，是四川清音里极具代表性的作品。

对于实践性很强的音乐教学来说，参与学习与表演是最主要的学习方式之一，尤其是在表演性很强的戏曲教学中，如果缺乏有效的参与方式和手段，学生将很难走进戏曲音乐中。本课的教学紧紧围绕四川清音的风格特点，将熊猫"滚滚"引入新课学习，让学生从看、听、模仿、表演等多方面体验"哈哈腔"，感受四川清音的独特韵味，再融入特色民族课堂乐器"礼乐弦歌琴"为其伴奏。余老师对教学过程中的每一个环节都做了精心设计，让每一位学生充分参与到戏曲学习中，让其通过各种音乐实践活动感受、体验四川清音的风格和特点，从而提高学生学习四川清音的兴趣，提升学生对四川清音的感知力和鉴赏力。

一、导入环节中的学生参与

用四川最具有代表性的动物——熊猫，拟人化地进入课堂，激起学生的学习兴趣，紧接着余老师开门见山地用四川清音与学生互动，让学生一开始就参与四川清音的表演体验中，迅速将学生带入本课主题。

二、演唱教学中的学生参与

从欣赏四川清音大师演唱片段入手,引导学生发现四川清音演唱中的特别之处——哈哈腔,并在反复聆听中找出哈哈腔出现的次数和语言特点,找出乐曲唱腔的风格——一字多音。在发现乐曲的特点后用"拍皮球"的方法,以"哈哈哈哈"的演唱状态唱好"哈哈腔";用"wu"模唱和画旋律线的方式学唱歌曲的第一乐句;以男女演唱小PK活动,让学生在聆听和演唱中反复熟悉第一乐句的演唱;教师设计认识各种风筝游戏,使学生感受四川清音的语言特点。在演唱教学环节中设计巧妙,从体验到演唱层层递进,让学生在听、赏、唱活动中不知不觉学习四川清音的演唱。

三、在演奏教学中的学生参与

"演奏"在义务教育音乐课程标准中是一个重要的内容,学生亲身参与作品的演奏中会对音乐有更加深入的体验。

在曲艺里面,伴奏是很能烘托出作品特色的手段。余老师介绍清音竹鼓和清音檀板并让学生尝试敲击,通过亲身体验感受曲艺中的板、眼,在层层递进的教学体验中让学生对四川清音有了初步的了解。在学习的最后环节,余老师又巧妙地加入了新型的课堂民族乐器"礼乐弦歌琴",让传统文化与创新型课堂民族乐器有机结合,给学生营造出一种传统音乐新体验。

在完整表演环节中,老师把唱、鼓板、礼乐弦歌琴融合在一起,让学生对作品有一个完整的感受,对四川清音有更加深入的了解。

综上所述,本课以学生为主体,充分发挥音乐的实践特点,让学生大胆积极地参与音乐课堂中,使学生感悟和体验戏曲音乐的风格与特点。教学突出体验,重视实践,让学生在有效的参与与实践中,积累聆听经验与表演能力,从而培养学生终身学习音乐的兴趣。

教学设计思路及过程

成都市天回小学校　余帆

【教材分析】

本课选自四川地方教材《川腔蜀韵》"川剧、四川曲艺"板块。四川清音,于清乾隆年间由民歌小调发展而成,属于曲艺说唱艺术形式,其曲调丰富,唱腔优美。表演时由女演员一人独唱,右手击竹鼓(弱拍),左手击檀板(强拍),自击自唱,亦可多人表演唱。

在声乐艺术上,讲究"本嗓演唱"与"小嗓"(边音)相结合,音域较宽。在运腔中有一种风格独具、跳跃式的连续顿音唱法——"哈哈腔",以柔和圆润为特色。《小放风筝》就是四川清音里极具代表性的作品之一,描绘了春日里姐妹们相约放风筝的趣事。圆润细腻的唱腔和清音特殊的"哈哈腔"把这首作品表现得更加丰富和极致。

【学情分析】

本课教授的是四年级的学生,本年级学生不乏求知、表演和创作欲望。本班学生具有一定的音乐素养,有一定的礼乐弦歌琴弹奏基础,但对曲艺的了解是零。四川清音是极具地方特色的教学内容,普通话普及以后,大部分学生在本土方言和相关知识了解上都比较欠缺。

【设计理念】

《义务教育音乐课程标准(2011年版)》提出:兴趣是音乐学习的根本动力和终身喜爱音乐的必要前提。在教学中,要根据学生身心发展规律,以丰富多彩的教学内容和生动活泼的教学形式,激发学生对音乐的兴趣,不断提高音乐素养,丰富精神生活。同时提出"课程内容的设计,在明确的规定性和适度的弹性之间寻求平衡,给教师教学和地方音乐课程资源开发留有创造和选择运用的空间"。

《小放风筝》从"双基"(音乐基础知识和基本技能)和"四个能力"(音乐听觉、音乐欣赏、音乐表现、音乐创造)着手,以非物质文化遗产"四川清音"为载体,以小朋友们非常喜爱的"风筝"为主题。根据四年级学生年龄、心理特点,从四川话入手,以熊猫"滚滚"为导索,将"哈哈腔"、身韵模仿、礼乐弦歌琴技巧拍板、撮、上划弦等融入学习中,让学生通过游戏、模仿、体验等形式感受四川清音《小放风筝》的独特魅力。

【教学目标】

1. 聆听四川清音《小放风筝》,感受四川清音的独特风格。
2. 用四川方言说"风筝",学唱"哈哈腔"片段,领会四川清音的"哈哈腔"及独特的演唱方式。
3. 能将新型课堂乐器礼乐弦歌琴"拍面板 + 撮""上划弦"的弹奏技巧加入到乐曲的伴奏中,更好地表达四川清音轻快活泼的曲调。

【教学重点】

感受四川清音的独特韵味。

【教学难点】

1. 学唱作品第一句,体验"哈哈腔"。
2. 运用所学礼乐弦歌琴伴奏型为曲子后半部分伴奏。

【教学准备】

钢琴、课件、清音鼓、板等。

【教学过程】

教学环节	教师活动	学生活动	设计意图
趣味导入	(一)趣味导入 师:同学们,在正式上课之前有个神秘朋友一定要跟我来和大家打招呼,让我们看看,它是哪个? (二)范唱 师:看到可爱的滚滚,老师也很开心。正好我今天给大家带来了我们四川特色的小曲儿,接下来我唱,你听,要不要得?(表演唱) 师:老师给大家带来的是咱们四川的特色曲艺——四川清音《小放风筝》(揭题),作品描绘了小姐妹们准备了各式各样的风筝即将出门去放风筝的情景。同学们,你们对四川清音了解吗?今天让我们一起去和它交朋友,要不要得?	1. 学生感受熊猫滚滚的憨态可掬的形象。 2. 学生认真聆听。模仿最有韵味的动作。	1. 熊猫滚滚把同学们引入新课的学习中。 2. 老师范唱让学生从听觉上体验四川清音。

续表

教学环节	教师活动	学生活动	设计意图
了解"四川清音"	(一)感受"哈哈腔" 师:孩子们,你们听出来没有?曲子里面有一个很特别的声音是什么呢?来,请看这个小视频,它会告诉你答案。 师:"哈哈腔"在作品里一共出现了几次? (二)语言特点 师:演唱的语言有什么特点呢? 师:你们听出来了四川话、平舌音,来我们看一下,都是哪几个字呢? (三)演唱风格 师:同学们,除了"哈哈腔"和四川方言,你还有没有发现这首作品演唱的时候唱腔还有一个风格?(师示范引出"一字多音") (四)体验"哈哈腔" 1.引导生模仿"哈哈腔"。 2.感受"拍皮球"气息的运用。 3.旋律线辅助学唱。 wu—— (五)伴奏乐器 师:在曲艺里面,伴奏是很能烘托出作品特色的手段。请你回忆一下,刚才我们欣赏的过程中,出现了哪些伴奏乐器呢。 (介绍四川清音主要伴奏乐器——清音鼓、板)	1.生观看视频,找出"哈哈腔"的特点、出现次数。 2.学生再次认真聆听,体验并感受四川清音的不同特点。 3.生认真聆听并回答师的问题。 4.生体验"哈哈腔"。 5.听辨乐器。	1.反复聆听,找到四川清音的特点之一"哈哈腔"。 2.发现四川清音是用"四川话"演唱的。 3.通过聆听、感受,寻找出"一字多音"的演唱风格。 4.感受"拍皮球"似的,有弹性的声音。 5.通过学唱实践,进一步体验四川清音的演唱特点。
体验"四川清音"	1.四川话学习。 师:咦,看我们玩得这么开心,滚滚又来了。 滚滚:想学四川清音,要先会四川话哟! 师:滚滚说了,要学四川清音,还得先学四川话才行呢。你们愿不愿意学习四川话?好!那我们就来学习,曲子里出现的各种风筝,用四川话怎么说吧。走!去看一看,有哪些风筝? 蜻蜓就是——"丁丁猫儿"。 "黑老鹰" "美人头上加七星!"(模仿动作) 2.合作表演前半部分。	体验四川话。	从模仿四川话的游戏中不仅感受了四川清音的特点,同时还对歌词内容也进行了熟悉学习。

续表

教学环节	教师活动	学生活动	设计意图
礼乐弦歌琴拓展（技巧融入）	(一)礼乐弦歌琴融入 1.同学们,谢谢你们为老师打伴奏,有了你们的伴奏这首曲子的表现力就更丰富了。可是临出门放风筝啊,又有一个乐器迫不及待要加入我们为我们伴奏后半部分的曲子,你听谁又来了呀?(师弹奏礼乐弦歌琴后半部分) 2.节奏学习 "X X X"和"X X　X X" （节奏谱示例） 3.完整表演(唱、鼓板、礼乐弦歌琴)。	1.表演前半部分,感受韵味。 2.生学习节奏。	1.加入表演,让孩子们从实践中深入体验四川清音的特点和韵味。 2.感受礼乐弦歌琴的音色、形态、风格等。 3.对礼乐弦歌琴的拍板、撮和上划弦进行学习。
总结	师:孩子们,今天我们认识了四川清音《小放风筝》的一部分,也学会了它的一句唱段,还学习了用礼乐弦歌琴为歌曲伴奏。大家对四川清音有了更深的了解,感兴趣的同学下来可以继续了解。传统文化需要我们大家一起去发扬和继承。 滚滚:小朋友们,再见咯!		

【思维导图】

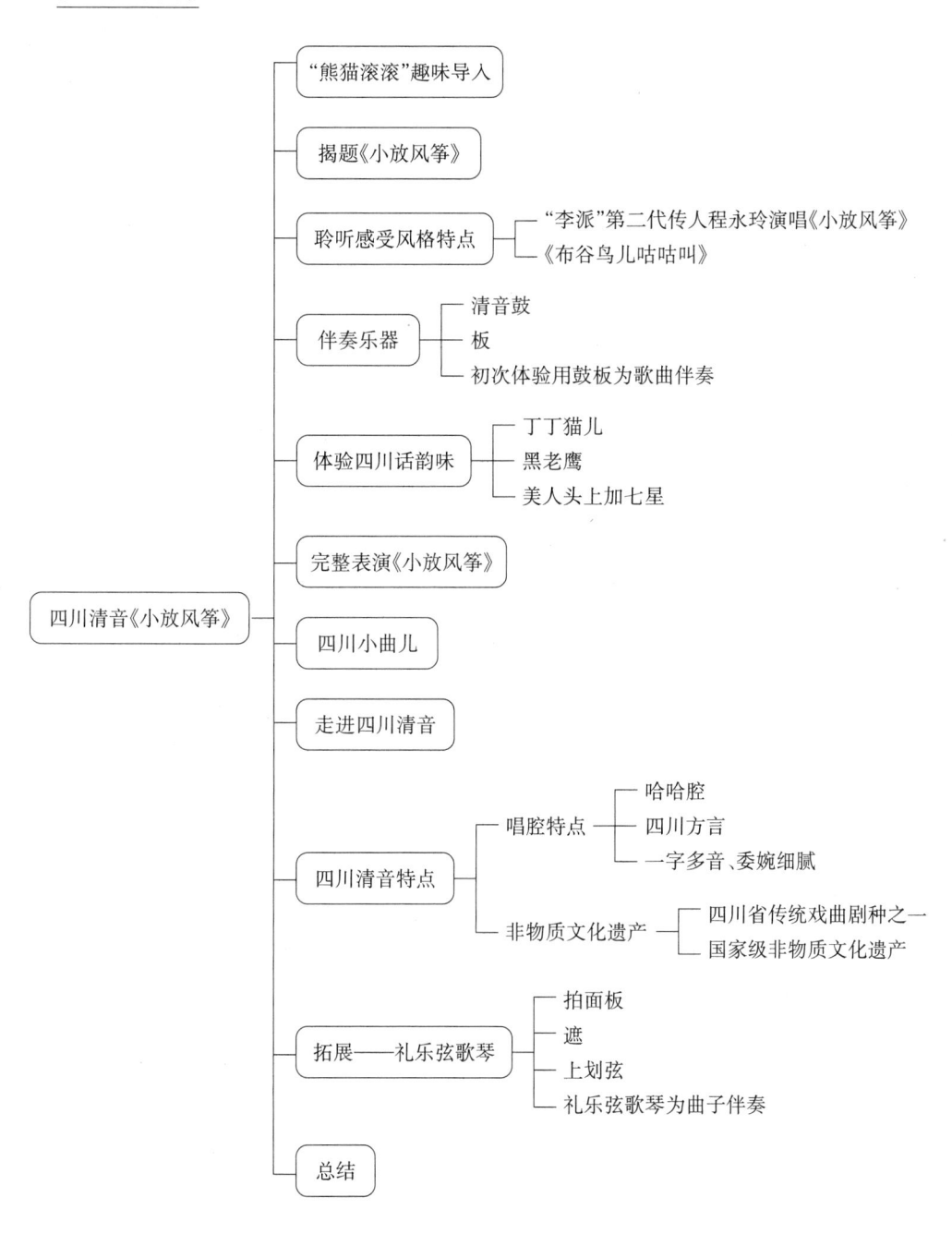

- 四川清音《小放风筝》
  - "熊猫滚滚"趣味导入
  - 揭题《小放风筝》
  - 聆听感受风格特点
    - "李派"第二代传人程永玲演唱《小放风筝》
    - 《布谷鸟儿咕咕叫》
  - 伴奏乐器
    - 清音鼓
    - 板
    - 初次体验用鼓板为歌曲伴奏
  - 体验四川话韵味
    - 丁丁猫儿
    - 黑老鹰
    - 美人头上加七星
  - 完整表演《小放风筝》
  - 四川小曲儿
  - 走进四川清音
  - 四川清音特点
    - 唱腔特点
      - 哈哈腔
      - 四川方言
      - 一字多音、委婉细腻
    - 非物质文化遗产
      - 四川省传统戏曲剧种之一
      - 国家级非物质文化遗产
  - 拓展——礼乐弦歌琴
    - 拍面板
    - 遮
    - 上划弦
    - 礼乐弦歌琴为曲子伴奏
  - 总结

布谷鸟儿咕咕叫

教学建议

指导教师：成都市成华区教育科学研究院　李嵘

四川清音于2008年被正式列为第二批国家级非物质文化遗产。《布谷鸟儿咕咕叫》选自成都市成华实验小学校本教材。成都市成华实验小学校一直致力四川清音的传承工作，曾承担教育部"十二五"规划重点课题非物质文化遗产校园传承的子课题。周梦瑶老师作为主研人员，对四川清音有较为深入的研究，且在此前她精心打磨的四川清音欣赏课《赶花会》，曾在"2015中国音乐教育大会"现场展示。这次我们希望更进一步，挑战难度较大的唱歌教学，希望能探索出有效的四川清音演唱教学路径，为传承四川清音这一传统文化助力。

在声乐艺术上，四川清音真假声交替应用，演唱音域较宽，清音中最有特点、最有难度的润腔手法要数"弹舌音"和"哈哈腔"。这些在一堂课中很难面面俱到，于是我们深入剖析了作品，在四段唱词中选择了第三段唱词和"哈哈腔"进行教学，将四川清音转化成学生熟悉的音乐语言，从情绪、旋律、唱词等细节入手帮助学生感受并初步学习这一传统曲艺形式。

一、紧扣音乐要素,深挖旋律特点

学生对四川清音相对较陌生,他们在生活中甚少有机会能够接触到它,就更别说进行学唱了。四川清音复杂的曲调、独特的行腔,对于学生来说也大大增加了演唱的难度。由于四川清音的特殊性,剖析教学内容、设计教学方法就显得尤为重要。为此我们将学唱片段进行了细致分析,决定采用学生熟悉的节奏、旋律、音色等音乐要素对《布谷鸟儿咕咕叫》进行讲解,并在学唱时,将婉转迂回的旋律变化与日常音乐课堂中的旋律线加以结合,再通过动作提示音高的变化,用具身学习的方式辅助学生学唱。如在初次聆听时通过听辨、交流、模仿等方式,先抓住四川清音的特点。又如在教授学唱片段时,先让学生在老师范唱时观察动作,挖掘出设计的动作与"唱词""旋律变化"等内容之间的关系,再通过动作的学习,辅助演唱时音高、节奏的变化。这样的方式不但能让学生积极参与艺术实践,还能很大程度降低学习难度。

二、突出情感体验,辅助唱腔学习

歌唱时的情感体验依存于审美对象的感受之中,这种审美可以使歌唱者能够更深入地体察、感受并创造性地表现这种特殊的审美情感。四川清音中的"哈哈腔"灵动、俏皮、多变,对演唱者气息控制的要求非常高。而"哈哈腔"中的"哈"很像是笑声,学唱片段中唱词的内容又正好能够结合"爽朗""开怀""害羞"等情绪,可以通过让学生学习"笑",帮助学生找到发声位置和演唱状态,从而辅助"哈哈腔"的学习。于是我们设计将"哈哈腔"的学习与唱词中的情绪结合,在教学时先引导学生寻找唱词中不同情绪的"笑",让他们体验在不同情绪下"笑"时气息的变化,再引导学生用不同方式的"笑"来演唱片段中的"哈哈腔",用探究式的学习方式进行学唱。如在唱词"瓜藤苕藤遍坡绕"用"爽朗的笑";在"青青麦苗须含苞"处是"害羞的笑";在"豌豆儿葫豆儿笑弯了腰"处是"开怀大笑"。这样的情感体验让学生能够快速找到演唱状态,再结合代表旋律变化的律动动作,较好地解决了"哈哈腔"气息控制、一字多音等演唱难点。

三、深化文化内涵,弘扬传统文化

音乐艺术不是孤立存在的,它是和产生时代、历史背景以及各地区的相关文化紧密联系在一起的,而四川清音有着丰富的文化内涵,它承载着瑰丽多姿的巴蜀文化,所以对于四川清音的学习不仅仅在于唱会一段曲目,更在于了解这一传统曲艺的相关文化。结合体验式和探究式两种学习方式,在课堂中对于相关文化融会贯通,帮助学生更好地理解传统文化。如在导入中用视频将学生带入浓郁的巴蜀文化氛围;在学习唱词的过程中,让学生回归曲目中的农耕场景,体会四川人民的风趣幽默,体验四川方言的魅力;在片段和"哈哈腔"的学唱的过程中,体会传统曲艺的曲调美;在回顾经典时,用讨论的形式让学生思考四川清音的传承方式。

四、不足之处

虽然只是学唱片段,但作品旋律变化繁杂,整体学习难度较大。可考虑将该课内容进行划分,分散学习难点,降低学习难度。

教学设计思路及过程

成都市成华实验小学校　周梦瑶
成都市建设路小学　王珲

【教学内容】

演唱四川清音《布谷鸟儿咕咕叫》。

【教材分析】

四川清音《布谷鸟儿咕咕叫》选自成都市成华实验小学校本教材,该歌曲创编于20世纪50年代,最初由著名的四川清音大师李月秋演唱,深受广大听众的喜爱。《布谷鸟儿咕咕叫》的曲调属于"鲜花调",是经过反复咏唱而构成的单曲体结构形式。曲调既具有江苏民歌《茉莉花》的曲调特点,更具有四川民歌泼辣直率的风格。李月秋将"哈哈腔"的演唱方式融入其中,唱腔清脆秀丽、生动活泼、饶有趣味。《布谷鸟儿咕咕叫》唱词分为四段,本课教学选择学唱第三段。

【课时】

1课时。

【学情分析】

五年级学生的生活范围和认知领域进一步发展,他们好奇心强,体验、感受与探索创造的活动能力也随之增强。他们已具备基本的音乐基础知识和基本技能,养成了较好的歌唱习惯和聆听习惯,能用正确的发声方法自然地演唱,能够比较准确地感知音乐要素的变化对音乐情感表达的作用。

在生活中学生很少接触四川清音,但对民族文化与传统曲艺有一定的学习兴趣。基于已有的音乐基本知识与技能,帮助学生自主探索和体验四川清音的美妙之处,不失为一个好的途径。

【教学目标】

1.在模仿、口传心授的过程中,初步了解四川清音的基本特点。
2.初步认识檀板与竹鼓,并能为歌曲片段伴奏。
3.初步学唱歌曲片段,唱会"哈哈腔"。

【教学重点】

学唱《布谷鸟儿咕咕叫》片段,用檀板、竹鼓伴奏。

【教学难点】

唱会"哈哈腔"。

【教具准备】

多媒体、檀板、竹鼓、鼓架、竹签。

【教学过程】

教学环节	教师活动	学生活动	设计意图
一、文化导入	1.师播放视频。 2.师播放音乐片段,引导生回答四川清音特点。 3.师介绍四川清音代表人物,揭示课题。	1.生观看视频并回答。 2.生聆听并回答。 3.生聆听并了解四川清音的代表人物。	1.通过观看视频,感受四川传统文化,激发学生对家乡文化的兴趣与认同感。 2.在聆听中感受四川清音的特点。 3.认识四川清音代表人物,了解其生平和本作品创作背景。

续表

教学环节	教师活动	学生活动	设计意图
二、曲目片段学唱	(一)学唱"哈哈腔" 1.师范唱。 2.师表演"哈哈腔"。 3.师教唱"哈哈腔"。	1.生聆听。 2.生观看。 3.生学唱"哈哈腔"。	1.联系生活场景,理解"哈哈腔"的意境。 2.感受"哈哈腔"的旋律特点、情绪变化。 3.通过气息练习、声音位置练习、发声状态练习,初步掌握"哈哈腔"以及歌曲的演唱。
	(二)学习"檀板""竹鼓" 1.师示范 师"站唱",拿着乐器檀板、竹鼓边唱边"伴奏"。 2.学习演奏方式 师出示伴奏图谱,指导学生随伴奏图谱进行演奏。 3.随乐伴奏。 师播放《布谷鸟儿咕咕叫》音乐。	1.生观看并模仿。 2.生学习并伴奏。 3.两名学生拿着乐器檀板、竹鼓伴奏,其余学生用竹签伴奏。	1.了解檀板与竹鼓的演奏方式。 2.学习檀板与竹鼓的演奏方式,感受四川清音的特点。 3.用檀板与竹鼓进行演奏,表现四川清音的特点。
	(三)学唱片段 1.听范唱 师播放音乐,交流歌词内容。 2.师范读 师边读唱词边做动作示范,表现抿嘴、弯腰。 3.师教唱 师出示歌谱,指导学唱难点。 4.完整演唱 师指导生完整演唱。 5.合作表演 师生合作,边伴奏边演唱。	1.生聆听并回答。 2.生学读唱词,加动作。 3.生学唱。 4.生随音乐边做动作边演唱。 5.部分生演奏,部分生演唱。	1.抓住歌曲"哈哈腔"的意境,启发学生的情感体验。 2.有感情念读、跟唱、律动,分解式地解决教学难点。 3.在口传心授的传统教法中,进一步感受四川清音特点,熟悉歌曲旋律。 4.运用身体律动辅助唱好歌曲。 5.在演唱、演奏中完整表演歌曲,表现清音的特点。

续表

教学环节	教师活动	学生活动	设计意图
三、文化拓展 回顾经典	1.现代清音 师播放视频。 2.清音传承 师播放歌曲片段。	1.生观看。 2.生表演唱。	1.了解现代清音的表现形式。 2.口传心授的传承四川非遗文化。

【思维导图】

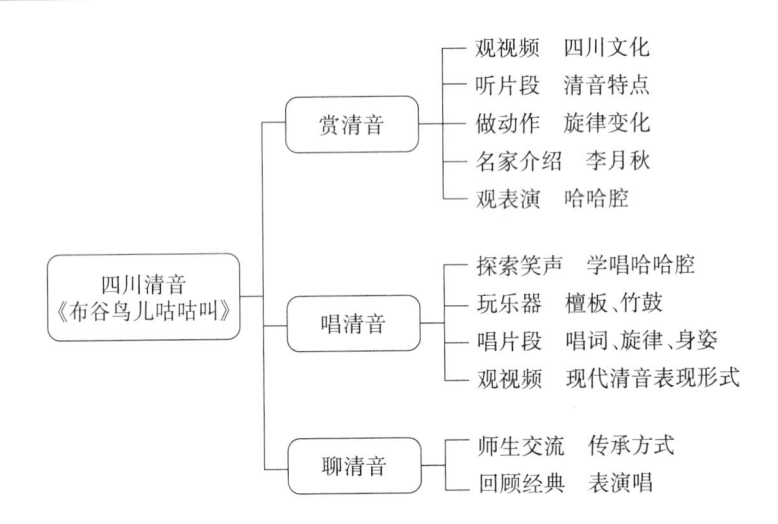

```
                          ┌─ 观视频  四川文化
                          ├─ 听片段  清音特点
                   ┌赏清音─┼─ 做动作  旋律变化
                   │      ├─ 名家介绍 李月秋
                   │      └─ 观表演  哈哈腔
                   │
四川清音           │      ┌─ 探索笑声 学唱哈哈腔
《布谷鸟儿咕咕叫》─┼唱清音─┼─ 玩乐器  檀板、竹鼓
                   │      ├─ 唱片段  唱词、旋律、身姿
                   │      └─ 观视频  现代清音表现形式
                   │
                   │      ┌─ 师生交流 传承方式
                   └聊清音─┴─ 回顾经典 表演唱
```

第五板块

四川器乐欣赏

文化是一个民族和国家赖以生存和发展的根基,而民族音乐作为民族文化中的重要分支,对各个民族、各个地区以及社会中个人的生存与发展有着极其重要的作用,其价值是不容忽视的。音乐教育是国民素质教育中的重要组成部分,民族音乐的融入,能有效培养群众的整体审美素养,有利于培养群众的民族意识、民族观念和民族精神。民族音乐在当下小学课堂中的重要性是不言而喻的,但现阶段,民族音乐教学在小学音乐课堂中还存在着一系列影响教学实践的问题和阻碍,需要进一步改进和完善,以便更好地促进民族音乐融入课堂,进入学生内心,更好地在新时代发展。

音乐是听觉艺术,听觉体验是音乐学习的基础,发展学生的音乐听觉应贯穿音乐教学全过程。在音乐教学中,感受与鉴赏是重要的音乐学习领域,是学生音乐学习活动的基础,是培养学生音乐审美能力的有效途径。音乐教师应重视音乐的感受与鉴赏教学,遵循音乐艺术的感知规律,注重突出音乐学科的特点,引导学生从聆听、感受音乐入手,以探索音乐本质为出发点,在聆听音乐的过程中去探索、发现音乐美,使每个学生获得听觉的美感和个人情感与心灵的体验。

"音乐鉴赏"是培养学生音乐审美能力的重要途径,使学生具备良好的音乐鉴赏能力,对陶冶情操、提高文化素养具有重要的意义。针对鉴赏教学来说,教师更应采取多种教学形式,引导学生积极参与音乐体验,鼓励学生主动探究并对所听的音乐有独立的感受与见解,帮助学生建立起音乐与人生的密切联系,进而为终身学习音乐、享受音乐奠定基础。音乐鉴赏模块涵盖的学习内容如下:

一、聆听丰富多彩的音乐,从中体验音乐的美,享受欣赏音乐的乐趣,增进对音乐的热爱,养成欣赏音乐的习惯。能够认识、理解音乐作品的题材内容、常见音乐体裁及表演形式,认识音乐要素在音乐表现中的作用。

二、欣赏中外作曲家的优秀音乐作品,感受、体验其民族风格、地域风格和时代风格;认识、了解不同音乐流派及重要代表人物的生平、作品和贡献等。

三、学习中国传统音乐和世界民族民间音乐,感受、体验音乐中的民族文化特征;认识、理解民族民间音乐与人们生活、劳动习俗的密切关系。

四、了解中国音乐发展的主要线索和成就,了解西方音乐不同发展时期的简要历史。聆听有代表性的通俗音乐作品,认识了解中外通俗音乐的风格、文化特征,并做比较。

五、能够联系姊妹艺术或其他相关学科,对所聆听的音乐作品的音乐风格、文化特征做出比较,并进行综合评论。

本书中的"器乐欣赏"是实践性很强的学习内容,是培养学生音乐表现能力及审美能力的有效途径。在器乐欣赏教学中,教师应在培养学生兴趣与爱好的基础上发展他们的音乐才能,使他们的表演潜能及创造潜能得以充分发挥。在教学中,要逐步提高学生的欣赏与演奏能力,培养学生健康的审美情趣和与他人协作的精神,并使他们在器乐欣赏活动中享受美的愉悦,陶冶与升华情感。

"四川器乐欣赏"是四川省中小学地方音乐课程资源《川腔蜀韵》中的内容,主要包括的乐曲有《快乐的诺苏》《熊猫卡通舞曲》《达勃河随想曲》《阿坝夜会》和《蜀宫夜宴》等。四川民族民间器乐深深根植于四川人民群众的生活实践,它反映了四川人民的性格、喜好和风土人情,部分作品源自地方人民群众节庆、歌舞、劳作、仪式等,部分是当代四川本土知名作曲家的作品,是兼具情感性与艺术性的乡土艺术素材。四川本土器乐类作品的发展历程对各类小学建立和创办民乐特色教学都具有借鉴的意义,也有利于改善地方民族乐器以及地方民族音乐文化在我省小学教育中的教育传承问题。当今,我国的音乐教育沿着科学研究之路不断丰富和完善,教师在教学中应始终秉持从四川地方音乐文化深层基因入手,着眼于培育学生音乐学科核心素养,让四川巴蜀文化精髓带着东方的特质走进课堂,走入中小学生心中。

在设计此类课程时,教师应挖掘作品的背景,突出背景意义,将作品引申的乡土情感认同作为教学中的内核,并以生活中常见的情景作为引子,渲染课堂氛围,使学生有身临其境的感觉,由此抛砖引玉,吸引同学们的注意力,以便快速引导学生进入课程。同时,以兴趣为引导,激起学生对中华传统民族民间音乐艺术的感怀和文化自信,塑造音乐审美模式,充分点燃情绪,增进孩子们对于四川民族民间音乐器乐艺术的情怀。

阿坝夜会

教学建议

指导教师：简阳市射洪坝第一小学　黄梅　钟丹

民族民间音乐艺术独具特色和表现力，是我国传统音乐艺术的基础和核心。我国的民族民间音乐艺术来源于群众生活，也深深根植于群众生活，对中华民族的传承与发展产生了重要的影响。我国现代化进程加快，物质生活水平大幅提高，人们对中华古典艺术的接触却越来越少，致使民族民间音乐的发展不容乐观。信息时代发展迅猛不及，慢节奏和深层次的生活与艺术内涵需要人民逐渐接纳，民族民间音乐更加需要国民深层次的文化认同。为大力传承与弘扬民族民间音乐艺术的发展，作为音乐教育工作者的我们将坚守阵地，推陈出新，挖掘内涵，守护中华民族精神，努力传承民族民间音乐艺术。

一、潜移默化渗透音乐艺术，激起学生对传统音乐的共鸣

民族民间音乐艺术深深根植于实践生活，反映人民群众的精神文化及物质状态。在设计此课程时，执教者深刻地挖掘了作品的背景内涵，突出了背景意义，将《阿坝夜会》作为教学中的核心，以阿坝藏族地区生活中常见的"夜会"场景为引子，吸引同学们的注意力，渲染课堂氛围，使同学们有身临其境的感觉，快速引导同学们进入课程，增进其对中华传统民族民间音乐艺术的感怀和文化自信。

二、塑造音乐审美模式，增进学生民间音乐情怀

在教学中，执教者着重以兴趣为引导，塑造音乐审美模式，充分点燃学生情绪，增进其对中华民族民间音乐艺术的情怀。课堂追求最大化的多元能动，在导入环节，执教者将包含藏族元素的音乐律动和舞蹈情景作为引子，让大家第一时间融入课堂中。为提高孩子们的兴趣，在分段聆听、分辨主题音乐环节中，执教者通过多媒体抓住学生的听觉、视觉，让学生直观地感受音乐和理解音乐。

三、培养音乐知识素养，丰富传统精神的教学内涵

执教者应结合实际情况，反复翻阅资料，观看阿坝藏族地区的舞蹈视频和生活视频，依托多元科学课堂，追求传统精神与现代风貌完美结合。

四、充分调动学生学习热情，发挥主观能动性，正确指导实践

在课堂教学中，学生是课堂的主体，集"欣赏者""表演者""创作者"于一身。在教学过程中，执教者应当充分发挥学生的主观能动性，把课堂还给学生，鼓励他们多听多感受，从而更好地欣赏音乐，理解音乐。

时代奋进，百舸争流。中华民族的艺术始终萦绕于民间，传承而来，气息不凡，历久弥新，生生不息。将中华民族民间音乐艺术的现状牢记于心，以自我和团体的力量促进传统文化音乐艺术的蓬勃发展。

教学设计思路及过程

简阳市射洪坝第一小学　李雨

【教材分析】

《巴蜀之画》是四川作曲家黄虎威创作的钢琴组曲,是中国民族音乐与西方文化结合的典范。其中第六选段《阿坝夜会》是颇受人们喜爱和广为流传的钢琴作品。乐曲采用阿坝地区藏族踢踏舞音乐的基本旋律和节奏;结构由主题和两次变奏加尾声组成,情绪欢快、热烈。乐曲展现了阿坝地区藏族人民参加夜会时的热闹场景,形象地表现了他们热情豪放的性格和乐观的生活态度。

【学情分析】

四年级学生在艺术认知领域得到了进一步发展,感受体验与探索创造的活动能力增强,乐于参加各种音乐实践活动,愿意接受除音乐教材之外的课程学习,这为本节课的学习打下了较好的基础。通过富有动感的艺术表现形式鼓励学生大胆参与音乐实践活动,激发他们对本土音乐文化的热爱。

【教学目标】

1.初步了解、体验阿坝地区藏族踢踏舞风格,感受阿坝地区藏族人民热情豪放的性格。

2.能用热情、饱满的情绪,模唱乐曲中的主题旋律,并能辨识主题旋律及变奏旋律。

3.培养学生对本土音乐文化的学习兴趣,激发对本土音乐文化的热爱。

【教学重点】

能用热情饱满的情绪模唱乐曲中的主题旋律,并能辨识主题旋律及变奏旋律。

【教学难点】

引导学生通过听、唱、演理解乐曲结构,并用肢体动作展现阿坝地区藏族人民参加夜会时的热闹场景。

【教具准备】

钢琴、多媒体、热巴鼓等。

【教学过程】

教学过程	教师活动	学生活动	设计意图
一、创设情景、舞蹈律动导入	1.师律动导入;选用具有藏族风格的音乐片段(朗萨雯波)。 2.通过藏族舞步律动引导学生体验、模仿,思考舞蹈动作来自哪个少数民族并揭示课题。	1.生随老师一起律动。 2.生聆听、观察、模仿、思考,并回答舞蹈动作来自我国哪个少数民族。	采用藏族风格的音乐、律动导入,充分调动学生的积极性,为后面学生的表演和营造课堂热闹的氛围做铺垫。
二、新课教学、聆听、分析感受表现音乐作品	1.师用钢琴现场完整演奏《阿坝夜会》。 2.师简单介绍作品创作背景及作者。 3.师播放音乐并随音乐在黑板上画出旋律图形谱。 4.师带领生随音乐在空中画旋律图形谱并观察旋律线条的特点。 5.师演奏主题旋律,引导生用热情饱满的声音哼唱主题旋律(演唱前强调坐姿、声音、节奏等) 6.师播放音乐,提出问题——主题旋律在音乐中出现了几次,并分辨主题旋律每次出现时有怎样的变化。	1.生聆听师范奏,思考并回答音乐的情绪和速度分别有什么特点。 2.生聆听师讲解。 3.生随师的旋律图形谱再次感受乐曲欢快、热闹的情绪。 4.生随音乐画旋律线条,并观察线条的特点。 5.生随琴声用饱满、热情的声音模唱主题旋律。 6.生完整聆听音乐,并随乐哼唱主题旋律,思考并回答主题旋律出现的次数。	

续表

教学过程	教师活动	学生活动	设计意图
二、新课教学、聆听、分析感受表现音乐作品	7.①师出示A、A1段图形谱,播放两段音乐,提出问题:两段旋律的音区有什么变化? ②师在两段音乐前奏部分用热巴鼓演奏,引导生随两段音乐做出不同的表演。 8.师播放A2段音乐,引导生对比聆听,提出问题:这和之前哪一段音乐的音区相同?邀请所有同学随A2段音乐跳起来。 9.师播放尾声段音乐,引导生回答出速度、力度的变化。并提出问题:会联想到什么画面? 10.师带领生随音乐完整表演,给予评价。 11.师根据板书引导生了解变奏曲的基本概念。	7.生通过对比聆听说出A、A1两段音区的变化,并在两段前奏部分用拍手的动作模仿热巴鼓演奏。随两段音乐做出不同的表演。 8.生聆听尾声段,思考并回答音乐的速度、力度有什么变化,并用肢体动作表现出来。 9.聆听尾声部分力度和速度的变化,并说出会联想到什么画面,并用肢体动作表现出来。 10.生完整随音乐表演。 11.生结合图形谱了解变奏曲的基本概念。	1.采用完整聆听、分段聆听、再次完整聆听的方法让生直观地感受音乐。 2.通过画旋律线条、哼唱主题旋律的方式直观、形象地听辨主题旋律以及变奏旋律,进一步感受音乐、理解音乐。 3.通过对比聆听更能直观地听辨主题旋律以及变奏旋律,并能随音乐律动表演感受阿坝藏族人民的热情豪放和夜会的热闹。
三、对比聆听、表现拓展	1.师播放管乐合奏《阿坝夜会》,引导生对比聆听并提出问题:两个版本有什么区别? 2.师通过PPT简单介绍管乐合奏的主要演奏乐器。 3.师引导生随管乐合奏的《阿坝夜会》再次表演,在欢快热闹的夜会中结束今天的音乐课。	1.生对比聆听,思考并回答两个版本的区别,哪个版本更适合夜会表演。 2.生了解管乐合奏的主要演奏乐器。 3.生随管乐版本的《阿坝夜会》再次表演。	采用对比聆听的方法引导学生直观感受两个版本的区别。
四、课堂小结	通过学习《阿坝夜会》,充分感受阿坝地区藏族人民的热情豪放和阿坝夜会的热闹、欢快,并了解变奏曲的基本创作手法。希望同学们能够把四川本土的民间音乐乃至中国民族民间音乐继续传承下去,继续发扬光大。		

【板书设计】

阿坝夜会

欢快、热闹　　　　　　　　　　　　　　　　　　　　变奏曲、稍快

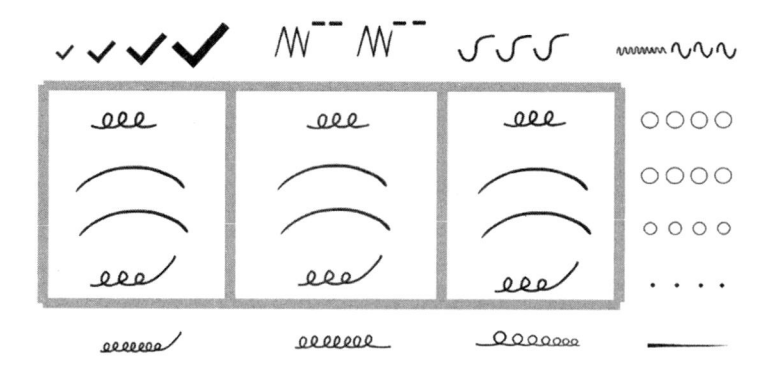

【思维导图】

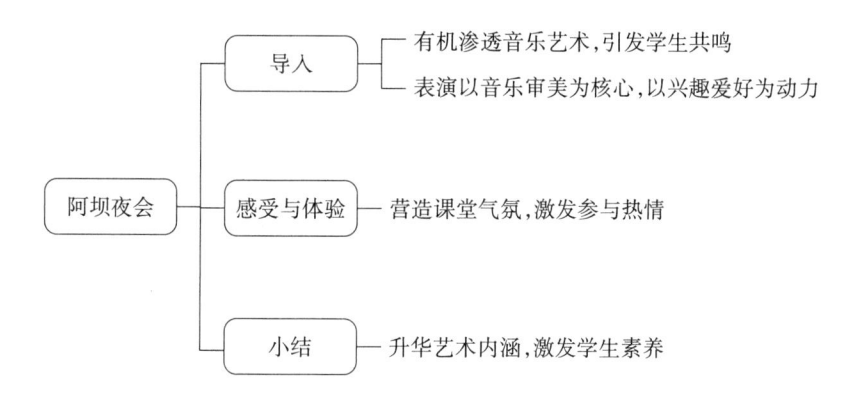

```
                ┌── 导入 ──── 有机渗透音乐艺术，引发学生共鸣
                │             表演以音乐审美为核心，以兴趣爱好为动力
                │
   阿坝夜会 ────┼── 感受与体验 ── 营造课堂气氛，激发参与热情
                │
                └── 小结 ──── 升华艺术内涵，激发学生素养
```

快乐的诺苏

教学建议

指导教师：成都市茶店子小学校　吴娜

《快乐的诺苏》选自四川省中小学地方音乐课程资源《川腔蜀韵》，是一节为三年级学生设计的以多种参与和体验方式进行的欣赏课例。在整个教学过程中，唐老师教学方法得当，师生关系融洽；学生自始至终保持着愉快、兴奋的情绪，教学效果显著。该课例有以下几个特点。

1. 把握学情，创新性使用教材

为确保学生的学习效率和教学效果，唐老师根据三年级学生体验感受与探索创造的活动能力逐渐增强的特点，从学生的兴趣、能力和需要出发，以生动活泼的教学形式和艺术魅力吸引学生，再结合学生的心理及审美认知规律，以学生为中心，提供了感受音乐、表现音乐和学习音乐文化知识的机会，最后利用学生强烈好奇心和求知欲，将知识结构立体化。

唐老师巧妙地结合教材内容，采用听赏+舞动+弹唱的教学方式，抓住学生的兴趣点，将彝族乐曲、彝族舞蹈、彝族风俗融为一体，带领学生走进充满"彝族味"的课堂。

《快乐的诺苏》这首彝族民间音乐改编的弹拨乐合奏曲，充满舞蹈性的节奏，表现了彝族人民歌唱幸福生活、载歌载舞的热烈场面。为了让学生对怀抱月琴舞动的彝族有更直观的感受，唐老师有机地将创新型课堂民族乐器——"鸣鸠琴"与乐曲相结合，用鸣鸠琴替代彝族主要乐器三弦、月琴,让每位学生怀抱鸣鸠琴,在浓厚的学习氛围中学习"扫拂"弹奏技巧,并能准确地加入主题乐曲的伴奏中。

听、唱、跳、打、弹,极大地提高了学生参与音乐活动的专注力和表现力,在有效的实践活动中感受彝族音乐热情快乐的情绪及彝族人民粗犷奔放的性格。这样的教学安排符合三年级学生学情,教学效果显而易见。

2.关注课堂调控,深入浅出,循序渐进

教学中,唐老师为学生创设了非常浓厚的彝族情景,以"快乐的诺苏"为主线,带学生了解"诺苏"的含义,包括"诺苏"的人文风情、民族性格,感受其音乐特点和特色舞蹈"达体舞",认识该民族的特色演奏乐器等。

结合自身舞蹈特长,唐老师在上课伊始就进行了彝族舞蹈展示,紧紧抓住了学生的视线,引领其感受彝族音乐欢快的节奏和热烈的氛围。接着,唐老师再用彝语"子莫格尼"诙谐地与学生互动,带学生走进彝族,牢牢抓住学生的兴趣点,帮助学生掌握音乐学习的方法,体现了趣味性和层次性,提升了对音乐的学习热情。然后,引导学生运用律动、线条、图形等形式体验音乐并作为主要聆听音乐的方法,将生动的音乐直观形象地呈现给学生。在画图形谱过程中,结合图像聆听,调动学生参与音乐聆听的积极性,指导学生将注意力放在音乐的细节上并充分发挥学生的想象力和创造力。

整个教学过程中由浅入深,方法灵活多样,采用多种教学方法来让学生感受彝族音乐的特点和舞蹈风格。让学生与音乐对话,获得美的享受和快乐的体验。

3.与音乐紧密结合,反复有效聆听音乐

音乐是听觉的艺术,学生主要通过听来感受与体验音乐。本课突出了音乐学科的学习特点,即反复、有目标、带问题对比聆听音乐,唐老师始终把聆听音乐放在首要位置,一切教学活动都与音乐紧密结合,在欣赏过程中分别设计了熟悉主题音乐、视唱主题旋律、听辨音区的变化、学生加入打击乐器、身体韵律参与欣赏等教学活动。并借助图谱辅助教学,通过形象直观、生动有趣的图谱,为学生听辨感受音乐的结构、旋律、节奏的特征及把握音乐风格起到了较好的辅助作用,达到了事半功倍的效果。且在反复的听觉欣赏活动中不断加深学生对音乐的体验。

4.弘扬民族音乐,传播家乡民族文化

四川是彝族重要聚居地之一,有丰富的彝族文化资源。这节课,唐老师非常注重引导学生家乡观,以民族、地区、民族风情为发展脉络,让学生领略自己家乡文化的特色和魅力,更深入地认识、了解能歌善舞的彝族。《快乐的诺苏》是彝族人民的民族性格、民族情感和民族精神的展现,具有鲜明而深刻的人文性。

5.一点建议

教学是一门"遗憾"的艺术,总是不可能做到绝对的完美,但是可以尽可能"完善"。唐老师作为一名初出茅庐的教师,首先,他有着非常好的个人素质,特别是舞蹈,非常有个人魅力。但在整个教学过程中,唐老师的指导无处不在,有一点"拖"着学生往前走的感觉,因而留给学生自主思考、活动、创编的空间稍显不够。其次,面对学生的发言,教师应该恰如其分地对学生的表现进行引导与评价,这也是一位优秀教师成长起来的必修课。而本节课中,唐老师对于学生的表现评价稍显平淡了些,对于一些课堂生成性问题的解决办法比较单一。在这方面,可以从备课入手,多下些功夫。最后,一个大家可以探讨的问题:在这节课是否可以多选择几个不同情绪、不同风格的彝族民歌作品一起进行对比聆听、欣赏,这样是不是能刺激起学生更强烈的学习欲望,也更能够全面地了解这个民族的音乐文化呢?

教学设计思路及过程

成都市石笋街小学校　唐冶纯

【教材分析】

1959年,为了庆祝中华人民共和国成立10周年,四川省歌舞演出团赴京演出一场精彩的民族音乐舞蹈晚会,由凉山彝族自治州文工团演出的彝族舞蹈《快乐的啰嗦》("啰嗦"系彝语的译音,通译为"罗倮",意即"彝族",给观众留下非常深刻的印象。这是新中国成立以来首都舞台上第一个反映彝族人民经过民主改革,打碎了千年奴隶枷锁成为掌握自己命运的主人后的自由、幸福、欢乐的舞蹈作品。

《快乐的诺苏("啰嗦")》是作曲家张式业根据彝族民间音乐改编的弹拨乐合奏曲,具有浓郁的民族风格,充满舞蹈性的节奏,表现了彝族人民歌唱幸福生活、载歌载舞的热烈场面。曲调简朴、短小精悍,旋律优美、流畅,采用重复与变化重复的手法编配而成。本课意在以乐曲《快乐的诺苏》为主线,让学生了解"诺苏"的含义,的人文风情、民族性格,感受音乐特点,能随乐哼唱乐曲主题,用舞蹈律动的方式参与听赏实践。

【学情分析】

小学三年级学生有一定的听辨、表演能力,对听赏乐曲,演奏乐器的音色,听辨乐曲的结构都有一定的基础。学生有能力通过律动体验乐曲的舞蹈性,感受并掌握彝族"达体舞"的特点。但是学生对彝族民族文化接触较少,对彝族民间音乐比较陌生。另外,学生对课堂乐器鸣鸠琴有一定弹奏基础,可以用于代替月琴、三弦等乐器。

【教学目标】

1.欣赏乐曲《快乐的诺苏》,初步了解彝族音乐的风格特点、人文风俗,感受乐曲欢快的情绪以及彝族人民粗犷奔放的性格特点。

2.学生在体态律动、听辨结构、学习彝族特色"达体舞"等体验活动中熟悉乐曲,感受其风格特点。能够较熟练地哼唱乐曲主题旋律。

3.能用课堂乐器鸣鸠琴替代彝族特色弹拨乐器,用"扫拂"弹奏技巧为乐曲进行简单伴奏,表现彝族人民载歌载舞的欢乐情绪。

【教学重点】

对彝族音乐风格特点的认识与体验。

【教学难点】

用彝族特色的"达体舞"表现乐曲。

【教具准备】

多媒体课件、双响筒、串铃、鸣鸠琴等。

【教学过程】

教学环节	教师活动	学生活动	设计意图
导入——观"舞"辩"位"	师表演舞蹈《七月火把节》,并提供线索:服饰、舞姿、PPT(火把节)、语言("子莫格尼",意为吉祥如意),请生根据线索辨别是哪个民族,哪个地区的舞蹈。	生辨别是哪个民族、地区的舞蹈。	激发学生的兴趣,聚焦学生的注意力。
"观舞辨味儿"——走进彝寨	1.观看视频,了解彝族文化。 师:彝族人最喜欢的颜色有哪几种？彝族姑娘的服装特点是什么？彝族的特色乐器有哪些？ 2.初听全曲,师表演《快乐的诺苏》舞蹈动作。 师:乐曲表现了彝族人怎样的性格特征？这首乐曲的音乐曲调、速度如何？ 师:给你印象最深刻的是哪个旋律呢？	1.欣赏视频,探索发现,了解彝族的人文风俗。 2.观看舞蹈,聆听乐曲,感受欢快热情的曲调特点以及彝族人豪爽奔放的性格特征。	欣赏视频内容,使学生对彝族文化有初步的了解。

续表

教学环节	教师活动	学生活动	设计意图
复听全曲	复听全曲。 师:我们抓住了彝族人的性格特点和乐曲欢乐的曲调,初步认识主题旋律之后,提高难度再次进入音乐,继续感受彝族音乐的魅力和特点。请同学们进一步感受主题旋律,音乐重复出现时可以用自己喜欢的动作表现出来,并通过你的律动和聆听感受划分乐曲。(同时师引领生用动作感受音乐的重拍)	聆听音乐,思考师提出的问题,感受主题旋律并用自己喜欢的动作表现出来。最后在老师的指引下划分乐曲。	复听全曲,带着对彝族文化的初步了解感受乐曲的情绪及主题旋律。
聆听乐曲第一部分	1.画旋律线,熟悉主题旋律。 师:请生仔细地听一听音乐的第一部分,拿出手跟老师一起画第一段的旋律线。在心里数一数主题旋律在第一部分出现了几次。 2.唱主题旋律。 师:我们试着一起来唱一唱主题旋律吧。(鸣鸠琴伴奏) 3.舞蹈。 师:同学们,彝族不仅能歌,而且善舞,请全体起立,跟着老师学一学彝族的特色舞步——"达体舞"。 (1)师示范。 (2)教授两个八拍"达体舞"舞步。 (3)加上慢速音乐伴奏,感受舞蹈特点。 (4)完整表演。 4.打击乐器伴奏。 师:老师今天带来了一些打击乐器,看咱们能不能把双响筒加在这段音乐当中,使它的气氛更加热烈。试一试吧。 5.辨别音高变化。 师:同学们,边拍手边思考,这段音乐的音高有没有变化,如果有变化,我们拍手的位置也随之变化。	1.跟随老师一起画旋律线,了解主题音乐出现了几次。 2.随老师的鸣鸠琴伴奏一起唱主题旋律,注意歌唱状态。 3.观看老师动作示范,模仿、学跳"达体舞"。 4.一部分同学敲击双响筒,其余同学拍手律动,感受旋律,边拍手边感受音高的变化。 5.用拍手的高低表现出听到的主题音乐的音高变化。	1.感受、熟悉主题旋律。 2.用正确的歌唱方法唱好主题旋律,更好地熟悉旋律。 3.重点环节,引导学生通过观察教师示范、体验模仿等方式,学会用最具特色的彝族舞蹈"达体舞"表现乐曲。 4.双响筒的加入使音乐更加热情,也使同学们的拍手律动更具节奏感。 5.通过仔细聆听,了解主题旋律的音高变化。
聆听乐曲第二部分	1.感受第二部分情绪变化。 师:接下来我们来听一下这首歌曲的第二部分,比一比第二部分和第一部分音乐情绪有什么细微的变化? 2.画第二部分旋律线。 师:我们再来听一遍音乐,这一次请同学们拿出手跟着老师画这段音乐的旋律线。	1.聆听乐曲第二部分,感受情绪细微的变化。 2.跟老师一起画旋律线。	1.乐曲的情绪变化不明显,用动作感受细微的变化,使学生感受更为直观。 2.形象的旋律线更好诠释这一段旋律的起伏变化。

续表

教学环节	教师活动	学生活动	设计意图
聆听乐曲第二部分	3.串铃伴奏、律动感受乐曲。 (提示全体女生,模拟手拿串铃舞蹈的动作) 师:刚才这段音乐中,是不是还有一句"当当当当"的旋律？它们出现在乐谱当中的哪些位置？男生模仿彝族小伙子弹起他们的三弦琴,感受音乐的情绪。	3.请两位女生用串铃为舞蹈动作伴奏,男生体验弹琴动作,在第二部分音乐中加入这些律动表现音乐。	3.在乐曲中加入分角色的表演,让学生能够更好地了解这一部分的结构及感受情绪的变化。
了解乐曲结构,揭题	1.了解乐曲结构。 师:同学们,我们再完整聆听一遍音乐,这首音乐分为三个部分,听一听第三部分和前面哪个部分相同？第一部分我们用拍手来律动,第二部分男生潇洒弹琴,女生优美舞蹈,第三部分跟前面哪个部分相似,我们就用同样的方式表现出来。 师播放完整音乐。 师:这首乐曲就是ABA'三部曲式的结构。 2.揭题。 师:今天我们学习的这首乐曲叫"快乐的诺苏"。"诺苏"是什么意思？(彝族人)快乐的诺苏就是快乐的彝族人。	1.了解乐曲的三部曲式结构。 2.回答师的提问,了解乐曲名字的意义。	1.熟悉乐曲的曲式结构,通过板书更直观地了解。 2.了解乐曲名字的含义。
拓展学习	1.鸣鸠琴伴奏。 师:相信同学们已经观察到了,今天老师用了什么乐器为你们伴奏啊？(鸣鸠琴)我们今天就要用它来为我们的主题旋律伴奏。 2.弹奏"鸣鸠琴"。 (1)师示范演奏； (2)纠正、练习； (3)完整跟伴奏弹奏。 加上双响筒、串铃、舞蹈动作、弹拨乐,边唱边跳,载歌载舞,完整表演一次乐曲,体验彝族人能歌善舞、热爱生活的特点。	跟随老师用鸣鸠琴为主题旋律伴奏。	这首民族器乐曲用新型民族课堂乐器鸣鸠琴来伴奏,能够更让学生体会到彝族人民载歌载舞的欢唱情景。
课堂小结	师:今天我们一起走进了彝族,了解了他们的文化和音乐,如课后有对彝族感兴趣的同学,可以通过查阅资料对彝族有更深一步了解,下课!		

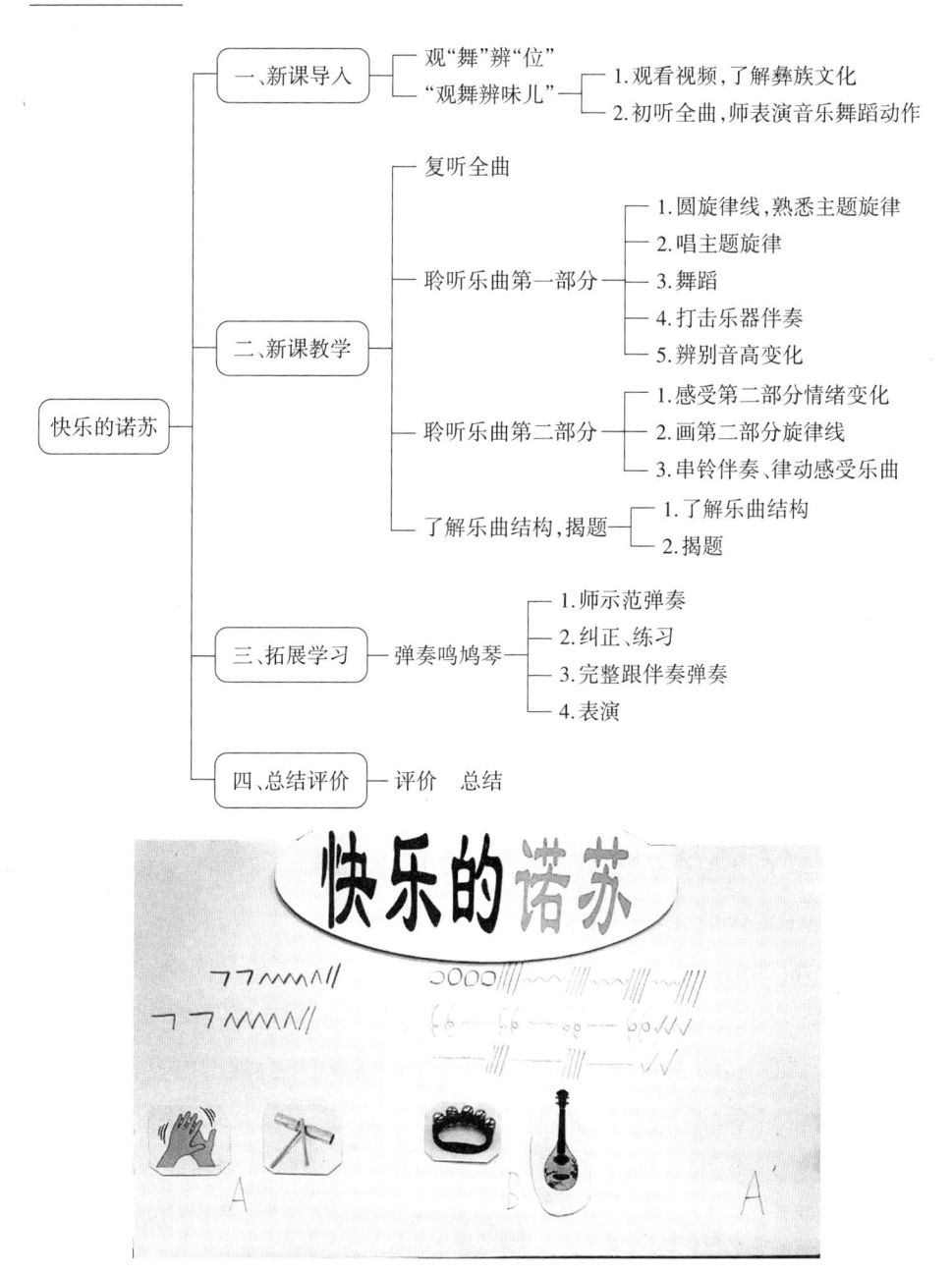

【板书设计】

```
                          ┌─ 观"舞"辨"位"      ┌─ 1.观看视频,了解彝族文化
          ┌─ 一、新课导入 ─┤                    │
          │               └─ "观舞辨味儿"      └─ 2.初听全曲,师表演音乐舞蹈动作
          │
          │                          ┌─ 复听全曲
          │                          │
          │                          │                         ┌─ 1.圆旋律线,熟悉主题旋律
          │                          │                         ├─ 2.唱主题旋律
          │                          ├─ 聆听乐曲第一部分 ──────┼─ 3.舞蹈
          │                          │                         ├─ 4.打击乐器伴奏
          │                          │                         └─ 5.辨别音高变化
快乐的诺苏─┤  二、新课教学 ──────────┤
          │                          │                         ┌─ 1.感受第二部分情绪变化
          │                          ├─ 聆听乐曲第二部分 ──────┼─ 2.画第二部分旋律线
          │                          │                         └─ 3.串铃伴奏、律动感受乐曲
          │                          │
          │                          │                         ┌─ 1.了解乐曲结构
          │                          └─ 了解乐曲结构,揭题 ─────┤
          │                                                    └─ 2.揭题
          │
          │                          ┌─ 1.师示范弹奏
          │                          ├─ 2.纠正、练习
          ├─ 三、拓展学习 ─ 弹奏鸣鸠琴┤
          │                          ├─ 3.完整跟伴奏弹奏
          │                          └─ 4.表演
          │
          └─ 四、总结评价 ─ 评价   总结
```

熊猫卡通舞曲

教学建议

指导教师：成都市温江区教育科学研究培训中心　马玥

本课在"2017年成都市《川腔蜀韵》地方性音乐资源优质课评选活动"中荣获一等奖。在整个教学过程中，张老师充分考虑三年级学生音乐学习的身心特点，选用的教学方法得当，教学内容聚焦，师生配合融洽，学生始终置身于音乐情景中，保持着愉悦、兴奋的情绪，教学效果显著。主要体现出"三化"特点。

1. 教学目标精准化

教学目标是课堂教学过程中一切学习活动的出发点和落脚点。本堂课教学设计基于《义务教育音乐课程标准(2011年版)》对3—6年级的要求，结合教学内容，从学生实际出发，三维叙写教学目标，较为具体地呈现出学习的方式、内容及效果，让目标可观可测可评，具有可操作性。如在"目标一"中呈现的学习过程与方法为"整体聆听、体验、分段聆听"，较好地体现了音乐学科典型的学习方式，即"聆听与体验"。同时也对本节课的双基知识有明确阐释，如"乐曲情绪""从旋律、速度、节奏、曲式等音乐要素角度分析音乐""主题旋律""音乐表现形象"，并运用"说出""分析""熟记"等行为动词，让学习内容可以观测和评价。最后呈现的是通过相关内容的学习，在习得音乐能力与素养方面提升音乐分析理解能力。通过对目标的三维叙写，较好地立体化呈现学习方法、双基知识与音乐能力素养三者之间的紧密联系，让基于课标的教学目标撰写精准、具体。

2.学习活动阶梯化

本节课主要分为四个教学环节,分别是"引子""寨门欢歌""熊猫舞""乐声和鸣",递进式呈现出整个学习活动的脉络。整堂课以参加熊猫派对为故事情景,以闯关游戏为主线贯穿全课。一开课张老师便开门见山引出乐曲,让活泼欢快的旋律先入为主占领学生们的头脑,后面便以剥茧抽丝的方式深度体验分析音乐。

本堂课的教学设计遵循"以审美为核心"的理念,按照"总—分—总"的方式展开音乐审美活动,体验音乐所表达的丰富情感。一是整体感知,直观感受乐队演奏该曲,了解音乐的体裁与形式,建构起对该乐曲的整体认知。二是了解乐曲创作背景及作曲家,知晓作品创作意图,为走进音乐做铺垫。三是分乐段聆听,按照乐曲曲式结构"引子—A—B—B'—尾声",以任务为驱动反复多次针对性聆听。在"引子"部分听辨主奏乐器,通过形制、音色分辨,认识圆号、小号两种管乐队常见乐器。在"A乐段"则是围绕主题旋律展开,加入歌词唱主题,加深学生对主题旋律的印象,与故事情景高度匹配的歌词"我是大熊猫,我是大熊猫,欢迎来到美丽四川"充分体现了音乐的地域性元素,朗朗上口,易于唱记。"B乐段"在延续故事场景的基础上,设计出"编创熊猫舞"的活动,学生小组合作,结合音乐节奏、情绪的变化,抓住休止符等特殊音乐记号,创编恰当的律动动作,不仅调动学生参与活动的积极性,促进组内成员间相互交流合作,而且较好地引导学生关注音乐本体,培养聆听音乐作品的专注力。"B'乐段"则引导学生关注音乐节奏、旋律发生的变化,帮助学生厘清"相似乐段"的判断依据。同时运用课堂打击乐器为该乐段伴奏,将音乐引向高点,掀起了整堂课的小高潮,学生持续沉浸于在音乐、享音乐的过程中,充分体现了《义务教育音乐课程标准(2011年版)》(后简称"课标")"基本理念"中所强调的,"所有的音乐教学领域都应强调学生的艺术实践,积极引导学生参与演唱、演奏、聆听、综合性艺术表演和即兴编创等各项音乐活动,将其作为学生走进音乐、获得音乐审美体验的基本路径"。四是课堂学习的情感升华到保护环境、爱护动物的人文内涵,体现学科育人的价值。层层递进、螺旋式上升的学习过程符合学生音乐认知发展规律,学生们在如此有趣且富有挑战性的活动中感受音乐、享受音乐,并从中获取滋润心灵的养分。

3.教学方式多样化

在本课教学设计中,张老师通过多种教学方式来突出重点、突破难点,吸引学生持续关注课堂动向。"图形谱"在本堂课中广泛运用,充分发挥出生动、形象、直观反映音乐表现要素、曲式结构等音乐语言的特点,有效辅助学生深度分析作品。在引子部分,张老师抓住关键,贴出小号、圆号图片,直接、简明地突出该部分的主要学习内容,帮助学生加深印象。在A乐段,则是通过贴图片的方式将自编的歌词展示出来,巧妙地融入该乐段图形谱中。B、B'乐段以长短、高低线段记录音区、节奏、时值的变化,通过结合图形谱对比聆听,较为直观呈现相似乐段的异同。尾声则采用曲线与点表现连奏与断奏以及旋律走向。巧妙的图形谱设计既是音乐作品若干要素的可视化呈现,又是创意板书的一部分,大大降低分析音乐要素的难度,增强了学习的趣味性。

本课还运用律动引导学生专注聆听音乐,抓取关键信息,准确把握主要音乐要素;运用课堂乐器丰富音乐的表现力,调动学生的听觉、视觉、动觉等多种感官,让其深度体验并参与作品表现。学生们在课堂中或语言、或肢体、或演唱、或演奏的表达让这堂课时时处于真学习、在学习的状态中,学生音乐学习兴趣被极大地激发出来,充分体现了"课标"中提出的"兴趣是音乐学习的根本动力和终身喜爱音乐的必要前提"的理念。

总体而言,这节课教学目标清晰,教学环节层层递进且逻辑性强,每一个教学活动的设计都基于教学目标,并通过用音乐语言回答、演唱主题旋律、创编律动、演奏打击乐器等方式检测目标的达成,学生们在玩中学到了知识,做中巩固了技能,思中提升了素养。

教学设计思路及过程

成都市实验外国语学校附属小学　张盈盈

【教材分析】

《熊猫卡通舞曲》是一部儿童音乐风格的作品。作曲家以生动、活泼的音乐语言塑造出憨态可掬的熊猫形象。乐曲前有引子,后有尾声,中间由A、B、B'三部分组成。引子用柔和、自由的音乐描绘了大自然的美丽风光;A段由木管与弦乐先后奏出主题旋律,表现熊猫的活泼与调皮;B段由圆号奏出粗犷的旋律,表现熊猫笨拙大气的形象;B'段由小号把B段主题做了进一步发展。在尾声处,乐曲气氛更加热烈,达到欢快的高潮。

【学情分析】

小学三年级的孩子在对音乐的感受和表现上呈上升趋势,对音乐的鉴赏能力也逐步提高,能听辨不同情绪的音乐,能够与他人合作,并能够对自己和他人的演唱(演奏、表演)做出简单的评价。在本课教学设计中,结合该年段学生音乐学习的生理和心理特点,融入演唱、律动、演奏等形式,以小组合作的方式展开综合性的学习活动。

【教学目标】

1.通过整体聆听乐曲,体验并说出乐曲情绪。通过分段聆听,能从旋律、速度、节奏、曲式等音乐要素角度分析音乐,熟记乐曲主题旋律,整体把握音乐表现形象,提升音乐的分析理解力。

2.通过观看乐曲演奏视频,初步了解管弦乐器的分组,并能分辨圆号与小号的音色,模仿乐器演奏。

3.通过小组合作,创编律动、探究节奏,并以歌唱、律动、打击乐伴奏等方式表现全曲,提升音乐表现力。

【教学重点】

通过小组合作的方式进行讨论式、体验式学习,从乐句、乐段、旋律走向、曲式等方面深度了解乐曲。

【教学难点】

用歌唱、律动、课堂打击乐器伴奏等方式表现全曲。

【教具准备】

多媒体课件、钢琴、课堂打击乐器等。

【教学方法】

联想聆听、启发诱导、互动参与、嗓音、律动、乐器伴奏。

【学习方法】

体验、探究、合作、展示。

【教学过程】

教学环节		教师活动	学生活动	设计意图
一、课程导入		1.师引导生带着问题观看管弦乐队演奏的《熊猫卡通舞曲》视频,并思考"乐曲的情绪和速度"。 2.师介绍曲作者林戈尔,并简单讲述大熊猫的发现过程及目前对大熊猫的保护情况。	1.带着问题观看视频。讨论并回答:乐曲情绪——欢快活泼;速度——快速。 2.了解曲作者及创作背景。	通过观看乐队演奏视频,建立对乐曲的整体感知。进而激发对作品创作者及创作意图了解的兴趣,拉近学生与作曲家、乐曲的距离,为后面内容的学习做铺垫。
二、新课教学	(一)引子	1.播放引子。 师:这个乐句的主奏乐器是什么? 2.介绍圆号、小号的形制、奏法及音色特点。 3.再次播放引子,带领生模仿演奏。	1.聆听引子的两种主奏乐器。 2.了解两种乐器的演奏方式及音色特点。 3.边听边模仿乐器演奏。	巩固对管乐队两种常见乐器的认知,增进对圆号、小号两种乐器的音色和演奏方式的了解。

续表

教学环节		教师活动	学生活动	设计意图
二、新课教学	(二)寨门欢歌	1.初听A段,师随音乐一边贴图一边唱词。(师为主体旋律填词,并命名该乐段为《欢迎歌》) 2.再次聆听A段,师自弹自唱,并让生心中默唱。 3.师弹伴奏,引导生跟琴唱。 4.师引导生带着问题观看A乐段演奏视频。 师:看到在演奏中有哪些乐器? 5.师简单介绍管弦乐队的编制。 6.播放A段旋律,师带生带词演唱。	1.学生回答听到的歌词内容。 2.学唱并记忆歌词。 3.跟琴唱词,熟悉主题旋律。 4.大提琴、小提琴、单簧管、双簧管…… 5.了解管弦乐队的编制。 6.起身,带着欢快情绪演唱。	1.结合音乐内容创编歌词,以图像代替文字进行呈现,激发学生学习兴趣,便于进一步熟悉记忆主题旋律。 2.建立对管弦乐队编制的宏观认识。
	(三)熊猫舞	1.聆听B乐段,师带着生画旋律线。 2.结合音乐特点,请生创编具有熊猫体态特点的动作。 3.跟随乐声请生展示创编动作,并请个别生评价他人的动作,最后师进行指导和小结。 4.师生合乐一起律动。	1.动手画旋律线,观察旋律走向。 2.自主创编动作。 3.生生、师生间互学、互评创编动作。 4.聆听音乐,参与律动。	针对该乐段中有多处休止符的特点,结合音乐内容,设计以律动形式表现,引导学生充分关注音乐要素,有意识培养学生专注聆听音乐的习惯。同时,也引导学生以欣赏的眼光评价他人的表现,培养学生用音乐的语言表达自己见解的能力。
	(四)乐声和鸣	1.聆听B'段,师带生画旋律线。是引导生思考该乐段与B乐段之间的异同。 2.分别播放B、B'两段音乐,师带着生一起指着已画出的两段音乐旋律线,在不同旋律部分标出音名,引出"相似乐段"的概念。 3.师带生共同总结乐曲的曲式结构:引子A—B—B'尾声。 4.师出示几组节奏型,请生拿出座位下方的课堂打击乐器,以小组为单位为相应乐器找最合适的节奏型。 5.请各小组派一名代表将小组讨论出的节奏型贴在黑板上。 6.师生共同检验各组所选节奏型是否合适。 7.师指挥全体生用手中打击乐器为B'乐段伴奏。	1.一边聆听音乐,一边观察教师画的旋律线。 2.跟随师画旋律线,通过聆听及观察,找出两个乐段的异同。 3.跟随师的引导参与曲式讨论。 4.小组探究并体验,选择出适合手中乐器音色特点的节奏型。 5.在黑板上贴出最合适的节奏型。 6.各组分别演奏自己选择的节奏型。	1.通过对比聆听的方式引导学生观察,从音乐要素的角度分析两个乐段的异同,在自然植入"相似乐段"概念的同时,也将"曲式结构"分析这一看似复杂的难点迎刃而解。 2.通过运用打击乐器为该乐段伴奏,丰富音乐的表现形式,增强学习的趣味性。同时也检验学生在课堂上所学的节奏、打击乐器奏法等知识是否能较好运用到实践操作中。

续表

教学环节	教师活动	学生活动	设计意图
三、课堂展示	1.再次聆听全曲,师引导生回忆各乐段的不同表现方式。 2.师引导生,以唱、跳、奏的形式完整地表现全曲。	1.静听音乐,回忆每个乐段的表现形式。 2.参与全曲整体表演。	通过多种形式整体表现乐曲,进一步引导学生对全曲风格、特点的整体把握,提升学生的音乐记忆力和表现力,提升学生在音乐学习中的获得感,增进学习音乐的自信。
四、课堂小结	师:大熊猫是我们人类的朋友,我们要如何保护它们? 师:让我们一起善待它们,让这个中国特有的珍稀物种能与我们的子孙后代一起继续和谐共存。	参与讨论,达成共识。	体现学科育人价值,通过对本课的学习,唤起学生对自然生态的关注,并将环保践行于生活中。

【教学思维导图】

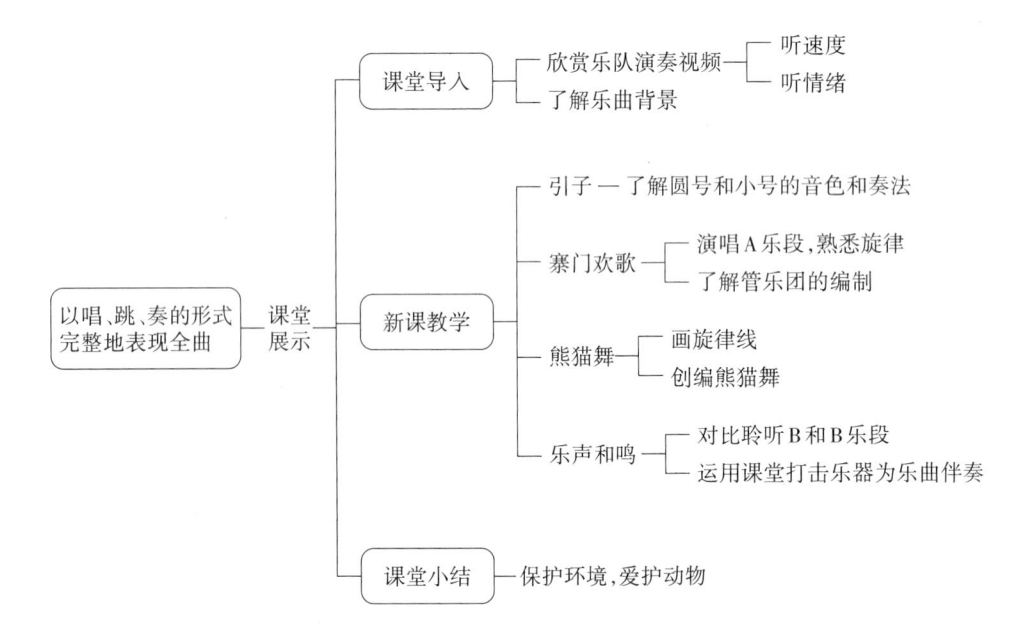

以唱、跳、奏的形式完整地表现全曲
- 课堂展示
  - 课堂导入
    - 欣赏乐队演奏视频
      - 听速度
      - 听情绪
    - 了解乐曲背景
  - 新课教学
    - 引子——了解圆号和小号的音色和奏法
    - 寨门欢歌
      - 演唱A乐段,熟悉旋律
      - 了解管乐团的编制
    - 熊猫舞
      - 画旋律线
      - 创编熊猫舞
    - 乐声和鸣
      - 对比聆听B和B乐段
      - 运用课堂打击乐器为乐曲伴奏
  - 课堂小结——保护环境,爱护动物

达勃河随想曲

教学建议

指导教师：成都高新区教育发展中心　蒋珂

　　《达勃河随想曲》第二乐章选自四川省中小学地方音乐课程资源《川腔蜀韵》。这一作品是具有民族代表性的民族管弦乐作品，通过白马藏族的歌舞形式与生活背景，来阐述白马藏族所处区域的地域特色。其学习要求是积极体验音乐的风格，听辨主奏乐器，记住经典主题旋律，感受音乐的情绪，塑造音乐的形象。因此，该作品有重点开发的价值，也很有欣赏学习的必要，同时，作品本身的特点也非常的鲜明。

　　《达勃河随想曲》在乐章结构设计方面非常简练，用 A+B+A+C+A¹ 的回旋曲式，构建出了一段优美的乐章。主部主题：采用紧凑的节奏，带顿音的、模进的旋律，明朗的音色，把人们带入达勃河人围着篝火尽情歌舞的情境之中。第一插部以弹拨乐器为主，这类乐器的使用可以让音乐更加轻盈，并带给人们热情奔放的感官体验。第二插部则是在人声的演唱中描绘达勃河人围绕着篝火欢聚一堂纵情歌舞的景象。

　　正因为主部主题的反复，插部主题的对比，丰富的音乐要素、手段的运用，使得所塑造的音乐形象特别鲜明。杜老师抓住了音乐要素，设计各种教学活动，为学生创设音乐所描绘的场景，引导学生在"参与式"学习模式中感受音乐情绪，提升音乐赏析中的审美趣味，促进对音乐核心素养的培育。

《达勃河随想曲》就其教学形式来看,对学生来说具有一定的学习难度。首先,这部作品由白马藏族民歌音调创作而成,学生对白马藏族不熟悉,不能引起学生共鸣;其次,这是一首纯器乐欣赏作品,设计不好,会让学生觉得单调、枯燥,从而丧失学习兴趣;最后,乐曲结构有点复杂,一节课时间既要熟悉主题、又要分析作品、表现作品,时间如果把握不好,容易喧宾夺主。如何让学生在短短的40分钟时间里,既能熟悉主题、掌握作品地域色彩、风格和结构,又能了解白马藏族相关文化呢?杜老师由白马藏族音乐文化入手,由当地的音乐引入课题,接着,采取循序渐进的办法,由点到面、层层深入,借助教师的问题引导与情景创设,吸引学生逐渐走入作品当中。

(一)铺垫导入,唤起学习欲望

《达勃河随想曲》第二乐章主要描绘了达勃河人在过节时的场景,人们汇集在篝火旁边,载歌载舞地欢度节日。作曲家何训田先生在创作乐曲的时候,借鉴了白马藏族民歌《火圈舞》的旋律和白马藏族舞蹈《火圈舞》,正好和本节课欣赏曲目的内容吻合。杜老师结合祭祀的活动形式,同时出示一些白马藏族图片,希望通过一系列铺垫,使学生能够更好地感知乐曲赏析的趣味性,打下未来学习的基础。

(二)予以学生更多的引导探究与情景创设

在音乐课堂中,教师的提问具有非常重要的作用,不仅可以让学生顺着教师的引导深入乐曲中,也可以增强学生对于乐曲的学习乐趣。所以在音乐课堂中,教师应当注重对问题的创设,使课程内容能够顺延提问的脉络贯穿整个教学。由此,在问题的设计过程中,一方面要紧紧围绕着课题内容去把控音乐性,另一方面也要做到循序渐进、因材施教,提出的问题符合学生的能力水平,最后在乐曲风格的赏析与音乐结构的感知中,提升学生的问题解决能力。

(三)重视聆听在乐曲赏析中的作用

音乐的本质是一种听觉方面的艺术形式。音乐的聆听过程不仅可以提高学生对于音乐的理解能力,还可以使学生逐渐养成良好的聆听习惯,促进其体会音乐情绪与情感。教学中,杜老师时刻提醒学生注意聆听,每次聆听前有引导,让学生有针对性地去听,带着问题去听、去思考。让学生在聆听中想象、律动、体验乐曲情感,关注音乐要素变化。在对音乐曲目不同主题下的学习过程中,杜老师将三种主题所代表的不同情绪、节拍、速度、音色等要素剖析在了学生面前,在多种音乐要素的对比中感知不同主题之间的差异,提升学生的审美鉴赏水平,促进学生音乐鉴赏与评价能力的提升。

同时,该作品的教学也具有很大的挑战:

1.这部作品由白马藏族民歌音调创作而成,学生对白马藏族不熟悉,较难引起学生共鸣。

2.乐曲回旋曲式结构较复杂,一节课时间既要熟悉主题,又要分析作品、表现作品,时间如果把握不好,容易喧宾夺主。

好在杜老师由白马藏族音乐文化入手,由当地的音乐引入课题,接着,以循序渐进的灵活多样的学习活动进行教学,由点到面、层层深入,通过问题的创设和活动的体验,帮助、引导学生尽快走进作品、了解作品。

授课中,杜老师大方、亲和,构建了美好的课堂环境氛围,并且积极将"情景声"三位一体的教学模式纳入课堂教学活动中,不仅提高了学生们在乐曲学习过程中的兴趣,也更好地促进了教育教学目标的有效落实。在本次音乐赏析教学的过程中,通过融合对学生审美能力与艺术表现力进行探究,推动了以培育学生音乐核心素养为主要目的的欣赏课的开展。我认为本欣赏课是一个优秀典范!

教学设计思路及过程

成都七中初中学校　杜森

【教材分析】

本课民乐合奏曲《达勃河随想曲》第二乐章选自四川省中小学地方音乐课程资源《川腔蜀韵》。

按照中国传统民族器乐曲的表现，可将其分为三类：具有强烈实用性的乐曲，以写实为主的乐曲，以写意、写情为主的乐曲。《达勃河随想曲》则为具有强烈实用性的乐曲。这类乐曲多数和民间的民俗活动相联系，如欢庆年节、婚丧喜庆、迎神庙会、宗教活动等；有的则来自戏曲场景或民间歌舞，以单一而概括的情绪来烘托、渲染某种气氛。

本课以能歌善舞的白马藏族(亦称"达勃人")的地方性民族活动——篝火晚会为背景，描绘了节日之夜的达勃人聚集在河边草地，围着熊熊篝火尽情歌舞的场面。达勃河位于四川涪江上游，居住在两岸的达勃人能歌善舞，跳舞时仅以人声和一两件打击乐器伴和，旋律、节奏具有鲜明的特色。这首民族器乐合奏《达勃河随想曲》(何训田作曲)正是一部取材于四川西北达勃河畔的白马藏族民歌音调，描写达勃河地区少数民族民间风俗场景的民族管弦乐作品，结合了四二、四三拍，是一首狂欢的回旋曲式。主部是一个粗犷快速的舞曲，第一插部在弹拨乐的伴奏下显得优美轻盈，第二插部又由人声唱出，热情奔放，最后将主部和两个插部叠置在一起，人声乐声融成一体，情绪热烈欢腾，达到了全曲的高潮，生动地刻画了达勃人豪放、热情、乐观的性格。

【课时】

1课时。

【设计理念】

音乐学科核心素养将"审美的感受与表达"作为核心内容,加强"体验"即"音乐教学过程应是完整而充分地体验音乐作品的过程"。在此指引下,本课以"体验式"教学为主线,设计多种体验式教学活动,引导学生感受乐曲风格,让学生在亲身参与、体验、领悟、探寻中,感受乐曲的情绪,理解作品的主题及结构。

【教学目标】

1. 体验作品音乐风格,了解白马藏族的音乐文化,激发学习兴趣。
2. 熟记三个主题旋律,以律动、画图等游戏去感受主题情绪,塑造音乐形象。
3. 理解回旋曲式,能听辨各主题主奏乐器。

【教学重点】

聆听《达勃河随想曲》第二乐章,感受作品的风格及各主题表达的情景。

【教学难点】

1. 对比分析《达勃河随想曲》第二乐章的三个主题。
2. 对作品曲式结构的理解。

【教具准备】

收集白马藏族及民族管弦乐《达勃河随想曲》相关图片、音像、乐谱资料,制作课件。

【教学过程】

教学环节	教师活动	学生活动	设计意图
一、律动导入	1.创设情景,律动导入 听音乐,师生律动进教室。 师带领生跟着C乐段,三拍子律动进入教室。 2.学生围坐,谈音乐感受 师:音乐的节拍?对音乐的感受?	1.生模仿师的三拍子动作,并坐到指定位置。 2.回答师问题,根据师的引导进行活动。	1.创设情景,了解音乐片段,激发学生的表演欲望和学习兴趣。 2.以白马藏族载歌载舞的生活场景导入,意在引起学生对白马藏族音乐的兴趣,为后面欣赏乐曲做好铺垫。

续表

教学环节	教师活动	学生活动	设计意图
二、了解白马藏族	1.视频欣赏(白马藏族介绍) 师在乐曲背景下,播放达勃人歌舞视频,引出达勃人属白马藏族,并对白马藏族的音乐文化做背景介绍。 2.游戏体验:达勃人祭祀活动 师引导生手搭在前面同学的肩膀上,顺时针同一个方向就坐,随音乐律动。 3.出示课题	1.生观看视频。 2.生回答问题。 3.生齐读课题。	1.本环节选择达勃人歌舞的视频介绍白马藏族,让生有亲切感,乐于接受。 2.师引导生游戏式体验音乐情景,为后面欣赏乐曲做好铺垫。
三、分段聆听	(一)聆听A主题 1.初次聆听 师:对音乐的感受?主奏乐器是什么? 2.复听 引导生根据音乐旋律画图形谱。 (二)聆听B乐段 1.初次聆听 师:B乐段与A乐段有什么不同? 2.随音乐律动 师引导女生围成圆圈,跟随音乐利用彩带舞蹈。 3.打击乐伴奏 师引导男生用串铃跟随音乐节奏为女生伴奏。 (三)聆听C乐段 1.初次聆听 师:同学们对这音乐熟悉吗?与刚才开课的音乐相同吗? 2.出示旋律跟钢琴模唱 引导学生用"wu"模唱旋律。 (四)完整聆听 教师播放完整音乐,引导学生表达乐曲曲式结构。(A+B+A+C+A1)	1.生回答问题。 2.生根据音乐旋律画图形谱,并讲解绘画意图。 3.生跟着B部分旋律再次聆听感受节拍,并回答问题。 4.女生在老师引导下伴随音乐舞蹈,男生自由发挥为女生伴奏,再统一用串铃为女生舞蹈伴奏。 5.生聆听C乐段,跟钢琴用"wu"哼唱旋律 6.生完整聆听音乐,并回答音乐曲式结构。	1.生聆听思考,引出民族管弦乐。 2.师创设问题,引导生想象与思考,通过层层启发,帮助生掌握乐曲段落结构,既培养了生解决问题的能力,也显示出了师的指导作用。 2.抓"旋律"音乐要素,设计开展多种灵活多样的学习活动,激发生体验表达的积极性。
四、完整表现	1.教师组织学生完整呈现课堂内容 2.判断乐段演奏顺序,辨别乐段并律动表演 3.师指出乐曲的曲式结构——回旋曲式	学生跟随音乐完整呈现本节课活动内容。	通过完整表现乐曲,让学生在听出各个主题的同时,用肢体、声音表现,可进一步加深学生对作品的理解和印象。落实课时目标达成。构建美好的课堂氛围。

续表

教学环节	教师活动	学生活动	设计意图
五、拓展与小结	1.观看民族管弦乐队演奏的《达勃河随想曲》视频。 2.师生总结《达勃河随想曲》音乐背景、创作想法以及音乐表现内容 3.教师引导学生讨论交流心得体会 师：中国的民族音乐资源非常丰富，体现民族风情的作品也有很多，《达勃河随想曲》只是其中的一部作品。希望同学们课后利用网络、书籍等，查找一些民族音乐相关的资料，拓宽自己的知识面，相信你们一定会从中有所收获！	1.生观看视频并根据本课内容互相讨论交流心得体会。 2.师生小结。	1.课堂拓展，加强学生对民族管弦乐的兴趣。 2.在情趣盎然中，带着探索的欲望结束本课欣赏的教学。

【思维导图】

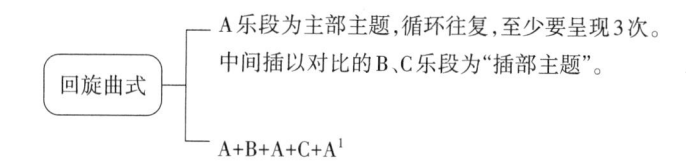

回旋曲式 ——
- A乐段为主部主题，循环往复，至少要呈现3次。
- 中间插以对比的B、C乐段为"插部主题"。
- $A+B+A+C+A^1$

【板书设计】

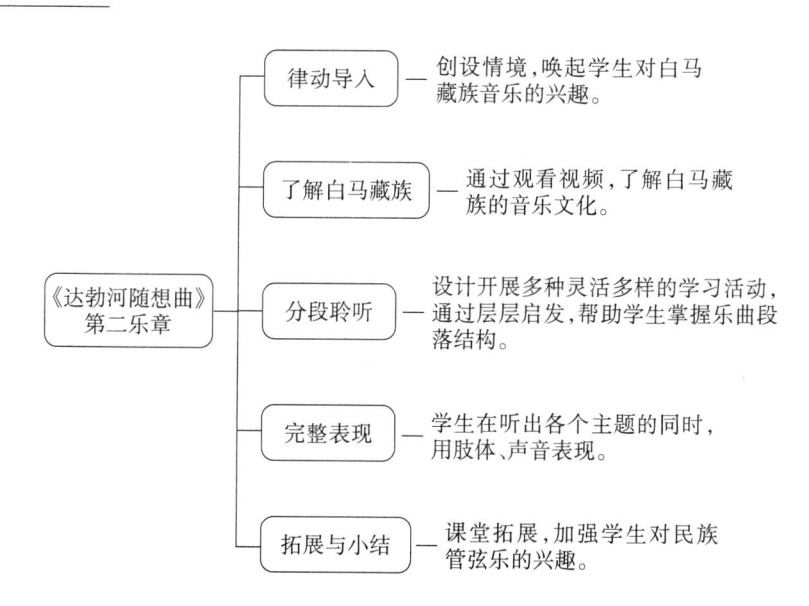

《达勃河随想曲》第二乐章
- 律动导入 —— 创设情境，唤起学生对白马藏族音乐的兴趣。
- 了解白马藏族 —— 通过观看视频，了解白马藏族的音乐文化。
- 分段聆听 —— 设计开展多种灵活多样的学习活动，通过层层启发，帮助学生掌握乐曲段落结构。
- 完整表现 —— 学生在听出各个主题的同时，用肢体、声音表现。
- 拓展与小结 —— 课堂拓展，加强学生对民族管弦乐的兴趣。

蜀宫夜宴

教学建议

指导教师：成都市高新区教育发展中心　方芳

　　《蜀宫夜宴》一课选自四川省中小学地方音乐课程资源《川腔蜀韵》，此曲是一部大型民族管弦乐，在中国当代民族管弦乐创作史上堪称具有时代意义的示范性作品。在本课的教学中，学生通过聆听—体验—对比—演唱—探究来感知作品的音乐特点。授课教师在教学过程中紧扣审美感知、艺术表现、文化理解三大音乐学科素养，始终围绕"音乐性"展开教学的各个环节，循序渐进，层层深入，揭示创作要义。

一、文化理解，全方位体验

　　《普通高中音乐课程标准（2017年版2020年修订）》提出："学生在音乐情景中，能从整体上认知音乐艺术的音响特征和文化背景，能从不同体裁和形式的作品所具有的音乐表现特征出发，提升审美感知能力。"《蜀宫夜宴》这部民族管弦乐，萌芽于自古被誉为"天府之国"——成都的这块沃土上，是中国古代灿烂辉煌的音乐文化延续，学生从历史、文化、艺术性等方面全方位感知作品，激发其文化自信。因此，授课教师在课程导入阶段就简明扼要地揭示课题和简介相关文化，让学生对音乐形象有整体认知与把握，这对欣赏课教学特别是标题性音乐的教学有着十分可贵的应用价值。

二、审美感知,依层次展开

《普通高中音乐课程标准(2017年版2020年修订)》提出:"审美感知是指对音乐艺术听觉特性、表现形式、表现要素、表现手段及独特美感的体验、感悟、理解和把握。"因此学生在学习过程中通过体验、感悟、理解、感知音乐作品,是欣赏课教学的重中之重。在教学环节中,授课教师采用了各种教学策略,将音乐要素做局部细节解读,如问题的设计、活动的开展全是围绕音乐要素展开。学生对音乐作品进行自主探究,从而对其有更深刻的感悟和体会,整体提升审美感知能力。

1.对比聆听

第一部分为复二段式,是用传统的华夏音乐风格拟写而成。前段描写宁静的夜空,月光清凉如水。前奏极为简练,仅用碰铃、云锣、管钟奏出空旷而冷静的序引。在旋律委婉飘逸,迤逦连绵,韵味十分浓厚的迎客乐声中,宾主迈着从容的步履,兴致勃勃地入殿就席。第三部分,是倒装再现首部,即将第一部分的两个乐段颠倒运用,表现蜀宫夜宴完毕后,乐工们奏乐送客。在教学中,授课教师从分辨主奏乐器与感知音乐营造的环境入手,聆听第一部分,再采用对比聆听的方式,让学生主动感知第一与第三部分的异同,了解作曲家的创作意图,将纷繁的乐段简明化。

2.模唱主题

主题旋律的模唱是欣赏课教学中的重要环节,《蜀宫夜宴》的主题旋律由南宋词人、音乐家姜夔的《霓裳中序第一》的曲调素材衍化而成,极具中国韵味。在本环节的教学中,授课教师通过带领学生模唱主题旋律,不仅强调了音准的准确和旋律的流畅性,还要通过演唱的艺术表现将中国音乐中散拍子的韵味传递给学生。

3.节奏击拍

音乐主题以"重复"的手法多次变奏,使之"一而再、再而三"地出现,既有淡雅和疏朗处,也有激烈和紧凑处,回环往复,给听众留下深刻的印象。"中序"是由"散序"主题变奏而成的舞曲曲调,节奏与节拍的变化是其变奏的基础。授课教师在这一教学环节中通过击拍示范引导学生找到"变奏"乐段的音乐特点——从散板变为规整节拍,同时用击拍的活动进行"中序"的展现。

4.节奏创编

音乐发展到"曲破"后经过一个慢板过渡句,随后音乐进入急板转慢速的"长引声"而结束。这段音乐无论力度、速度和音色的变化,都运用自如,非常生动,在人们心中掀起了阵阵涟漪。授课教师用旋律模唱与节奏创编相结合的方式,表现音乐的层次。

三、艺术表现,多维度实践

《义务教育音乐课程标准(2011年版)》特别强调了音乐课程的基本性质——实践性,因参与式教学法应运而生。参与式教学法的基本出发点是调动学生的主体学习积极性,让学生在积极、主动的状态中参与教学的各项学习活动,通过各个感官的参与,更深刻地体验音乐作品的情感,更完整地理解音乐形象。基于这一基本理念和对教材的理解,在各教学环节开展不同的音乐实践活动,最后再将各分散的音乐活动整合,诠释完整的音乐形象,用多种艺术表现形式全方位地生成本节课实时的教学效果。

从思维特点上看,高中生具有较强的独立意识,对音乐作品的欣赏有一定的理解能力,但还不成熟且处于变化之中。在教学中通过"参与式"的教学方法,激发学生参与音乐活动的积极状态,理解音乐与历史、文化、民族之间的关系,具备一定的音乐表现能力。在本课的教学设计中,授课教师始终抓住音乐学习的基本方式——"体验",期望通过多种方式的聆听,引导学生进入音乐情景,在对节奏、旋律、曲式结构等音乐要素的感知中理解所表达的审美情感。如在《蜀宫夜宴》B段教学中,授课教师采取模唱、击拍、身体律动、创编等有效手段,让学生通过实践,了解霓裳舞的音乐特点,最终能够表现霓裳舞"散序"—"中序"—"曲破"—"曲终长引声"的层次特征。

本课的教学设计意在以不同的艺术表现形式激发学生的学习兴趣,在着重审美感知和艺术表现的同时渗透文化理解。通过本课民族管弦乐作品的欣赏学习,让学生对民族音乐产生兴趣,并积极主动了解民族音乐,进而热爱中华优秀传统音乐文化,树立文化自信。

教学设计思路及过程

成都市高新区中和中学　任婕妤

【教学内容】

欣赏民族管弦乐合奏《蜀宫夜宴》。

【教材分析】

《蜀宫夜宴》是由当时的四川音乐学院三位教授朱舟、俞抒、高为杰创作的一部具有古风今意的大型民族管弦乐,是在中国当代民族管弦乐创作史上具有时代意义的示范性作品。

《蜀宫夜宴》的曲式结构为复三部曲式。前后两部分是并置的对比,采用"雅乐"风格,中间部分是完整的《霓裳羽衣舞》曲,采用"燕乐"风格。作曲家并不刻意仿古,除中间部分的基本主题是吸取传统古曲外,其余均系联想创意。既适当渗入一些比较新鲜的乐汇,又力求保持民族传统风格。乐曲用音响的形式把一幅凝固静止的夜宴图带到我们眼前,让我们畅想在钟琴瑟鼓、轻歌曼舞的浪漫画卷中。

【学情分析】

从思维特点上看,高中生具有较强的独立意识,对音乐作品有一定的理解能力,但还不成熟且处于变化之中,民族管弦乐这一艺术形式是学生们非常陌生的。因此,加强审美感知和艺术表现的实践体验,同时渗透文化理解是本课的主要教学思路。让学生对民族管弦乐感兴趣,积极主动了解民族音乐,热爱民族音乐。

【教学目标】

1.通过聆听、演唱、律动,感受作曲家创作的具有古风今意的音乐作品,感知音乐塑造的蜀国宫廷歌舞音乐情景。

2.通过模唱、击拍、律动去体验、表现霓裳舞"散序"—"中序"—"曲破"—"曲终长引声"的层次。

3.通过重现蜀王夜宴时宫廷乐舞绚丽的音响,唤起学生对民族音乐这一艺术瑰宝的魅力追溯。

【教学重点】

1.欣赏大型管弦乐合奏《蜀宫夜宴》,通过对音乐语言、曲式结构及表现手法的解读,感受作品古朴雅致的音乐风格。

2.熟悉《蜀宫夜宴》三个乐段,能听辨第一、三乐段的主奏乐器,感知所表现的音乐情景;重点聆听第二乐段,能较准确地演唱主题旋律。

【教学难点】

学生能够富有创造性地主动参与表现霓裳舞"散序"至"中序"至"曲破"至"曲终长引声"的表演活动中去。

【教具准备】

钢琴、多媒体、小鼓。

【教学过程】

教学环节	教师活动	学生活动	设计意图
环节一:导入	1.师播放永陵二十四伎乐石雕图相关视频。 2.师播放霓裳羽衣舞音乐片段,并表演霓裳羽衣舞。 3.师介绍《蜀宫夜宴》创作背景。走进《蜀宫夜宴》,揭示课题。 师:让我们一起穿越回蜀国,感受《蜀宫夜宴》。	1.生观看视频并思考。 2.生谈谈自己对蜀国历史的认识。 3.生聆听师介绍,图文并茂,观看了解。	从生喜欢的"二十四伎乐"入手,激发学习兴趣。初步了解《蜀宫夜宴》的创作背景。
环节二: 新课教学 欣赏《蜀宫夜宴》A段,认识主奏乐器、感知音乐情景。	1.师播放序奏,并设问。 师:主奏乐器是什么?	1.生认真聆听,感受音乐所营造的古代宫廷情景,思考并回答问题。 生:主奏乐器是云锣、新笛。	

续表

教学环节	教师活动	学生活动	设计意图
环节二： 新课教学 欣赏《蜀宫夜宴》A段，认识主奏乐器、感知音乐情景。	2.师展示云锣、新笛两种乐器，并设问。 师：云锣、新笛的音色有什么特点，描绘了怎样的音乐情景？ 3.师播放A段，并设问。 师：演奏形式是什么？描绘了怎样的音乐情景？	2.生认真聆听，感受两种乐器的音色，思考并回答问题。 生：描绘了宁静的夜空，月光清凉如水的古代宫廷情景画面。 3.生认真聆听，思考并回答问题。 生：演奏形式为乐队全奏，描绘了宾客从容款步入宫殿就席的音乐情景。	师创设问题引导生思考，通过层层启发，生能依据音乐的表现题材，判断音乐情感表达和音乐形象刻画，同时帮助生掌握乐段特点。
环节三： 新课教学 欣赏《蜀宫夜宴》B段，体验、表现霓裳舞"散序"—"中序"—"曲破"—"曲终长引声"的层次。	1.师简介霓裳羽衣舞的艺术形式和艺术特点。 2.播放"散序"段音乐，并设问。 师：这是什么节拍的音乐？ 小结：这部分的基本音乐主题，是选用南宋词人、音乐家姜夔的《霓裳中序第一》的曲调素材衍化而成。 3.教师教唱音乐主题。 小结：散板是中国音乐特有的"拍号"，散拍子给了演奏者更大的表现处理空间，可以更好地表达音乐形象和情感，带给听众回味无穷的艺术体验。 小结：散序六奏未动衣，阳台宿云慵不飞。 4.师播放"中序"段音乐，并设问。 师：与"散序"主题音乐相比有什么联系？ 追问："散序"主题变奏共出现了几次？速度有何变化？ 5.师再次播放"中序"段音乐，并设问。 师：哪些节奏型让你们印象深刻？	1.生认真聆听，了解霓裳羽衣舞的艺术形式和艺术特点，并代入宾客角色。聆听过程中，生能够沉浸于宴会表演的氛围之中。 2.生认真聆听，思考并回答问题。 生：音乐的节拍是散拍子。 3.学生模唱音乐主题。注意音准和旋律的流畅，要唱出中国音乐中散拍子的韵味。 4.生认真聆听，思考并回答问题。 生：二者的联系是"中序"由"散序"主题变奏而成，由散拍子变为规整拍子。 生："散序"主题变奏共出现了两次，速度由慢变快。 5.生认真聆听，思考并回答问题。 生：我觉得印象深刻的节奏型有：X - X X | O X X X ‖。	1.通过模唱音乐主题，能够让生初步感受中国传统音乐的风格，并在模唱中表现中国传统音乐的韵味。 2.通过声势律动，感受主题音乐"变奏"的音乐特点——从散板变为规整节拍。 3.层层递进接龙唱，活跃课堂氛围，使生在兴奋的情绪状态中更好地理解音乐，并通过小组接龙的方式，体现团队精神和协作能力。 4.根据各乐段音乐要素，设计开展学习活动。在学习活动中，增强学生的音乐表现力，充分地表达作品的风格和意境，塑造音乐形象。

续表

教学环节	教师活动	学生活动	设计意图
环节三： 新课教学 欣赏《蜀国夜宴》B段，体验、表现霓裳舞"散序"—"中序"—"曲破"—"曲终长引声"的层次。	6.师出示以下节奏片段。 $\frac{4}{4}$ xxxx | xxxx | xxxx | xxxx ‖ $\frac{4}{4}$ x-xx | 0xxx | x-xx | 0xxx ‖ 小结：中序擘騞初入拍，秋竹竿裂春冰坼。 7.师播放"曲破"段音乐，设问。 $1=C \frac{4}{4}$ Presto 5.♯4♯2.3 | 5.♯4♯2.3 | 5.♯4♯2.3 | 5.♯4♯2.3 | 50 00 | 00 00 :‖ 师：该段音乐的速度和节奏有什么特点？营造了怎样的氛围？ 8.师出示"曲破"段音乐，教唱旋律。 小结：繁音急节十二遍，跳珠撼玉何铿铮！ 9.师播放"曲终长引声"段音乐，并设问。 师：旋律、速度、力度有什么特点？ 师：快板部分用什么乐器组演奏？ 10.师出示快板部分节奏，引导学生用小鼓击拍，感受中国乐器的魅力。	6.生根据师出示的节奏片段，进行声势律动，在律动中注意速度的变化，由慢到快。 7.学生认真聆听，思考并回答问题。 生：该段音乐的速度变快，节奏更紧凑，营造了炽热、令人振奋的宴会氛围。 8.学生分小组采用接龙的方式模唱，注意每个小组应默契配合，演唱速度由慢变快。 9.生认真聆听，思考并回答问题。 生：旋律选择主题乐句，快慢、强弱交替出现。 生：快板部分选用打击乐组演奏。 10.学生用小鼓击拍。注意击拍的速度、力度，感受中国乐器的魅力。	
环节四： 新课教学 欣赏《蜀宫夜宴》A1段，对比聆听、感知音乐情景。	师播放A1段，设问。 师：描绘了怎样的音乐情景，与A段相比有何异同？	生认真聆听，感受音乐塑造的夜宴情景，代入宾客角色，思考并回答问题。 生：表现蜀宫夜宴完毕后，乐工们奏乐送客，A1段倒装再现A段。	通过对比聆听的方式，更有利于生感受倒装再现的创作手法，并能依据音乐作品的表现题材，联想音乐形象，感悟音乐风格。
环节五：创编	1.师播放"曲终长引声"段音乐，引导生用小鼓创编四小节快板节奏。 师：我们也化身击奏小鼓的乐伎，将你们即兴创编的四个小节节奏展示给大家。 2.师引导生将教学环节中"散序"至"中序"至"曲破"至"曲终长引声"的创编活动完整表现。 师：刚刚我们作为宾客欣赏了美妙的表演，现在让我们化身乐伎，展现霓裳羽衣舞。 小结：翔鸾舞了却收翅，唳鹤曲终长引声。	1.生分小组创编四小节快板节奏。创编完成后，各小组化身击奏小鼓的乐伎分组展现创编的节奏，注意创编的节奏要符合节奏紧凑、速度较快的特点。 2.生通过教学环节中"模唱"至"声势律动"至"接龙唱"至"节奏律动"，展现霓裳舞四部分乐段。	生能在音乐编创活动中，发挥艺术想象力，组织与发展音乐材料，表达思想情感，营造音乐意境，感受即兴编创特点，激发即兴编创的能力，鼓励音乐创作。

续表

教学环节	教师活动	学生活动	设计意图
环节六:总结	师:三位作曲家用民族管弦乐这一艺术形式重现蜀王夜宴时宫廷乐舞绚丽的音响,唤起我们对民族音乐这一艺术瑰宝的魅力追溯,让我们一起传承中华优秀传统文化,并为华夏文明感到骄傲和自豪!	生文化理解认同。	对本课内容进行升华,生能够了解音乐与文化之间的关系。

【板书设计】

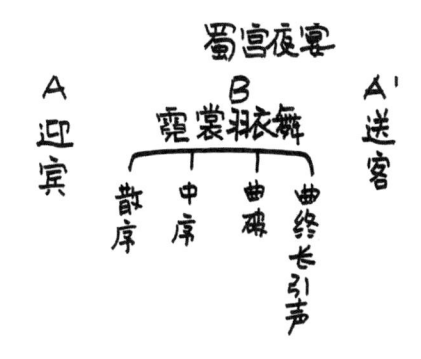

```
         蜀宫夜宴
            B
A        霓裳羽衣舞        A¹
迎宾                       送客
     散  中  曲  曲
     序  序  破  终
                 长
                 引
                 声
```

【思维导图】

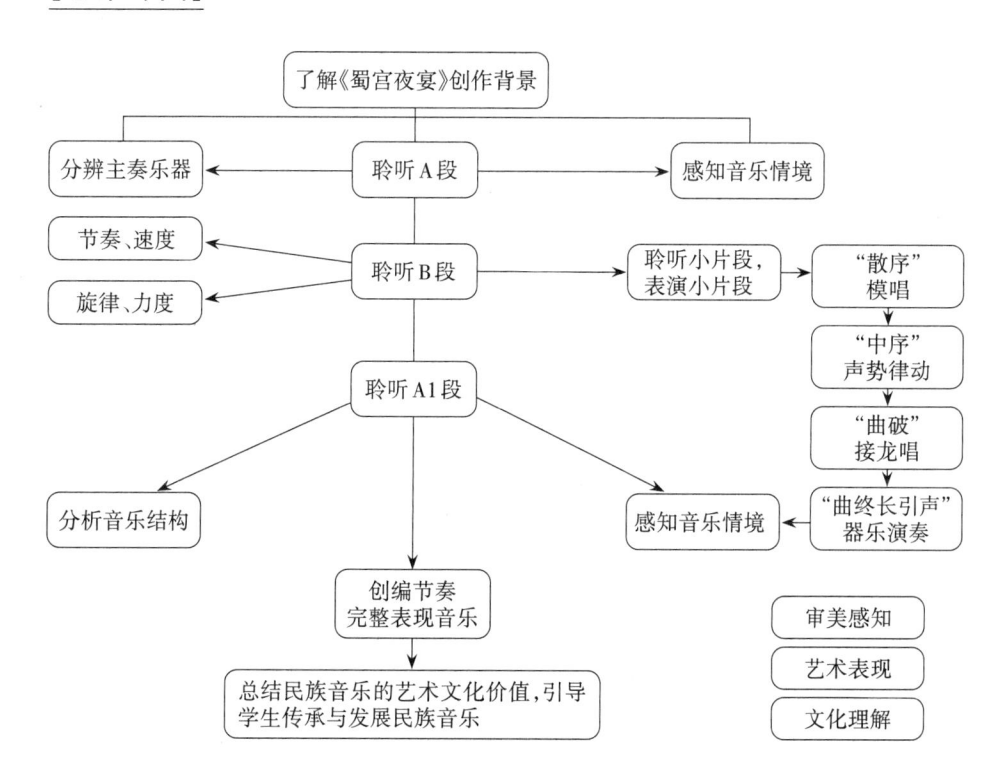

```
                  了解《蜀宫夜宴》创作背景
                           │
        ┌──────────────────┼──────────────────┐
分辨主奏乐器 ←── 聆听A段 ──→ 感知音乐情境

  节奏、速度 ←──┐
               聆听B段 ──→ 聆听小片段, ──→ "散序"模唱
  旋律、力度 ←──┘           表演小片段         │
                                         "中序"声势律动
                                              │
                                         "曲破"接龙唱
              聆听A1段                        │
                                         "曲终长引声"器乐演奏
        ┌─────┼─────┐
  分析音乐结构      感知音乐情境
              │
         创编节奏
         完整表现音乐
              │
    总结民族音乐的艺术文化价值,引导
    学生传承与发展民族音乐
```

审美感知

艺术表现

文化理解

峨眉山月歌

教学建议

指导教师：成都市教育科学研究院　李萍

《峨眉山月歌》选自成都市教科院编写的四川省中小学地方音乐课程资源《川腔蜀韵》"乐器欣赏"板块。它是我们四川本土作曲家黄虎威先生在1981年创作的小提琴曲，此曲根据唐代诗人李白的《峨眉山月歌》而作。"峨眉山月半轮秋，影入平羌江水流。夜发清溪向三峡，思君不见下渝州。"这首诗描写了峨眉山的月、秋夜、江水等自然景色，表达了对友人的怀念之情。作者充分利用小提琴的音色特点，结合传统与现代的写作技法，依托旋律、调性、织体的发展变化，以A-B-C-B′-A′的拱形结构写成，旋律柔美动听，充满诗情画意，乐思波澜起伏，恰似流不尽的滔滔江水，绵延不断地诉说着诗人的思念之情。李嵘老师作为成都市成华区教育科学研究院音乐教研员，在教材研读、教学设计、教学研究、教学指导等方面能力较强，能深入挖掘音乐作品内涵，体现作品的艺术美学特征，让本课的美学价值和文化传承价值更加突出。因此，本课的教学设计注重"学科融合"和"探究式学习"理念，关注学生的认知规律、个性发展与知识构建，着力提升学生的音乐核心素养，主要体现在以下几个方面：

一、深度聆听,破解作品美学特征

《义务教育艺术课程标准》在课程理念中指出,我们应当以落实核心素养为主线,引导学生感受美、欣赏美、表现美、创造美,充分发挥艺术课程在培育学生审美和人文素养中的重要作用。六年级的学生认知过程的规范性、严谨性更强,已经开始从笼统化、整体化感知慢慢转变为精细化、部分化感知。课堂中需要最大程度地给予学生良好的审美体验,落实审美感知,需要对音乐作品进行深度聆听,将其美学特征抽丝剥茧,同时引导学生感受、思考并内化。"峨眉山月歌"一课的设计就是以音乐为本,从音响出发,以听赏为主。如ABCB'A'拱形结构还原了物我同一的诗情,本课中将三个主题乐段与"秋月""江水""思念"三个意象相对应进行深度聆听,提升了作品的美学特征。乐曲中调性改变增加了表现色彩,装饰音润色情感抒发,疏密节奏型表现古诗诵读的韵律等,学生在这样的审美感知中潜移默化地感受乐曲与古诗词相辅相成的美。

二、学科综合,绘制文化传承图谱

语文和音乐的学科综合是音乐课人文学科属性的集中体现,要理解中国音乐文化中的中华美育精神和民族审美特质,就离不开音乐学科中的古诗词。文学诗词在中华传统文化中占据着重要地位,其文字精练,蕴含意义丰富,意境优美深远,本课作品基于诗人李白的《峨眉山月歌》,乐曲的情感与形式脱胎于意蕴深远的诗词。要将这首作品蕴含的古典美展现给学生,就需要不同形式、内容丰富的学科综合内容。如:导入环节的飞花令、朗诵结合了语文学科的活动,聆听A主题时绘制意境图谱结合美术学科的内容,可以让学生多感官了解作品与古诗的关系、音乐对古诗的写意和表现,以及乐器演绎对古诗意境的塑造性。

三、跨界赏析,领略多元艺术魅力

同一主题的作品,在不同时代背景、不同表现形式的演绎下,会焕发出不一样的艺术魅力。既能再现作者本意,又能引起不同年龄阶段、不同生活背景聆听者的共鸣。本课拓展欣赏环节就选择了跨界赏析的形式,通过观看融合了《峨眉山月歌》多种表现方式的视频集锦,让学生们在欣赏中更好地理解作品的人文内涵和社会功能,开阔文化视野,收获多元艺术魅力。如:最后的文化拓展环节中,观看盛中国演奏的器乐版,感受乐器中的"王后"小提琴的乐器与音色之美,了解小提琴接近人声、音域宽广、表现力强、音色优美的特点,以及它在乐器中的显著地位。观看平怡公子编曲献唱的琴歌版片段,了解琴歌是中国古代音乐体式,是古琴艺术的重要表现形式之一,是诗词与音乐相结合的艺术,能较好地表现古琴富于歌唱性的特点。观看沈铁梅演唱的戏歌版片段,了解戏歌是用川剧的唱腔、曲调、程式,加上现代音乐元素来演唱表演的一种文艺形式。黄虎威先生曾说过:"我是四川土生土长的,应该算个土特产了吧,那就应该把自己地方特色写出来。"而川剧戏歌更加能体现黄老先生的初衷。观看杨光和李庆文演唱的男女声演唱版片段,感受美声与民美不同唱法,女声与男声不同的音色特点,歌曲处理中不同的表现力。观看2020年峨眉山市新春晚会歌舞版片段,感受LED、声光电、服道化、歌舞等多领域融合的艺术魅力。观看国风动漫版片段,感受文化传承与时代需求的关系,随着时代的进步,大家对美的追求更加多元性、多感官化,因此兼容国风与动漫元素的作品更有可看性、娱乐性和审美性,也更适合学生的审美需求。

四、不足之处

作品难度较大,为了让学生深度地理解作品,授课老师比较注重审美感知实践活动,而艺术表现的形式不够丰富,可以降低品味作品的难度,加大艺术表现的多样性。

教学设计思路及过程

成都市成华区教育科学研究院　李嵘

【教学内容】

欣赏《峨眉山月歌》。

【教材分析】

《峨眉山月歌》是四川省中小学地方音乐课程资源《川腔蜀韵》乐器欣赏板块中的一首小提琴独奏作品。它是作曲家黄虎威在1981年创作的小提琴曲。此曲根据唐代诗人李白的《峨眉山月歌》而作,描写了峨眉山的月、秋夜、江水等自然景色,表达了对友人的怀念之情。作品以 A-B-C-B′-A′ 的拱形结构写成,旋律柔美动听,充满诗情画意,乐思波澜起伏,恰似流不尽的滔滔江水,绵延不断地诉说着诗人的思念。

【学情分析】

六年级学生的性格特征中出现明显的独立性,他们上课的注意力和目的性有所增强,从具体形象思维过渡到逻辑思维。他们已经基本具备音乐的听辨能力与表现能力,能够感知音乐主题,区分音乐基本段落;能够认识常见的中国民族乐器和西洋乐器,并能听辨其音色;能在音乐听觉感知基础上识读乐谱,在音乐实践活动中运用乐谱。把握学生的心理,营造唯美的课堂氛围,视听结合,充分发挥他们的自主性,让学生在这种愉快的学习氛围中尽情赏析音乐作品。

【教学目标】

1.在多种实践活动中了解《峨眉山月歌》的音色、形式、结构、主题等音乐要素与音乐特征。

2.在听辨、模仿中了解小提琴和钢琴演奏的音乐表现力。

3.在飞花令、诵读等活动中感受作品的韵味、与诗词的关系,领略中国传统文化的魅力。

【教学重点】

了解《峨眉山月歌》的音色、形式、结构等音乐要素与音乐特征。

【教学难点】

分析和理解A主题。

【教具准备】

照片、视频、多媒体

【教学过程】

教学环节	教师活动	学生活动	设计意图
一、文化导入	(一)游戏互动,引出主题 1.师发布游戏:包含有"月"字的飞花令。 　　　飞 　　花　　月 　　　令 2.师出示李白古诗《峨眉山月歌》,播放古琴伴奏。 《峨眉山月歌》 唐　李白 峨眉山月半轮秋,影入平羌江水流。 夜发清溪向三峡,思君不见下渝州。 3.师简介诗歌创作背景及思想感情。 (二)揭示课题 《峨眉山月歌》 小提琴独奏 黄虎威 曲 师PPT出示课题。	1.生进行飞花令游戏。 2.生随乐诵读古诗。 3.生聆听并了解。	1.通过"飞花令"游戏激发学生的学习兴趣。 2.在诵读中感受古诗中"月"的意境。 3.了解作品背景及思想感情。

续表

教学环节	教师活动	学生活动	设计意图
二、整体感知	1.师简介作曲家黄虎威及小提琴独奏曲《峨眉山月歌》创作背景。 　　黄虎威,作曲家。四川内江人。正式出版、发表成果160余件,《巴蜀之画》《峨眉山月歌》等经典作品被载入10余部中国音乐史书和音乐辞典。2015年,黄虎威先生荣获"第八届四川省巴蜀文艺奖·终身成就奖"。 2.师简介小提琴家盛中国。 　　盛中国,中国小提琴演奏家,毕业于苏联莫斯科柴可夫斯基音乐学院。代表作品有小提琴协奏曲《梁山伯与祝英台》等。作为中国交响乐团国家级小提琴独奏家,盛中国是最早在国际上为中国争得荣誉的小提琴家之一。曾获中国唱片总公司颁发的金唱片奖。 3.师播放全曲,引导学生感知主奏乐器及其音色。 4.师播放乐曲片段(A+B+C),出示秋月、江水、思念的图片,引导学生进行排序。	1.生聆听并了解作曲家黄虎威。 2.生聆听并了解小提琴家盛中国。 3.生聆听并感知主奏乐器音色。 4.生聆听、思考并排序。	1.认识作曲家,了解其生平和本作品创作背景。 2.认识演奏家,了解其生平。 3.在聆听中了解主奏乐器及其音色特点。 4.在聆听、交流和排序活动中感受作品意境。
三、分段赏析	(一)聆听A主题 1.初听a1主题。 师播放a1主题音乐,引导学生感知音乐要素和音乐意境。音乐的力度和情绪是什么样的? 2.复听a1主题。 师出示旋律图谱,播放a1主题音乐。 3.哼唱a1主题。 师出示a1主题乐谱并弹奏钢琴,并提示生演唱状态。 A F调　　　　　　　　　　　黄虎威 曲 Andante sostenuto (乐谱略)	1.生聆听并感知音乐要素和音乐意境。 2.生看图谱提示,随音乐用手画旋律线。 3.生看乐谱并随琴用"lu"哼唱。	1.初步感受该主题音乐的力度、情绪等音乐要素特点,以及音乐所表现的意境。 2.在聆听、观察、画旋律线的活动中初步感受旋律的进行。 3.在聆听、识谱、哼唱中进一步感受旋律的进行。

续表

教学环节	教师活动	学生活动	设计意图
三、分段赏析	4.视唱a1主题。 师出示表格并弹奏钢琴,引导学生思考作品音乐特点。 		力度	旋律	情绪	调性	拍号
---	---	---	---	---	---
A主题	mp	密疏相交 有颂咏感	婉转缠绵	F羽	$\frac{6}{4}$拍 | 5.聆听a2主题。 师播放a2主题音乐,引导学生听辨其与a1主题音乐要素的不同之处。 (二)聆听B主题 1.初听b1主题。 师播放b1主题音乐,引导学生听辨有几个乐句。 2.复听b1主题。 师出示B主题片段乐谱并播放b1主题音乐,引导学生感知乐句的要素特点。 $1=D\ \frac{4}{4}$ Andantino $\dot{3}\ \dot{5}\ .\ \dot{1}\ \dot{6}\ .\ |\ \dot{7}\dot{7}\ \dot{5}\dot{3}\dot{6}\ \dot{6}\dot{5}\dot{2}\dot{5}\ |\ 3\ -\ -\ -\ |$(后略) mf dolce. 3.师生交流。 师出示表格,引导学生分析两个乐句节奏旋律的异同。 |	力度	旋律	情绪	调性	拍号
---	---	---	---	---	---
A主题	mp	密疏相交 有颂咏感	婉转缠绵	F羽	$\frac{6}{4}$拍
B主题	mf	节奏相同 对话式	明丽流畅	D角	$\frac{4}{4}$拍		4.生跟琴识谱演唱,思考并填表。 5.生聆听并回答。 6.生看谱并聆听。 7.生分析音乐特点并填表。	4.在聆听、识谱、模唱、交流、分析中感受并了解作品的力度、旋律、情绪、调性、节拍等音乐要素特点,深化审美感知。 5.在对比、聆听、交流中感受两个主题音区的不同。 6.听辨主题的乐句数。 7.在观察、聆听、交流中感知两个乐句节奏和旋律的特点。 8.在分析、交流中感知两个乐句节奏、旋律的异同,和乐句的"对话"感。

续表

教学环节	教师活动	学生活动	设计意图
三、分段赏析	4.再听b1主题。 师播放b1主题音乐,引导学生听辨伴奏乐器以及演奏特点。并提问伴奏乐器是什么?有什么特点? (三)聆听C主题 1.初听c1主题。 师出示C主题片段乐谱并播放c1主题音乐,引导学生感知音乐情绪。 $1=C\ \frac{4}{4}$ $3.\ \ \underline{6}\ 1\ {}^{\#}4\ 3\ \mid\ \underline{1\ 6}\ \underline{1\ 5}\ {}^{\#}4\ 3\ -\ $(后略) mp 2.复听c1主题。 师出示表格并播放c1主题音乐,引导学生听辨音区变化和旋律进行。 |	力度	旋律	情绪	调性	拍号 | |---|---|---|---|---|---| | A主题 | mp | 密疏相交 有颂咏感 | 婉转缠绵 | F羽 | $\frac{6}{4}$拍 | | B主题 | mf | 对话式 | 明丽流畅 | D角 | $\frac{4}{4}$拍 | | C主题 | mp | 音区、 和声发展 | 暗淡惆怅 | C角 | $\frac{4}{4}$拍 |	8.生聆听并回答。 9.生看谱聆听,交流分析音乐特点并填表。	9.听辨伴奏乐器,感知伴奏织体带来的"江水"音乐画面。 10.在观察、聆听中初步感受音乐情绪。 11.在聆听、分析、交流中了解音区变化和旋律进行。
四、全曲聆听	1.聆听全曲 师出示乐谱并播放全曲音乐,引导学生听辨音乐主题。 2.师生交流 师引导学生梳理作品结构。 ABCB'A'拱形结构 　　起伏跌宕、收放自如的歌咏, 　　人景合一、物我同一的诗情	1.生看谱并听辨。 2.生交流结构及美学意义。	1.听辨三个音乐主题,检验学习效果。 2.在分析、交流中感知作品结构,了解其美学含义,感受其中的音乐美。

续表

教学环节	教师活动	学生活动	设计意图
五、文化拓展	1.观看拓展视频 师播放不同表现形式的视频集锦。 2.讲解总结 师简介视频中的乐曲版本。	1.生观看。 2.生聆听并了解。	1.在观看、欣赏中感受不同表现形式的《峨眉山月歌》。 2.启发学生对美的追求更加多元性、多感官化,丰富他们的审美感知与文化理解。

心如莲

教学建议

指导教师：成都高新区教育发展中心　方芳

　　《心如莲》一课，选择了我国传统地方曲艺——四川盘子，作为教学主要内容。唱曲艺术是曲艺最典型、最多姿多彩的艺术类型之一，根据不同地域、不同语种、不同传播途径，又形成了丰富的地方曲种。有些曲种历史悠久，历经一代代民间艺人以及众多文人墨客的打磨，渐成系统，发展成熟，有非常完整而独立的唱腔体系，如四川扬琴、四川清音；有些曲种在老百姓的娱乐活动中"自生自灭"，以致唱腔尚不完善，如四川盘子。

　　四川盘子，以竹筷敲击瓷盘击节歌唱而得名。该演唱形式过去有"唱盘子""唱小曲""敲盘盘"等称谓。有史可证，这种民间艺术早在清代康熙、乾隆年间便已流行在全国各地城镇村坊，四川何时有之，据传清光绪年间，四川巫山（今重庆市巫山县）一带出现过盲艺人敲碟唱曲为生。随后，敲盘子唱小调在川东、川西和部分川南、川北汉族地区逐渐流行起来。

　　现今曲艺理论研究匮乏，曲艺艺术学科尚在建设过程中，致使曲艺缺乏有效的学科体系支撑。曲艺教学一直延续着"口传心授"的模式，但仅仅依靠这种传统的传承模式，容易造成传承单一化的弊病，难以适应社会发展对曲艺的需求。在中小学进行曲艺课程的实践探索，建立常态化的学校曲艺教育传承机制，推动曲艺教育事业持续发展，才能积极有效地传承中华优秀传统文化。

在面对学生比较陌生的曲艺艺术时,如果一味地讲解,会让学生感到距离遥远。基于学情的实际情况,教学设计着重在教学环节中凸显"实践中理解"这一教学理念。教学设计的每一个环节从音乐课程标准的核心素养出发,在对音乐作品的审美感知中,进行艺术表现实践活动,从而实现中华优秀传统文化的理解与传承。选择《心如莲》这首四川盘子曲艺作品作为载体,让学生对四川盘子这项曲艺艺术有一定的文化感知之后,结合四川盘子的演奏技法,从动作和唱词入手,逐步扩展到能完整地、带有四川盘子曲艺韵味地唱演音乐作品,最后落实到对四川曲艺这一中华优秀传统音乐的文化理解上来。本课高度融合音乐课程的"审美性"、"实践性"和"人文性"。

1、审美感知中的艺术表现

高中生已经具有了一定的音乐理论基础,同时具有较强的独立思维,对音乐作品具有一定程度上的欣赏理解能力,但还不成熟。四川盘子这一四川传统曲艺艺术学生们是非常陌生的。因此,让学生对四川盘子感兴趣,了解这一传统曲艺,进而热爱家乡优秀传统音乐文化是我们最重要的目标。

在教学过程中,以学生的"学"为主是教学活动设计的中心。教学设计时注重创设音乐情景引导学生进行音乐的审美感知,同时融合学生音乐实践活动,把学习的主动权给到学生,多采用启发提问法、自由参与法,让学生感受美的同时,积极表现美。

在教学过程中,将音乐欣赏和表演实践融合交织,是本课最主要的学习方法。四川盘子唱演结合的表演形式容易激发学生学习的兴趣,唱腔和击奏盘子的表演学生都能通过有效的学习手段完成,从而建立学生学习传统曲艺音乐的自信。学生兴趣激发起来了,愿意积极了解学习这一传统曲艺,学习的主观能动性得到极大的提高,进而延伸到热爱家乡的其他优秀传统音乐文化。

2、艺术表现中的文化理解

《普通高中音乐课程标准(2017年版)》提出,音乐三大核心素养是:"审美感知、艺术表现、文化理解"。"文化理解"指的是通过对不同文化语境下的音乐发展过程与该音乐的文化背景、社会背景和作曲家背景之间联系的解读,达到对不同文化语境中的音乐文化的人文内涵理解。即通过"审美感知""艺术表现"等途径达到对文化的理解与尊重。

从音乐教育维度来看,音乐和教育可以列为两个层面。音乐层面具有直观、即时和浅表的特性;教育层面具有隐匿、长期和潜移默化的特性。音乐和教育融合,才能成为音乐教育。在核心素养中,"审美感知""艺术表现"二者归属音乐层面,"文化理解"归属教育层面。高中音乐的三个核心素养相辅相成,不可分割。

在现实课堂中,四川曲艺这一传统艺术形式距离学生较远,大部分学生从未接触过这一传统音乐。如果教师只是对曲艺音乐文化背景的"文化理解"进行知识讲解,只是让学生反复聆听、模唱音乐作品,缺乏科学有效的教学手段,那么整个教学过程将缺乏音乐教学本身该有的美感和情趣,变得枯燥乏味、缺乏内涵。四川盘子《心如莲》的曲艺教学设计注重让学生在"做"中学,教学设计的所有环节都特别重视思考学生通过什么样的艺术活动理解每一个知识点。在"艺术表现"的实践里,身体力行地传承中华优秀传统文化。

3、核心素养中的课程内容和评价设计

在整个教学过程中,学科核心素养、课程内容、学业质量水平必须始终紧密联系在一起。课程内容的设置来自核心素养的要求,学业质量水平的评价层级取决于核心素养的对标。四川盘子《心如莲》的教学设计中,学科核心素养、课程内容、学业质量水平三者形成逻辑闭环链接,在设定好基于课程标准的顶层设计之后,再按照顶层设计的框架进行教学活动的设计。

以本课四川盘子《心如莲》的学习片段为例:

课程内容		学业质量水平	学科核心素养
教什么 (四川盘子表演形式)	怎么教 (以学生的学为中心)	学到什么程度	培育了何种素养及相应的水平层级
通过观看、分析、比较、模仿等掌握四川盘子表演形式。	在教学中,根据作品的特点,引导学生在听赏环节中进行分析、模仿、方言朗诵、模唱、唱演等。	水平一:掌握四川盘子的基本演奏技法。	对应素养1、2: 审美感知—水平1 艺术表现—水平1
		水平二:能够完整地独立唱演所学短小片段并能在教师指导下完成唱演。	对应素养1、2: 审美感知—水平1 艺术表现—水平1
		水平三:在对音乐情境理解、把握的基础上,能够有表现力地完成四川盘子唱演片段。	对应素养1、2、3: 审美感知—水平1 艺术表现—水平1 文化理解—水平1

"传统是一条河流",任何一种艺术,永远都在社会变迁中不断变化,这是一个艺术品种必然的经历。时间是一条河流,传统,会在这条河流中大浪淘沙。在理解了这个前提的基础上,对于传统曲艺文化的学校教育传承机制应有更深层次的思考。

教学设计思路及过程

成都市中和中学　任婕妤

【教学内容】

欣赏四川盘子《心如莲》。

【教材分析】

四川盘子,是从清音、花鼓、民歌发展而来的一种演唱曲艺,在川东、重庆一带较为流行。民国时期,为一人清唱,新中国成立后发展为集体载歌载舞,乐器也由二胡伴奏改为以弦乐为主的多种乐器伴奏,唱腔多脱胎于民歌,曲调优美,节奏活跃。四川盘子的敲击技法主要有三种:敲、滚、戳。敲盘边,指竹筷敲击盘面边或背边发出声响。滚盘边,指竹筷在盘背边连续不断敲击,发出连贯声响。戳盘心,指竹筷的前端或后端点戳盘子的盘面心或背心。

四川盘子《心如莲》,以莲花为主题,以小见大,表达了看得开放得下,出淤泥而不染的人生追求。选段节拍为四二拍,徵调式,旋律进行以二度级进和三度小跳为主,优美、婉转、细腻,富有生活情趣。唱腔以四川方言为主,依字行腔,极具地方韵味。歌词中有大量衬词,衬词是曲艺唱腔的重要符号,如"一支呀得儿喂呀"等。这些衬词能表达不同的情绪,愉悦、感叹等,是帮腔也是情绪的抒发或是唱腔的转折,它们是曲艺的灵魂。

【学情分析】

高中生已经具有一定的音乐理论基础,同时具有较强的独立思考能力,对音乐作品具有一定程度的欣赏理解能力,但还不成熟。对于四川盘子这一四川传统曲艺艺术,学生们是非常陌生的。因此,让学生对四川盘子感兴趣,了解这一传统曲艺,进而热爱家乡优秀传统音乐文化是我们最重要的目标。在教学过程中,重点采用情景教学法等教学方法设计教学过程。重视学生的音乐实践活动,把学习的主动权给到学生,采用启发提问法、自由参与法,让学生在感受美的同时,积极表现美,身体力行地传承中华优秀传统文化。

【教学目标】

1.通过聆听、演唱、表演四川盘子《心如莲》选段,感受四川盘子曲艺音乐的风格特点,感知音乐表达的情景。

2.通过学习四川盘子的曲艺唱腔和盘子的敲击手法,进行实践表演,体验四川盘子这种独特的四川曲艺传统音乐。

3.通过对四川盘子《心如莲》选段的综合艺术表现,体验和感悟四川盘子蕴涵的中华优秀传统曲艺音乐之美,从而热爱中华优秀传统音乐文化。

【教学重点】

教学重点:充分了解四川盘子《心如莲》选段的唱腔和四川盘子的敲击方式,能够用心体味四川盘子所代表的蜀风蜀韵。

【教学难点】

教学难点:学生能够富有创造性地进行四川盘子传统曲艺的实践表现。

【教具准备】

多媒体、钢琴、教学音频、教材、乐谱、四寸瓷盘、竹筷。

【教学过程】

教学阶段	教师活动	学生活动	设计意图
环节一: 聆听导入	师播放四川盘子《心如莲》选段,并随音乐进行表演。 师:请问老师是使用什么道具进行表演的? 师:四川盘子最初被称为"敲盘盘""唱小曲""碟子小调"等,是从清音、花鼓、民歌发展而来的演唱曲艺,在川东、重庆一带流行。民国时期,为一人清唱,新中国成立后发展为集体载歌载舞。	聆听、观看四川盘子《心如莲》选段音乐的表演,并回答师的问题。	1.生动直观的曲艺表演,激发学生的学习兴趣。 2.初步了解四川盘子《心如莲》的创作背景,创设音乐情景,为接下来的唱演学习做准备。

续表

教学阶段	教师活动	学生活动	设计意图
环节二： 新课教学 了解四川盘子的唱腔音乐特点	1.师播放《心如莲》音乐选段，并引导生回答"音乐的情绪如何？音乐旋律有何特点？"。 2.师：腔词有什么特点？ 3.再播音乐，提问：歌曲中使用了哪些衬词？这些衬词在音乐中起到什么作用？音乐的唱腔有什么特点？四川盘子中经常使用衬词这一润腔手法，使唱腔更有韵味、更动听。	1.生：旋律进行以二度级进和三度小跳为主，优美、婉转、细腻，极富生活情趣。 2.用四川方言有节律地读歌词，并找出哪些字词最具四川方言的韵律。探寻歌词中这些字词——"水中""绰约""支"等最具成都话的韵律。 3.聆听并思考：歌曲中使用了"一支呀得喂呀""哟喂""啰""呀"这些衬词，使音乐具有轻快、活泼的风格，有助于抒发情绪。	1.教师创设问题引导学生思考，通过层层启发，让学生能依据音乐的表现题材，判断其情感表达和形象刻画。回顾四川盘子的敲击方式，帮助学生掌握乐段特点。 2.用四川方言感受歌词韵味。
环节三： 新课教学 学生学唱曲谱，并表现其韵味	1.进行开嗓训练。 2.教唱曲谱。 3.引导学生唱出曲调韵律。 4.采用领唱齐唱的形式表现音乐。	1.开嗓练习。 2.模唱曲谱，学唱《心如莲》选段旋律。 3.唱出曲调韵律和方言的感觉。 4.学用领唱齐唱的形式表现音乐。	通过模唱旋律，让学生初步感受音乐所营造的中国传统曲艺的氛围，并在模唱中表现中国传统曲艺的韵味。
环节四： 新课教学 掌握四川盘子的基础演奏技法	1.讲解四川盘子的持盘技法——左手持盘，右手拿筷。 2.讲解四川盘子的三种敲击技法——敲盘边、滚盘边、戳盘心。 3.播放四川盘子《心如莲》选段音乐。 4.再播音乐，引导生用四川盘子戳盘心、滚盘边技法为音乐伴奏。 5.师生互动，唱演全曲。	1.学习四川盘子的持盘技法，模仿师进行艺术实践。 2.学习四川盘子的三种敲击技法。 3.随音乐用手拍击节奏。 4.认真聆听音乐，在乐谱标记处用敲盘边、滚盘边技法为音乐伴奏。 5.熟悉盘子的表演后，加入演唱进行艺术表现。	1.生通过模仿师表演动作，直观地进行艺术实践，感受四川盘子的表演魅力。 2.熟悉《心如莲》音乐的节奏特点。 3.逐步进入用盘子道具进行《心如莲》音乐选段的实践表演。

续表

教学阶段	教师活动	学生活动	设计意图
环节五： 创编活动	1. 引导生进行四川盘子的创编活动。 2. 改编歌词，进行表演。 3. 师：四川盘子是一种具有独特魅力的舞台表演艺术，心有多大，舞台就有多大，我们教室的各个角落都是我们的舞台。	生分组进场表演改编后的四川盘子节目。	生能在音乐编创活动中，发挥想象力，表达思想情感，营造音乐意境，感受即兴编创特点，激发即兴编创的能力，鼓励音乐创作。
环节六： 课堂小结	师：四川盘子《心如莲》以小见大、以莲为主题，表达看得开、放得下，出淤泥而不染的人生观，充满正能量。我们不仅听见四川盘子，还看见蜀风蜀韵。四川盘子作为中华优秀传统音乐文化的一个部分，让我们将这一中国传统音乐的血脉传承下去。	生跟随师思考总结。	对本课内容进行升华，生能够了解音乐与文化之间的关系。

【思维导图】

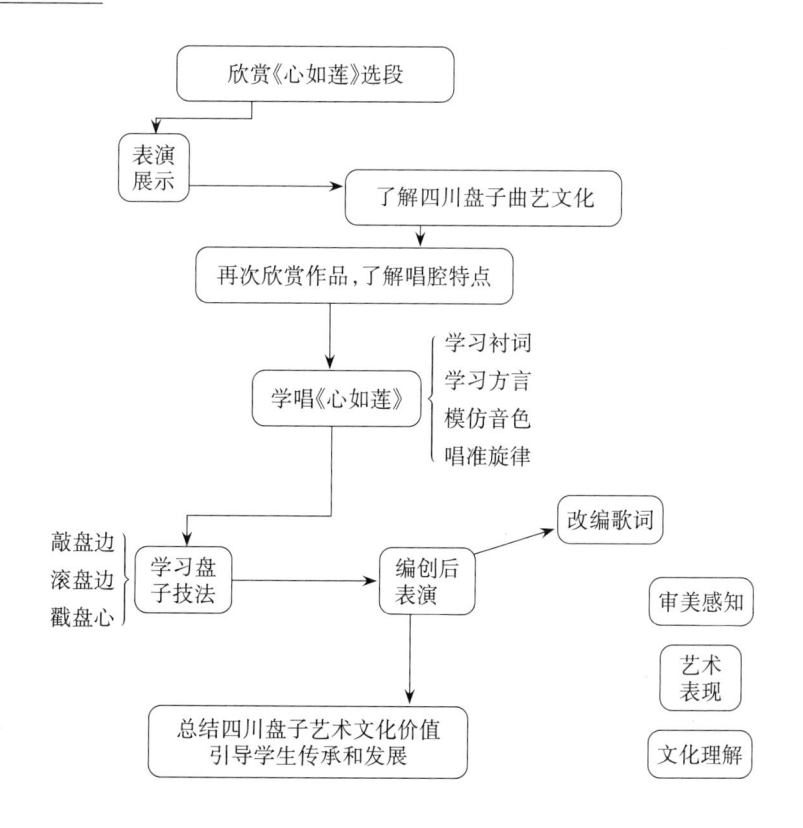

```
欣赏《心如莲》选段
        ↓
   表演展示 → 了解四川盘子曲艺文化
              ↓
         再次欣赏作品，了解唱腔特点
              ↓
                              学习衬词
         学唱《心如莲》       学习方言
                              模仿音色
                              唱准旋律
              ↓
  敲盘边                                      改编歌词
  滚盘边  学习盘子技法 → 编创后表演
  戳盘心                                      审美感知
              ↓
                                             艺术表现
  总结四川盘子艺术文化价值
  引导学生传承和发展                          文化理解
```

【板书设计】

四川盘子《心如莲》选段

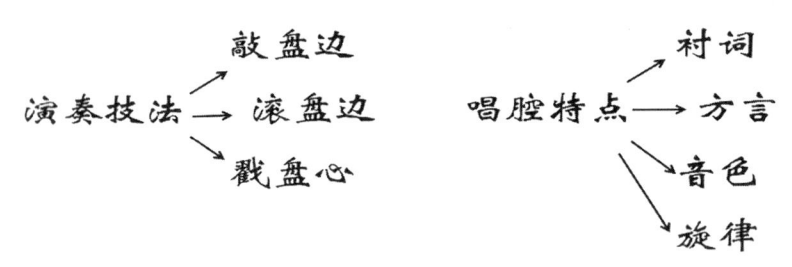

演奏技法 → 敲盘边 / 滚盘边 / 戳盘心

唱腔特点 → 衬词 / 方言 / 音色 / 旋律

阿坝夜会

教学建议

指导教师：成都市玉林小学　范敏

《阿坝夜会》时长仅有 1 分钟，是一首短小的钢琴作品。让小学六年级的学生在这个短小而快速的音乐作品里，感知作曲家精妙的创作和演奏家精湛的技艺，以及其中蕴含的民族文化内涵是一个不小的挑战。执教者通过层层递进的教学方式，带领学生从地区民歌欣赏逐步提升到感知中西音乐文化的交融，展现了一个清晰、流畅、高效的教学流程。

一、优质视听材料有效激发学习兴趣

众所周知，高质量的视听材料可以带来良好的审美体验。执教者通过收集大量相关的音响资料，甄选出了《毛主席的光辉》的歌舞视频，视频画面清晰度高，音响质量好，让学生很直观地对音乐所表现的热烈欢腾的藏族歌舞场景形成初步的印象，同时，激发了学生的学习兴趣。

二、参与式的音乐欣赏活动，培养学生综合能力

在获得了基本的主题音乐感知后，执教者通过两条由浅入深的节奏练习，用声势和节

奏乐器进行参与式音乐欣赏活动。活动中,执教者对学生提出明确的要求:只能在主题音乐出现时才能行动,节奏乐器演奏时注意配合音乐的速度,控制音量轻声演奏,以此充分调动学生的专注力。

第一条节奏:0 0|0 X|在每一句句尾击掌一次。虽然音乐的速度很快,但是教师设计的节奏简单,学生完全能够随乐视奏,跟随老师一起准确地把握住音乐恒定的节拍击拍,学生能够获得很好的参与体验。这个过程让学生进一步感知音乐主题的乐句划分。其实这样的活动不仅仅让学生熟悉音乐,对于帮助学生形成专注坚定的心理品质也是一个很好的训练过程,在潜移默化中对学生进行了严谨的行为习惯培养。

第二条节奏:X X XX|X X X|逐步提升的难度有效地激发学生挑战欲望。因为乐曲时长短,课堂中有充足的时间让学生一遍又一遍尝试。在这个过程中,利用音乐的弥漫性特点,虽然音乐的速度达到每分钟130拍,学生还是能够清晰地感受到主题音乐在演奏者右手高速而清晰地展现,同时左手部分密集的和弦,以及钢琴极富张力的力度变换,都会给学生留下深刻的烙印。学生能很快熟悉音乐主题以及音乐的结构。参与式的欣赏,让学生很容易感受到音乐所表达的热烈欢腾的篝火晚会的场景,仿佛历历在目。

三、从关注音乐的表现细节入手,提升音乐欣赏水平

《阿坝夜会》选自四川本土作曲家黄虎威先生的钢琴组曲《巴蜀之画》。这首钢琴组曲一共有六首,每一首都选用四川民歌为创作素材,集西洋钢琴创作技法之大成,完美地将中西方音乐融合在一起,短小而精致,优美而动听。

学生在熟悉《阿坝夜会》的基础上,对比聆听组曲中另一首《蓉城春郊》。因为有了之前在节奏参与活动中的经验,学生能很容易感受到钢琴音乐的织体以及力度、速度的变化。教师在钢琴上展示柱式和弦和琶音演奏的区别,引导学生有效地关注到音乐的细节变化,感受在流畅起伏的琶音演奏下,春天的蓉城郊外小桥流水的田园美景。

综上所述,教师通过精心的教学设计,环环相扣的教学过程,让学生从这个钢琴音乐作品里感知到作曲家创作的精妙和演奏家精湛的技艺,以及其中蕴含的民族文化内涵,有效地增强孩子们的文化自信。更重要的是,教师通过参与式的欣赏活动,使学生的专注力、稳定性得到了训练,让音乐最大化地发挥其独特的教化作用。

教学设计思路及过程

成都市龙祥路小学　唐雯

【教材分析】

《阿坝夜会》是著名作曲家黄虎威钢琴组曲《巴蜀之画》中的第六首。黄虎威先生在1958年创作完成的《巴蜀之画》是对家乡民歌的再创作。从作品的组成结构上看,组曲包含六首钢琴小品,其中一、三、五首引用了四川民歌,二、四、六首是以藏族民歌作为创作素材。这六首作品有各自要表达的意蕴,为我们展示了一幅生动的西南民族和自然风景画面,用音乐的方式向听众展现了一系列富有巴蜀风情的自然风景及民俗场景的画面,表达了黄虎威老师对自己家乡的热爱,对生活的一种积极态度。这首《阿坝夜会》改编自藏族舞曲《伊拉香巴》,全曲充满着群众性的欢腾情绪,描绘了一幅藏族人民载歌载舞的热闹画面。乐曲的第一乐段在中低音区演奏,节奏密、速度快,力度由中弱 mp 渐渐变强,增强为 f,使人感觉由远及近地走进了热闹欢快的舞蹈场地。左手的伴奏用了五度双音的跳音来模仿鼓点,奔放豪迈,给人以振奋激昂的感觉,令人联想到藏族小伙在鼓点声中热情舞蹈。乐曲的中段调性转为a羽调式,在高音区演奏,力度减弱,左手伴奏以弱拍上的跳音来表现出轻快活泼的感觉,如同姑娘们轻舞长袖、活泼舞动。第三乐段速度仍保持原速,但力度越来越弱 $f-mf-p-pp$,左手的鼓点节奏也慢慢拉宽,音乐也渐行渐远。整首乐曲展现了由远及近,又由近到远的节日舞蹈场面。巧合的是,在黄虎威先生作此曲的8年之后,这首藏族舞曲《伊拉香巴》被改编成歌曲《歌颂毛主席》,选入了大型音乐舞蹈史诗《东方红》,此曲在全国广为流传,成为家喻户晓的歌曲之一。

【学情分析】

六年级的孩子正处于思维发展的重要时期,在前五年的音乐学习基础上,能对音乐的基本要素有敏锐的感知与表现。这个阶段,孩子们对审美有了更高的要求,简单机械的教学活动无法满足其充满活力的心,他们更愿意参与具有挑战性的活动。

此曲速度很快,学生参与随乐演奏是有一定难度的,因此,第一个节奏设计在每一个乐句最后的一拍拍手,一方面给学生直接参与音乐击拍的准备时间,另一方面也对学生感知乐句做引领。

【教学目标】

1.通过本节综合欣赏教学活动课,感知钢琴曲《阿坝夜会》的风格特点,体验乐曲欢快热烈的情绪。

2.在参与式欣赏活动中,感知乐曲《阿坝夜会》的结构,记忆音乐主题,增加四川地方音乐的积淀。

3.通过对比聆听感知钢琴极大的表现张力,以及作曲技法中织体的变化等。

4.了解著名作曲家黄虎威以及他的钢琴组曲《巴蜀之画》,激发学生对四川民族音乐文化的喜爱,从而建立本土文化的自信心。

【教学重点】

1.了解著名作曲家黄虎威和他的作品《巴蜀之画》。
2.记忆钢琴曲《阿坝夜会》的音乐主题。

【教学难点】

1.听辨乐曲结构。
2.对比聆听,感受音乐织体的变化。

【教具准备】

多媒体课件、钢琴、哈达、打击乐器。

【教学过程】

教学环节	教师活动	学生活动	设计意图
一、导入	1.播放视频《毛主席的光辉》,感受藏族音乐的热情欢快。 师:刚才的视频里是哪个民族的音乐?这首歌曲歌唱的是谁? 2.介绍歌曲。 师:对,歌曲歌唱的是我们伟大领袖毛主席。这首歌曲名字叫《毛主席的光辉》,它是一首由藏族弦子舞曲改编,选自音乐舞蹈史诗《东方红》,歌曲欢快流畅。这首歌曲问世的8年前,舞曲被我们四川的一位作曲家改编成了一首钢琴曲,收录在他的钢琴组曲《巴蜀之画》第六首——《阿坝夜会》。今天,我们的音乐课就要从四川阿坝开始。	生聆听并思考,初步感知藏族音乐的热情欢快。	营造良好学习氛围,初步感知音乐主题。
二、新课教学	(一)出示课题《阿坝夜会》,感知音乐主题 1.播放钢琴曲《阿坝夜会》,关注音乐主题。 师:你能在这首钢琴曲里听出这个主题吗? 师钢琴慢速演奏音乐主题,请生用"lu"演唱主题。 (二)介绍作曲家黄虎威和《阿坝夜会》。 师:黄虎威,是现代著名的作曲家。1949年他考上了四川大学,毕业后参加了部队文工团,开始了音乐方面的发展。他刚开始学习小提琴,随后考上四川音乐学院作曲系,毕业后留校任教,1956年在中央音乐学院进修。他创作了大量的作品。《巴蜀之画》创作于1958年,是一部优秀的钢琴曲集,由六首小曲组成,每首小曲表现的音乐情感和风格是不一样的。其中第六首《阿坝夜会》描绘的是围着火把大家载歌载舞的晚会。它采用阿坝藏族民间歌舞旋律,生动再现了民众载歌载舞、笙歌鼎沸的节日氛围。乐曲热情欢快,表达了藏族人民心中充满的幸福。 (三)熟悉和记忆音乐主题 1.逐条出示节奏谱,在师的琴声中拍手参与,感知主题音乐的特点。 ① $\frac{2}{4}$ 0 0 | 0 X ‖ ② $\frac{2}{4}$ X X | 0 X X ‖ ③ $\frac{2}{4}$ X X X X | X X X ‖ 2.打击乐器参与感知。 3.完整表演:第一遍主题第一条节奏;第二遍主题第二条节奏;第三遍两条节奏合奏。	1.生聆听并思考。 2.生哼唱主题。 3.学生在老师引领下参与声势,感知音乐主题并记忆。	1.与《毛主席的光辉》一样,都是以藏族民间舞曲《伊拉香巴》作为创作来源。 2.了解作曲家黄虎威以及作品表达内容;了解阿坝是四川地区羌族、藏族的自治州;夜会是指有火把,载歌载舞的晚会,初步感知音乐的情绪与风格。 3.在声势合作和打击乐器合作中熟悉音乐主题,加深对主题的记忆。同时训练学生专注力、稳定性、严谨性等良好习惯。

续表

教学环节	教师活动	学生活动	设计意图
二、新课教学	(四)进一步体验并梳理乐曲结构 1.完整聆听乐曲,主题出现了几次? 2.梳理乐曲结构。 (前奏)主题(连接)主题 主题(结尾) 3.复听,关注音区变化,主题每次出现时有什么不同? 4.启发学生关注音乐力度变化,利用图形谱感知。 (1)将学生分成两部分,一部分声势,一部分献哈达 主题第一次: ● 拍腿　　◐ 拍手　　↻ 哈达 (2)关注结尾力度变化,启发学生想象。 结尾: 右　左　右　旁　　右　左　右　旁 学生小组成圈,用声势感受结尾处的变化,感受欢腾的节日舞蹈气氛不变,但力度以 $f \sim p \sim ppp$ 变化。音强的渐弱意味着空间距离的渐远,给人以逐渐远去之感。	4.生聆听讨论参与,完整欣赏并总结乐曲的结构并用拍手、拍腿等声势参与	4.感知音乐结构,加深对音乐的体验,感知音乐要素的变化,加深对乐曲表现内容的理解。
三、拓展	1.对比聆听《蓉城春郊》,感受音乐织体变化。 (1)《巴蜀之画》是作曲家对家乡民歌的再创作,作品包含六首钢琴小曲,每个小曲都有自己的民族音乐特点,都是用西洋乐器钢琴表现民族音乐。虽然每一首曲子都很短,但它们是对比的、独立的同时又是完美的整体。接下来我们来欣赏组曲中的第五个作品《蓉城春郊》,看看又会给你怎样的画面? (2)对比两首钢琴曲的左手伴奏织体,让学生在聆听中感悟,创作手法的不同,如何造成了音乐的意境不同。 《阿坝夜会》左手为柱式和弦,模拟敲击手鼓的手法来表现音乐的动感画面。乐曲热情欢快,表达了藏族人民心中充满的幸福。 《蓉城春郊》,该作品是以宜宾汉族民歌《大河涨水》为改编对象并对曲调进行适当调整,整体旋律以抒情为主。音乐舒展的节奏,抒情流畅的琶音,给我们一种波浪起伏和流动的视野。	1.生聆听与感受。 2.加深对作品的了解,领悟以四川藏族民歌为创作基础,中西结合的特点。	加深对钢琴组曲《巴蜀之画》的认识,加深对四川藏族音乐特点的感知。

续表

教学环节	教师活动	学生活动	设计意图
三、拓展	2.欣赏钢琴演奏视频,了解作品独特的魅力。 黄虎威先生最初创作《巴蜀之画》,只是想要表达对家乡的热爱之情和民族情韵,虽然不是我们本民族的乐器——钢琴,用它一样能体现中华民族的音乐文化。《巴蜀之画》这样经典的作品,很好地展现了黄虎威先生"中西合璧"的巧妙技巧。作品不仅具有民族感,而且具有西方风格。他在以后的每一部作品中,都不断尝试用到多样化的作曲技法,将中西方文化用音乐很好地连接在一起。它们完美融合,很好地表达了音乐和艺术没有国界的理念,这也是中国钢琴音乐不断进步的体现。	了解作品的影响力。	激发学生对四川民族音乐文化的喜爱与传承。建立对民族和地区文化的自信。
四、小结	今天,我们欣赏了钢琴独奏曲《阿坝夜会》,感受了四川藏族音乐独特的地域特色。希望孩子们多多积累身边听到的地方音乐,用这些有特色的地方音乐丰富我们的音乐视野。今天的音乐课到此结束,请孩子们随着音乐离开教室!	生随着音乐离开教室。	

【板书设计】

《阿坝夜会》

(选自钢琴组曲《巴蜀之画》) 黄虎威

(前奏) 主题 (连接部分) 主题 主题 (结尾)

【思维导图】

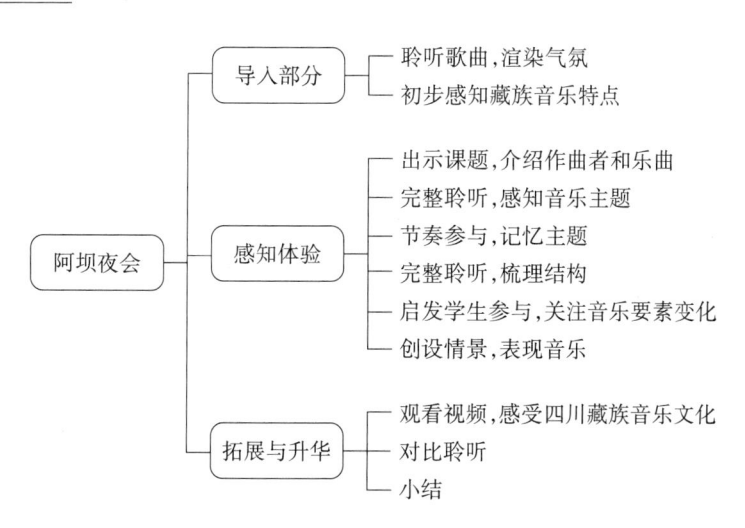

阿坝夜会
- 导入部分
  - 聆听歌曲,渲染气氛
  - 初步感知藏族音乐特点
- 感知体验
  - 出示课题,介绍作曲者和乐曲
  - 完整聆听,感知音乐主题
  - 节奏参与,记忆主题
  - 完整聆听,梳理结构
  - 启发学生参与,关注音乐要素变化
  - 创设情景,表现音乐
- 拓展与升华
  - 观看视频,感受四川藏族音乐文化
  - 对比聆听
  - 小结